# 자본의 무의식

**The Capitalist Unconscious:**

From Korean Unification to Transnational Korea by Hyun Ok Park

# 자본의
# 무의식

**박현옥 지음 | 김택균 옮김**

## 자본주의의 꿈과
## 한민족 공동체를 향한 욕망

# THE CAPITALIST
# UNCONSCIOUS

## FROM KOREAN UNIFICATION TO
## TRANSNATIONAL KOREA

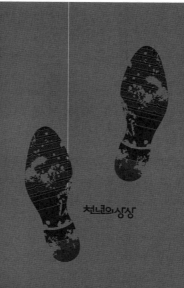

천년의상상

## 일러두기

1. 이 책은 Park Hyun Ok의 *The Capitalist Unconscious: From Korean Unification to Transnational Korea*(Columbia University Press, 2015)를 완역한 것이다.
2. 주석은 모두 각주이며, 옮긴이 주는 끝에 '—옮긴이'라고 표시했다.
3. 이 책에 실린 인터뷰는 인터뷰이들의 말을 살리는 방향으로 하여 대부분 수정 없이 실었다.
4. 이 책에서 South Korea는 문맥에 따라 남한 또는 한국으로 번역한다. 또한 Korean은 한인으로 번역했으며 문맥에 따라 19세기 말부터 20세기 만주로 이주한 한인들을 조선인으로 번역하기도 하였다.
5. 이 책에서 '필자' '나는'은 저자 박현옥을 가리킨다.
6. 단행본 정기간행물에는 겹낫표(『』)를, 논문과 법령 등에는 낫표(「」)를 사용했다.
7. 외국어 고유명사는 2002년 국립국어원에서 펴낸 외래어표기법을 참고하되 일부는 원지음과 관용에 따랐다. 다만 중국어 고유명사는 한자어 발음을 그대로 사용했다.

"남북한은 이미 자본에 의해 트랜스내셔널 코리아 형태로 통일되었다." 독자들은 틀림없이 이 책의 첫 문장을 읽자마자 다시 읽을 것이다. 남북한이 이미 통일되었다니. 그런데 책을 끝까지 읽고 나면 처음에 눈을 비비고 읽었던 문장에 고개를 끄덕이게 된다. 이 문장이 영감에 찬 예언자의 확신이 아니라, 사실들에 대한 꼼꼼한 조사와 해석을 거친 연구자의 빛나는 성취라는 것을 알게 된다. 감히 말하건대 나는 2천년대 이후 한국 사회의 성격에 대해 이만한 분석을 만나본 적이 없다. 주장과 제안이 대담하면서도 설득력이 있다. 한마디로 아주 매력적이다.

"남북한은 이미 자본에 의해 트랜스내셔널 코리아 형태로 통일되었다." 이 문장은 책 전체의 내용을 압축하고 있다. 저자에 따르면 통일은 '이미' 일어난 일이고, '자본에 의해' 일어난 일이고, '트랜스내셔널 코리아의 형태로' 일어난 일이다.

・・・

　먼저, 통일이 '트랜스내셔널 코리아 형태로' 일어났다는 말부터 살펴보자. 이는 통일이 하나의 영토 국가를 이루는 방식이 아니라 남한과 북한, 중국에 걸쳐서 함께 일어났다는 뜻이다. 분단을 영토의 미수복 상태로 간주했던 냉전 시기 통일관으로는 이해하기가 어렵다. 이 통일은 영토가 아니라 '사회적 삶'에서 일어났기 때문이다. 말하자면 한인들은 통일된 삶을 살고 있다. 두 가지 의미에서 그렇다. 한편으로 한인들은 동일한 형태의 삶을 살고 있다. 국적에 상관없이 모두가 '시장 유토피아' 속에서 산다. 사회주의 체제에서 살아가는 사람들조차 사회주의가 약속했던 삶을 시장에서 상품 형식으로 구매할 수 있다고 생각한다. 다른 한편으로 한인들은 긴밀히 통합된 삶을 살고 있다. 이를테면 조선족 이주노동자들은 남한의 저임금 서비스업종에 진출해 있고 이들의 중국 내 빈자리는 북한에서 온 이주노동자들이 메우고 있다.

　다음으로, 통일은 '자본에 의해' 일어났다는 말을 보자. 저자는 통일 문제를 냉전기의 남은 과제가 아니라 탈냉전기 지구적 자본주의의 재편이라는 관점에서 접근해야 한다고 주장한다. '트랜스내셔널 코리아'는 자본축적과 관련해서 남한, 중국, 북한에서 일어난 '동시적' 위기들을 넘어서려는 과정에서 나타난 주권의 초국적 형태이다. 저자에 따르면 우리는 정치 체제의 상이함 때문에, 사유화와 탈규제를 특징으로 하는 자본주의의 신자유주의적 재편이 중국과 북한 등의 사회주의 경제에도 나타났다는 사실을 알아차리지 못한다. 이들도 냉전기 자본축적의 위기를 똑같이 겪었다. 사회주의 국가들이 자본축적의 위기를 겪었다고? 저자는 20세기 사회주의를 '국가자본주의'라고 부르는 학자들의 주장을 인용한다. 그러면서 실제로 중국과 북한의 사회주의 이행의 역사에서 자본주의 이행 과정으로 볼 수 있는 요소들을 확인한다. 이들 국가들은 냉전 시기 생산력 발전에 매진했으며 생산성을 높이고 잉여가치를 전유하기 위해 노동과정을 규율했다. 나중에 '자본주의적 전이'(자본주의로의 패권 이양)가 일어나도 이상할 것 없는 조치와 제도를 만들어온 것이다. 따라서 이들 사회에서 나타난 시장 유토피아 경향은 역사의 단절이나 이행이 아니라 연속선 상에서 이루어진 변화이다.

끝으로, 통일은 '이미' 일어난 일이다. 저자는 20세기 한반도와 한인 디아스포라의 역사를 통해 현재의 역사를 파악할 필요가 있다고 말한다. 실제로 그는 일제강점기 한인들이 만주와 주변국으로 이주했던 일을 현재 일어나는 일의 원역사(ur-history)로 간주한다. 하지만 트랜스내셔널 코리아가 역사적 발전 과정에서 예정되어 있었다는 뜻은 아니다. 이런 단선적 이행의 역사란 존재하지 않는다. 저자에 따르면 우리가 분석해야 하는 것은 반복이다. 자본주의 위기는 반복되고 그때마다 새로운 정치적 형식, 새로운 유토피아가 만들어진다. 자본의 위기 극복의 노력이 어떻게 다르게 반복되는지를 분석하는 것이 중요하다. 뿐만 아니라 사람들의 과거에 대한 기억과 미래에 대한 전망(유토피아)이 어떻게 달라지는지를 살펴야 한다. "남북한이 이미 자본에 의해 트랜스내셔널 코리아의 형태로 통일되었다"
는 주장은 이런 맥락에서 도출된 것이다.

· · ·

그렇다면 왜 우리는 이 변화를 알아차리지 못하는가. 그것은 우리
가 각각의 주체를 "고립되어 있는 여러 섬들처럼" 파편적으로 이해하
기 때문이다. 이를테면 우리는 한국에 오는 조선족에 대해서는 탈식
민주의 '배상'으로 문제로, 탈북자에 대해서는 '인권'의 문제로 접근
한다. 이렇게 접근하면 이들이 한국인들과 맺고 있는 노동관계(아울
러 이 관계에 내재한 모순과 부조리)가 은폐된다. 사실 식민지배의 피
해자로서 한국 국적을 요구하는 조선족들에게 국적은 합법적으로
노동할 수 있는 수단의 성격이 강하다. 또 국경을 넘는 북한 이주민
은 '자유를 찾아 나선 영웅'이기보다는 '일자리를 찾아 나선 무산자'
에 가깝다.

트랜스내셔널 코리아의 성격을 이해하기 위해서는 이들 모두를 하
나의 '사회적 구성' 속에서 파악해야 한다. 다시 말해 남한의 노동자
(정규직과 비정규직), 이주노동자, 조선족 노동자, 탈북민 노동자 등의
정체성과 권리를 구분하는 사회적 범주를 넘어서 공동의 지평 위에
서 이들의 관계를 파악해야 한다. 이 책에서 시도하고 있는 것이 바
로 이것이다.

이 책은 한국사회의 새로운 사회적 구성에 대한 이야기이기도 하다. 나는 이 책을 새로운 통일론이라기보다 새로운 사회구성체론으로 읽었다. 끊임없는 위기 속에서 자본주의가 반복적으로 새로운 정치적 형식을 고안하려고 할 때마다 이것에 대한 비판 또한 새로운 형식으로 반복될 수 있지 않을까. 이 점에서 '트랜스내셔널 코리아'는 '자본주의와 분단(통일)에 대한 인식'을 바탕으로 한국 사회의 성격을 규명하려고 했던 사회구성체론의 귀환이라고 해도 좋을 것이다. 실제로 저자는 이 책에서 1980년대 사회구성체 논쟁의 의의를 적극적으로 평가하고 있다. "1984년 말에 시작해서 거의 10년 동안 진행된 사회구성체 논쟁은 20세기 남한의 자본주의를 다루는 데 있어 가장 중요한 기반을 제공했다."

그러나 사회구성체 논쟁은 1990년대 중반 이후 (특히 사회주의 국가들의 몰락 이후) 자취를 감추어버렸다. 한국 사회의 성격이 크게 변화했다는 것을 여러 사람이 말할 때조차(특히 1997년 외환위기 이후), 기본 모순이니 주요 모순이니 하는 말들을 꺼내는 연구자들은 없었다. 한마디로 사회구성체 논쟁은 다시 일어나지 않았다. 이는 한국 사회의 기본 성격을 자본주의의 새로운 사회적 구성 속에서 밝혀보려는 시도가 다시 일어나지 않았다는 뜻이다. 이는 또한 "사회운동의 전략을 수립하려는 긴급한 과제"로서 한국 사회의 기본 성격에 대한 분석이 다시 이루어지지 않았다는 뜻이기도 하다. 그래서 이 책이 고맙다. 이 책과 더불어 사회구성체론이 새로운 형식으로 돌아왔기 때문이다. 그것도 앙상한 논리에 현실을 꿰어 맞추는 당위로서

가 아니라, 지구적 자본주의의 변동을 분석한 다양한 이론들과 함께, 또 새로운 사회적 구성을 이루는 다양한 주체들의 생생한 목소리와 함께 말이다. 사회구성체론의 이토록 멋진 귀환이라니!

2023년 2월

고병권

## 한국어판 저자의 말

　남북한은 이미 자본에 의해 트랜스내셔널 코리아 형태로 통일되었다. 이 책은 통일을 역사적으로 그리고 세계자본주의의 확장과 변천의 시각으로 접근하여 우리의 시야에 가려진 이러한 획기적인 변화를 드러낸다. 이 책에서 트랜스내셔널 코리아는 우리에게 익숙한 남북한의 경제적 교류와 간헐적인 화해 무드, 그리고 중국 조선족이나 미주 동포들의 촉매제 역할을 지칭하지 않는다. 우리의 의식 저변에 웅크려져 있는 냉전에 대한 자본주의의 승리감과 북한에 대한 한국의 우월감을 의미하지도 않는다. 우리는 통일에 대해 생각할 때 영토적 통합을 당연시하는데, 필자는 이러한 무의식의 흐름을 냉전의 산물로 이해한다. 이 책은 민족 통일이 무엇인가에 대해 근본적 의문을 제기하고 해방적인 사회적 삶에 대한 정치로서 민족 통일의 '원역사'(ur-history)를 소환한다. 그리고 민족 통일에 대한 과거와 현재의 정치를 세계자본주의 변천의 역사와 그 과정에 위치시킨다.

　우리는 냉전 시기를 거쳐오면서 왜 그리고 어떻게 통일을 영토적, 국가적 통합이라고 당연시하게 됐는가? 냉전체제하에서 민족과 국가를 등치하는 민족국가의 틀은 민족 통일을 어떻게 왜곡하였는가? 우리는 통상 통일에 큰 걸림돌은 남한이 부담해야 할 막대한 비용과 남북한의 문화적, 언어적 차이에서 비롯된다고 생각한다. 그런데 이것이 정말 걸림돌일까?

민족 통일은 근본적으로 수평적인 공동체를 만들고자 하는 염원을 담고 있다. 서로가 평등하게 살아가기를 추구하는 것, 이것이 동질적인 공동체라는 민족에 대한 상상체계에 투사되어 있다. 역사적으로 민족 공동체가 통일을 이룬다는 이 생각을 살펴보면, 여기에는 평등한 삶에 대한 급진적인 유토피아적 염원이 담겨 있다. 남북한에 관계없이 누구나 잘 아는 〈아리랑〉은 대대로 이어온 삶의 터전을 잃은 민중들이 새로운 땅을 찾아가야 하는 애환이 담긴 한민족의 비가로 볼 수 있다. 일제 강점기에 일본과 만주, 사할린 등 일본이 점령한 지역에서 살던 이들 중 적지 않은 조선인들이 본국으로 돌아오지 않았다. 민족 분단으로 치닫는 한반도의 정치 상황, 현재 거주 중인 국가의 무관심과 방해도 본국 귀환을 주저하게 만들었지만, 사회경제적인 이유도 중요하게 작용했다. 본국으로 돌아가도 삶의 기반이될 토지나 일자리가 없다는 것, 게다가 이 모든 것을 무릅쓰고 돌아간다 하더라도 사회적 관계가 불안정하다는 것이 이들이 계속 이주한 국가에서 머물게 만든 큰 요인이었다. 제3국을 택한 한국전쟁 포로들이 본국으로 귀환하지 않은 이유도 별반 다르지 않았다. 우리도 냉전기에 급속한 산업화 과정에서 겪게 된 삶의 터전의 박탈, 도시로의 이동, 새로운 노동구조, 미래에 대한 불안 등을 '우리의 소원은 통일'이라는 주문 등으로 극복하려 하지 않았던가?

나는 민족 분단의 기원을 냉전 시기 영토 분할과 민족국가의 정통성을 따지는 차원으로 접근하는 것이 아니라 근현대 사회적 해방운동의 역사에서 찾고자 한다. 조선은 일제 강점기하에서 세계적 자본주의로의 편입되었으므로 식민 지배로부터의 진정한 해방은 사회적 관계의 변혁을 요하였다. 따라서 한국전쟁 전후 한반도에서의 갈등은 재산권, 토지권, 노동권 등 사회적 관계에 대한 변혁을 둘러싼 '사회주의'와 '자본주의'의 대치로 구조화되었다. 냉전 시기와 탈냉전 시기하에서 민족 통일의 정치학의 변화를 이해하기 위해서는 사회주의와 자본주의 체제의 성격을 재고찰하는 것이 필수적이다. 이 책은 20세기의 이 두 체제가 사실 적대적인 체제가 아닌 같은 '국가자본주의'라고 해석하는 마르크스주의 논의를 반영한다. 북한은 중국이나 소련과 비슷하게 생산력의 발전과 신속한 산업화를 사회주의 건설의 핵심과제라고 보아 자본주의식 노동체제를 실시하였다. 이 주요 모순은 사회주의 국가 권력과 대중 주권에 큰 악영향을 미쳤다.

또한 자본주의에 대한 마르크스주의와 비판이론은 민족 통일의 과거와 현재에 새로운 분석틀을 제공한다. 자본주의는 사회관계를 끊임없이 상업화하고 불평등과 위기를 자초하지만 동시에 미래에 대한 유토피아적 상상을 만들어낸다. 자본주의 체제가 자체의 위기를 극복하고 초월하려는 동력이 민족 공동체 구성이라는 정치와 맞물려 있다. 자본주의가 사회적 삶을 추상화하는 과정은 정치문화적으로 매개되는데, 민족 통일이라는 또 하나의 이상과 이를 현실화하려는 노력들이 그 하나이다. 이에 따라 민족 통일에 대한 유토피아

적 상상체계도 자본주의적 삶과 욕망, 그리고 그 안에 내재되어 있
는 위기를 극복하려는 개인과 국가들의 초국경적 일상의 정치에 의
해 재구성되어 왔다. 이 책은 계속되는 냉전적 사고와 자본주의에
대한 모순적 경험과 감성에 눌리고 부풀려진 통일과 민주주의 현실
에 대한 고찰이다.

• • •

통상 사회주의 국가의 몰락과 함께 냉전이 종식되었으며 구 사회
주의 국가들의 개방 정책과 시장화는 전체주의 국가에 눌려 있던
개인들의 자유와 해방을 가져왔다고 한다. 한국은 현존하는 마지막
사회주의 체제라 불리는 북한에 대해 남북경협과 북한 인권옹호 운
동을 정책으로 추진해왔다. 이 두 정책은 정치적으로 대립되어 왔지
만, 둘 다 북한의 시장화가 북한을 민주화시킬 것이라는 공통된 명
제를 공유한다. 학자들은 탈북자들의 주관적 경험과 의견을 통해
북한 경제의 30% 내지 70%가 시장화되었다고 말한다. 이들은 이러
한 부정확한 자료를 토대로 북한의 체제 변화와 러시아, 헝가리, 중
국 등의 시장화를 비교하며 언제 어떻게 북한이 민주화될 것인지 점
치고 있다.

20세기 말 사회주의 국가들이 도입한 개방정책과 사유화는 통상
사회주의 체제의 몰락으로 인식되고 따라서 역사의 획기적인 파열
을 가져왔고 여겨진다. 이는 사회주의와 자본주의를 서로 상치되는
체제로 가정하는데 기반을 두고 있다. 그러나 마르크스주의 학자들

에 의하면 20세기 사회주의 체제는 자본주의를 극복하지 못하고 자본주의 주요법칙을 수용하여 왔다는 것이 통념이다.

나는 이러한 마르크스주의 학자들의 논의를 토대로 북한과 중국 조선족의 사회주의 이행과정을 살피고 이를 현재 구성되고 있는 트랜스내셔널 코리아의 역사로 분석한다. 각각 1980년대와 1990년대 중국과 북한에서 시작된 사유재산과 시장의 확대 등의 개방정책은 역사적 '단절'(rupture)이나 '이행'(transition)이 아닌 연속선상에 있다. 이 책은 이 20세기 사회주의 체제의 주요 모순과 이를 극복하려는 노력이 여러 역사적 시점에서 어떻게 다르게 반복되었는지를 설명하고 이 역사 안에서 중국과 북한의 체제 변화를 고찰한다. 따라서 나는 '(선형적) 역사적 이행론'(historical transition paradigm)을 비판하며 20세기와 21세기 역사의 동력과 변혁을 '반복'(repetition)이라는 비판이론 개념으로 재해석한다.

이 책은 중국 사회주의 혁명과 건설을 소수민족의 경험으로 접근한다. 북미 등 외국에서 많은 학자들이 중국 사회주의를 분석했지만 한족 민족주의와 소수민족의 갈등을 사회주의/자본주의의 역사적 과정으로 분석한 연구는 이 책이 유일하다. 내가 오래전에 연구하기도 했던 만주항일무장투쟁에서 조선인들은 중국공산당과 공조하고 1930년대에 중국공산당에 입당해 반일무장혁명에 참여하였다. 이러한 혁명의 역사에도 불구하고 1950년대부터 문화혁명 시기까지 사회주의 건설 시기에서 조선족은 혁명가가 아닌 일제 부역자, 국민당 잔재, 부르주아, 그리고 '잡귀신' 등 시대와 상황에 따라 다른 이름으로 불렸다. 2000년대에 와서도 만주를 포함한 중국에 거주하는 조선인들이 언제부터 중국 소수민족으로서 조선족이 되었는지에 대한 공식적 논쟁이 해결되지 않고 있다. 나는 중국 사회주의 시기에 계속 반복된 조선족에 대한 폭력과 조선족을 타자화하는 과정에 대해 분석한다. 이러한 나의 분석은 흔히 사회주의를 폭력적인 체제로 등치시키는 자유주의적 접근과는 상이하다. 조선인이 중국의 소수민족화 되는 불확실한 과정은 사회주의의 국제주의 노선과 민족주의의 모순을 드러내는데, 나는 이 지속된 모순과 이를 극복하려는 반복된 노력을 조선인들의 타자화 과정으로 설명하며 이의 물적 기반을 분석한다. 이러한 사회주의 이행의 역사와 조선족 소수 민족사는 조선족이 1990년대 말부터 한국으로 이주 노동을 하러 오면서 다시 소급되는데, 이는 중국과 한국의 세계자본주의로의 편입에 새로운 역사성을 부여한다.

· · ·

왜 트랜스내셔널 코리아가 민족 통일의 새로운 형태인가? 트랜스내셔널리즘과 내셔널리즘은 언어 그대로 상치되는 개념인가? 많은 트랜스내셔널리즘 연구들은 이중국적이나 영주권의 증가, 유럽연합 시민권, 세계시민주의 등의 정체성에 초점을 맞춰 국가 간을 넘나드는 이주자들의 정치 경제적이고 문화적인 행위로 분석한다. 나는 자본주의가 어떻게 트랜스내셔널리즘과 내셔널리즘을 동시에 생산해내고 그리고 이들을 상치하는가를 분석한다. 즉 이 둘의 관계를 난민, 이주노동자, 탈북자, 국경을 넘는 조선족 등이 남북한에 있는 한인들과 맺는 자본주의적 사회적 관계에서 파악한다. 이들이 말하는 종족, 민족, 국가 등의 의미는 자본주의 사회 속에서 일상의 언어로 표현된다. 이 책은 이들의 담론과 행위를 분석하여 그 안에 담긴 의미를 살피고, 억압되어 있지만 무의식적으로 삐져나오는 자본주의의 욕망을 포착한다.

탈냉전 시기에 들어와 반공주의가 떠난 빈자리를 새로운 지식 체계와 다양한 이데올로기가 채웠는데 트랜스내셔널리즘과 디아스포라에 대한 연구가 그 한 예이다. 한인 디아스포라들에 대한 연구는 탈민족화와 문화적 정체성 연구에 초점이 맞춰져서 각 디아스포라들과 남북한의 연구는 고립되어 있는 여러 섬들처럼 파편화되어왔다. 즉 한국에서 조선족, 탈북자, 그리고 외국인 노동자는 각각 '배상', '인권', 그리고 '세계시민주의'라는 서로 다른 정치체계에 편입되어서 이 그룹들의 자본주의적 사회관계는 우리의 시야에서 가려져 있다.

이뿐 아니라 이들이 이주노동자라는 점도 또 이들이 맺는 한국 국내 노동자와 관계도 그 많은 트랜스내셔널 연구와 디아스포라 연구 그리고 국내 노동자 연구에서 보이지 않는다. 서로 다르게 호명된 이들의 이주노동자 성격을 분석한다는 점에서 이 책은 탈노동시대의 노동자 연구이다.

또한 사할린 등 구소련 연방과 일본, 또 남미에 있는 한인 디아스포라들이 한국 시민운동가들의 노력에도 불구하고 여전히 한국인들에게 잊혀져 있고 현 트랜스내셔널 코리아에서 제외되어 있는 것은 한인들 간의 국경을 넘나드는 자본과 노동의 새로운 네트워크에서 배제되어 있기 때문이다. 나는 남북한과 한인 디아스포라 사회들의 이렇게 파편화되고 배제되며 위계적인 관계를 현 트랜스내셔널 코리아의 구조로 정의하며, 그 원인을 이들 간 자본과 노동의 이동을 포함하는 자본주의 역학으로 설명한다.

이 트랜스내셔널 코리아를 세계자본주의 체제의 위기와 재편성의 과정에 내접시키고 이 과정에 동력을 불어넣는 종족적 민족주의, 공유된 역사에 대한 재기억화, 사회주의와 자본주의에 대한 단상과 욕망을 담은 담론과 그 잉여를 분석한다. 이를 국경을 넘나드는 이들의 주체화 과정을 통해 설명한다. 즉 각 주체들이 자본주의의 불균등과 불평등을 경험하고 부의 축적와 해방에 대한 모순을 의식적, 무의식적 표출하며 극복하려는 행위를 설명한다. 이를 '사회 정치적 무의식'과 '역사적 무의식'으로 세분화하였다.

필자는 '사회 정치적 무의식'을 프레더릭 제임슨이 이론화한 '정치적 무의식'(The Political Unconscious)에 기반을 두고 각 주체들의 이성적 문화적 담론과 그 담론의 잉여를 분석함과 동시에 한 발자국 더 나아가 신체적, 정동적 행위와 그 과잉으로 개념화한다. '역사적 무의식'은 코젤렉, 블로흐, 벤야민 등의 선형적 역사론의 비판과 과거와 현재의 공존에 대한 비판이론을 바탕으로 역사이행론에 대한 담론을 비판하며 그 안에 담기지 못한 잉여를 포착해내며, 또 언어화된 역사와 비자발적인 기억 속에 동시에 드러나고 감추어진 욕망을 분석하고 이론화한다. 따라서 이 책은 역사를 과거로부터 현재와 미래로의 선행적 변천이 아닌 현재로부터 과거와 미래를 접근한다.

탈냉전기에서 이 사회 정치적 무의식과 역사적 무의식은 '배상,'

'평화론,' 그리고 '인권 옹호'라는 이데올로기에 의해 지배된다. 필자는 이를 '시장 유토피아'(market utopia)로 이론화한다. 이는 대규모 산업화 시기의 대중의 주권론인 '대중 유토피아'(mass utopia)의 대를 이어 신자유주의 자본주의의 윤리학이 되었다. 시장 유토피아는 자본과 노동의 국경을 가로지르는 이동을 매개하며 개인의 자유와 여러 공동체(종족 민족, 통일된 민족, 국가없는 민족)에 대한 상상을 새롭게 한다. 자본의 유령화로 인해 더 어렵고 사그라든 자본주의에 대한 비판, 이 자본주의의하에서 노동자의 신체적·정동적 경험을 설명한다.

탈냉전 시기 세 윤리학은 이동하는 자본, 구조정리에서 산 자와 죽은 자로 나뉘는 노동자, 국경을 넘는 이주노동자들을 정치 문화적으로 규정하고 규범화한다. 자본주의의 착취와 모순의 경험은 과거 계급투쟁과 사회주의 혁명이론이 설정했듯이 결정된 것이 아니라 열려 있다. 이 과정에서 개인들이 경험하는 자유와 부의 축적 욕망은 새로운 윤리학에 의해 통제되어 있으면서 동시에 이를 벗어난다. 필자는 시장 유토피아와 그 잉여를 설명하여 주체들의 경험이 어떤 시점들에서 어떻게 서사와 행위를 통한 의식적인 양태나, 또한 서사에 억눌려 있다가 불시에 삐져나오는 비자발적인 소환을 통한 무의식으로 표출되는지를 분석한다.

• • •

민족 통일은 사회 변혁의 문제로 지극히 정치적이다. 38선으로 갈라진 민족국가의 분단을 극복하여 원래의 공동체를 복원하는 문제의 차원이 아니다. 필자는 민족 통일 과제의 어제와 오늘을 세계자본주의 체제의 변화과정 속에서 분석한다.

『자본의 무의식』은 필자가 오랫동안 연구해온 마르크스주의 두 가지 조류를 반영하고 있다. 하나는 자본주의 정치경제학과 노동연구이며 다른 하나는 상품 물신주의 비판 등 자본주의 문화와 역사에 대한 비판이론이다. 20세기 사회주의의 몰락이 마르크스주의의 몰락을 의미하지 않으며 마르크스주의는 극복의 대상인 유럽 중심주의가 아니다. 버클리 대학에서 박사과정을 하며 필자는 동구권 사회주의 체제가 무너지는 즈음에 자본주의와 사회주의에 대한 마르크스주의를 연구하였다. 비교역사 사회학을 전공하고 만주로의 조선인 이주가 일본제국주의의 세력 확장과 동시에 항일무장 투쟁의 기제가 된 역사에 대해 박사논문을 썼다. 이 박사논문을 쓰고 있을 때는 만주는 북한 항일무장투쟁의 기원으로 간주되어 정부의 인가가 필요하였고, 또한 운동권에서는 반제 민족주의의 성지 같은 존재였다. 하지만 몇 년이 지나지 않아 논문을 마치고 1990년 중반에 한국에 돌아오니 만주는 학계의 새로운 트렌드인 트랜스내셔널리즘과 포스트콜로니얼리즘에 대한 문화적 연구의 장이 되어 있었다. 이러한 이유로 앞서 밝혔듯이 필자의 만주 조선인 연구는 아직도 (조선인과 중국인) 민족주의와 (일본) 식민주의 대립 관계를 자본의 축적과정으로, 또 국적과 종족 민족문제를 자본주의 주체의 형성으로 분석하는 거의 유일한 연구로 남아 있다.

『자본의 무의식』은 조선족이 한국으로 이주노동자로 오는 현상을 이 만주 조선인 연구에 대한 후속 연구로 시작하였다. 그러나 탈냉전기 신자유주의 자본주의의 세계화에 따른 남북한을 포함한 동아시아의 변화에 따라 연구 주제가 확장이 되었고 비판이론을 공부하며 이론적 방법론적 작업을 통해 20여 년 만에 이 책의 모습으로 나오게 되었다. 이 책은 신자유주의 자본주의가 남한, 북한, 그리고 중국에서 어떤 자본 축적의 위기에서 채택이 되었는가를 설명하는 데 있어서 이들 체제의 전환 내지 변화를 동시성(co-temporality)으로 설명한다. 즉, 트랜스내셔널 코리아, 즉 남북한과 한인 디아스포라의 자본주의적 통합은 독일 통일과의 기계적인 비교가 가정하는 남한 자본주의의 우월성에 기인한 것이 아니라 각자의 산업화 과정에서 구체적인 축적과 배분의 위기에 기인한다고 본다. 나는 현 자본주의 위기와 위기의 정치를 역사적으로 접근하는 데 있어서 선형적 역사관을 지양하여 현재의 시점에서 각 사회의 자본주의/사회주의 역사를 접근하고 그 역사 안에서 현재를 설명한다.

냉전을 자본주의와 사회주의의 적대적 대립이 아니고 탈냉전을 자본주의의 승리로 보지 않는 시각은 어떤 삶의 정치를 말하는가? 냉전 시기에서 사회주의를 적으로 또 북한을 흡수 대상으로 여겨 온 남한은 북한과 중국 조선족을 여전히 타자화하여 우리가 당면한 자본주의 위기와 모순을 이들의 문제로 도치시키는데, 이는 특정한 이데올로기 기능을 수행한다. 즉 남한으로 오는 조선족과 탈북자를 배상이나 평화, 인권, 북한 민주화의 문제로 시혜적으로 접근하여 이들의 현재를, 즉 당면하는 모순과 부조리를 외면하고 우리의 현 체제 유지를 위해 소비한다. 탈북자들의 수기나 탈북을 스펙터클화하는 블록버스터 다큐들과 영화들만이 그 예가 아니다. 우리의 파편화된 의식과 부유하는 아이덴티티, 통일에 대한 냉전적 사고, 자본주의에 대한 유토피아적 상상 등은 자본주의 통치의 증후 (symptoms)을 즐기는 행위이다. 그 점에서 북한과 중국의 사회주의와 자본주의 역사와 현재, 그리고 이 국가들과 남한의 국경을 넘나드는 이주자들의 삶은 우리 모두의 삶이다.

• • •

이 책은 미시건대학교 국제학 연구소와 사회학과에서 박사 후 과정 동안에 시작한 조선족의 한국에서의 이주노동에 대한 연구로부터 시작되었다. 이에 뉴욕대학교 동아시아학과와 사회학과에서 재직하는 동안 미국 학술재단(American Council of Learned Societies)과 존 D. 캐서린 T. 맥아더 재단의 글로벌 시큐리티와 협력 프로그램(John D. and Catherine T. MacArthur Foundation's Global Security and Cooperation)연구비를 보조받아 진행한 한국 통일, 트랜스코리아, 한국 자본주의에 대한 연구를 더했다. 그리고 프린스턴 고등연구소(Institute for Advanced Study)에서 원고를 완성하였다. 행정적 지원을 해준 요크대학교 사회학과에 감사드린다.

이 연구들은 미국 캘리포니아 버클리대학교 박사 과정 지도교수였던 마이클 부러보이(Michael Burawoy) 교수님과 뉴욕대학교 동아시학과 재직시 멘토였던 해리 하루투니안(Harry Harootunian) 교수님의 서로 다른 마르크스주의 연구에 영향을 받았다. 학문의 세계와 연구에 대한 자세를 가르쳐주신 두 교수님께 이 책을 바친다.

흔쾌히 어려운 번역을 맡아주신 이타카의 김택균 선생님께 진심 어린 감사를 드린다. 번역판이 출판될 수 있도록 애써주신 고병권 선생님과 선완규 편집장님께도 이 자리를 빌려 감사를 드린다. 그리고 책 전체를 꼼꼼하게 읽고 단락을 새로 나누고 적절한 제목들을 넣어 이 책이 독자에게 잘 다가갈 수 있도록 편집한 편집자의 노고에 깊이 감사를 드린다.

근 20년 동안 많은 분들의 도움이 없었더라면 이 책에 대한 연구가 가능하지 않았을 것이다. 특히 조선족 복지센터의 임광빈 목사님, 유봉순 회장님, 진복자 총무님의 여러 도움에 진심으로 감사를 드린다.

또한 한국에서 중국에서 조선족 역사와 북한 사회, 탈북자 연구를 해오신 학자들과 운동가들의 직접적, 간접적인 도움에 감사드리며, 사진들과 영상물 등 소중한 취재 자료를 공유해 주신 조천현 기자에게 깊은 고마운 마음을 전한다.

그리고 문화혁명에도 불구하고 간직해오신 사료를 보여주시고 조선족 역사에 대해 좀더 깊게 이해를 할 수 있도록 이끌어주신 연변대학교 고 박창욱 교수님을 기리며, 연변대학교의 여러 교수님들, 특히 전신자 교수님과 손춘일 교수님의 배려에 깊은 감사를 드린다.

무엇보다도 연변과 한국에서 어려운 상황 속에서도 가명으로 또는 익명으로 긴 인터뷰에 응해주시고 험난한 삶의 시간을 잠시 멈추어 필자와 함께해주신 여러분들께 마음 깊이 진심으로 감사를 드린다.

2023년 2월  박현옥

# 차례

# III ——— 평화와 인권

# 서론

남북한은 이미 자본에 의해 트랜스내셔널 코리아 형태로 통일되었다. 북한에 대한 경제적 지원과 널리 알려진 탈북 난민들의 발자취를 제외하면, 우리는 한국과 중국, 북한의 국경을 넘나드는 사람과 물자, 생각의 이동을 쉽사리 간과한다. 이 사실은 여전히 냉전적 유산이 지배하고 있으며 사회주의에 대한 자본주의의 명백한 승리감을 보여준다

## 역사적 접근

트랜스내셔널 코리아를 인식하는 일은 현재의 한민족 형성 과정을 20세기 한국과 한인 디아스포라들의 역사를 통해 파악하는 역사적 접근을 요구한다. 한인들 사이에 지속되는 국가를 넘나드는 상호작용은 한인 공동체들의 비동시적인 신자유주의적 개혁의 채택으로 이루어져 있다. 이들 남한과 북한, 중국의 조선족 사회는 이 개혁을 새로운 민주주의적 질서로 상상한다.

이 책은 사회주의와 자본주의의 탈식민주의와 냉전의 역사를 신자유주의적 현재의 역사로 제시한다. 냉전기에는 남북 간 경쟁으로 인해 영토의 통합이 한민족 주권이 지향하는 규범적 전망이 되었다. 이러한 냉전적 처방은 여전히 견고하지만 자본주의적·민주주의적 한인들의 통합이 국경을 넘어서서 진행되면서 다시금 기존의 한인들 사이의 종족적·민족적 관계가 흔들리고 있다. 그런데 이런 동요는 일제 강점기에 한인들이 대규모로 만주와 주변국으로 이주한 이후, 아시아 질서를 흔들어온 소용돌이의 하나이다.

결국 각 공동체 내부에서 그리고 공동체들 사이에서 벌어지는, 국경을 넘나드는 한인들의 정체성과 권리에 대한 견해의 불일치는 현재 지구적 규모로 일어나고 있는 자본주의 팽창의 불균등과 분열을 드러낸다. 그런데 북한과 조선족은 이를 사회주의에서 자본주의로의 이행으로, 그리고 한국은 군사독재에서 민주주의로의 이행으로 파악한다.

소위 신자유주의적 자본주의의 패권적 확산은 실은 개별 한인 공동체가 사회주의적 혹은 자본주의적 국가 형성의 틀을 만든 냉전기의 고유한 위기에 대한 가장 최근의 반응이다.

## 북한과 한국, 그리고 중국

북한과 외부 세계 사이의 경계는 또 하나의 베를린 장벽이 아니며, 독일의 민족 통일 모델은 한국에 적합하지 않다. 냉전기의 동독과는 달리 북한은 두 가지 요소로 인해 탈냉전기에 지구적 자본주의 체제에 통합되었다. 하나는 북한이 중국, 한국과 맺게 된 새로운 경제적 관계이며, 다른 하나는 북한 사람들의 월경 이주노동이다. 이는 북한 내부의 사회경제적 변화와 밀접하게 연결되어 있다.

냉전의 맥락과 관련된 독일의 경험을 한국에 적용한다면 그것은 1990년대 이래 북한에서 일어나고 있는 대규모의 정치적·사회경제적·문화적 변화를 간과하는 것이다. 북한과 미국 그리고 미국의 우방들은 모두 동일한 것, 즉 북한에 대한 자본 투자를 원할 것이다. 여기서 우리는 다음과 같은 질문을 던져볼 수 있다.

## 사회주의와 자본주의의 결합

무엇 때문에 우리는 중국처럼 북한이 이미 오랫동안 사회주의 이데올로기와 자본주의적 경제개발을 결합시켰다는 사실을 인지하지 못하는 것일까? 무엇 때문에 이로 인해 북한 사회와 국가가 같이 만들어갈 변화도 수용할 수 없는 것일까? 북한은 사실상 지난 수십 년간 가시밭길을 걸어왔다. 설혹 북한 체제가 가까운 장래에 붕괴한다 해도 이 책에서 논의되는 신자유주의적 자본주의와 민주주의가 주도하는 현재의 역사는 계속해서 북한 사회에서 펼쳐질 변화의 중요한 단초를 제공할 것이다.

새롭게 각광받는 북한학은 북한의 변덕스러운 시장화, 그리고 시장화가 사유화와 민주주의를 욕망하는 인민들과 일으키는 충돌이 현재의 북한을 규정하는 결정적 현실이라고 간주한다. 그렇지만 이 책에서 나는 지금 벌어지는 국가와 사회의 충돌을 탈식민지와 분단이라는 조건 아래 추구되는 사회주의 건설과 급속한 산업화 사이의 지속적인 모순을 화해시키려는 반복된 투쟁의 가장 새로운 사례로 해석한다. 이 책은 또한 이런 모순이 20세기 사회주의의 경험을 구성하는 요소라는 점을 고려하여 북한의 사회주의를 구소련과 중국의 영구혁명의 역사에 비추어 비교적 관점에서 설명한다.

오늘날 북한에 관한 정치학은 경제적 협력을 북한 사람들의 인권 보호 문제와 대응시킨다. 햇볕 정책이라 불리는 남북한 사이의 무역과 다른 형태의 경제적 협력은 남한의 진보적 좌파 정부들에 의해 화평과 점진적 정치 개혁의 수단으로 채택된다. 이와는 달리 체제 변화라는 수단을 통해 북한 사람들의 인권을 보호한다는 생각은 한국 국내와 해외의 비정부기구들, 북한 추종 급진주의에서 전향한 인물들, 복음주의 기독교인, 미국이 주도하는 테러와의 전쟁 지지자들 등 다양한 세력들의 지지를 받고 있다.

북한에 대한 이러한 정치적으로 모순된 접근은 자본주의적 시장 체제와 법치를 민주화의 이정표로 이해하는 이들 사이의 합의를 가리게 된다. 북한을 향한 이런 제안들은 강력한 반대에 봉착한다. 이는 신자유주의적 자본주의가 만들어내는 스펙터클이다. 여기서 한국과 지구적 공동체들은 자본주의적 합의와 자국 내의 심화되는 사회경제적 불평등에서 파생되는 자신의 모순들을 북한의 민주화라는 과제로 전이시킨다.

## 이동하는 한인들

현재 한반도에서 신자유주의적 자본주의와 민주주의는 중국에서 한국으로 그리고 북한에서 중국으로 이어지는 노동의 순차적 이동을 통해 중국 동북부의 조선족 사회와 밀접하게 얽혀 있다. 조선족 이주노동자들은 한국에서 식당이나 노래방은 물론 육아, 간병, 노인 돌봄과 같은 직종에서 저임금 노동을 제공한다. 북한 이주노동자들은 한국인이 소유한 중국에 있는 공장에서 일하거나 한국으로 이주한 조선족 농부들의 땅을 경작한다. 또한 북한 이주노동자들은 조선족이 한국에서 송금한 돈으로 시작되어 번창하고 있는 여러 서비스 부문에서도 일하고 있다. 이와 맞물려 한국에서 저임금 조선족 노동자들은 신자유주의적 자본주의하에서 복지사회라는 허울을 유지하는 데 기여하고 있다.

## 문화혁명과 한국

일부 조선족은 중국의 문화혁명을 조선족 내부 살해로 기억함으로써 자신들이 한국에서 경험하는 이주노동을 이해해보려 한다. 한국에서 이 깊이 억압된 역사의 기억을 통해 우리는 문화혁명을 한국과 관련된 현재적 역사로 탐구할 수 있다. 반식민지 혁명가에서 반혁명주의자로, 사회주의적 국제주의의 파트너에서 국가의 적으로 전환되는 이중의 도치는 한인들이 중화인민공화국 내에서 어떤 험난한 과정을 거치며 소수민족으로 자리매김해왔는지를 증언한다.

한인들을 타자로 구성하려는 이런 거듭된 시도는 한인들이 만주에서 반식민지 혁명투쟁과 사회주의 건설에 폭넓게 참여하며 지도적 역할을 한 역사와 같이했다.

이러한 역설은 한인들의 민족적 정체성과 권리를 위태롭게 만들었다. 그러나 이 문제는 모범적 소수자라는 진부한 서사에 의해 감춰지곤 한다. 이렇게 구성된 한민족의 본원적 속성은 조선족에 대한 배제와 폭력에 대한 '내용'을 제공했다.

이에 반해 한인들에 대한 지속적인 타자화는 이를 통해 조선족이 소수자가 되는 '형식'이 되었다. 다시 말해 중국에서 중국인과 한국인 혁명가들은 사회주의적 신조와 강력한 산업화 추구 사이의 모순을 해소하기 위해 헛된 노력을 지속적으로 기울여왔는데, 이것의 불가능성이 도치되며 한인들은 타자로 구성되었다.

중국 정부가 사유화를 사회주의가 조선족에게 저지른 잘못에 대한 배상이라 여길 때, 한국에 거주하는 조선족 디아스포라로서의 이주노동은 예상치 못한 방식의 배상 기제가 된다. 이들이 한국에서 노동으로 이룬 저축과 송금은 타자 그리고 피해자로서 구성된 자신들의 신분을 역전시킨다. 이들의 이주노동은 주거, 의료, 교육에 대한 사회주의의 약속을 상품의 형태로 실현한다.

## 식민주의와 이주, 귀환과 보상

일본 식민지 치하에서 한인들의 만주 이주의 역사는 트랜스내셔널 코리아의 원역사(ur-history)가 되고, 식민지 이주를 둘러싼 서사

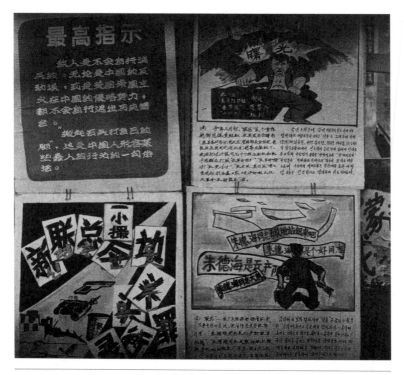

동아시아 한국의 지도.

와 정동적 기억들은 한인들이 이주·직업·권리의 조건을 서로 타협
하는 과정에서 국경을 넘어 상호 교환된다.

　탈북자라 불리는 북한으로부터 이주자와 중국 조선족은 각각 중
국과 한국에서 미등록 노동자가 된다. 이들이 환기하는 식민지 이주
의 기억은 착취와 불확실성에 대한 투쟁을 누그러뜨리며, 자본주의

적 꿈의 불씨를 지킨다. 이들이 한국인 고용주와 중개인을 향해 드러내는 민족적 연민과 도착적 태도 모두 그들이 처한 초국적 자본주의라는 현재의 맥락에서 이해되어야 한다.

나아가 한국 활동가들은 식민주의의 과오에 대한 배상의 언어를 통해 이들을 식민지기에 해외로 이주했다가 돌아온 식민 귀환자로 인식한다. 그래서 한국 사회가 이들의 귀환과 한국 국적 '회복'의 조건들을 놓고 다투게 된다. 그렇지만 조선족을 한민족의 일원으로서 지원하는 것은 비한인 이주노동자들을 세계시민주의의 틀에서 지원하는 것과 충돌하면서, 조선족에 대한 배상은 비한인 이주노동자에 대한 차별이라고 비판받게 되었다.

## 평화와 화해의 뒤편

배상의 정치학, 평화와 화해의 증진, 그리고 인권 옹호는 신자유주의적 민주주의가 사용하는 세 가지 레퍼토리가 된다. 나는 이들을 시장 유토피아로 개념화하여 신자유주의적 민주주의로의 역사적 전환 이면에 놓인 유토피아적 충동을 드러내고자 한다. 신자유주의적 민주주의 정치학은 다양한 이주노동자를 노동자가 아닌 다른 존재로 상정하는데, (여러 한인 공동체 어디에도 속하지 않는) 외국인 노동자는 세계시민주의적 존재로, 조선족은 식민 귀환자로, 그리고 탈북자들은 난민으로 간주한다.

이주노동자들에 대한 이런 분열된 표상으로 인해 신자유주의적 자본주의 생산이라는 조건 아래서 이주노동자들과 이주노동자들 사이의 관계, 이들이 한국의 노동자들과 맺는 관계는 감추어진다. 또한 비정부기구와 한국 정부가 이주노동자들의 노동을 합법화하면서도 일터를 바꿀 수 있는 권리를 부정함으로써 이들을 생산적 노동자로 관리할 수 있도록 한다. 이주노동자들에 대한 민주주의 정치학에 대한 분석이라는 점에서 이 책은 소위 말하는 탈노동 시대의 노동에 대한 연구서이다. 나는 담론이나 무의식 형태의 자본주의적 합의가 어떤 것인지를 밝히고자 하는데, 이 합의는 국경을 횡단하는 한인을 둘러싼 종족적·민족적·민주주의적 정치학에 내재한다.

## 반복과 역사

이 책은 한국과 아시아를 중심으로 지구적 자본주의와 정치적 주권의 시대인 현재의 종족성(ethnicity)과 민족주의(nationalism)라는 주제를 탐구한다. 이 책이 완성될 즈음 국제정치에서 종족 그리고 민족 간의 폭력이 또다시 휩쓸고 지나가며 사람들은 공동체로부터 뿌리째 뽑혀나갔다. 눈앞에서 벌어지는 사건에 대한 진단은 종종 과거에 일어났던 내전, 인종차별 정책, 종족 분리주의, 냉전 등을 준거로 이루어지며 폭력에 대한 처방도 역사적 사례들로부터 얻어진 양상을 가지고 예측하곤 한다. 대중적 담론과 정치적 의식에 내재한 이런 역사적 반복의 유형이 이 책의 주된 관심사이다. 『자본의 무의식』이 보여주고자 하는 바는 종족과 민족의 정치학 각 사례들의 역사적 내용은 반복의 개념이 하나의 형식으로 탐구될 때 그 모습을 드러낸다는 것이다. 일상적이고 끈질기게 되풀이되는 이 형식은 지구적 자본주의와 민주주의 정치학의 끊임없는 변화와 함께 파악되어야 한다는 것이다.

## 동아시아 한국을 둘러싼 통일을 이해하기

필자는 독자들이 이 책 전체를 읽어줄 것을 기대한다. 책 전반에 걸쳐 한국, 북한, 중국 세 곳의 지역사와 일국사가 서로 어우러지며 펼쳐진다. 이 과정에서 각 나라 역사의 중요한 세부적 각론보다는 트랜스내셔널 코리아의 역동성이 드러나도록 했다. 이 책은 여러 지역의 경계를 횡단하는 이주노동 분석으로 1996년부터 시작된 저자의 문서 자료 분석 및 민속학적(ethnography) 연구에 기반을 두고 있으며, 트랜스내셔널 코리아가 활발하게 형성되는 시기인 2001년부터 2007년까지를 중점적으로 다룬다. 이 시기의 필자의 민속학적 자료들은 한국과 중국의 이주노동자, 정책입안자, 입법자, 활동가들을 포함해 120명이 넘는 사람들을 심층 인터뷰하고 이들이 조직한 모임이나 포럼에 참가하여 얻은 것이다. 활동가들과 지역 주민들은 미등록 조선족과 북한 사람들을 소개시켜주었다. 문서 자료는 정부와 정당, 사회단체들이 만든 것들로 여기에는 공식문서, 미발표 자료, 그리고 검열 문서들이 포함된다. 또한 여기에는 북한의 문서들, 조선족과 이들의 중국혁명 참여에 관한 엄격히 검열된 기록과 같은 사회주의 관련 문서도 포함된다. 이 책을 준비하면서 역사 연구에서 민주화가 갖는 의미를 다시 생각해보게 되었다. 필자가 깨달은 바는 합의가 민주주의 정치학의 한 양상으로서 자료와 현장에 더 자유로운 접근을 허용하긴 하지만, 관점의 다양성을 제약한다는 것이다.

필자는 한국의 제도적·법적·정치적 과정들을 분석하는데, 한국에서는 정책입안자, 비정부기구, 좌파 세력, 복음주의자들이 미국 그리고 국제적 비정부기구들과 협력하여 북한과 중국에서 온 이주노동자들의 정체성과 권리를 다른 아시아 지역에서 온 비한인 외국인 이주노동자들에 상치시킨다. 이런 한국의 정치 분석은 중국과 북한의 사회주의 혁명과 사유화의 정치·역사와 이주민들 자신의 정치학과 짝을 이룬다. 한국의 정치가 한국, 북한, 한인 디아스포라들의 자본주의적 통합을 전적으로 결정하지 않는다. 신자유주의적 자본주의 척도들이 여러 곳에서 동시에 채택되었지만, 다 지역 분석은 각자의 고유한 역사 속에서 그 의미를 찾게 해준다. 이 다 지역 분석은 나아가 각각의 한인 공동체에서 사유화와 탈규제를 둘러싼 국가의 언어, 일상의 정치학을 이해할 수 있는 바탕을 제공한다.


이 책 각 장의 개요는 다음과 같다. 제1부는 책 전체의 역사적·이론적 틀을 제시한다. 1장은 남북통일에 대한 트랜스내셔널한 접근 방법을 구성하고, 이 접근법을 근대 주권, 자본주의의 위기, 역사 변화의 시간성에 대한 더 광범위한 역사적·이론적 탐구에 포함시킨다.

2장은 정치적 체제들의 동시간성을 검토하는데, 이 동시간성의 인식을 통해 이제까지 파편화된 노동 집단으로 여겨져 온 노조 가입 자국 노동자, 노조에 가입하지 않은 비정규직 노동자, 외국인 이주노동자, 귀환 동포의 동시간성을 정식화할 수 있다. 이른바 민주적 신자유주의 시대에 군사 국가에 의해 저질러진 폭력을 다시 현재에 되살려 환기시키는 일은 민주주의 정치학에서 민주화 이전과 이후라는 통상적 시대 구분을 와해시키는 새로운 정치적 계기들을 만들어 낸다.

　제2부는 한국과 중국 조선족 사회의 위기 속에서 생성되는 트랜스내셔널 코리아의 형성을 상술하여 시장 유토피아의 한 양식으로서의 배상에 초점을 맞춘다.

　3장은 위계적 트랜스내셔널 코리아에 대한 논쟁이 어떻게 조선족에 대한 배상의 정치학을 내포하는지 검토한다. 조선족은 예기치 못한 방식으로 한국으로 이주노동자로 귀환하는데, 이 귀환은 한국의 탈식민화의 계기로 구성된다. 필자는 이주노동자로서의 조선족 권리를 부정하는 이 도치된 탈식민화에서 자유주의와 자본주의의 논리를 포착해낸다.

　4장은 조선족의 이주노동을 사회주의적 배상의 한 형식으로 접근하는데, 이 배상의 정치는 실현되지 못한 사회주의의 전망을 상품으로 변질시킨다. 중국 당국은 경제사유화를 사회주의 혁명이 야기한 폭력에 대한 배상으로 규정한다. 필자는 조선족이 자본주의에 통합되는 과정에서 경험하게 되는 새로운 폭력의 형태들을 탐구하는데, 이주노동의 신체적 경험과 이중국적에 대한 조선족의 서사를 중점적으로 다룬다.

　5장은 한국에서 일하는 조선족 사이에서 발생하는 중국 문화혁명에 대한 비자발적인 회상을 폭력의 역사적 반복의 징후로 해석한다. 필자의 연구는 이들의 기억 속에 있는 "종족 내 살해"(intra ethnocide)라는 표현이 중국 사회주의 혁명에 불가피했던 폭력을 종족적 트라우마로 도치시키는 것이라고 본다. 사회주의 혁명기와 현재의 사유화 과정 내내 반복되어온 이중국적에 대한 발화는 이주에 대한 조선족의 거대 서사이다.

제3부는 평화 논리와 인권 옹호를 시장 유토피아의 다른 양식으로 제시한다. 여기서 트랜스내셔널 코리아는 남한, 북한, 조선족 사이의 삼각관계 안에서 형성된다.

6장은 남북통일을 한국의 민주주의 정치학의 문제로 접근한다. 이 민주주의 정치학은 탈냉전기하에서 국가 유토피아에서 시장 유토피아로 변화한다. 필자는 통일의 정치학 내에서 평화와 화해를 주장하는 쪽과 인권과 북한의 정권 교체를 주장하는 쪽 사이의 날카로운 대립의 저변에 존재하는 모종의 합의를 밝힌다. 또 필자는 이 아시아 공동체의 서로 다른 새로운 상상계 위에 투영된 통일에 대한 두 가지 대립하는 전망이 공유하는 자본주의의 논리를 드러내고자 한다.

7장에서는 이런 새로운 통일의 정치학 안에서 진행되는 북한에 대한 담론화된 규정들과 1950년대부터 현재까지 위기로 점철된 사회주의에 대한 북한 정부 자체의 담론과 나란히 대비시킨다. 북한에서 사회주의 건설은 구소련이나 중국에서처럼 신속한 중공업화와 주권과 평등이라는 사회주의 이상 사이의 모순을 확대시켰다. 필자는 이 모순을 북한의 사회경제적 제도와 사회주의 이행 과정에서 확인한다. 현재 북한의 위기에 대한 이런 역사적 접근은 북한의 이른바 자본주의로의 이행을 사회주의 이행이라는 위기로 점철된 역사 속에서 파악한다.

8장은 북한 사람들이 남한과 조선족 공동체의 자본주의와 민주주의 체제 속으로 통합되는 과정을 다루는데 이들이 중국과 남한으로 이주하며 겪는 일상 경험과 주체성의 문제를 설명한다. "[중국과 남한으로 꼭] 올 필요는 없었지만 그래도 [왔어요]…"라는 이들의 이주 서사는 통일의 정치학이 그랬듯이 분석의 초점을 난민이라는 이들의 신분에서 이들의 상품화로 이동시킨다. 필자는 이들이 처음에 중국으로 갔다가 다시 남한으로 이어지는 연속된 이주를 상품화의 헤겔식 부정의 부정으로 개념화하며, 조선족과 맺는 종족민족적·종교적 관계에 의한 상품화의 매개에 주목한다. 마지막으로 필자는 우연적 주체를 살펴본다. 이들의 유랑과 육체노동, 국가 없는 민족을 향한 욕망은 사회주의와 자본주의에 대한 근본적 비판을 담지하고 있다.

"나는 민주주의의 새로운 양상을
자본주의적 무의식으로 개념화한다"

# 위기

**Part One**

**CRISIS**

# 1장

자본의 무의식
## 코리아에 대한 난제

# 1 ─────── 트랜스내셔널 코리아의 등장

    남북한의 통일은 동아시아 냉전 질서의 핵심적인 문제의식이며 탈식민지를 향한 민족적 추구와 관련된 것이다. 이 책은 한반도에서 탈쟁전기를 여는 남한과 북한의 관계 회복에서 시작하여 한인 디아스포라 공동체들도 주역으로 참여하는 트랜스내셔널 공동체의 형성으로 탈바꿈하고 있는 통일에 대한 새로운 개념적 접근을 제시한다. 남북통일에 대한 통상적인 질문은 통일이 이루어질 것인지, 이루어진다면 언제 될 것인지 하는 것이다. 이 책의 명제는 자본이 이미 남북과 한인 디아스포라들을 트랜스내셔널 형태로 통일했다는 것이다. 이런 형태의 통일은 사람들이 오랫동안 염원해왔던 국가와 영토의 통합이나 이산가족 재결합의 형태로 구체화되는 것이 아니라 국경을 넘나드는 한인들(남북한과 디아스포라 포함)의 자본, 노동, 사고들로 추동된다. 민족 분단과 분단을 둘러싼 초강대국들의 각축은 냉전의 기반이었다. 1990년대 이래 남북한과 중국의 국경을 횡단하는 트랜스내셔널 한인들의 이동은 한민족 통일과 동아시아의 새로운 자본주의적 민주주의 질서 그리고 이 둘 사이의 밀접한 연관성

면에서 특별한 위치를 점하고 있다. 20세기 전반 식민 지배하에 있었던 한반도에서 중국 동북부 만주 지역으로의 이주의 역사는 북한과 남한 그리고 중국에 거주하는 한인들이 자본주의에 통합되는 조건들을 강화하거나 해체하기 위해 불러내는 원역사(ur-history)가 된다.

트랜스내셔널 코리아는 자본의 패권적 역할에도 불구하고 신자유주의적 자본주의의 모듈의 형태로 한인 공동체(남북한과 디아스포라 포함)들이 수렴해가는 것이 아니다. 트랜스내셔널 코리아의 지역적 의미는 그보다는 각 공동체 내의 오래된 것과 새로운 사회경제적·해방적 기획의 비동시적 집합에 의해 구성된다. 트랜스내셔널 코리아의 등장은 북한에 대한 남한의 승리에서 오는 것이 아니다. 이는 한인 공동체들이 각자의 사회경제적 위기와 이 위기를 사유화, 탈규제, 국경을 횡단하는 이동과 이주노동으로 극복하려는 시도들이 동시적으로 행해지며 등장한다. 즉 트랜스내셔널 코리아는 한인 공동체들이 경험하는 산업 발전의 위기라는 구체적·역사적 조건하에서 형성되는 것이다. 한인 공동체들 사이에 생겨난 새로운 자본주의 네트워크는 냉전기의 적대적 관계를 위기 극복을 위한 사회경제적 교환으로 전환시킨다. 이 책은 서로 근본적으로 다른 경제 체제들을 통합하는 중국 조선족과 북한 사람들의 연쇄적인 이주노동에 주목한다. 특히 남한의 여러 도시로 이주하여 확장되는 여러 서비스 산업에 종사하는 조선족과 중국으로 이주하여 조선족이 했던 농업과 조선족이 남한에서 송금한 돈으로 시작되어 급성장하는 소규모 자영업에 종사하는 북한 사람들을 다룬다.

필자는 자본주의적 경험을 사회정치적이고 역사적인 무의식으로 구성된 하나의 무의식으로 이론화한다. 시장 유토피아는 자본주의적 경험을 일상의 삶에서 서사적·신체적·감각적 실천으로 재현하는 사회정치적 무의식이다. 수탈, 착취, 불평등, 국경 횡단의 경험은 필자가 시장 유토피아로 개념화하는 민주주의의 사회적 구성을 위한 기반이 된다. 사회주의 체제든 복지 자본주의 체제든 산업화 시기의 민주주의에 대한 전망은 대중의 힘과 관련되어 있었다. 이는 대량생산과 대량소비 그리고 집단적 주권의 꿈을 강화하는 데 있어 대중의 결정적 역할을 확인해준다. 시장 유토피아는 신자유주의적 금융자본주의의 패권적 지배에 대응하는 민주주의의 대안적 실천이다. 이의 서사적 구성은 중요한 것이긴 하지만 이주노동자들의 경험을 철저히 드러내지 못하며, 이주노동자들이 일, 항의 집회, 감정, 질병 등과 관련되어 신체적 표현을 통해 기재되는 반복되는 일상, 곤경, 모순들과 같은 다른 사회경제적 경험들과 완전히 통합되지도 않는다. 시장 유토피아는 배상, 평화와 화해, 인권이라는 세 가지 민주주의 정치학의 레퍼토리를 담고 있는데, 이 목록이 공유하는 자본주의적 논리가 이 책의 분석 대상이다.

역사적 무의식은 역사 기억의 형식과 주체성의 시간적 구조와 관련되어 있다. 새로운 자본주의와 민주주의의 논리를 포착하는 데 사로잡히게 되면 새로운 것을 향한 관심은 마치 오래된 것은 사라져버리는 것처럼 단절(rupture)이나 이행(transition)을 가정하는 역사주의를 의도치 않게 조장할 수 있다. 필자는 이 역사주의가 어떻게 시대적 이행과 같은 논란적인 개념에 의해 추인되는지를 검토하고 역사를 탐구의 전면에 내세운다. 여러 경제 부문은 소위 금융자본주의 시대에 서로 다른 변화를 겪어왔다. 예를 들면 산업 영역은 축소되었지만 모든 공장이 해외로 이전되거나 폐쇄된 것은 아니다. 우리는 산업 영역의 종말을 선언하는 것이 아니라 달라진 국가에 대한 전망과 맺어진 산업자본과 금융자본 사이의 새로운 연합에 천착하여야 한다. 나아가 과거의 유토피아적 이상들은 사라져버린 것이 아니라 뜬금없이 출몰하여 신자유주의적 민주주의의 패권 주위를 맴도는 망령으로 귀환했다. 따라서 여기서 중요한 것은 어떻게 새로운 정치학을 만들어낼 것인가와 더불어 그것이 등장할 때 어떻게 인식할 것인가에 관한 것이다. 역사는 사건의 집적이 아니라 서사와 신체성 그리고 기억을 통해 시간을 이해하고 경험하는 것이기에 철학적 위상을 차지한다. 필자는 자본주의적 무의식을 역사적 반복이라는 틀 안에 위치시키고 그것이 어떤 내용과 형식으로 여러 역사적 시점에 등장하는지를 검토한다.

## 2 ———— 남북통일에서 트랜스내셔널 코리아로

1990년대 이래 자본은 남북한 통일의 트랜스내셔널 형태의 선봉장이 되었다. 주의 깊은 관찰자들조차도 이 새로운 형태를 인지하지 못하였는데, 이는 냉전 이래 통일을 영토에 기반을 둔 민족국가의 통일로만 인식하는 고착된 생각 때문이다. 통일에 대한 기존의 담론과 실천은 트랜스내셔널 코리아의 초국적 형태를 인식하는 데 별다른 도움이 되지 않는다. 오래되거나 새로운 통일에 대한 수사들은 분단의 트라우마를 유기적 민족 통합체의 재확립을 위한 재료로 뒤바꿔버린다. 영토의 합병을 통해 과거 하나의 공동체로 회귀한다는 냉전적 통일 개념은 통일의 정치학을 냉전의 잔영 속에 머물게 한다. 한인들의 저항에도 불구하고 강대국들이 민족의 분단을 강요했다는 서사는 강한 설득력을 가진 냉전의 서사였기에, 지구적 냉전의 종결은 통상 재통합의 걸림돌인 외세의 저항을 제거하는 것으로 이해된다. 북한의 붕괴는 임박했으며 통일은 단지 시간 문제로 여겨지곤 한다. 독일 통일의 경험은 북한과의 평화적 통합에 필수적인 남한의 경제적 역량을 평가하는 모델로 내세워진다. 한국전쟁 이래 헤어진 이산가족들의 눈물 어린 잠깐의 만남은 통일을 향한 도의적 요구를 불러일으켰으며, 통일의 필요성에 대한 요구의 규범적 당위성을 뒷받침했다. 임박한 민족 통일의 실현이라는 탈냉전의 미혹 속에서 군사적 대치보다는 반세기가 넘는 분단으로 인한 문화적 차이가 영토의 통합을 넘어선 진정한 재결합을 위협하는 걸림돌로 인식된다. 통일을 이런 분할되지 않은 완전체로의 귀환으로 파악하면, 한민족의 주권이 가족 재결합과 단일 민족국가라는 진부한 형식을 벗어나 새로운 트랜스내셔널 공동체의 형태를 띠고 있다는 사실을 제대로 인식할 수 없게 된다.

## 통일에 대한 다른 접근

필자의 접근 방식에서 현재 진행 중인 통일의 형태는 단순히 민족이나 가족 화해의 문제라기보다 탈냉전 아시아의 새로운 자본주의와 민주주의 질서를 구성한다. 냉전 시기 한민족 분단의 역설은 적대 관계였던 남북한이 한편으론 통일을 민족의 독립이라는 숭고한 목적으로 승화시키고, 다른 한편으론 분단을 각자의 군사독재를 공고히 하는 방편으로 활용하며 강화했다는 것이다(Cumings 1981; Koo 1994; Bleiker 2005). 남북한은 각각 치열한 군비 경쟁과 국가 주도 산업화 경쟁에 뛰어들었다. 만약 우리가 냉전을 단지 초강대국 간의 군비 경쟁이 아니라 자본주의의 패권을 확보하려는 미국의 기획으로 이해한다면, 탈냉전이란 냉전 질서의 극복이라기보다는 지구적 자본주의 질서를 느슨한 국경과 신자유주의적 민주주의로 재구성하는 것이다. 남한의 저명한 문학비평가 백낙청은 탈냉전 시기에 남북한의 분단을 전환시키는 자본의 역할에 대한 아주 특이한 해석을 내어놓았다(백낙청 1998). 그는 1997년의 한국과 아시아의 금융 위기 발발 직후 쓴 글에서 북한을 상대로 한 남한 재벌들의 투자와 무역은 분단을 흔들어놓기는 했지만 종식시키기에는 역부족이었다고 주장했다. 그는 민족 분단이 자기 재생산 기제를 가진 하나의 '체제'가 되었기 때문에 공고해졌다고 말한다. 여기서 기제는 분단을 유지시키는 한반도 안의 군사적·정치적 힘들이라는 것이다. 하지만 필자 생각에는 백낙청은 주권 정치학의 국내적·지구적 변화에 수반되는 탈냉전 자본주의 체제의 거센 변화를 과소평가한다.

자본이 추동하는 트랜스내셔널 코리아는 통일이라는 규범화된 과제와 남한에 만연한 통일에 대한 회의 사이의 간극을 이어주는 고리가 된다. 남한의 민주화된 공공 영역에서 통일의 가능성에 대한 무관심과 회의, 그리고 통일을 향한 자신들의 노력이 더 이상 주목받지 못한다는 활동가들의 패배주의가 만연해 있다. 정부 기관과 연구 단체가 행한 설문조사와 여론조사는 통일을 향한 소망의 종언을 확인시킨다. 예외는 단지 남북한 정부가 주최하는 간헐적인 이산가족 상봉 행사 때문인 듯하다. 다시 만나리라는 기약이 없기에 이산가족 상봉은 수십 년간의 기다림을 인간적 비극의 스펙터클로 바꿔버린다. 남한 대중이 통일에 대해 갖는 비호감은 종종 통일 비용에 대한 우려 때문이라고 여겨진다. 그래서 우리는 통일의 경제학을 진지하게 검토해봐야 한다. 필자는 이러한 통일에 대한 경제적 우려가 남북한과 한인 디아스포라의 지구적 자본주의적 통합을 보여주는 현상학적 지표라고 생각한다. 그렇지만 이 경우에서조차 이 지구적 자본주의적 통합은 통일이 필요하지만 이룰 수 없는 머나먼 미래의 꿈이라는 정서를 반복해서 불러일으킨다. 자본과 노동의 교환은 통일의 절박함을 일련의 시장교환을 통해 순치시키며 남북한 사이의 화해를 향한 오랜 염원을 충족시킨다. 여기서 간과된 것은 한인들이 이미 자본에 의해 트랜스내셔널한 형태로 통일되었다는 점이다. 트랜스내셔널 코리아는 여러 한인 공동체들 사이의 상품교환 행위 아래 긴밀하게 연결되어 있다. 이런 물질적 실체는 탈냉전기의 새로운 일상적 현실로서 고안되고 실행되며 재생산된다. 사람과 상품, 돈은 국경을 횡단하며 부와 안전 그리고 원초적 소속감에 대한 환상적인 욕망을 동반한다. 자본은 한인들이 종족적 민족(ethnic nation)의 정동적 정치학을 통해 교류하는 초국적 공간을 점유하고 있다.

트랜스내셔널 코리아는 한민족 주권의 새로운 형식을 자본주의의 위기와 그 위기에 대한 역사적으로 구체적인 대응의 범위 내에 위치시키며 그 안에서 민주주의가 새롭게 문화정치적으로 기입됨을 포착한다. 벅모스는 "만약 냉전의 시대가 종식된 것이라면 그것은 아마도 어느 한쪽이 승리했기 때문이기보다는 양쪽 정치담론의 정당성이 물질적 발전 자체에 의해 근본적인 도전에 직면했기 때문일 것"(Buck-Morss 2002: 39)이라고 주장한다. 한반도에서의 냉전도 마찬가지로 남북한 사이의 간헐적으로 계속되는 군사적 긴장에도 불구하고 1990년대 이래 완화되었다. 이는 남한이 냉전에서 승리해서라기보다는 남북이 동시에 지구적 자본주의의 위기와 긴밀하게 관련된 위기에 직면했기 때문이다. 이 자본주의의 위기와 남북에서 어떻게 이 위기를 해결하려고 시도했는지를 분석하는 일은 새롭게 등장한 트랜스내셔널 코리아를 식별하는 데 필수적인 작업이다. 2차 세계대전 말의 지구적 자본주의의 위기가 냉전과 남북 분단의 정치경제적 토대를 만든 것처럼, 산업적 축적의 새로운 지구적 위기는 냉전의 약화를 추동하게 되었다. 이것이 의미하는 바는 남북한의 통일은 지구적 자본주의와 그것에 부수되는 민주주의 체제와 관련된 문제의식이지 종족적 민족 주권의 실현이라는 선험적 문제가 아니라는 것이다.

남한의 자본이 선도하는 트랜스내셔널 코리아는 탈냉전기 동아시아에서 명백히 불균등한 통합을 보여주는데, 이는 지역 통합에 대한 보편적인 상상 그리고 지속되는 민족국가의 영향력과 배치된다. 남한은 조선족에게는 남한 방문과 취업의 권리를 제한하면서 미국 동포에게는 사실상 이중국적을 허용한다. 두 디아스포라 공동체 사이의 불평등은 탈영토화된 트랜스내셔널 코리아의 형성에 있어서 북한의 지위와 더불어 가장 큰 논란을 불러일으켰다. 남한과 자본주의적 교환이 없는 일본과 러시아 거주 한인들은 트랜스내셔널 코리아에서 보이지 않는 존재로 남아 있다. 이런 위계적인 초국가 공동체는 시민권의 종족적 원리 그리고 고국과 디아스포라의 이분법과 어울리지 않는 것이다.

## 탈식민성

민족의 문제를 탈식민의 문제로 개념화하는 것은 상상된 한인 공동체가 트랜스내셔널 코리아로 전환되는 것을 이해하는 데 필수적이다. 남북한이 민족의 영토적 통합을 둘러싸고 벌인 냉전 경쟁은 탈식민지적 성격을 가지고 있다. 해방 이후의 남북 분단은 단순히 강대국의 개입뿐만이 아니라 식민지화로 인해 심화된 불평등을 어떻게 사회적으로 개혁할 것인가를 두고 벌어진 국내 갈등의 결과이기도 하다. 냉전은 탈식민 투쟁을 국가사회주의와 군사자본주의의 대결로 고착시켰다. 북한은 영구혁명의 기치 아래 토지 개혁, 친일파 청산, 반식민지 투쟁 기억의 신성화 등 사회주의적 형태의 탈식민 개혁을 주체사상의 기반으로 삼아 진행했다. 남한은 토지 개혁을 미루고 친일 세력을 행정부과 군대의 요직에 재임명하는 군사 국가를 건설했다. 남한에서 군사독재와 미국의 영향력 그리고 자본주의적 발전, 이 세 요소 간의 밀접한 맞물림은 1980년대 사회구성체 논쟁의 핵심적인 질문이었다. 냉전에 의한 민족 분단 이슈에 사로잡혀 있는 한반도의 탈식민 정치학은 패전과 미국의 점령을 거치며 미국과의 관계에 사로잡힌 일본의 전후 정치학과 유사하다. 영에 따르면 일본의 탈제국주의 역사는 주로 전쟁의 책임을 따지는 전후 역사로 축소되어 버렸다(Young 2012). 미국은 1960년대 아시아에 냉전 블록을 만들며 식민지 지배와 그에 따른 배상 문제를 종결하기 위해 남한이 일본이 제안한 일회성 금전적 타결을 받아들이도록 했다.

탈냉전 시대는 한민족을 트랜스내셔널 형태로 건설함으로써 탈식민의 욕망을 재구성했다. 식민지 지배에 대한 배상 문제는 남한에서 탈냉전의 맥락에서 다시 불거졌다. 지금은 일제하에 국가에 의해 일본군 성노예로 동원된 여성들에 대한 배상 문제가 가장 주목을 끌

고 있다. 역사는 한 번은 비극으로, 또 한 번은 희극으로 반복된다
는 마르크스의 말은 한국의 맥락에도 해당한다. 과거 중국과 북한의
한인들이 공산주의를 신봉하는 형제로서 우호적인 관계를 유지했
다면, 1990년대 이래 중국과 북한이 불균등하게 자본주의에 통합되
면서 돈과 노동의 시장교환에 의해 정해진 불평등한 서열 관계가 형
성됐다. 이들과 남한의 서열 관계는 패권을 쥔 남한 민주주의 정치
학의 새로운 목록인 배상, 평화 유지, 인도주의에 그대로 투영된다.
이 지점에서 식민지 시기 만주 이주의 역사는 트랜스내셔널 코리아
의 원역사가 된다. 일제 식민지의 기억은 조선족과 북한 사람들에게
그들의 일상 경험과 행동을 명료화하는 담론을 제공한다(Park 2005).
이 두 역사적 시기에 반복된 한인들의 국경을 넘는 이동은 과거와
현재의 이주 양식이 유사하다는 것을 의미하지 않는다. 그보다는 지
구적 자본주의의 팽창과 이 팽창에서 국가가 맡는 역할 사이의 상호
작용에서 발생하는 영토화와 비영토화 세력 간의 지속적이고 역설
적인 긴장관계를 드러낸다.

  역사적 반복이란 유사성과 기억의 문제 이상이다. 반복의 인식은
신자유주의적 민주주의의 틀을 형성하고 있는 선형적(linear) 역사
의식을 뒤흔들며, 이와 동시에 반복을 촉발하는 자본주의 팽창의
논리 그 자체에 주목하게 한다. 벅모스에 의하면 "헤겔주의나 마르
크스주의 역사철학과는 달리 원형(ur-form) 개념은 역사 발전의 연
속성이나 결과에 대한 결정론적 필연성을 상정하지 않는다"(Buck-
Morss 2002: 31). 이와 유사하게 트랜스내셔널 코리아의 원역사으로서
의 식민지 이주 역사는 식민지 근대화론을 넘어서는 접근법을 요구

한다. 식민지 근대화론은 자본주의 발전의 기원을 식민지 시기에 위치시키는데, 이것이 함축하는 바는 한국 근대의 기원이 일본이 본토와 식민지에서 모방하면서 동시에 극복하려 했던 소위 서구적 근대에 있다는 것이다(Shin and Robinson 2001 참조). 이런 논의와는 달리 필자의 분석이 드러내는 것은 식민지 시기 만주 이주의 역사가 신자유주의적 민주주의 질서와 동일시하거나 탈동일시하는 데 있어서 서사의 재료를 제공한다는 것이다. 이 책은 현재를 분석한다. 이는 새롭게 등장하는 지구적 자본주의와 민주주의 체제가 국경을 횡단하는 한인들의 삶을 파열시키는 시간이다. 식민지 시기 이주의 기억들은 자본주의와 민주주의의 변화에 대한 경험을 구성한다. 국경을 횡단하는 한인들은 새로운 기억들을 구성하여 그들 공동체들 사이의 위계를 이해하고 또 거기에 이의를 제기한다.

## 트랜스내셔널리즘

트랜스내셔널 코리아는 실질적으로 탐구되는 순간 바로 불안정성을 드러낸다. 대립과 모순은 국경를 횡단하는 한인들의 상호작용을 둘러싼 실천과 서사로부터 발생한다. 종족성, 민족, 세계시민주의, 평화, 인권은 한인들의 정치경제적·문화적 교환이 국경을 가로지르며 이루어지는 핵심적인 공간적 현장이다. 이런 공간적 현장은 자본주의적 거래를 위한 시간과 장소 제공을 주기능으로 하는 경계 구역이다. 내재적 모순을 지닌 트랜스내셔널 코리아는 세계시민주의와 민족주의에 의존한다. 이 둘은 자본주의 팽창에 항상 순기능을 하지는 않더라도 중요한 역할을 한다. 예를 들면 남한의 비정부기구들은 앞에서는 이주민의 권리를 인권으로 정의하는 세계시민주의를 옹호하면서도 뒤에서는 민족주의를 불러들인다. 민족국가와 이주자들 역시 민족적 유대와 함께 세계시민주의적 유대에도 호소한다.

트랜스내셔널 코리아는 디아스포라 연구나 초국적 이주 연구의 틀을 넘어서는데, 이 연구들은 디아스포라를 민족국가의 연장 혹은 초월로 간주하여 민족국가를 분석의 단위로 유지한다. 초국가주의 이론들은 아파듀라이(Appadurai 1996)의 '종족경관'(ethnoscape)과 지구적 인권 체제와 같은 종족적·지구적 동질성 그리고 디아스포라 문화(Clifford 1992; Gupta and Ferguson 1997; Braziel 2003)와 같은 지역적 차별화를 중심으로 하여 전개된다. 하지만 이 두 가지 이론의 축 어느 것도 트랜스내셔널 코리아인 공동체들의 위계적 구조를 설명하지 못한다. 이 위계는 또한 사회적 신분, 거주지 혹은 국적과 무관하게 모든 구성원들을 동일하게 포용하는 종족 민족주의에 기반을 둔 국적 원리에 상치된다(Brubaker 1998). 장거리 민족주의의 개념에서는 외국에 거주하는 민족 구성원을 고국의 연장으로 개념화한다(Anderson 1992). 그렇지만 이산 연구나 초국적 이주 연구에서는 이들을 국경을 넘어 흩어지고 국가의 틈새 공간에 거주하며 고국과 주거국 어디에도 애착을 가지지 않는 민족국가의 타자로 제시한다(Schiller, Basch, and Blanc 1995; Soysal 1995). 따라서 이런 디아스포라와 초국적 이주 연구들의 주 관심사는 현 지구화 국면 내에서 민족국가의 위상과 민족국가 구성원의 자격에 대한 것이다. 그 결과 이 두 갈래의 연구들은 고국/거주국과 디아스포라라는 이분법적 분석을 제시하는데, 여기서 디아스포라는 민족국가의 일부가 아니면 타자로 간주된다. 이런 이분법적 연구의 틀은 남한의 외국인 이주노동자, 조선족 이산, 북한인 이주자들에 대한 점증하는 연구에 차용되어 남한에서 일어나는 차별, 디아스포라들의 네트워크, 종족적·민족적 자격 요건, 그리고 중첩된 소속을 탐구하는 데 활용된다(설동훈 1999; Cho 2008, 박경태 2008; Ryang 2008; 김지은 2011).

현재 이루어지는 국적과 초국적 이주에 관한 연구들은 트랜스내셔널 코리아를 가로지르며 형성되는 서열 관계의 복잡성을 적절하게 다룰 수 없다. 한인 디아스포라 공동체들이 상호 간 그리고 남한에 대해 갖는 상이한 입장과 권리 그리고 교섭력 등을 고려할 때 전통적인 고국과 디아스포라라는 이분법적 분석을 넘어서 고국/주거국, 비한인 이주자, 다양한 한인 디아스포라 공동체들을 다 함께 아우르는 분석의 틀이 필요하다. 디아스포라 공동체들을 하나씩 관찰해보면 트랜스내셔널 코리아에서 미주 동포의 위치는 중국에서 홍콩계 중국인 투자자들의 위치와 유사하다. 중국 정부는 그들의 투자는 반기지만 그들을 마치 더 이상 친정에 헌신하지 않는 출가외인이 된 딸처럼 대한다(Ong 1999). 남한에서 일하는 조선족의 지위는 1970년대 브라질에서 돌아온 일본인 후손과 유사하다(Linger 2001; Lesser 2003). 필자는 한인 디아스포라 공동체들을 통합적으로 검토할 때만 이 이들 사이의 위계를 파악할 수 있다고 주장하는 바이며, 이 책에서 트랜스내셔널 코리아가 연결된 한인 공동체들의 위계질서를 구성하는 자본주의 세력과 불가분하게 얽혀 있다는 것을 보여주고자 한다.

  지구적 한국 자본주의와 그 위계질서에 대한 필자의 분석은 자본의 도구적 논리가 갖는 문제 또한 고려한다. 필자는 남한 사람이 북한 사람과 조선족을 저임금 노동자나 잉여 물자의 소비자로 표현하는 것의 의미를 탐색한다. 필자의 분석은 지구적 한국 자본주의와 그 형식을 두 항목과 연결한다. 하나는 남북한과 중국에서의 산업적 축적의 "동시적" 위기이고, 다른 하나는 자본과 노동의 교환을 통해 위기를 해결하고 이 교환 과정을 민주화의 과정으로 상상하려는 이 나라들 사이의 연동된 노력이다. 자본주의의 위기라는 문제는 통일의 새로운 형태를 인식하기 위해서 철저히 탐구되어야 한다. 헤겔의 도식에 따르면 이 위기는 위기를 극복하려는 과정에서 등장한 한인 주권의 초국적 형식에서 발견된다. 달리 표현하면 트랜스내셔널 코리아인 공동체 분석은 지구적 자본주의의 보편 논리, 그리고 그에 내재한 위기를 보여준다. 이것이 시사하는 바는 한인의 종족적 자주권의 지표는 종족적·민족적 내용이나 (문화적 차이, 종족적 순수성, 경제발전 단계와 같은) 이념적 주제가 아니라 무엇보다도 이 자주권의 지표가 지닌 상품 형식(commodity form)에서 명백히 표현된다는 것이다.

# 3 ——— 위기, 사회주의 그리고 주권

필자는 자본주의 분석, 특히 가치증식(valorization)과 당면한 위기의 역사적 표현 분석을 통해 트랜스내셔널 코리아의 자본주의적 논리를 설명한다. 트랜스내셔널 코리아는 남한과 북한, 중국의 동시적 위기와 이들 사이의 연동된 위기 해결 과정과 관련되어 있기에 자본주의와 사회주의에서 발생하는 위기를 철저히 분석해야 한다. 필자의 논의는 사회주의에 대한 규정의 전환, 특히 사회주의의 유토피아적 전망과 실제 사회주의 사이의 간극에 초점을 맞추는데, 사회주의가 자본주의와 맺는 관계가 해방적 정치학의 전망을 위한 이론적·정치적 지형이 되어왔기 때문이다. 가치법칙(law of value)과 국가-자본 연합은 자본주의의 위기와 그 대안으로서의 사회주의 건설을 둘러싼 논쟁의 두 축이다. 필자는 이 책에서 지구적 자본주의와 생명정치학의 분석을 산 노동과 죽은 노동의 연구를 위한 하나의 틀로서 통합한다.

## 자본주의의 위기와 사회주의

자본주의의 위기에 대한 이론적·역사적 평가는 위기가 어떻게 대규모 산업자본주의 과정 그 자체에서 유래하는지, 그리고 위기의 극복에 필요한 것이 혁명인지 아니면 개혁인지에 대한 쟁점들과 관련되어 있다(Lenin 1917; Marx 1976; Steger 1997). 케인스는 시장균형을 통한 위기 해결을 거부하고 소비 수요 창출을 상품 판매의 감소를 방지하는 수단으로 보았다(Keynes 1936). 좌파들이 보기에 자본주의 위기에는 세 가지 구조적 근원이 있다. 첫 번째는 과소소비다. 임금의 최소화에 의존하는 자본의 축적에 비례해서 대중의 구매력이 감소하기 때문이며(Luxemburg 1913), 두 번째는 과잉생산이다. 독점자본가들이 더 많은 이윤 창출을 위해 기술과 기계에 투자하고 생산 능력을 확장하며 노동생산성을 높이기 때문이다(Lenin 1917). 세 번째는 이윤율 저하 경향인데 다음과 같은 이유가 있다. 건물과 기술 그리고 그 밖의 생산 비용에 투입되는 불변자본은 노동비용에 쓰이는 가변자본에 비해 불균형적으로 증가하며, 자본가는 노동력 생산에 필요한 노동력의 축소를 통해 이윤량을 증가시킨다. 이에 따라 이러한 생산성에 대한 투자는 임금비용을 절약하게 하여 절대적 이윤량은 증가시킬지 몰라도, 노동자들의 미지불 노동이 잉여가치의 기본이기 때문에 노동력의 감소는 "이윤율"을 저하시키게 된다는 것이다(Marx 1992).

사회주의 개혁가 베른슈타인과 카우츠키는 각각 과잉생산의 위기를 개별 국가의 재정과 금융 정책 그리고 제국주의적인 수단을 통해 막을 수 있다고 주장했다(Salvadori 1990; Steger 1997). 이들과는 대조적으로 룩셈부르크는 신용 시스템이 자본가들로 하여금 소비의 한계에 대한 고려 없이 (생산을) 확장하도록 충동질할 수 있으며, 과소소비에 대한 해결책으로 제국주의가 세계적 규모의 시장을 만드는 것은 문제를 해결하기보다는 위기를 세계화할 것이라고 주장했다(Luxemburg 1900).

점증하는 은행과 산업자본의 유착 그리고 이 유착으로 인한 카르텔과 트러스트를 통한 독점화의 경향에 대해서 힐퍼딩(Hilferding 1910)과 레닌(Lenin 1917)은 잘 알려진 것처럼 금융자본이 제국주의의 새로운 단계인지 아니면 최상위 단계인지를 두고 상호 보완적이면서도 때론 비판적인 논쟁을 벌였다. 힐퍼딩은 위기의 원인을 수요와 공급 사이의 불균형을 발생시키는 금융자본의 지배에서 찾았는데, 제국주의가 이 위기를 완화시킬 것이라고 생각했다. 레닌은 이와 달리 금융자본가를 투기적 활동으로 경제발전을 저해하는 기식자나 불로소득자로 여겼다. 이와 동시에 금융자본의 수출은 제국주의 국가 간의 전쟁을 유발할 것이며 이에 따라 선진국에서 정치적·경제적 위기 나아가 혁명투쟁을 심화시키게 될 것이라고 주장했다.

사회주의 경제 체제의 역사는 사회주의라는 이념과 그 이념의 실현이 얼마나 복잡다단한 것인지를 드러낸다. 사회주의가 자본주의 위기의 항구적인 해결책이라는 생각은 사유재산권을 공공 소유로 대치하면 자유와 평등이 보장될 것이라는 믿음, 그리고 국가 기획이 사회의 필요에 따라 생산을 합리화할 것이라는 믿음에 기초하고 있다. 그러나 실제 사회주의 경제에 대한 평가는 그 실현 과정에서 국가의 관료화, 지속적인 상품생산과 노동 규제가 가지는 혼란스러운 의미에 달려 있었다. 이런 논의의 핵심은 가치법칙이 사회주의 경제에도 적용되는지, 만약 적용된다면 어떻게 국가에 의한 계획경제와 공존하는지에 대한 것이다. 가치법칙은 상품화된 노동력을 가치 창출의 수단으로, 그리고 미지급된 노동을 잉여가치로, 이 잉여가치를 이윤으로 확립한다.

이 가치법칙은 자본의 생산 투자를 자본주의적 이윤의 원천으로 간주했던 당대의 정치경제학자들에 대한 마르크스의 비판의 핵심이었다. 가치법칙에 따르면 노동력을 가지고 다른 생산수단을 이용해 생산을 함으로써 화폐를 자본으로 가치화하는데, 이 가치화 과정은 노동을 상품화하는 사유재산제에 의해 지탱되고 있다. 무산 노동자는 자신의 노동 외에는 아무것도 소유하고 있지 않기에 생존을 위해 노동을 팔아야 하고, 그들의 노동력을 최대한으로 이용할 수 있도록 설계된 규제 아래서 일해야만 한다. 법적 계약을 통해 고용주는 노동자가 임금의 가치를 초과하여 행한 노동의 가치를 전용한다.

사회주의 국가에서 가치법칙에 관한 구체적 우려는 사유재산제, 상품생산, 경제적 분배라는 이 세 가지 쟁점에 주목한다. 논쟁은 사유재산제의 변화가 새로운 사회적 관계를 확립하는 데 필요하지만 이것으로 충분한지를 중심으로 벌어진다. 상품생산은 사회주의 체제로의 이행기에 필수적인 것으로 여겨지고, 경제적 분배는 생산성을 높이는 데 필요한 노동의 양과 질을 바탕으로 한다는 것이다. 이러한 논쟁은 저개발이라는 조건 아래서 사회주의 혁명이 생산력 발전을 국가 경제계획의 필수 과제로 볼 수밖에 없었던 역사적 맥락을 반영하는 것이다. '전략적 후퇴'라 불린 1921년 레닌이 제안한 「신경제정책」은 뿔뿔이 흩어진 농민들이 여러 차례의 전쟁의 충격으로부터 회복할 수 있도록 그들에게 자유 교역, 토지 사유 그리고 현물 납세를 허용했다. 스탈린은 이 정책을 농업과 중공업의 전면적 집단화로 대체했는데, 상품생산은 농민들에게 종자의 소유와 자신들의 곡물 판매를 허용한 지방에서만 이루어졌다고 주장했다. 비판자들은 구소련 경제의 이 이중성에 의문을 던지며 상품생산이 사회주의 경제의 모든 측면에서 수십 년간 이루어져 왔다고 했다(Ali 1984).[1] 스탈린은 저개발에서 탈피하고 중공업을 일으켜 소련에서 사회주의를 위한 조건을 확보하는 수단으로써 강력한 국가권력을 정당화했다. 트로츠키는 관료제를 비난하기는 했지만 국가가 자급자족 기반의 농민 경제를 철폐하고 기술 발전과 산업 노동의 생산성을 향상시켜, 사회에 자본주의 확장에 적합한 조건을 만들고 궁극적으로 사회주의를 실현할 필요가 있다는 것을 인정했다. 지젝에 따르면 트로츠키는 스탈린과 근본적인 견해차가 있었지만 국가의 역할이라는 측면에서는 그를 선도했다(Žižek 2007: viii~ix). 트로츠키는 고치가 나비로 탈바꿈하는 비유를 들어 "사유재산은 사회적이 되기 위해서는 번데

---

1  타리크 알리는 러시아에서 장기간의 전쟁과 혁명 뒤에 사람들의 안정에 대한 욕구 때문에 레닌과 트로츠키의 세계적 규모의 영구혁명보다 스탈린의 발전기획이 더 지지를 받았다고 지적한다(Tariq Ali 1984). 1930년대 산업화로 인해 당시의 체제는 사회적 지지를 획득할 수 있었는데, 경제가 신장하고 정치적 숙청으로 관료 기구에 많은 공석이 만들어져 노동자와 농민에게 일자리와 신분 상승 기회가 제공되었기 때문이었다.

기의 단계를 통과해야 한다. … (그렇지만) 무수한 번데기는 나비가 되지 못하고 사라진다"(Trotsky 1984: 35)고 말했다. 사회주의 경제가 나비의 단계로 전환되기 위해서는 노동자가 당에서 자신의 권력을 확고히 할 능력이 있어야 한다는 것이다. 이런 확신으로 인해 트로츠키는 10월 혁명이 배반당했지만 아직 완전히 전복되지는 않았다고 말할 수 있었다.

　노동자들이 성과급제, 돌격노동대, 그리고 스타하노프운동에 의해 더욱 강화된 노동 규제를 겪게 되었음에도 불구하고, 스탈린은 가치법칙이 소련에서는 생산에 영향을 미치는 것을 제외하고는 아무런 규제 기능 없이 작동한다고 선언했다. 그는 나아가 이 가치법칙을 통해 기업의 임원들과 정책입안자들이 생산과 생산량을 계산할 수 있을 것이라고 주장했다(Stalin 1951). 트로츠키는 소련의 경제를 이행 국면의 '낮은 단계의 공산주의'로 규정하고 소련의 노동자들이 여전히 '기술, 노동강도 등의 부르주아적 기준'에 따라 임금을 지급받고 있으며 소련 내에서의 임금 격차가 자본주의 국가들보다 크고 또 더 잔혹하기까지 하다고 지적했다(Trotsky 1984: 37). 그렇지만 트로츠키는 노동 착취를 소련 경제가 국가자본주의가 된 징표로 해석하는 다른 비판가들과 결별했는데, 이는 그가 관료주의의 반동적 전환에 대항하는 영구혁명에 대한 확신을 가지고 있었기 때문이다. 좀 다른 얘기지만 트로츠키의 동료이자 미국으로 이주한 제4인터내셔널의 지도자 두나예브스카야는 소련의 노동자들은 잉여가치를 뽑아내기 위해 정해진 사회적 필요노동시간에 속박되어 있다고 주장했다(Dunayevskaya 1944). 그녀에 따르면 국가가 필요가 아니라 노동에 따라 임금을 지급하는 것은 소련에서 자본주의의 가치법칙이 계속 작동하고 있다는 것을 의미하는 것이었다.

중국에서는 모택동이 국가와 당의 관료화에 대항하는 정치적 투쟁에 핵심적인 역할을 했다. 모택동은 스탈린이 사람을 생산력 발전을 위한 '사물'이나 도구로 환원시켰다고 비판하면서, 정치의 상부구조를 변환시키는 일에 있어서 사람의 역할을 강조했다. 그렇지만 문화혁명기에도 영국의 산업화를 따라잡자는 구호를 만들 정도로 모택동의 영구혁명의 전망 역시 생산력을 발전시키려는 충동에 사로잡혀 있었다. 1970년대 이래 여러 개혁가들은 국유제와 국가의 경제계획 범위 내에서 개인의 인센티브를 높이기 위해 노동과 상품생산에 따른 분배를 조정해왔다. 궁극적으로 1990년대 이래 중국의 개혁은 이론적으로 국유제를 사회주의와 분리시켜 다양한 소유제의 도입을 정당화했고 이렇게 사회주의라는 명목을 유지하며 사유재산제를 도입하게 되었다(Rozman 1987; Sun 1995: 89~107).

이 책은 중국 소수민족인 조선족의 경험에 입각해 중국의 최근 역사를 재고찰한다. 또 북한 역시 유토피아적 사회주의의 이상과 생산력 발전의 추구 사이에서 발생하는 모순에서 예외가 아님을 보여주고자 한다. 필자는 주체사상을 북한 특유의 영구혁명 추구 방식의 핵심으로 이해한다.

## 역사의 정치학: 이행과 불균등성

20세기 말부터 진행된 지구적 자본주의의 탈산업화와 금융화는 사회주의와 자본주의의 구별을 더욱 모호하게 만들며 이 둘을 쌍생아—하지만 이번에는 산업자본주의의 쌍생아—로 줄곧 규정해왔다. 하먼은 1970년대의 좌파적 관점을 계승하여(Cliff 1974; Binns, Cliff, and Harman 1987) 20세기 자본주의와 사회주의 사회는 각각 시장과 국가 독점이라는 차이가 있지만 산업 생산을 결정하는 과잉생산의 위기와 더불어 자본의 독점적 경향을 공유한다고 주장했다(Harman 2010). 버러워이는 사회주의와 자본주의의 경계를 가로지르는 포드주의 산업체제에 대한 비교 연구를 수행했다(Burawoy 1985). 벅모스는 미국과 구소련에 공통된 국가주권 형성 방식, 즉 인민이라는 집단적 형상에 대한 정치적 상상과 이 형상의 인간적 전능함을 상술했다. 또한 이러한 두 나라의 유사한 상상은 기술의 발전, 전례 없는 대량생산 규모, 집단 노동력과 같은 20세기 산업생산의 물적 조건 속에서 기인한다고 분석한다(Buck-Morss 2002).

사회주의 사회들에 대한 예전 분석과 최근의 분석이 이들을 역사화하려 했다면, 최근의 또 다른 평가는 사회주의를 현재에 아무런 적실성이 없는 과거의 유물처럼 취급하며 실패한 것으로 선언해버린다(Badiou 2005; Russo 2005; Douzinas 2010). 학자들은 다양한 방식으로 현 시대를 금융자본주의 시대로 규정하는데, 이 시대 자본축적의 논리는 산업자본주의의 논리와는 다르다는 것이다. 여기서 자본주의의 산업과 금융의 단계 사이에 역사적 단절이 있다고 전제되는데, 이 전제는 공산주의를 실패한 사회주의에서 구출하여 유토피아적 이상의 새로운 형태로 복구해내려는 생각의 저변에 놓인 가정이다.

구체적 예를 들자면 하트와 네그리는 최근의 자본주의를 생명정치학적 메트로폴리스라 부른다(Hardt and Negri 2011). 이는 정동, 정열, 다른 사회성의 양상은 물론 언어, 정보, 소통과 같은 사회문화적 실천도 상품화한다. 이 새로운 자본주의 체제의 중심인물은 비물질적·지적 노동 종사자와 불안정 노동 인력, 특히 여성과 이주노동자들인데, 이는 도덕주의·민족주의·인종주의의 이념과 충돌한다. 하비는 국가-금융 결합을 신자유주의적 자본축적의 '중추신경계'라고 불렀다(Harvey 2010). 하비(Harvey 2010)와 맥널리(McNally 2010)는 제조업체들이 이제는 이윤의 상당 부분을 금융 활동을 통해 얻고 있음을 보여준다. 예를 들면 제너럴 모터스(GM)의 소비자 금융 부서의 이윤은 자동차의 생산과 판매로 얻는 이득을 거의 능가하며 GM은 이제 가장 많은 담보대출을 하는 사기업들 가운데 하나이다.

　나아가 금융 탈규제 속에서 경쟁의 법칙은 금융업자가 신용 부도 스와프, 통화 파생상품, 금리 스와프와 같은 금융상품을 만들어 단기적이고 투기적이며 때론 기만적인 투자를 하도록 유도한다. 하비에 의하면 마르크스가 본원적 축적의 과정이라고 부른, 사람들에게서 '공동적인 것'(the commons)을 수탈하는 행위는 신자유주의적 금융자본주의 시대에서도 계속되는데 사유화, 탈규제, 노동력에 대한 공격이 공동적인 것을 탈취하는 자본축적의 새로운 수단이다(Harvey 2011). 이 최근의 수탈은 크게 두 집단을 대상으로 하는데, 이들은 불안정한 직업을 가지고 융자에 의존하는 노동자 집단 그리고 생존을 위해 이주노동자가 되는 농민과 토착민 집단이다. 사센에 따르면 오늘날의 금융자본주의는 지구의 남반구과 북반구 모두에서 추방의 논리에 의해 추동되고 있다(Sassen 2014). 예를 들면 사하라

이남 아프리카의 난민 수용소는 단기 고수익을 노린 지구적 금융자본주의자들의 자연자원 채굴 투자 때문에 살던 곳에서 추방된 사람들로 북적거리고, 자본주의 체제 북반구에서는 서브프라임 모기지를 위시한 다른 담보대출 기획들이 중산층과 소수자 주택보유자들을 착취하여 빈곤으로 내몬다. 달리 표현하면 산업자본주의가 국내에서 일자리를 만들고 경제성장을 이루며 사회경제적 계층 이동을 가능하게 한 반면에, 현재의 자본주의 형태에서는 노동자와 자연자원에 대해 더 약탈적이 되었다.

최근의 철학적 논의는 금융자본주의의 논리를 이해하려는 노력을 통해 공산주의로 회귀하고 있다. 하비가 보기에 사회주의는 산업자본주의의 민주주의적 형태의 하나인 반면 공산주의는 자본주의의 대안이다(Harvey 2011). 네그리와 하트에 의하면 상품, 지식, 정보는 손쉽게 공유되고 재생산됨으로 인해 사유 소유권을 감시하고 재산권을 강제하기 어려운데, 이러한 지구적 금융자본주의의 물적 조건이 공산주의를 실현할 수 있는 새로운 토대를 만든다고 한다(Hardt and Negri 2011; Hardt 2010도 참조). 바디우는 공산주의를 진리, 즉 역사적 실패에도 불구하고 반복해서 실천으로 이어지는 유토피아적 이념으로 접근했다(Badiou 2010). 반복된 실천이란 바디우와 그의 가까운 동료들에게는 정치의 변증법을 이전 역사적 유물론을 넘어서 비결정성을 향해 열리게 하는 핵심 개념이다.

이러한 이전 사회주의와 현재의 신자유주의적 금융자본주의에 대한 여러 논의들에 내재하는 역사적 단절이라는 개념에는 많은 문제가 있다. 자본축적의 새로운 논리를 밝히는 것과 이 새로운 것의 제도화와 경험을 설명하는 것은 서로 다르다. 사회적 관계들이란 새로운 것과 오래된 것이 서로 얽혀 구성되며 이 관계의 경험은 표상되고 해석되는 과정을 거쳐야 하기 때문이다. 그래서 필자는 지구적 자본주의 분석의 초점을 정치적·경제적 이행에서 역사와 정치학으로 옮긴다. 사회주의의 여러 역사적 형태들이 실패했다는 선언은 순수 정치학을 지향하며 역사를 생략해버리는 위험을 초래할 수 있다. 이런 선언은 새로운 것의 도래가 이전의 구조와 경험을 없앤다고 가정한다. 이런 역사의식은 오래 지속된 자본주의의 이념과 유사한데, 이 이념은 자신을 혁명적 힘으로 표상하며 생산과 순환의 반복을 통해 오래된 것은 새로운 것으로 빠르게 대치됨으로써 새것은 금세 헌것이 된다.

1980년대 이래 소위 (사회주의에서) 자본주의로의 이행에 부수되는 것은 정치의 계급투쟁에서 정체성과 생명의 정치학으로의 전환, 그리고 민주주의 이념의 집단적 해방에서 법치와 자기 권한 강화(self-empowerment)로의 전환이다. 이러한 사회경제학·정치·문화에 대한 해석의 전환은 역사를 경제적 결정론에서 해방시켜 유동성·비결정성·우연성으로 향하게 한다. 이와 동시에 이런 전환은 권력 구성에서 지식 생산과 탈계급적 정체성 형성에 주목한다. 이러한 전환은 현재라는 역사적 국면을 과거와 현재 사이에 단절을 상정하는 '이행'의 시기로 만들어내는데, 필자는 이 역사적 이행이라는 지배적 관념에 대해 탐구한다. 경제 부문 전반에 걸친 비대칭적 변화는 새로운 자본주의 형태로의 전면적 전환이라는 가정과 배치된다. 나아가 대안적 미래에 대한 역사적 상상력은 부정, 향수 또는 그 밖의 다른 기억의 양상을 통해 여전히 과거에 묶여 있다.

현재를 규정하는 것은 산업자본주의와 금융자본주의 사이의 불균등한 관계이지, 전자에서 후자로의 선형적 이행이 아니다. 이 불균등한 관계는 산업자본주의 태동기부터 역사와 정치를 정의해온 도농 간 불균등한 관계라는 근대적 문제의식에서 벗어난다. 전통적 도식에서 산업자본주의는 농민과 목부를 땅에서 몰아내어 그들의 생존 수단을 몰수하며 시작되었고, 국가와 투자자들은 사유재산제를 근거로 이 수탈을 합리화했다. 도시에서 공장 건설이 더디어 농촌에서 쫓겨난 농민들의 고용 수요를 감당할 수 없게 되자 동요를 우려한 국가는 부랑을 금지하는 법을 시행하여 땅을 잃은 농민들을 난민이나 노예로 만들었다. 이 때문에 마르크스는 이 본원적 과정을 '피와 불의 글자들'로 쓰인 역사라 불렀다(Marx 1976: 875).

자본축적을 지탱하는 폭력은 기술, 시장 교환, 소비, 그리고 사람들의 밀집 자체를 자유와 평등의 근거로서 상상하는 역사적 진보관에 의해 가려진다. 벤야민은 산업자본주의의 끊임없는 팽창과 인류역사에 대한 낙관이 가져다준 파멸과 격변을 놓치지 않는다(Benjamin 1969; 2002). 20세기의 사회주의는 산업자본주의에서 탄생한 사상으로 산업자본주의의 위기는 식자들로 하여금 사회주의 혁명의 필요성과 불가피성, 나아가 사회주의에서 공산주의로의 전환을 자명한 것으로 간주하도록 했다. 그렇지만 역사적으로 존재했던 사회주의를 분석해보면 중공업화의 당위성은 사회주의 실현 과정에서도 예외가 아니었음이 드러난다. 산업화와 노동규율 역시 사회주의의 꿈을 포기하지 않았던 20세기 제3세계에서도 주문처럼 되풀이되었다. 산업화 시대의 정치학은 노동자와 지식인이 농민과 다른 부문 사람들의 우위에 서는 지배적 관계에 의해 정의되었다. 산업화 이데올로기는 농민들이 생존 수단으로부터 추방당하는 것을 정당화한다. 현재의 시점이 산업자본주의에서 금융자본주의로의 이행이라는 가정은 이와 유사하게 노동자들이 20세기 포드주의 체제 아래서 어느 정도 성공적으로 쟁취해온 것들, 예를 들면 안정적인 일자리, 높은 임금 그리고 단체행동권을 빼앗는 것을 정당화하는 이데올로기로 작동한다.

금융자본의 패권적 지배는 불균등한 차이들을 불러들이는데, 이는 경제 부문들 사이의 격차 때문이기도 하고 정치와 경제의 서로 얽히고설킨 관계 때문이기도 하다. 경제적 측면에서는 산업자본과 금융자본 사이의 새로운 결합이 있다. 산업화 시대에는 금융자본이 산업자본의 회전 시간에 따라 가치증식되었는데, 대출이자 형태의 이윤 수익률이 상품화된 노동생산으로부터 잉여가치를 추출하는 과정에 의존하기 때문이다.

필자는 산업자본주의에서 금융자본주의로의 이행을 가정하는 대신 제조업체들이 이윤 극대화의 전략으로 어떻게 금융기관을 이용하는지, 그리고 나아가 노동자 해고를 합리화하는 방안으로 어떻게 새로운 위기를 획책해내는지를 추적하고자 한다. 2장에서 분석하듯이 회계 법인들은 기업의 불변자본을 장부상에서 가치절하하는 방법들을 고안해내어 기업이 생산과정을 구조조정할 수 있게 하는데, 이는 노동의 희생을 전제로 한다. 필자는 신자유주의적 금융화의 중요한 특징으로 사유재산권의 강화와 이것이 노동자와 이들의 욕망과 투쟁에 미치는 구성적 효과에 각별히 주목했는데, 이 효과를 산업자본주의 체제의 역사와 그 여파라는 틀에서 분석한다.

문화적·이데올로기적 측면에서는 자본주의를 민주주의 형성에 필수 불가결한 힘으로 내세우는 위기의 정치학이 도사리고 있다. 이 책은 위기의식이 신자유주의 체제 아래서 어떻게 사회적 삶의 여러 측면에 스며드는지, 자본주의의 새로운 유토피아적 이상들이 무엇인지, 그리고 과거의 유토피아적 꿈들이 어떻게 현재를 교란시키는지를 탐구한다. 자본주의적 위기에 대한 기존 학계의 분석은 자본주의 위기의 근원과 논리에 초점을 맞추지만, 필자는 이와 더불어 정치와 문화에 의해 매개된 위기의 경험을 추적한다.

오늘날 자본주의 체제에 대한 논자들은 이주노동자를 신자유주의적 금융자본주의 체제에 의해 추방된 전형적 주체로 인식하는데, 중국과 북한을 떠나 남한이나 중국에서 일하는 한인들은 이러한 추방의 상징이다. 이들은 공장노동이 과거의 유물이라는 관념에 지배되고 있으며, 이들의 경험 또한 사유재산권, 풍요, 자유를 향한 욕망에 의해서 구체화되는데, 이 각자의 욕망의 의미는 자신들이 경험했던 과거 사회주의의 기억에 의존한다. 남한의 노동자들 역시 탈산업주의 이데올로기 지배하에 놓여 있다는 점에서 그들의 투쟁은 이전 대중 정치의 부정과 그것으로의 회귀 모두와 관련되어 있다. 진부한 이상으로 간주되는 고된 노동에 대한 자부심, 해방의 정치학, 종족 민족성이 과거를 현재로 호출해 귀환시킨다.

## 생명정치학과 지구적 자본주의

　필자는 유토피아적 민주주의의 전망을 자본주의의 위기와 연결시켜 근대 주권에 대한 두 가지 대표적 패러다임을 통합한다. 법 테두리의 안팎에서 근대국가의 예외적 주권을 설명하고 난민을 시민의 타자이면서 동시에 시민상의 거울로 보는 생명정치학적 패러다임이 그 하나이고, 자본주의라 불리는 근대의 역사에서 양도 불가능한 인간의 주권을 부의 원천인 그들의 노동력에서 찾는 산 노동과 죽은 노동의 유물론적 패러다임이 다른 하나이다. 슈미트는 자유민주주의 국가의 주권이 예외 상태를 선언하고 법으로 재가할 수 있는 국가의 능력에 있다고 보았다(Schmitt 1985). 아렌트는 국가 폭력에 의해 추방되고 권리를 가질 수 있는 권리가 박탈된 난민에게 관심을 기울였다(Arendt 1973). 난민은 근대 민족국가 체제에 내재한 모순, 즉 인권을 시민권에 귀속시킴과 동시에 시민의 권리를 정지시킬 수 있는 권력을 국가에 부여하는 모순을 드러낸다.

　난민과 시민 사이의 차이점은 아감벤이 슈미트의 주권 이론을 면밀히 검토하는 과정에서 없어진다. 아감벤에 따르면 근대 주권은 난민이 민족국가의 외부에 존재하여 권리를 가질 수 없다는 이유로 이들을 시민의 타자로 만들 뿐 아니라, 국가주권에 의해 언제든지 자신의 권리가 구속되거나 박탈될 수 있는 시민의 거울 이미지로 개념화한다(Agamben 1998). 푸코의 근대국가와 근대국가에 의한 삶의 생산과 관리에 대한 이론에 힘입어 예외적 주권 논의는 최근 몇 년간 생명정치학 연구의 주요 과제가 되었다(Foucault 1978). 푸코가 보기에 국가권력은 출생, 건강, 섹슈얼리티 등 삶의 근본적 측면들에 대한 지식과 표준의 생산을 통해 개인 일상의 삶 속에 파고들 수 있게 되었다. 가장 최근의 신자유주의적 민주주의의 형태 아래서 통치성 (governmentality) 연구는 개인의 세계관, 주체성, 욕망을 구성하는 권력 담론에 집중하고 있다(Campbell and Sitze 2013 참조).

필자는 생명정치학적 탐구를 사회경제학의 영역으로 확장하여 주권적 주체라 불리는 권리의 담지자는 사유재산 소유자라고 주장한다. 현 신자유주의 시대에 사유재산권은 민주주의와 동일시되는 법치주의에 의해 어느 때보다 더 확실하게 정당화된다. 국가의 사유재산권 보호는 국가의 권력 그리고 국가의 사회경제적 문제로부터의 철수라는 것을 이해하는 실마리가 된다. 필자는 사람들의 사회생활 전반에 걸친 국가주권이 역사적으로 어떤 구체적 특색을 갖는지를 국가주권과 사유재산권 제도의 관계를 통해 분석한다. 인간의 권리라는 이념은 근대 자본주의 사회에서 사유재산 소유자로서 인간의 등장 그리고 그런 인간의 전환과의 관련 속에서 논의되어야 한다. 다시 말해 생명정치학을 역사라는 렌즈를 통해 바라봄으로써 근대 주권을 자본주의 그리고 자본주의적 제도의 역사적 발전과 연결시킬 수 있다.

이와 함께 삶과 죽음의 정치학을 근대 주권의 근거로 이론화하는 광범위한 노력을 고려할 때 산 노동(living labor)의 의미를 좀더 탐구해볼 필요가 있다. 자본주의에 대한 마르크스의 해설에 따르면 자본가들은 노동이 아니라 노동력을 구매하여 따라서 그들은 생산성을 최대화하기 위해 노동과정에 다양한 사회적 규제를 도입한다

(Marx 1976). 이런 사회적 필요노동의 생산은 산 노동의 정치학을 정의하는데 여기서 노동자들의 주권 상실이나 죽음(사회적 추방)은 사유재산제 철폐와 사회주의 실현을 통해 극복된다. 마르크스의 산 노동과 죽은 노동의 이분법은 자본주의의 주권적 주체를 숙고해볼 수 있는 독창적 근거를 제공한다. 마르크스는 고정자본을 죽은 노동으로 규정함으로써 노동이 노동력의 원천이라는 그의 이론을 강조한다.

필자는 산 노동이나 사회적 필요노동을 분석하는 지형을 생명정치학의 영역으로 확장하는데, 생명정치학의 틀은 삶과 죽음의 이분법을 넘어 이 둘이 노동의 사회정치학적 생산의 다른 측면임을 보여준다. 노동의 삶과 죽음은 사회적 필요노동의 변형을 구성하는데, 이 변형의 모순은 주권을 두고 자본과 노동 사이에서 벌어지는 투쟁을 통해 펼쳐진다. 권리에 대한 담론, 자유를 향한 열망, 평등의 추구는 자본주의적 조건 아래서 노동자의 삶과 죽음에 깊이 얽혀 있다.

노동에 대한 필자의 생명정치학적 분석은 노동의 정치경제에 대한 사회학적 분석을 넘어선다. 노동 체제에 대한 사회학적 연구들은 규제된 사회적 필요노동시간을 노동과정의 구성, 국가, 이데올로기의 관점에서 탐구했다(예를 들면 Burawoy 1985; Seidman 1994; Lee 2007; Chun 2009). 필자는 노동 주권을 자본주의와 그 위기에 대한 역사적·철학적 탐구의 장으로 설정했다. 신자유주의적, 금융적 자본주의에 대한 분석은 사유화, 탈규제, 노동의 집단 권력에 대한 공세를 통해 위기를 해결하려는 자본의 전략에 주목함으로써 자본을 자본주의의 주체로 상정했다(Aglietta 2001; Sassen 2014). 자본주의 위기에 대한 평자들은 위기를 필수 불가결한 것으로 파악한다. 그래서 축적과정 내의 피할 수 없는 모순의 표현으로 보거나(Clarke 1988, 1993; Marx 1992), 자본주의가 파산과 같은 가치절하를 통해 과잉자본을 떨쳐내어 과잉생산을 해결해야 할 필요 때문으로 파악한다(Harman 2010). 이런 필요성은 위기가 필연적으로 자본주의의 붕괴와 이로 인한 혁명을 유발한다는 의미는 아니다. 위기의 발현은 자본과 국가가 자본축적을 위해 새로운 전략을 수립하는 계기로 이해된다.

하비는 자본이 자본축적과 위기 해결의 주체라는 이런 틀 대신에 이 문제를 다시 다른 마르크스주의적 근거, 즉 주권적 주체로서의 노동 그리고 노동의 양도 불가능한 권리의 원천으로서의 노동력이란 논의로 되돌린다(Harvey 2011). 하비의 주장에 따르면 자본의 위기 해결 전략에 주목하게 되면 1970년대 후반부터 서구에서 신자유주의적 전회가 실제로는 자본계급이 자신의 권력을 회복하고 강화하려는 자본의 계급투쟁이며, 자본이 자신의 이윤 창출의 위기를 노동자들의 일자리와 경제적 안정을 위한 투쟁으로 도치시킨다는 사실이 모호해진다. 신자유주의의 계급적 성격은 개인의 자유, 개인의 책임이라는 수사와 사유화, 자유시장, 자유무역이라는 덕목에 의해 가려진다. 하비가 보기에 이런 계급투쟁이 가져온 예상치 못한 역설적 효과는 금융 투기와 신용 제도가 주도한 약탈적 축적의 과정이 금융자본 권력에 대항하는 노동 이외의 수많은 다른 이해관계를 만들어낸다는 것이다.

필자는 노동자 주권에 대한 유물론적 탐구에서 다음처럼 세 가지 서로 맞물린 수정을 통해 접근한다. 첫 번째, 하비(Harvey 2011)의 접근 방식인 계급투쟁의 영역에서 (마르크스의) 잉여가치 생산의 지형으로 이동한다. 두 번째, 잉여가치 생산에 대한 해석을 가치법칙과 가치법칙의 정치경제를 생명정치학과 생명정치학에서 삶과 죽음의 생산이라는 문제의식으로 심화시킨다. 세 번째, 생명정치학의 지형을 지식과 권력을 생산하는 담론의 영역에서 확장하여 신체적 경험과 역사적 기억을 포괄하고, 자본주의의 새로운 전환 속에 드러나는 권력의 역사성에 주목한다. 마르크스의 자본주의 이해에서 가치론의 중심에는 노동력을 상품화하고, 자본가의 노동에 대한 사회적 규제와 미지불 노동의 전유를 합법화하는 사유재산제가 자리 잡고 있다. 그의 상품 물신성 개념(commodity fetishism)은 개인이 시장에서 교환되는 가치로 환원된다는 점에서 사회적 관계가 사물로 추상화됨을 강조한다. 생명정치학은 신체에 각인된 삶의 경험과 주체성을 부각시킨다는 점에서 사물들 간의 사회적 관계 공간을 확장한다.

비르노는 생명정치학과 노동력의 상품화 분석을 통합하는 보기 드문 연구 결과를 내어놓았다(Virno 2004). 그는 지성, 기술, 재능을 상품화하는 탈포드주의 체제 내 문화 산업에서의 노동을 탐구함으로써 마르크스의 지적 노동 개념을 재검토한다. 그는 이러한 역사적 조건에서 사회적 협동의 개념 그리고 지적 노동과 육체적 노동 사이의 새로운 결합이 갖는 정치적 의미를 숙고하는데, 기존의 이 두 유형의 노동 구분은 산업화 시대의 노동 상품화를 정의해왔다. 그는 노동자의 노동이 오직 잠재성으로만 팔린다는 문제의식에 대한 생명정치학의 구도를 보여줌으로써 국가에 의한 생명 생산의 한계를 드러낸다. 필자는 비르노처럼 국가주권의 생명정치학을 노동력과 노동력의 불완전한 상품화의 영역에 집어넣지만 비르노가 탈산업자 본주의의 새로운 논리를 다루는 반면 필자는 산업자본과 금융자본 의 새로운 결합 양상을 다룬다. 비르노가 노동의 존재론적 주권의 의미를 철학적으로 숙고하는 반면, 필자는 한인 이주노동자들의 구체적 실례들을 분석하고 그들의 삶과 죽음의 신체적 경험을 추적하며 상이한 정치 체제들 사이의 동시간성을 개념화했다.

아타나시우는 그리스 안과 밖의 신자유주의와 경제 위기에 대한 버틀러와의 대화에서 파농의 피식민지인 이중의식에 대한 저작에 기대어 사유재산권을 생명정치학의 한 형태로 접근한다(Butler and Athanasiou 2013). 파농은 피식민지인의 피부와 신체적 감각이 살아온 경험과 주체성에 갖는 구성적 효과를 탐구했는데, 이들은 식민 지배자의 인종차별주의적 시선을 통해 자신의 존재를 바라본다(Fanon 1967). 아타나시우에 따르면 식민지 조건이 백인성과 남성성을 재산 소유의 조건으로 만들 때 신체는 인정 투쟁의 지형으로 변하는데, 이는 인정 투쟁이 불안정하며 탈취의 물적 조건에 의해 불가피하게 결정된다는 것을 증언한다.

아타나시우(Athanasiou 2013: 13)는 사유재산권이 존재와 소유 사이의 존재론적 연결에서 발생하는 인격, 소속감, 정체성에 미치는 구성적 효과를 탐구했다. 그녀에 따르면 "존재는 소유로 정의되며 따라서 소유는 온전한 인간이 되기 위한 본질적 필수 조건이 된다". 이와 유사한 방식으로 필자는 사유재산권이 노동의 주체성에 미치는 구성적 효과에 주목하면서 변화하는 사유재산제의 정치학을 국가와 산업자본과 금융자본의 역사적 결합과 연결시킨다. 생명정치학과 산 노동의 두 가지 틀을 통합하는 이런 일련의 탐구는 필자의 자본의 무의식 분석의 지침이 된다.

# 4 ─────── 자본의 무의식

『자본의 무의식』이라 명명된 이 책은 자본주의 체제의 사회문화적 상징화와 이러한 표상(representation)의 이데올로기적·역사적 성격의 연구를 위한 개념적 틀을 제공한다. 프레더릭 제임슨은 '정치적 무의식'이라는 개념을 통해 경제의 상징적 표상을 인식하고 현재 억압되고 묻혀 있는 역사의 현실을 포착함으로써 문화와 정치를 역사화한다(Jameson 1981).

이와 유사하게 필자는 이 책에서 무의식 개념을 발전시켜 위기의 경제적 기원과 이 위기의 사회주의와 자본주의 경제에서의 표상을 인식한다. 제임슨이 이데올로기와 문화의 서사들에 초점을 맞춘 것은 서사적 범주로서의 근대성이라는 자신의 독창적 이론을 반영하는 것이다. 필자의 자본주의의 유토피아적 이상에 대한 해석은 무의식을 서사 분석을 넘어 다른 신체적·감각적·시간적 상징화로 확장된다.

## 사회정치학적 무의식: 시장 유토피아

시장 유토피아는 최근 자본주의 형태에 대한 사회정치학적 상징화이다. 지구적 자본주의 체제가 산업화 시대에서 금융 지배로 탈바꿈한다는 추정은 민주주의가 대중 유토피아에서 시장 유토피아로 변용된다고 상상하는 것과 대응한다. 산업화 시대의 대량생산과 소비는 정치적 주체를 대중으로 구성했다. 생산력 발전을 위한 기술과 기계 그리고 다른 수단들의 가능성에 대한 상상은 노동자들을 부추겨 자신의 잠재성을 열성적으로 추구하고 미래에 대한 상상을 펼치도록 했다. 벅모스는 벤야민의 산업자본주의 비판과 슈미트의 정치적 주권 이론을 연결시키며 민주주의가 과연 폭력에 기반을 둔 국가주권 개념과 양립할 수 있는지를 물었다(Buck-Morss 2002: xiii).

그녀는 대중 권력의 정치적 상상계를 산업화 시대 국가주권의 시각적 장이라고 정의한다. 미국과 소련은 양자 공히 공통의 적을 고안해내고 자국민의 주권적 행위(agency)를 대신해 전쟁을 벌임으로써 국가권력을 대중 권력 형성에 깊숙이 박았다. 벅모스에 따르면 대중 권력의 개념은 산업화의 유토피아적 상상, 즉 거대 규모의 생산, 국가의 노동과정 조직, 대량 소비, 일상의 레저, 건축, 예술이 모두와 연관된 새로운 정치와 문화들로부터 도출된 사람들의 문화적·정치적 구성물이다. 이런 과정을 거쳐 산업 근대성은 자본주의와 사회주의라는 두 가지 닮은꼴의 세계를 만들어낸다는 것이다.

자본주의 세계가 인민의 민주적 주권이 물질적 풍요와 소비자의 선택권을 통해 발현되리라는 꿈을 꾸었다면, 사회주의 세계는 국가가 완전한 안전보장을 제공할 것이라는 꿈을 꾸었다. 20세기 자본주의 체제에서 사유재산제와 경쟁의 법칙은 사회적 필요를 만족시키는 데 실패했고, 소비가 즉각적인 만족을 제공하리라는 환상을 만들어냈다. 20세기 사회주의 체제에서는 국가가 결코 생산수단의 통제권을 양도하지 않았기에 사람들 역시 여전히 가상의 대중으로 머물러 있었다. 벅모스는 유토피아적 전망이 실현되지 못한 이유를 정치적 형상과 그 형상의 사회경제적 조건 사이의 그리고 지구적 자본주의와 민족국가 체제 사이의 내재적 모순에서 찾고 있다. 달리 표현하면 냉전은 자본주의와 사회주의 체제 모두가 정치적 정통성이 무너지며 종식되었다.

시장 유토피아는 산업자본주의와 대중 유토피아의 붕괴 위기에 대한 대응으로 등장했다. 논자들은 대중 권력과 집단투쟁의 구호가 개인적 책임, 개별적 자유 그리고 자유(liberty)라는 새로운 이상들로 대체되어 왔음에 주목한다. 랑시에르에 따르면 민주주의는 사회질서의 근본적 변혁 없이 합의를 도출하고 사람들을 개별적으로 포용하는 것으로 추락하며 동시에 전체 인민에서 벗어나 몇몇 소수, 즉 국가, 기술관료, 전문가에게로 이전되었다(Ranciere 2004, 2009). 하비는 금융자본 권력과의 투쟁에 노동 이외의 다른 이해관계들이 등장하고 있음을 목도했다(Harvey 2011). 아방수르는 민주주의를 절차적 민주주의와 국가 독재로부터 분리시키기 위해서는 사회질서를 비판하고 그것에 도전하는 행동을 다시 시작해야 한다고 주장했다(Abensour 2011). 필자는 시장 유토피아의 개념화를 통해 자본주의의 성립을 시장 시스템 그리고 개인의 사유재산권을 정당화하는 법의 지배로 이해한다. 근대 대중 유토피아는 대규모 산업생산과 소비의 규모와 연관해 상상된 이미지에서 도출됐으며, 국가를 도구로 한 집단적 인간 해방의 문제에 관심을 가졌다.

가장 최근에 실현된 자유시장 자본주의는 사회계약과 평화의 기초로서의 시장이라는 18세기 관념을 되살리는데, 이 관념이 이윤극대화를 위한 금융자본의 약탈적 전략에 의해 움직이는 시장의 현실에 부합하지 않기에 이런 믿음의 귀환은 역설적이다. 시장 유토피아는 모든 것을 포괄하는 시장 권력을 상상하며 개인의 자유, 법적 권리, 국가 폭력으로부터의 보호에 관심을 기울이며, 시장이 자기 조절 기능을 가진 제도라는 생각과 함께 기술이나 대중 권력보다는 시장의 동질화 논리에 의존한다. 폴라니는 이전의 자유주의적 자본주의 체제를 언급하며 시장이 스스로를 규제하며 어떤 장벽도 투과하여 자유롭게 퍼져나간다고 생각되면서 이전에 상상했던 집단의 전능한 힘을 수동적인 보조물로 만들었다는 점을 지적했다(Polanyi 1944). 이와 유사하게 현재의 시장 유토피아도 기존의 정치적·문화적·경제적 경계들을 넘나듦을 상상하며 영토성 없는 장소, 즉 탈영토성의 법적·도덕적 영역을 지칭한다.

시장 유토피아는 탈냉전기에 등장한 민주주의 정치학의 세 가지 레퍼토리를 만들어내는데, 배상, 평화, 인권이 바로 그것들로 필자는 이 레퍼토리가 공유하는 민주주의적 주권이 내포하는 자본의 논리를 추적했다. 배상의 정치학은 탈냉전 민주주의 정치학에서 큰 업적들 중의 하나로 알려졌는데 근대화나 경제개발 그리고 국민의 통합이라는 미명 아래 국가가 저질렀던 잘못을 시정하는 것을 목표로 한다. 남아프리카공화국과 콩고, 동유럽 그리고 북미에서 남한에 이르기까지 전 세계 대륙 곳곳에서 특별법과 진실위원회가 만들어져 국가 폭력을 기록하고 피해자들을 확인했는데, 이 과정에서 화해는 공식적 사과, 금전적 혹은 상징적 보상, 공식적 역사 수정을 통해 이루어진다(Klug 2000; Torpey 2006). 그렇지만 이 엄중한 역사 바로잡기 기획은 국가 통치의 기술인 망각이나 구제의 한 형태이다.

브라운에 따르면 배상의 정치학에서는 국가와 국가 폭력의 피해자들을 대립시키는 자유주의 논리로 인해 모든 형태의 폭력을 하나로 뭉뚱그리고, 폭력의 유형과 원인은 규명되지 않은 채 책임이 모두 이전 정부에 전가된다(Brown 1995). 배상은 이렇게 폭력을 이전 정부 탓으로 돌리며 현 정부에 도덕적 정당성을 부여한다. 이런 브라운의 비판은 역사적 단절로 가장한 권력의 연속성을 폭로한다. 배상을 시장 유토피아로 보는 필자의 분석은 브라운의 '정치적인 것'에 대한 비판을 정치적인 것의 사회경제적 기반과 역사적 표상으로 옮긴다.

자본주의의 환유로서 시장은 신자유주의 시대에 평화와 화해의 메커니즘으로 상정된다. 신자유주의적 자본주의는 평화의 메커니즘으로서의 시장이라는 이전의 의미를 되살린다. 자본가들 사이의 경쟁과 국가의 보호주의는 19세기와 20세기 전반에 걸쳐 경쟁과 전쟁을 불러일으켰다. 제국주의 세력이 교체되고 탈식민주의로 새로운 민족국가들이 등장하는 동안, 국제연합(UN)과 1944년의 브레튼 우즈 조약과 같은 제도적 합의가 이루어져 국제무역의 새로운 규칙이 만들어지고 평화의 조건이 정해졌다. 냉전기 미국과 소련은 이념을 같이하는 나라들에게 군사적 지원과 특혜 무역국의 지위를 제공했다. 탈냉전기에는 무역이 평화의 메커니즘으로 더욱 강조되면서, 과거 냉전의 경계선을 넘나드는 지배와 착취를 은폐한다. 딘에 의하면 교환의 한 형태로서 자유무역이 모두를 이롭게 한다는 환상은 고질적인 시장의 실패, 악화되는 불평등, 심화되는 시장 독점을 은폐한다 (Dean 2009: 55). 이러한 자유무역의 환상을 시장 유토피아로 개념화할 때 우리는 인간의 상품화에서 이 환상의 자본주의적 논리를 포착할 수 있다. 자유무역의 관념이 인민의 주권을 시장 교환에 참여하는 자유로운 개인들로 분해시킬 때 사회적 관계들은 상품화되고 만다. 동질화라는 시장의 논리는 인민의 주권을 개인의 역사와 차이를 지워버린 개인들의 자유로 전환시킨다. 폴라니는 19세기의 평화를 상품화와 사회의 유토피아적 대응이라는 두 가지 조류를 들어 설명했다(Polanyi 1944). 필자의 분석은 이러한 위기에 대한 사회적 대응이 폴라니가 가정하듯 자율적인 것이 아니라 자본주의 논리에 포섭되어 있다는 점을 보였다.

신자유주의적 자본주의 시대에 인본주의란 개인의 표현과 결사의 자유에 대한 법적 보호에 의존한다. 여기서 공동체의 개념은 공중(the public)이 분산된 개인들의 소통적 대화와 이들이 가진 국가와의 협상력을 구성한다는 자유주의적 신조를 일컫는다(Habermas 1991).[2]

---

2    공동체에 대한 자유주의적 가정에 기반을 둔 역사와 기억에 대한 논의는 폴 리쾨르(Paul Ricœur 2004)를 참조할 것.

20세기의 대중 유토피아는 노조 결성의 권리를 위해서든 아니면 집회의 자유를 위한 것이든, 가두시위와 집단행동을 위한 대중의 정치적 동원을 정치의 일상적 레퍼토리로 활용했다. 이와는 대조적으로 현재의 시장 유토피아는 정치를 헌법재판소를 포함하는 여러 단계에 걸친 법정 소송이라는 법률적 절차로 구성하는 새로운 레퍼토리를 만들어, 정치적 과정을 일상의 삶에서 배제하는 위험을 초래했다. 신자유주의 시대에 인권 보호는 가장 숭고한 가치로 격상되어 민족국가라는 사법관할권을 초월하는, 소위 말하는 초국적 처벌권력을 정당화한다. 필자는 인권운동에 대한 질문을 인권운동이 지구적 자본주의 체제와 사유재산권과 같은 자본주의 체제의 법률적 기초와 맺는 관계로 전환한다.

시장 유토피아는 정치학의 새로운 미학으로 정치를 이전의 대중정치로부터 되찾아올 것을 서약한다. 2000년대 중반 반테러리즘이 등장할 때까지 한시적으로 적들을 제압했던 근대국가의 폭력은 탈냉전기에는 새로운 적으로 등장하게 되었다. 시장 유토피아는 주권을 국가가 공동체(the collective)를 형성하는 것에 기초시키는 것을 부정하는데, 이 국가의 주권은 슈미트(Schmitt 1976)가 최우위 정치적인 것으로 이론화한 것이다. 시장 유토피아는 대신 두 종류의 새로운 적을 규정하는데, 집단성 창출과 연관된 근대국가의 폭력과 개인의 국가와의 결탁이 바로 이들이다. 필자는 이런 국가 폭력을 새로운 적으로 규정하는 것이 배상의 정치학, 평화와 화해, 인권운동이 공유하는 속성이라고 파악했다. 탈냉전기의 새로운 정치학은 '우리 내부의 적'과 싸우도록 부추기며 우리와 그들 사이의 경계를 불분명하게 한다. 시장 유토피아는 좌파와 우파의 경계를 재정의하는 새로운 정치학의 한 사례이다.

시장 유토피아의 정치학은 일상성, 창발적 정치학, 그리고 윤리학으로 구성되는데, 국가나 정당 혹은 사회운동 단체들이 선도하는 사회 변화라는 거대 담론을 인간의 개별성을 말살하고 정치적 절차를 표준화한다는 이유로 비판한다. 시장 유토피아는 개인의 창발성과 결론 미정의 행동을 옹호하기 위해 조직된 정치단체의 정치적·도덕적 리더십을 거부한다. 대신 추상적인 도덕적 혹은 윤리적 관심이 화해, 평화, 인권의 출발점이 된다. 일상의 삶은 순수 정치의 영역이 되는데, 이 영역은 매개되지 않고 즉각적이며 원초적이기까지 한 경험이 그 안에 담긴다고 본다. 국가 폭력, 전쟁, 인권 침해에 대항하는 정치학은 단일한 통합체로서의 정치를 거부하며 정체성의 정치학 그리고 신자유주의적 자기계발의 정치학과 동반 상승 효과를 만들어낸다. 필자는 일상적 삶과 도덕성의 정치학이 자본주의와 합의를 이루게 되는 방식들을 분석하고자 한다.

법은 시장 유토피아에서 주권의 기법이다. 피해자와 난민은 스스로 시민적 권리의 고유한 한계를 드러내는 징표가 되면서 숭고한 가상의(simulated) 물체가 된다. 민주주의는 집단 주권의 의미를 지운 채 국가에 대한 개인의 법적 권리를 지칭하게 된다. 여기서 법을 대중 유토피아에서 주권의 기법인 영화와 비교해보는 것은 시사적이다. 벅모스에 따르면 영화는 현상이 영상 스크린에는 물론 선전물과 선동 포스터에도 이미지로 존재하기에 '조직적이 아니라 모방적인 사회통제의 수단'이다. 이 이중화 기법은 소외나 무의미함에서 오는 개인의 불안을 환상에 기초한 충족으로 전환시킨다(Buck-Morss 2002: 149). 법 역시 시장 유토피아에 이와 유사한 환상적인 충족을 제공하는데 집단 정치의 영역보다는 전문화된 영역이나 로비의 영역에서 일어난다는 점에서 차이가 있다. 영화의 스크린이 대중 권력의 가공적 경험을 제공한다면 피해자의 헌법상 권리 옹호는 정치를 거리에서 법정으로 옮겨 놓는다.

법은 진리, 정의와 동의어가 되면서 공공선과 공공자산을 사유화하는 수단이 된다. 이러한 법의 자본주의적 측면은 원시적 축적과 수탈에 의한 축적을 뒷받침하는데, 여기서 법치주의와 신자유주의적 자본주의의 동시간성에 대한 설명이 요구된다. 개인의 희생은 사실 근대성의 복잡다단한 요소들—예를 들면 자본주의, 제국주의, 역사적 진보의 전망, 해방의 정치학—을 수반하는 폭력의 현상적 표상에 지나지 않는다. 소련의 마르크스주의 법학자 파슈카니스는 '법률 물신숭배'를 개념화하면서 법을 계급행위자(class actors)의 정치적 이해나 국가 제도라는 차원의 문제뿐만 아니라 자본주의의 본질적인 제도로서 접근한다(Pashukanis 1924).

법률 물신숭배는 사람들을 서로에 대해 동등한 법적 권리를 갖는 개인들의 집합으로 동질화한다. 이런 법적 근거는 상품 물신숭배에 내재하는데, 그 이유는 법이 노동력의 거래를 등가교환으로 승인하여 잉여가치의 전유를 허용하기 때문이라는 것이다. 법률 물신숭배는 경제적 환원주의의 위험에 빠질 수 있는데, 그럼에도 불구하고 코마로프 부부는 법치주의와 자본주의적 지배 사이에 비결정적인 모호한 상호 작용이 있음을 포착했다(Comaroff and Comaroff 2009). 미국과 남아프리카공화국의 원주민들은 신자유주의적 자본주의를 맞아 자신들의 문화와 종족적 정체성을 카지노를 운영하거나 그들의 관습을 지적 재산으로 만들어 상품화했다는 것이다. 이들에 따르면 이런 '원주민 주식회사'는 그들의 문화와 정체성을 완전히 사물화하지는 않으며 이런 종족적 기업 활동으로 얻은 이익이 가져다준 경제적·법적 수단을 통해 국가에 대항하여 주권을 신장시킬 수 있는 예상치 못한 계기를 제공한다. 필자는 주권에 대한 탐구를 법과 자본주의에 대한 탐구로 확장하면서 현재의 민주주의 정치학이 법의 자본주의적 성격을 어떻게 추상화하는지를 분석하고, 법과 입헌주의 그리고 이들의 서사적 구성과 그 한계를 추적한다.

## 역사적 무의식: 반복으로서의 역사

시장 유토피아는 민주주의 정치학의 이행을 보여준다. 시장 유토피아가 환기하는 것은 역사의 진보라기보다 윤리학 형태의 새로운 보편적 역사를 향한 시도이다. 필자는 시장 유토피아론과 지구적 자본주의 이행론이 역사와 정치를 간과한다는 점에서 비판하고, 과거의 민주주의적 이상을 통해 이런 이론들이 시장 유토피아의 정치학에 건 주술의 속박을 풀 수 있다는 것을 보여주려 했다. 예를 들면 민족주의와 집단주의는 사라지지 않고 다시 뒷문으로 들어와 개인의 책임, 세계시민주의, 복합적 소속(plural belongingness)이라는 새로운 윤리와 공존한다. 사회주의와 혁명의 정치학은 정체성과 우연성의 정치학 시대에 거부되지만 그 실현되지 못한 이상들은 소위 역사적 이행이라는 것을 혼란스럽게 한다. 대중 주권의 역사는 사람의 기억과 신체 감각에 침전되어 있는데, 벤야민식으로 얘기하면 의식이나 의도 없이 기존 질서를 뒤흔들 수 있는 정치적 잠재성으로 발현된다(Benjamin 1969, 2002).

이행 패러다임은 자본주의와 민주주의 정치학의 변화뿐만 아니라 국가의 변화와도 관련되어 있다. 케인스식 복지국가에서 신자유주의 국가로의 전환은 서구와 그 외의 지역에서 쉽사리 확인된다. 복지국가는 사회 안전보장책이 경제성장과 민주주의 확장을 위한 공공선이라는 틀에 의존한다. 반면에 신자유주의 국가는 공공선과 사회정의 대신 사유재산권과 개인의 자유를 정당화하는 법과 법적 절차를 통해 사유화, 탈규제, 그리고 다른 신자유주의적 경제 대책들을 강제한다. 효율성을 높이고 공공지출을 줄인다는 명목으로 작은 정부를 지향하면서 공적 지출, 특히 사회복지를 삭감하는 것에 우선 순위를 둔다.

이 국면에서 연구자들은 발전 국가의 패러다임을 일자리 창출과 경제발전을 위한 동력으로서의 자본축적을 촉진하는 이전의 모델에서 인적 역량을 강화하는 국가 모델로 전환시키려 한다(Sen 1999; Evans 2014). 탈산업화와 더불어 이론가들은 성장을 촉진하고 노동자들의 삶의 전망을 개선하는 데 적합한 제도를 찾으려 하는 것이다(예를 들면 Rodrik, Subramanian, and Trebbi 2004 참조).

근대국가의 패러다임을 바꾸는 것은 중요하다. 하지만 필자는 변화하는 근대국가에 대한 전망을 자본주의의 위기와 연관시켜 '반복'으로 개념화한다. 반복으로서의 역사라는 개념은 이행 패러다임을 넘어서 역사 변화의 시간성을 이해할 수 있게 한다. 뢰비트는 슈미트의 논의를 따라가며 민주주의와 전체주의가 근접해 있음을 확인한다. 20세기 전반에 유럽의 부르주아 민주주의 사회가 사회주의 러시아, 파시스트 이탈리아, 국가사회주의 독일과 같은 전체주의적 지배하에 놓이게 되었던 것은 노동에서 영성에 이르는 삶의 모든 영역을 정치화하는 대중 산업민주주의의 발전 때문이라고 보았다(Agamben 1998: 120~121에서 인용). 아감벤이 보기에 이런 민주주의와 파시즘의 근접성은 20세기 후반 유럽에서 역으로 파시스트 체제에서 다시 의회민주주의 체제로 발전했으며(Agamben 1998: 121~123)[3], 이런 근접성의 원인은 이 두 체제가 국가마다 내용은 다를지라도 근대국가가 삶을 생산하고 관리한다는 믿음을 공유하기 때문이다. 필자는 이들과는 달리 여러 국가들 사이의 비교 가능성을 근접성이 아니라 역사적 반복의 관점에서 접근한다. 국가 간 근접성에 대한 철학적 토론은 근대 국가주권의 생명정치학에 기반을 두고 있다.

반면에 필자는 이런 탐구를 자본주의의 위기라는 문제의식으로 접근한다. 다시 말해 위기는 스스로를 극복할 수 없다는 불가능성을 반복해서 만들어내고, 이 불가능성은 위기의 영향을 제한하기 위한 적절한 정치적 형식을 발견하려는 반복되는 시도를 유발한다. 이 책에서 역사적 반복은 번영과 위기 혹은 불황과 회복의 경기순환이 아니라 자본주의에 내재하는 위기가 정치적 형식으로서 발현

---

3   파시즘을 자본의 개편은 물론 유토피아적 정치학을 위한 가마솥이 되어버린 위기 의 한 예로 논의하는 제임스 오코너(James O'Connor 1987: 113)도 참조할 것.

함을 의미하는 것으로 이로 인해 반복은 위기의 징후가 된다. 자본주의에 내재하는 위기를 완벽하게 극복하는 것이 불가능하기에 그 위기를 억제하려는 정치적 방법들을 고안해내려는 시도는 반복해서 이어진다. 즉 사회주의 독재는 자본주의를 새로운 유토피아 체제로 대체하려는 정치권력으로 등장하였고, 신자유주의적 대의 민주주의는 지구적 자본주의의 위기를 극복하려는 반복된 노력들 가운데 가장 최근의 시도인 것이다.

가라타니는 정치적 해결의 필연성과 불가능성의 공존에서 오는 역사적 반복을 '반복 강박'으로 개념화했다(Karatani 2012). 그는 마르크스의 『루이 보나파르트의 브뤼메르 18일』(Marx 1968)를 분석하며 이 책에서 혁명이 왕권의 부활로 변질된 것은 통상적으로 해석되듯이 오래된 것의 현재적 귀환이기도 하지만 그보다는 오래된 정치적 형식으로 표상된 자본주의의 위기 그 자체를 증언한다고 보았다. 상품의 시장 유통에 초점을 맞추면서 가라타니는 위기를 서양과 일본의 역사에서 호황과 불황이 반복되는 경기순환에 입각해 이해한다. 그렇지만 경기의 이런 순환적 성격은 정치적 형식의 반복, 즉 정치적 체제들이 자본주의를 항구적으로 안정시키지 못하는 이유를 적절히 설명할 수 없다.

필자 생각에 가라타니가 해명하려 했던 정치적 형식의 반복을 이해하는 열쇠는 생산에 내재하는 위기이지 호황과 불황의 경기순환이 아니다. 1950년대와 1960년대 미국에서 자본축적이 외견상 안정적이었던 시기는 노동자들에 의한 생산과 소비를 안정시키는 계급타협과 사회보장 제도를 국가가 확보함으로써 가능했다. 포드주의라 불린 이 안정화 정책은 오래 지속되지 못했으며 대안이었던 탈포드주의와 적기 공급(just-in-time) 생산 시스템 등은 별다른 성공을 거두지 못했다(Harvey 1991; Agietta 2001). 국가의 역할은 자본주의 팽창에 내재하는 서로 상충하는 역학 관계에 의해 제한되었는데, 자본이 국가의 사유권과 노동 규제의 실시로부터 이득을 취하면서 동시에 생산과 유통을 탈영토화하기 때문이다.

정치 체제들은 물신화된다. 지젝에 따르면 이는 실제의 사회적 관계와 이 관계의 이상화된 표현 사이의 관련성을 드러내고 형식과 내용을 분리시킨다(Žižek 2002). 국가는 서로 대조적이고 호환될 수 없는 내용을 가지고 있는 듯이 보이지만, 자본주의의 위기 해소라는 중요하지만 완전히 해결할 수 없는 역할을 공유하기에 동일한 형식을 가지게 된다.

20세기의 사회주의가 대중의 유토피아를 향한 혁명의 꿈을 무산시킨 사회주의 국가들의 폭력적 본성을 보여주는 스펙터클이라면 구소련의 강제노동 수용소인 굴락은 그 폭력의 생생한 내용이다. 필자가 주장하는 바는 사회주의가 산업자본주의의 병폐와 위기를 극복하기 위해 고안된 정치적 형식이었다는 것이며, 달리 표현하면 사회주의 국가의 독재는 산업적 축적의 사회적 과정에 자리잡고 있다는 것이다. 사회주의 국가는 실제적 사회 조건과 유토피아적 사회 전망 사이의 간격을 줄이기 위해 국가 주도 계획경제와 집단화라는 동질화 개혁 등의 제도를 만들어냈다. 사회주의 국가는 또한 생산과 분배의 유토피아적 전망과 잉여가치 점유의 실제적 필요, 이 둘 사이의 간극을 메우려 했다. 이 잉여가치의 점유는 모택동이 영국 산업화를 따라잡기 경주로 표현한 생산력과 경제 발전을 촉진하는 데 필요하였기 때문이다(Schram 1971). 군사독재, 복지국가, 신자유주의적 민주주의 이 모두는 자본주의 위기의 표상과 해결이라는 비슷한 정치 기능을 하는 정치 형식이다.

정치적 형식에 대한 나의 분석은 정치를 경제로 환원시키지 않으며 서로 다른 정치 체제들이 공유하는 논리를 드러낸다. 이것이 의미하는 바는 자본주의의 위기가 정치적 형식의 성립에 기여하며 따라서 사회주의, 공산주의, 민주주의 이 모두는 정치적 존재론이나 이론 그 이상이다. 정치적 형식은 역설적으로 경제적인 것을 정치적인 것으로 환원시키는 것이 불가능함을 입증한다. 다시 말해 자본축적은 재산과 노동권에 대한 법과 정책 같은, 자본 가치를 증식시키기 위해 필요한 사회적 조건을 제도화하기 위해 (자유주의적) 국가나 다른 정치적 형식에 의존하는데, 이런 노력들은 자본축적의 내재적 위기를 오직 일시적으로만 억제한다는 사실에서 이 환원 불가능성이 드러난다.

지젝에 따르면 프랑스의 후기 마르크스주의는 정치적 장의 개방성과 창발성을 잃게 될까 봐 정치를 경제로 환원할 수 없다고 주장했다(Žižek 2002). 문화적 전회와 정체성 연구도 최근 수십 년에 걸쳐 마르크스주의에 대해 이와 유사한 정치적 비평을 가해왔다. 이 책에서 필자는 논리와 역사의 상호 충실성에 주목했다. 이를 통해 자본주의 사회경제적 관계의 (정치와 문화에 의한) 매개와 이 매개의 한계를 인식할 수 있다(Harootunian 2012 참조). 데리다는 이 충실성을 실재적인 것의 유령적 현현(the spectral manifestation of the real)

의 측면에서 바라본다(Derrida 1994). 이 『자본의 무의식』에서 '실재적인 것'(the real)은 오직 매개를 통해서만 드러나는 자본 가치증식의 사회경제적 논리이며 이러한 매개는 항상 부분적이며 유령성(spectrality)을 통해 반복된다.

2장

# 민주주의
# 정치학의 미학

## 노동, 폭력, 반복

# 1 ——— 한국 민주주의의 새로운 양상

2장은 1990년대 이후 한국에서의 민주주의가 사유재산제를 신성시하는 법치로 도치되는 과정을 다룬다. 남한의 군사정부(1961 ~1987)는 법률과 법적 절차를 넘어서는 절대적 권력을 행사한 반면, 대의민주제 정부(1987~현재)는 법치를 권력의 기반으로 한다. 군사독재에 반대하는 민주화운동은 국가·독점자본·미국 제국주의의 연합에 대항하기 위해 민족주의적이고 사회주의적인 미래에 대한 전망을 제시했다. 1987년 6월 29일 대규모 시위로 군사정권은 대통령 직선제를 수용했고, 이 사건은 민주화의 전환점이 되었다. 이후 민주화운동은 시민의 권리 확장과 시민사회의 자율을 위해 노력해 왔다. 이 장에서 필자는 자본과 자본 메커니즘의 지속되는 득세라는 관점에서 민주화라는 중대한 정치적 이행이 갖는 모순을 분석한다.

필자는 이러한 민주주의의 새로운 양상을 자본의 무의식으로 개념화한다. 군사독재는 민족주의를 체제 유지의 도구로 활용하여 자본가와 노동자를 국가적 자산으로 훈육하는 것을 정당화했다. 1987

년 이후 민주화가 사유재산권을 법치라는 이름으로 승화된 것은 불행한 정치적 희극이다. 필자는 자본주의의 위기, 민주주의, 역사의 진보라는 담론들과 그들의 정치학에서 사유재산이 어떻게 표상되는지를 중점적으로 분석하고자 한다. 최근 민주화운동의 이데올로기적인 성격을 명확히 하기 위해서는 군사독재 국가와 대의민주주의 국가라는 두 체제는 서로 명백하게 다른 점이 있음에도 불구하고, 자본축적의 정치적 형식으로서 서로 동시간성을 갖는다는 것을 밝히는 것이 필수적이다.

이 동시간성은 독재정부와 민주정부에서 드러나는 민주주의의 한계에서 그 근거를 찾을 수 있다. 법치는 보편 의지의 절대성에 기대어 개인적 권리의 유보를 정당화할 뿐만 아니라 사유재산권을 앞세워 자본의 폭력을 인준하기도 한다. 이러한 대의민주주의의 한계를 인식하게 되면 독재체제와 민주제라는 두 가지 정치 형식을 구별 짓는 기초인 '정치적인 것'의 굳건한 도식은 무력해진다. 대의제에서 이런 민주주의의 한계는 바로 자본의 사유화와 탈규제로 인해 구조적인 문제가 된다. 이렇게 되면 자본은 민족주의나 다른 집단적 현상에서 벗어나 더욱 자유로워지고 무자비해지면서 경쟁과 독점이라는 내재적 위기로 빨려 들어간다. 필자는 새로운 자본 체제와 이 체제의 일상적 전환이 어떻게 역사적 이행의 정치학에 의해 매개되는지를 검토함으로써 이 체제와 전환을 분석한다.

1987년부터 최근에 이르기까지 민주주의 정치학은 노동자들을 세 가지 유형으로 구분한다. 첫 번째는 노동운동의 순교자 전태일로서 그는 군사독재 시절 폭압적인 노동 환경에 놓인 노동자들을 대변했으며 그의 분신자살은 1980년대의 대중적 민중 민주주의 투쟁을 불러일으켰다. 두 번째는 외국인 이주노동자로서 이들의 미등록 신분과 비인간적 노동, 주거 조건은 시민운동에 박차를 가했다. 이 운동은 소위 진보적 정부 집권기(1998~2008)에 더욱 두드러졌다. 세 번째는 한국인 노동자로서 1987년 이래 노동자들의 노조결성권 획득과 정치적 위상 강화는 민주화를 상징한다. 하지만 1990년대 말부터 이들도 신자유주의적 구조조정의 일환으로 해고의 위협과 함께 무자비한 파업 진압에 시달리고 있다.

최근의 민주주의 정치학은 세 유형의 노동자를 정치 체제, 노동 체제, 국적, 인종 그리고 노조화 여부에 입각해 각기 다른 시공간적 체계에 투영한다. 필자는 이러한 파편화된 민주주의 정치학의 서사와 실천을 정치적 주체, 이 주체가 지닌 해방적 전망, 그리고 투쟁의 레퍼토리라는 관점에서 탐구한다. 필자는 또한 이 파편화된 민주주의 정치학을 신자유주의적 자본주의 지배의 사회정치적 상징화로 간주한다. 앞서 언급한 세 유형의 노동자는 각기 다른 시공간이 아니라 현재 이 시각에 같이 등장한다. 이들의 동시간성은 파편화된 민주주의 정치학에 의해 억압된 과잉이다. 이 동시간성이 의미하는 바는 자본과 이질적인 정치 체제들이 다양한 노동규율의 기법을 동원하여 자본축적을 지속하고 있다는 것이다.

필자의 분석에는 동시간성의 두 가지 실례가 중요한데, 이 두 사례들은 상품화라는 공통된 경험을 강조하며 동시에 훈육과 노동 규제가 역사에서 구체적으로 드러난 양상들을 부각시킨다. 동시간성을 드러내는 하나의 예는 군사정부 그리고 (진보적·보수적) 민주정부와 관련된 것이다. 이 두 체제는 공히 자본의 증식과 노동의 상품화를 강제한다. 동시간성의 다른 예는 민주화 시기의 불법 이주노동자와 노동조합에 가입된 노동자들에 관한 것으로서 이들은 모두 법의 지배 아래서 탄압을 받는다. 이들 노동자의 시공간적 좌표는 민주주의 정치학에서 자본축적의 문화적·이데올로기적 표상과 관련되어 있다. 이 좌표는 구체적인 물질적 조건, 즉 분기된 자본의 구조 아래 놓여 있는데, 이 구조 아래 재벌과 중소기업은 군사정권 체제 아래에서 불균등한 위기와 위기 해결 전략을 만들었고 또 계속해서 만들어간다.

첫째로, 필자는 이 장을 세 유형의 노동자의 시간성에 대한 질문으로 시작한다. 이 질문은 자본주의의 위기, 민주주의의 대의, 상품화를 서로 연계하는 것의 중요성을 보여준다.

둘째로 중소 규모의 공장에 고용된 이주노동자들의 정치학을 다룬다. 이는 민주주의 정치학이 어떻게 대중운동에서 정체성에 기초한 시민사회운동으로 전환되었는가를 보여준다. 이주노동자들에 대한 분석은 신자유주의적 구조조정 과정에서 노조 가입 노동자들이 해고를 두고 벌이는 힘든 투쟁에 대한 기술로 이어진다. 이 두 그룹의 노동자(이주노동자와 노조 가입 노동자)의 정치학은 새로운 민주주의 정치학과 그 과잉의 미학을 구현한다.

셋째로 현재 한국 역사주의의 두 유형, 즉 87년 체제론과 97년 체제론을 검토하는데, 필자는 이 두 체제론이 역사 이행의 관점에서 역사의 진보를 상상하여 신자유주의적 자본주의와 민주주의를 화해시키려는 위기의 서사라고 파악한다. 필자는 역사적 반복을 역사에 대한 대안적 개념으로 이론화한다. 역사적 반복이란 개념화는 변화하는 자본 폭력의 양상을 탐구하고, 앞서 언급한 세 유형의 노동자들이 갖는 동시간성을 설명하기 위한 것이다

# 2 ——— 세 유형의 노동자들의 동시간성

이 결단을 두고 얼마나 오랜 시간을 망설이고 괴로워했던가. 지
금 이 시간 완전에 가까운 결단을 내렸다. 나는 돌아가야 한다. 꼭
돌아가야 한다. 불쌍한 내 형제의 곁으로, 내 마음의 고향으로 …
내 이상의 전부인 평화시장의 어린 동심 곁으로. … 나를 버리고,
나를 죽이고 가마. 조금만 참고 견디어라. 너희들의 곁을 떠나지 않
기 위하여 나약한 나를 다 바치마.

**전태일 기념관 건립 위원회(1983)**

1970년 11월 13일, 일기장에 자신의 결심을 적은 지 석 달 뒤 전태
일은 평화시장 거리에서 자신의 몸을 불살랐다. 머지않아 군사독재
치하에서 노동자 투쟁의 순교자가 되는 이 스물둘의 평화시장 재봉
사는 그가 숨을 멎는 마지막 순간까지 이렇게 외쳤다. "「근로기준법」
을 준수하라!" "우리는 기계가 아니다! 일요일은 쉬게 하라!" 25년 뒤
인 1995년 1월 9일, 네팔 출신 이주노동자 13인이 유서 깊은 민주화
운동의 요람 명동성당에서 9일간의 연좌시위를 시작했다. 이 사건은

앞으로 산발적으로 일어나는 이주노동자 투쟁의 시발점이 되었다. 노예와 같은 노동조건을 드러내기 위해 목을 쇠사슬로 감은 이들은 다음처럼 호소했다.

> 저희들은 고국에 일자리가 없고 가난을 벗어나기 위해 기술연수생으로 한국에 오게 되었습니다. 한국에 올 때는 우리들 가슴에 좋은 꿈을 가지고 왔습니다. 하지만 지금 우리가 겪고 있는 일들은 도저히 말로 표현할 수가 없습니다. … 저희들의 월급은 인력회사가 고향으로 붙여주겠다고 압류해가기 시작한 지 6개월이 지났지만 고향에 있는 가족들은 한 푼의 돈도 받지 못했습니다. 우리가 일하는 공장에서도 매일 욕을 듣고, 폭행을 당하고, 월급도 직접 받지 못했습니다. … 저희들은 저희를 물품을 생산해내는 기계보다도 못하게 여기는 사람들을 만났고 이런 상황을 한국 정부가 조직적으로 돕고 있다는 것을 알게 됐습니다. … 저희들은 비록 가난한 나라에서 왔지만 그래서 한국에서 노예처럼 당하고 있지만 우리들의 인간 존재 그 자체는 가난하지 않습니다. … 한국인과 한국 정부에게 제발 저희들을 동물처럼 만들지 말라고, 같은 사람과 형제로 대접해줄 것을 부탁하고 싶습니다.
>
> **「농성호소문」 1995년 1월 9일**

네팔 산업연수생들은 온몸을 쇠사슬로 묶고 "제발 때리지 마세요. 우리도 사람이에요. 우리는 노예가 아니에요"라고 쓰인 피켓을 들었다.

2000년 제30회 전태일 추모식. 전국민주노동조합총연맹이 만든 포스터.

자료 제공: 전국민주노동조합총연맹

중국, 인도네시아, 방글라데시, 필리핀 그리고 아시아 다른 지역
출신 이주노동자들이 감내해야 했던 삶의 조건은 다음과 같이 아주
폭력적이고 모욕적이었다.[4] 열 시간에서 열다섯 시간 지속되는 노동
이나 세 시간 수면에 서른두 시간 노동과 같은 극단적인 장시간 노
동. 이주노동자들의 불법체류자 신분을 악용하거나 고용주가 실제
로 혹은 거짓으로 도산하여 최저임금에 미치지 못하는 저임금을 지
불하거나 임금을 아예 지불하지 않는 행위. 직업 훈련이 미비하여

---

4  이주노동자들의 나이는 보통 20대와 30대이다. 조선족 노동자들의 경우는 대체
   로 훨씬 나이가 많다. 3장에서 논의하겠지만 특히 2000년대 중반까지는 더욱 그
   러했다.

작업장에서 부상이나 독극물 노출과 같은 예방이 가능한 사고가 발생하고 부상을 치료해주지 않고 해고하는 행위. 여권과 외국인 노동 허가서를 압수하는 것과 같은 노동자의 전업을 금지하는 행위. 그리고 납치와 강제 노동. 일터에서의 물리적·언어적·성적 폭력. 전업 방지를 위해 월별 기탁금 강제하기. 노동자가 밀린 보수나 사고에 대한 보상 그리고 더 나은 대우를 요구할 때 관계 기관에 신고하기. 그리고 외국인들에 대한 불시 급습 단속. 보고된 바에 따르면 인도네시아 정부는 남한에서 일하게 될 자국 노동자들에게 준비 명목으로 군사 훈련을 시키고 뺨을 때리고 구타하는 것으로 알려져 있다(외노협 2001a).

이주노동자들에 대한 폭력은 1970년대와 1980년대 한국 노동자들에 대한 탄압을 유령처럼 상기시킨다. 1960년대 말 전태일의 보고에 따르면 방직 공장에서 미싱을 다루는 여성동료들의 나이는 평균 19세~23세였으며 조수들은 14세~18세였다. 전태일의 말을 직접 들어보자.

> 작업장은 약 8평 정도, 재단판과 열너댓 대 되는 재봉대(미싱다이)와 거기에 맞붙은 시다판들이 가뜩이나 비좁은 방안에 꽉 들어차고 그 틈서리 틈서리에 핏기 잃은 창백한 얼굴의 종업원 32명이 끼어 앉아 일한다. 바닥에서 천정까지의 높이는 약 1.5미터정도, 이것이 저 악명 높은 다락방이다. 원래는 높이 3미터 정도의 방이었던 것을 공중에다 수평으로 칸막이를 하여 그것을 두 방으로 만든 것이다. 이 넓고 넓은 세상에 왜 그녀에게는 이렇듯 좁은 공간밖에

주어지지 않는 것일까? 여공들은 허리를 펴고 걸어다닐 수가 없다. 청계천 6가쪽 고가도로를 차를 타고 달리면서 이 작업장들을 보면 마치 무슨 돼지 우리나 닭장을 보고 있는 것 같은 느낌이 든다.

이 밀폐된 닭장 속에 갇혀서, 끊임없는 재봉틀의 소음 속에서, 그녀는 하루 종일 햇빛 한 번 보지 못하고 아침 8시부터 밤 11시까지 노동을 한다. 작업 도중에 일어나 변소 한 번 가려고 해도 '주인 아저씨'와 '미싱사 언니'들의 눈치를 보아야 한다. 그녀가 하는 일 중에서 가장 고된 것은 다리미질이다. 겨우 열서너 살짜리 소녀가 고사리 같은 손으로 열을 훅훅 뿜어내는 그 무거운 다리미를 들고 옷감이 눋지 않도록 온 신경을 써가면서 다리미질을 하는 것이다.

그것도 한 번이나 두 번하고 그만두는 것이 아니라 온종일 끝도 없이 되풀이하는 것이다. 그뿐인가? 하루에도 수십 번씩 그 위험한 사다리를 타고 다락방을 오르내리며 공장 안의 크고 작은 온갖 심부름을 해야 한다. 재봉이 된 것을 되돌려 받아 일일이 실밥을 뜯어내는 것도 여간 고역이 아니다.

더욱 견디기 어려운 것은 주인아저씨나 미싱사 언니에게서 일 잘 못 한다고 하루에도 몇 번씩 야단을 맞는 일이다. 기름냄새, 땀냄새, 원단에서 나는 냄새, 옷감을 짜르고 재봉할 때마다 풍기는 먼지 속에 둘려 쌓여 하루를 보내노라면 눈에서는 눈물이 나오고 코를 풀면 시커먼 콧물이 나온다.

**전태일 기념관 건립 위원회(1983: 83)**

## 이주노동자와 국내 노동자의 동시간성

한국에서는 1987년 이후의 민주화와 함께 작업장에서의 폭력을 과거의 유물로 간주했다. 따라서 이주노동자들에게 가해지는 심각한 폭력에 당혹스러워한다. 이주노동자들의 신체를 절대적으로 사물화하는 이 치명적인 폭력의 귀환을 어떻게 설명할 수 있을까? 단순히 불법체류자라는 이들의 신분 때문에 폭력과 학대가 발생하는 것인가? 아니면 활동가들과 비정부기구들이 주장하듯 한국의 자민족 중심주의와 외국인 혐오에 기반한 인종차별주의와 같은 좀더 원초적인 기원이 있는 것일까?

이주노동자들에 관심을 가진 활동가와 학자들은 그들의 이주경로, 노동관계, 인종차별에 주목한다. 이주노동자들에 대한 사회과학적 연구들은 특히 해외투자, 수용국과 출신국의 정책, 중개업자 그리고 종족적·가족적 유대와 같은 구조와 관계망의 결정 인자에 주목한다. 더불어 문화적·정치적 배제와 비정부기구들의 인권운동을 분석하여 이주노동자들이 불법적·소모적 노동자로 제도화되는 과정에도 초점을 맞춘다(설동훈 1999; 외노협 2001a).

이주노동자 연구와는 달리 한국 노동자들의 투쟁에 대한 서술은 다음 세 가지 전환에 주목한다. 첫째, 사회적 조합주의에서 경제적 조합주의로의 전환. 둘째, 기업 단위 노조화에서 산업 단위 노조화로의 전환. 그리고 민주노동당의 창당을 향한 움직임이 세 번째 전환이다.[5] 노동운동의 실패에는 여러 요인이 있다. 재벌이 소유한 중화학공장에 소속된 노조원 노동자들의 이익을 중시하는 것에서부터 산업별 노동조합 결성의 실패, 지도부의 관료화, 자본과의 타협 문화, 나아가 이주노동자, 비노조원 노동자, 점증하는 비정규직 노동자들에 대한 경시까지 아주 다양하다(김동춘 1995; Goldner 2009; 손미아 2009). 이러한 비판에서 1987년 '노동자 대투쟁' 이후 남한에서 포드주의 강화는 더 취약한 노동자들의 희생 위에 노조원들의 일자리와 임금을 유지하는 노조의 타협주의와 구별되지 않게 된다. 이는 노조원들이 '노동 귀족'이 됐다는 이데올로기를 부추긴다. 80년대로 거슬러 올라가는 지속된 좌파 진영 내의 갈등과 오래된 지역주의에 기인하는 노동당의 실패 또한 충분히 기록되어 있다. 이런 특징들 때문에 비슷한 시기에 민주화가 시작된 브라질이나 칠레와 비교하면 한국에서는 (민주)노동당은 힘을 얻지 못했다고 여겨진다(조돈문 2004).

1987년 이전 노동조합에 속하지 않은 자국 노동자(이하 비노조원 자국 노동자), 90년대 이후 노동조합에 속한 자국 노동자(이하 노

---

5  1987년 7월, 군부가 대중적 저항에 한 발 물러서고 노동자들은 7월과 8월의 대파업의 선봉에 서면서, 임금 인상과 노조화의 요구를 관철시켰다. 비록 노조가 구성된 곳은 대부분 재벌 소유의 대규모 공장들이었지만 1990년에 결성된 전국노동조합협의회(이하 전노협)는 소규모 공장 노조들을 조직했다. 이 투쟁은 노조들의 전국적 통합에 기여했다고 인정받는다. 전노협의 후신인 민주노총은 1995년에 결성되어 금속노조를 포함한 산업별 노동조합을 만들었는데, 금속노조는 가장 전투적이며 영향력이 크다고 알려져 있다. 이후 노동자들의 정치적 권한 강화를 추구하여 민주노동당 창당을 주도했다. 민주노총은 임금, 승진, 해고를 둘러싼 회사 단위의 투쟁을 넘어서고 회사의 노조 활동 방해를 피하기 위해 노동운동에 구조적·정치적 변화를 취하여 금속노조와 같은 산별노조를 만들었다.

조원 자국 노동자) 그리고 이주노동자의 비교 가능성 분석은 근대적 주권의 역사와 논리 사이의 충실성에 의해 정당화된다. 이 분석은 노동, 조직, 정치학의 차이를 넘어서 노동자들의 역사성을 이해할 수 있도록 할 뿐만 아니라 민주화와 자본축적 사이의 구체적 연결고리를 드러낸다. 한국의 역사는 80년대 말 이래 이주노동자와 노조원 노동자가 서로 깊이 얽혀 있음을 명확히 보여준다. 이는 산업구조가 중소규모 공장과 재벌 소유의 대규모 공장으로 나뉘어 있고, 이들이 자본주의 위기에 대해 서로 연계해서 대응하기 때문이다.

90년대 이후 한국 경제는 생산 비용 증가, 신흥 개발도상국들의 저가 상품과의 경쟁 심화, 선진국의 수출 규제 확대 등에서 오는 복합적인 도전에 직면했다. 산업계가 이 도전에 대응하는 방식은 분기된 산업구조를 반영한다. 재벌이 취한 비용 절감 대책들은 개발도상국으로의 아웃소싱, 국내 공장으로의 하청 그리고 유연한 고용계획 채택으로 이루어졌다(백낙기 외 1998; 이상호 2007). 재벌과 중소기업 사이의 불평등은 기술, 자본 조달 능력, 노동자 노조화의 격차가 더욱 커지면서 심화되었다(김형기 1994; 김영미와 한준 2008). 중소기업들은 기술 향상보다는 점점 더 저렴한 노동력에 의지하게 되는데, 이것이 미숙련 외국인 노동자들의 수요가 늘어나는 배경이다.[6]

새로운 자본축적 문화는 중소기업의 노동력 부족을 악화시켰다. 1997년의 금융 위기와 신자유주의 개혁 이후의 경제적 공포와 더불어 한국 사회는 부를 축적하는 과정에서 투기적 행태들이 증가했다. 벤처 기업에 투자하라는 유혹, 폭발적으로 증가한 주식 거래, 복권에 대한 집착들은 투기적 축적을 가능케 하는 환상적 기제이다. 젊은 세대와 일반 가구들은 높은 실업률과 새로운 소비욕으로 인해 계속 빚이 쌓였으며 채무불이행이 골치 아픈 사회문제로 등장한다. 새로운 자본축적 체제는 한국에서 제조업 분야가 이미 죽었거나 사라진다는 듯이 탈노동사회의 이데올로기를 부추겼다. 육체노동은 개인의 헌신과 윤리, 특히 소규모 작업장 소유주와 노동자들의 헌신과 윤리로 환원되어 주물화된다. 육체노동은 맹목적 집착의 대상이 되며 대상화와 추상화되는 노동의 특성을 지운다. 「생활의 달인」이나 「극한직업」과 같은 텔레비전 프로그램들은 도덕과 윤리를 앞세워 노동의 사회적 성격을 회피하는 예가 될 것이다. 탈노동사회라는 이데올로기는 노동조합이 가진 매력을 감소시키고, 새로운 생산과 소비 체제는 이주노동자들을 끌어들이는 기초이다.

## 반복되는 노동의 동시성

이주노동자와 노조 가입 노동자들의 역사적 관계를 근대 주권의 논리와 연결시켜 보면, 이 두 노동자 그룹과 87년 이전 노동자들 사이의 동시간성을 고찰할 수 있다. 필자는 독재정과 민주정을 국가의 예외적 주권의 두 가지 구체적 계기로 개념화하는데, 이 두 통치 형태들의 전통적 대립은 세 유형의 노동자 집단을 파편화시킨다.

군사정부가 국가 비상 사태라는 이름으로 폭력 수단을 독점하고

---

6   한국의 기업 분류에서 소기업은 50명 미만, 중기업은 50명에서 300명을 고용하는 기업을 일컫는다.

법을 정지시킨 반면, 민주정부는 법치를 수호한다는 명목으로 폭력에 의존했다. 좀더 구체적으로 보면 한국의 군사독재 정권은 기업과 공장을 민족국가의 자산으로 건설하고, 경제개발 과정에서 북한과 싸우는 군대에 비유했다. 순종적인 노동자들은 국가적 영웅으로 칭송되고, 투쟁하고 노동 분쟁을 일으키는 노동자는 「국가보안법」과 마주해야 했다. 국가의 금융 지원으로 만들어지고 시장 변동으로부터 보호받는 재벌과 같은 사기업은 공적인 민족국가 자산으로 간주했다. 한 예로 1994년 정부는 삼성그룹의 자동차산업 진입을 허용했는데, 이는 인적 자본을 포함한 자산 활용이라는 측면과 한국 자동차 산업의 세계적 경쟁력에 미칠 영향에 대해 아주 짧은 기간 동안 열띤 논의 끝에 결정됐다(김방희 1993; 진정순 2010).

90년대부터 사유재산권은 신자유주의 시대에 자유와 평등이라는 민주적 질서의 근간이 되었다. 파업은 회사의 사유재산에 피해를 입히는 행위라는 것을 근거로 불법으로 판결되었다. 그리하여 경찰에게 단호하게 진압되었고 파업 노동자들은 체포는 물론 건물과 기계, 회사의 다른 자산에 대한 손해를 배상하라는 위협적인 법원 명령도 걱정해야 한다. 법치는 정치적 민주화의 진전과 함께 상품화의 환영적(phantasmagoric) 과정도 더불어 강화했다. 필자는 근대국가의 주권에 대한 논의를 자본축적과 노동 주권의 지형으로 이동시키고, 법치의 형식과 내용을 함께 분석하려고 한다. 이 형식은 생산의 사회적 관계를 추상화하고, 그 관계를 국가권력으로 보호한다.

# 3 ——— 이주노동자의 정치학: 노동권과 인권 사이

이주노동자들의 삶과 노동은 그들이 80년대 말 처음 도착한 직후부터 바로 한국 민주주의 정치학의 중요한 일부가 되었다. 1992년, 천주교와 개신교가 이주노동자들에게 서울과 근교의 교회를 개방했고, 2003년이 되자 130개가 넘는 종교단체와 노동단체, 비정부기구들이 쉼터와 의료 서비스, 법률 지원을 제공했다(송종호 2006). 나아가 이주노동자들의 권리 문제는 빠르게 사회문화적·정치적 논쟁 사안이 되어 한국의 문화에 문제를 제기하고, 주요한 법률들의 개혁을 촉진했다.

여기서 주목할 만한 조직은 이주노동자 지지 단체들의 협의 조직인 '외국인 이주노동 운동협의회'(이하 '외노협')로서 앞서 언급된 네팔 출신 노동자들의 명동성당 시위가 발생한 지 몇 달 뒤인 1995년 7월에 조직되었다. 외노협은 각기 다른 정치 세력과 연합하고 언론, 전문가, 시민의 동원, 그리고 정부 부처들과의 협의를 통해 이주노동 제도를 법제화하는 일에 앞장섰다. 미국의 이민에 관한 연구에 따르면 미등록 이주노동자들과 이들의 권리를 옹호하는 사람들은 이주노동자들이 경제적으로 기여했다는 사실과 공동체로의 통합에 기초한 사회적 자격을 강조함으로써 불법적 신분에 대해 이의를 제기했고 좋은 결과를 얻었다(Coutin 2005; Hagan 2006; Basok and Carasco 2010). 외노협은 이와는 다른 방식으로 이주노동자들의 합법화를 추진했는데, 이 단체가 활용한 두 방식이 세계시민주의와 사법주의였다. 여기서 세계시민주의는 남한이 이주노동자들의 인권을 보호해야 하는 의무가 있음을 강조한다. 또한 사법주의는 새로운 정치적 대응 방안들을 구체화하는 것이다. 이를테면 거리에서 시위하기보다는 법에 호소하고, 법률 개혁을 선호하는 것으로 외노협은 시민과 전문가를 동원하여 정부와 협상했다.

외노협 보고서 중 「다시 전태일을 떠올리며」라는 항목은 1970년대와 1980년대 전태일 세대의 노동조건과 크게 다르지 않은 포악한 노동 체제 아래서 이주노동자들이 처한 앞서 언급된 노동조건들을 열거한다. 이주노동자와 과거 국내 노동자들이 일했던 시간은 서로 다르지만, 노동조건이 겹치는 것은 이들의 동시간성을 드러내는 아주 드문 예다. 그러나 보고서는 여기서 멈춘다. 이주노동자와 과거의 국내 노동자 간의 관계를 좀더 철저하게 이해하려면 이들을 나타내는 표상 사이의 차이와 유사점을 이해할 필요가 있다. 이주노동자와 과거의 국내 노동자는 이중 표상에서 차이를 보인다. 급속한 산업화 시기에 한국의 공장노동자들은 국가의 영웅으로 칭송됨과 동시에 낮은 지위의 육체노동자로 멸시당했다.

90년대 후반부터 이주노동자들은 세계시민주의적 주체로 이상화되는 동시에 다수가 2000년대 중반까지는 미등록 신분이었기 때문

2013년 8월 서울에서 일어난 이주노동자들의 노동권을 위한 시위

자료 제공: 서울외국인노동자센터.

에 사회 질서를 위협하는 범죄자로 취급받았다. 이주노동자들은 기꺼이 목숨을 돈과 바꾸려 하고, 결혼을 위해 취약한 한국 여성을 노리는 냉혹한 경제 동물로 그려졌다. 이따금 발생하는 그들 사이의 싸움과 살인을 보도하는 뉴스는 이들을 폭력적이고 무법적인 존재로 대서특필한다.[7]

그러나 이주노동자들의 고유한 문화가 담긴 식당과 가게, 힌두교

---

7    예를 들면 이주노동자들이 결혼을 통해 합법적 체류 자격을 얻기 위해 한국 여성을 '사냥한다'라고 하며 특히 정신적·신체적 장애가 있는 여성과 중년 미혼 여성을 노린다고 보도된다. 이에 대해서는 전현정(2007)을 참조할 것.

를 비롯해 다른 종교 시설들이 모여 있는 이들의 구역은 세계주의적 다문화라는 한국의 미래를 상징한다고 보도된다. 한국 활동가들과 언론은 이주노동자를 민주사회를 구성하는 새로운 다문화적 직조물의 징표로 환영한다. 이주노동자들은 휴일에 방영되는 텔레비전 프로그램인 「전국노래자랑」에 초대되기도 하고, 조선족 여성들은 드라마에 레스토랑과 호텔, 개인 가정에서 일하는 노동자로 등장하여 사실성을 부여하기도 했다.

과거의 국내 노동자와 최근의 이주노동자 사이의 동시간성은 이주노동자들의 노동조건 유지를 위해 국가 폭력을 승인하는 국가-자본 연합에 기인한다. 이 점에서 이들의 비교 가능성은 '민주화운동에서 이들이 어떻게 표상되는가'라는 관점에서 탐구할 필요가 있다. 따라서 필자는 외노협의 활동과 이들이 어떻게 국가-자본 연합에 대응했는가를 탐구한다. 외노협은 오래된 민주주의 정치학과 새로운 민주주의 정치학 사이에 걸쳐 있다. 예를 들면 외노협의 주요 리더들은 노동자의 노동권과 같은 과거의 원리들을 유지하면서 조직의 활동을 새롭게 등장하는 시민운동과 통합시켰다. 이주노동자를 위한 한국과 일본의 지원에 대해 비교 연구한 이병하는 남한의 경우 조직은 취약하지만 법적 개혁을 이루어내는 정치적 역량을 보여주며, 일본은 반대의 경향을 보인다고 주장했다(이병하 2013). 외노협이 과거와 맺는 기이한 관계는 이주노동자 지원 활동의 역사적 구체성을 더욱 명확히 보여준다.

## 세계시민주의

외노협의 소식지는 인권이 "차이와 차별의 모든 장벽을 무너뜨리고 평화와 평등의 강을 채운다"라고 선언했다(외노협 2001b). 또한 인권을 모든 인간이 지닌 자연권으로 규정하고, 이런 권리 획득을 위해 정치적 행동을 요구한다. 외노협은 인권 침해가 '차이와 다름'을 받아들이지 못하는 데서 시작된다고 보았다. 그래서 이주노동자에 대한 대중의 관심을 불러일으키기 위해 '살색'이라는 색상명을 '살구색'으로 바꿔 부르자는 캠페인을 벌이기도 했다. 이는 살색이 아시아인의 피부색을 표준으로 삼아 다른 인종들의 피부색을 비하한다는 것 때문이었다. 이 캠페인은 이주노동자들이 중국과 몽고를 제외하면 대부분 피부색, 종교, 식습관에서 한국이 속한 동아시아와는 다른 동남아시아 출신이라는 사실을 반영한다.

민족주의와 세계시민주의 사이의 긴장 관계는 외노협의 인권 활동 전반에 스며들어 있다. 1980년대 이래 민족주의는 민주주의와 세계주의를 버무리는 도가니였다. 경제적 성취에 대한 상반된 인식, 번영의 지속성에 대한 불확실성, 발전 만능주의에 대한 환멸이 어우러지며 한국의 정체성과 문화에 대한 첨예한 논쟁을 불러일으켰다. 한국 문화를 재발견하여 보존하는 것이 한국의 정체성 유지는 물론 다문화적 세계 시장을 향한 한국 문화의 상품화를 위해서도 필요하다고 주장하는 이들이 있다. 반면에 점점 강화되는 지구적 경쟁에 맞추어, 편협하고 '내향적'이며 때로는 외국인 혐오적인 한국의 민족 문화를 세계주의자로서의 정체성, 상호 문화적 교육, 문화적 유연함으로 대체해야 한다고 주장하는 이들도 있다(Moon 2000).

외노협의 정치학은 한국에서 인권이 새로운 민주주의 질서를 구성한다는 사실을 잘 드러낸다. 다원주의·자유주의·보편주의는 새로운 민주적 주체인 '너와 나'를 명확히 드러낸다. 다원적 보편주의에 입각한 인권에는 역사와 사회적 관계가 결여되어 있다. 다름과 포용의 권리에 대한 보편적 요구는 인권의 추상적 형태이다. 보편적 등가물로서의 돈이 그렇듯, 인권은 이주노동자와 다른 사람들을 등가 관계 속에 위치시킨다. 다시 말해 보편적 인권의 이념은 차이가 등가교환의 조건이 되는 다양한 사회적 관계를 상정한다. 이 등가성은 외국인 노동자들을 사회적 지위와 경험이 다른 타 집단 사람들과 동등한 위치에 놓는다. 이때 타 집단이 다른 소수자이든 아니면 한국 안팎의 다수자이든 상관하지 않는다. 다원적 보편주의는 이주노동자들을 차이와 상관없이 다른 소수자 그룹들과 하나로 묶는다.

민주주의의 이념은 외노협의 소수자 담론에 깊이 들어와 있다. 이 담론은 이주노동자들과 일자리를 빼앗길지도 모른다는 우려를 가진 자국민 사이의 잠재적 적대 관계를 지워버린다. 외노협은 이주노동자를 여성, 동성애자, 장애인에 이어 가장 열악한 조건에 놓인 소수자로 자리매김한다. 외노협은 다른 나라의 소수자 개념이나 소수자 우대 정책들에 대한 연구를 소환하면서 이주노동자의 권리 보장이 새로운 민주적 사회인 한국 사회의 모든 이들의 이익과 이상에 부합한다고 주장한다(석원정 2003; 박경태 2008).

한국 정부는 국내의 외국인 신부들과 이들 자녀들을 통합할 목적으로 세계주의적 다민족 공동체주의를 추진했는데, 외노협은 이미 몇 년 전부터 이를 소수자 권리를 옹호하는 전망으로 제시했다. 정체성 정치학에서 끌어온 외노협의 소수자 개념은 소수자에 대한 다른 급진적 생각과는 근거가 다르다. 후기 마르크스주의자인 윤수종은 소수자를 대안적 정치의 주체로 구성한다(윤수종 2005). 소수자는 민중처럼 신자유주의적 자본주의에 의해 심화된 경제적·사회적 갈등을 겪으면서도 민중과는 달리 사회적 차이들을 인식하는 주체로 이해된다. 또한 소수자는 성매매 여성, 장애인, 동성애자, 죄수, 어린이, 노숙자, 무직자 같은 새로운 집단을 포괄한다고 본다.

세계시민주의에 대한 외노협의 호소는 87년 이후 정치학의 문화적 전회를 증언한다. 외노협은 문화와 수행성(performance)과 창발적 참여를 강조함으로써 개인들의 특이성을 인식하고 계급, 문화, 정체성을 가로질러 연대를 구축하고자 한다. 르페브르에 의하면 일상에서의 문화적 혁명은 예술의 부흥처럼 어떤 '문화적 목표'를 갖지 않는 대신에 문화가 국가와 재산제도의 변화를 넘어서 일상의 삶을 전환시키도록 한다(Lefebvre 2008:204). 이와 유사하게 80년대 민중운동의 문화적 실천은 여러 가지 일상적 문화 활동을 포함한다. 예를 들어 지식인과 노동자 사이의 유대를 형성하고자 대학생들이 자신의 신분을 감추고 노동자들과 같이 일하고 생활했다. 90년대 이후 시민사회운동에서의 문화적 전회는 이와는 대조적으로 정체성의 다양성을 강조하며 문화를 정치와 경제에서 벗어난 자율적 영역으로 변모시켰다.

## 법치주의

외노협의 활동은 인권을 노동권으로부터 분리한다. 이는 90년대 이후 시민사회운동의 특징이기도 하다. 80년대 민중운동과 사회구 성체 논쟁에서 휴머니즘과 노동권은 서로 결합되어 있었다. 당시의 유토피아적 전망은 노동자들의 노조결성 투쟁을 다른 사회단체들 과 연대를 형성하고 군사정부와 독점자본에 대항하는 대중 투쟁의 교두보로 여겼다. 이와는 대조적으로 외노협의 활동에서 인권은 합 리성과 자유주의에 전적으로 의존하는 법치에 기초한다. 이들의 정 치학은 민주주의 정치학의 과도한 사법주의를 잘 활용한다. 80년대 후반 민주화 이후 사회운동 단체들은 이성적 대화와 협상을 통해 사회를 변모시킬 것을 주창했다. 전문가와 전문직업인의 자문은 정 부, 정당, 비정부기구를 막론하고 정치단체들의 표준적인 관행이 되 었고, 이들 가운데는 부설이나 제휴 연구소를 가진 곳도 있었다. 공 개 토론회는 이 단체들이 서로 교류하는 통상의 경로가 되었다. 이 런 경향에서 외노협의 자문단도 교수, 국회의원, 변호사를 포함했다. 이들은 모두 법에 호소하거나 국회나 정부 부서와 교섭하는 일에 필 수적이었다. 외노협은 가두시위나 단식투쟁과 같은 과거의 정치적 전략을 완전히 포기하지는 않았지만, 운동을 전문화하는 추세에도 뒤지지 않았다.

산업연수생제도는 특히 90년대 중반부터 2003년까지 이주노동제 도를 합법화하려는 운동의 초점이 되었다. 산업연수생들은 전체 외 국인 노동자의 일부에 지나지 않았다. 하지만 산업연수생제도는 외국인들이 한국에 와서 일할 수 있는 유일한 합법적 통로였다. 1991년 10월에 처음 만들어진 이 제도는 한국 기업들이 투자한 나라의 노동자들을 연수 목적으로 데리고 올 수 있도록 만들어졌다. 이 정책의 최초의 수혜자는 80년대 후반 한국의 경제자유화 이후 개발도상국에 사업을 위탁하고, 미국과 유럽에 투자를 늘린 재벌들이었다. 정부는 염색, 제화, 유리 제조, 가죽 가공, 전자 등의 분야에 산업연수생제도를 확대해달라는 중소기업의 요청을 받아들여 연수 기간을 최대 3년으로 연장했다. 이후 1996년 말에는 총 연수생 수가 68,020명으로 늘어났다(설동훈 1999: 89~90).

이 제도는 기본적으로 저임금, 소모적 노동력을 확보하기 위한 임시방편이었다. 연수생들은 위험한 기계와 화학 약품을 다루는 작업 환경에도 불구하고 기술 훈련을 간략하게 마친 뒤에 바로 현장에 투입되었다. 연수생이라는 신분으로 인해 임금 수준이 출신국의 급여 등급에 따라 매겨졌으며, 그 금액은 국내 노동자들이 받는 임금의 절반도 되지 않았다. 이들은 또한 보증금 몰수나 여권 압수와 같은 제재로 인해 지정된 작업장을 떠날 수 없었다. 연수생들은 낮은 임금 때문에 제재를 무릅쓰고 지정된 작업장을 떠나 다른 일자리를 찾기도 했는데, 이는 결국 그들을 미등록 노동자로 만들었다. 2001년 7월 발간한 법무부의 보고서에 따르면 당시 미등록 노동자는 전체 314,086명의 이주노동자 중 약 70%를 차지했다. 실제 미등록 노동자는 훨씬 많은 약 50만 명으로 추산됐다. 위의 숫자는 산업연수생으로 온 노동자들만 포함하는 것으로 15일 여행비자, 한 달 가족 방문 비자(조선족에 해당)로 와서, 체류 기간을 넘겨 3~5년 나아가

8~10년까지도 머물고 있는 노동자들을 포함하지 않기 때문이다(외국인노동자대책협의회 2001a: 99).

네팔 출신 노동자들의 투쟁 직후인 1995년 2월 13일, 노동부는 1년 이내로 거주 중인 이주노동자들을 위한 고용허가제 시행 계획을 밝혔다(박석운 1995). 이 계획이 실패로 돌아간 후 외노협은 노동부와 협력하여 산업연수생제도를 고용허가제로 대치하는 운동에 뛰어들었다. 외노협 지도부 일부와 소속 노동단체들은 노동허가제를 추진하기도 했다. 노동허가제는 이주노동자가 작업장을 선택하고 바꿀 수 있는 자유를 보장하는 반면, 고용허가제는 작업장 전환에 대한 엄격한 제한과 함께 3~5년간 이주노동자 채용을 합법화한다. 이주노동자에 대한 논란은 노동허가제보다는 대체로 산업연수생제도와 고용허가제 중심으로 이루어졌다.

산업연수생제도를 지지하는 세력은 산업자원부(1991년 산업연수생제도를 만든 이전의 상공부), 국회 산업통상자원위원회, 법무부, 산업연수생제도의 운영을 담당한 중소기업중앙회였다. 논란의 주제는 이주노동자의 관리, 관리와 책임을 맡을 행정기관, 고용 기간, 이주노동자의 권리에 관한 것이었다. 각 집단들은 경쟁적으로 자신의 입장을 국가 경쟁력, 발전, 노동시장의 합리적 관리라는 틀에서 설명했는데, 이는 모두 자본가의 어휘들이다. 발전에 대한 새로운 관심은 치열한 세계 시장에서 한국 기업의 경쟁력을 강화해줄 합리적 정책을 요구했고, 이는 민족주의가 들어올 수 있는 뒷문을 열어주었다.

고용허가제 지지자들은 중소기업의 경쟁력 향상을 위해 노동시장의 합리화와 안정화가 중요하다고 강조했다. 이들은 산업연수생제도에서 발생하는 이주노동자 차별이 동남아시아 국가들과의 동맹과 경제 협력을 해칠 수 있다고 보았다. 이들은 최근에 일어난 한국인 여행자들에 대한 공격을 언급하며, 한국에 대한 이주노동자들의 불신과 귀국 후 한국 제품에 대한 불매운동의 가능성을 경고했다.

또한 고용허가제 지지자들은 이주노동자들의 교육 수준이 대부분 높다는 점, 귀국 후 자국에서 리더가 될지도 모르는데 차별의 경험 때문에 한국에 적대적이 될 수 있다는 점을 지적했다. 합법적으로 취업을 할 수 있는 통로가 없기 때문에 송출국의 중계인들은 이주노동자를 상대로 사기를 일삼게 된다. 이로 인해 이주 비용이 늘어나서 이주노동자들은 빚을 갚기 위해 빈번하게 작업장을 떠나 학대와 착취를 감내한다는 점 역시 지적되었다(박석운 2000; 노동부 2003b).

산업연수생제도를 지지하는 이들은 고용허가제 지지자들의 주장을 반박하며 고용허가제가 이주노동자들의 임금과 생산 비용을 증가시켜 노동시장의 유연성을 손상시킬 것이라고 예측했다. 이들은 고용허가제가 이주노동자 관리를 노동부의 취업 관리와 법무부의 비자와 체류 기간 관리로 이원화시켜 행정 비용도 증가시킬 것으로 보았다. 이 논의는 소규모 공장 소유주들이 심각한 노동력 부족 때문에 2003년 공개적으로 중소기업중앙회에 반기를 들고 신속한 고용허가제 시행을 요구할 때까지 교착 상태에 있었다(중소기업중앙회 2000a, 2000b; 전영평·한승주 2006).

행정의 분리는 정부의 관계 부처들을 곤혹스럽게 했다. 이주노동자들은 대부분 불법체류자의 신분이었기에 법무부 출입국관리사무소 관할이었다. 그런데 이들은 그 숫자만으로도 법무부의 골칫거리였다. 2003년 고용허가제가 통과되기까지 법무부는 계절별 혹은 연도별로 미등록 노동자들을 불시 단속하고 임시 노동 허가나 벌금 없는 본국 송환과 같은 유인책으로 그들을 등록시키려 했다. 불시 단속은 때론 노동자들을 막다른 골목에 몰아넣어 자살에 이르게 했지만, 대체로 상징적인 조치였다. 50명이 되지 않는 출입국관리사무소 직원들만으로는 경찰과 협력하더라도 불법 이주자들을 제대로 단속할 수 없었다. 출입국관리사무소 소장은 필자에게 출입국관리 팀은 우선적으로 성매매촌과 술집, 다음으로 식당과 다른 서비스업의 불법 노동자를 단속하지 공장을 급습한 적은 거의 없다고 말한 적이 있다. 그의 동료들과 일부 법무부 관리들도 비효율적인 감독 체계에 대해 알고 있었으며 산업연수생제도를 고용허가제로 대체하는 것을 선호했다. 그러나 그들은 법무부의 이주노동자 관할을 끝낼 어떤 법률 개혁을 주도하거나 공개적으로 지지하지 않았다(2002년 6월 29일 인터뷰).

　노동부도 국내 노동자를 위한 노동시장을 보호하면서 동시에 이주노동자들의 노동력을 안정시킬 수단으로 고용허가제를 추구하는 모순된 입장을 취했다. 노동부의 고용정책실은 정부의 비효율적인 이주노동자 정책으로 인해 비난에 직면했다. 1996년과 2000년대의 법원 판결들은 불법 노동자들과 산업연수생들이 업무상 사고에 대한 보상과 퇴직 혜택을 받을 자격이 있음을 인정했다(외국인노동자대책협의회 2001a: 159~160). 이런 판결에 힘입어 노동자들과 활동가들은 이주노동자들을 대신해 노동부에 불만을 제기했다. 그렇지만 노동부는 이주노동자들이 규제되지 않으면 미숙련 한국 노동자, 특히 여성과 노인들이 일자리를 빼앗기게 될 것을 우려했다. 고용정책실의 한 관료는 노동력 부족분의 30~40%를 이주노동자로 채우는 것이 노동시장의 탄력성을 보장하고 자국인의 취업을 보호하는 적정선이라고 증언했다(2002년 7월 31일 인터뷰). 청와대 참모로 임명된 노동부의 다른 관료는 저임금 노동력을 선호하다가는 결국 자국 노동자가 이주노동자로 대체될 것이라는 우려를 표명하기도 했다(2002년 7월 25일 인터뷰).

타협은 사법주의 문화와 동의어가 되었다. 행정부의 감독·중재·평가 및 규제를 책임지던 총리실 내 국무조정실이 행정 부서 간의 갈등을 중재했다. 국회는 행정 부서와 사회운동 단체들 간의 중재자로 등장했다. 1996년과 2003년 사이 국회의원들과 민주당, 사회 단체들이 적어도 9건의 고용허가제와 노동허가제 관련 법안을 제출했다. 2003년 7월 31일 국회는 타협을 거쳐 마침내 고용허가제 법안을 통과시켰다.

이 타협안은 산업연수생제도를 유지하는 데 그치지 않고 더 확장했다. 여기에 '연수생'이 2년의 '연수'를 마친 후 1년 더 '근로자'로 일하는 것을 허용하는 조항이 포함됐다. 이 고용허가제 법안은 외국인 노동자들의 취업 기간을 최대 3년, 적어도 1년에 한 번은 계약이 갱신되도록 규정하고 한국을 떠나면 6개월 후 돌아올 수 있도록 하였다. 2007년 1월 산업연수생제는 고용허가제와 통합됐는데, 이후 주기적으로 개정되어 이주노동자 고용의 제한이 완화됐다. 특히 조선족에 대한 특별 제도가 법제화됐으며 축산업, 어업, 자동차 수리업,

사우나업 등으로 고용 분야가 확대됐다. 2004년 이후 고용허가제의 시행은 계약 만료 후 한국에 남아 불법으로 일하는 이들을 제외하면 불법 이주노동자의 수를 확연하게 감소시켰다.

## 자본주의적 과잉 : 트랜스내셔널 시대의 노동권

법치를 인권의 기초로 삼는 외노협의 정치학에서 어떤 자본주의적 과잉이 존재한다는 것일까? 외노협의 활동이 고용허가제를 법제화하는 것임을 감안한다면, 결국 외노협은 자본주의와 민주주의 질서를 강화하는 '탈신체화된'(disembodied) 국가로서 작동해온 셈이다. 외노협은 직업을 소개하고, 의료 서비스와 쉼터를 제공하며 체불임금을 지급받을 수 있도록 도와줌으로써 불법 이주노동자들이 계속 일할 수 있게 만들었고, 따라서 생산관계 관리에 도움을 주었다. 이주노동자들에게 일상의 필요를 충족시키는 이러한 지원 제공은 불법적 신분으로 인해 이들의 삶이 불안정해질 때, 사회적 관계를 안정화하는 데 도움이 된다. 나아가 정부가 노동자를 새롭게 사회적으로적 분류할 때 외노협과 지부들은 자국 노동자와 이주노동자를 사회적으로 분리시키는 것에 대해 이의를 제기하지 않고 이 새로운 분류를 공고히 했다.

1980년대에는 인권과 노동권은 민족주의적이고 노동 지향적인 민중 항쟁으로 통합됐다. 이 둘의 분리는 90년대 이래 시민사회운동의 특징이기도 하다. 휴머니즘에 대한 이런 접근법의 차이는 한국의 신구 민주주의 정치학 아래서 진행된 인간의 상품화에 대해 한국 사회가 어떻게 다르게 반응했는지를 보여준다. 군사독재 시절, 정부와 사회운동 부문은 민족주의와 인민 주권에 대해 정반대의 전망을 견지했다. 군사정부가 북한과 자생적 공산주의자의 위협을 들먹이며 권력을 유지할 때 사회운동은 통일의 과제를 민주화와 결합시켰으며, 군사정부가 노동 파업을 국가안보의 위협으로 다룰 때 사회운동은 노동을 대중 투쟁의 전위로 내세웠다. 그리고 군사정부가 국가안보라는 이름으로 법치를 정지시킬 때, 사회운동은 법을 권력의 도구로 보았다. 그러나 1990년대 이후 민족주의, 노동 중심주의, 대중투쟁과 같은 민중운동의 특징적 요소들은 세계시민주의, 시민권, 법치라는 새로운 패권적 이념들로 대치되었다. 이러한 전환은 시민운동의 폭발적 성장을 말해준다.

이제 시민운동은 국가 권력의 세 구성요소, 다시 말해 사법부, 입법부, 행정부 다음의 네 번째 권력으로 치켜세워진다. 역사성이나 물적 조건과의 연계성이 없는 이 새로운 민주주의적 관념은 민주주의를 사회적 관계의 변화와 연결시켰던 접근 방식을 상실한 것이다. 외노협의 주요 인물이자 관록 있는 노동운동가인 박석운은 외노협이 인권과 노동권을 분리한 것은 단순히 전략적 선택이었을 뿐이라고 말했다(박석운2002). 이러한 분리 전략은 이주노동자들의 권리를 신장시키고 인권에 대한 대중의 각성을 촉구하기 위한 운동의 일환이었을지도 모른다. 외노협의 회원 단체들이 법이나 사회의 변화보다는 이주노동자들을 위한 지원을 제공하는 것이 목적인 종교 단체와 인도주의적 단체와 느슨하게 연결됐다는 점을 고려하면 이해할 수 있는 전략이다. 하지만 이로 인해 외노협이 추구했던 세계시민주의와 사법주의에서는 인권과 노동권이 이제 양립할 수 없게 되었다.

필자는 외노협 지도부의 노동권 변호를 블로흐의 "비동시성의 동시성", 즉 과거 유토피아적 정치학의 현재적 존속으로 특징짓는다 (Bloch 2009). 노동권 옹호는 인민주권을 노동으로 확립한다. 이런 민중운동의 유산은 신자유주의적 자본주의 체제, 시민사회운동, 그리고 이 둘의 공생관계를 비판할 수 있는 여지를 제공한다. 노동권 옹호는 고용허가제의 명백한 자본주의적 성격을 폭로한다. 고용허가제에서 이주노동자가 일터를 바꿀 권리는 원칙적으로 작업장 폐쇄, 계약 위반, 노동권과 인권 침해의 경우에만 허락되는 예외로 취급된다. 외노협의 정책실장인 이난주는 노동운동이 이주노동자의 노동권 실현과 노동조합 설립에 앞장서야 한다고 주장했다(이난주 2002; 이금연 1999도 참조할 것). 박석운은 국내의 노동법을 외국인 노동자들에게도 적용할 것을 요구했다(박석운 1995). 그는 자국의 연수생인 고등학생 인턴과 인턴 의료진이 노동자로서 노동법에 의해 권리를 보호받는다는 두 건의 법원 판결을 인용한다. 외노협은 민주사회를 위한 변호사모임(이하 민변)과 민주노동조합총연맹(민주노총)의 지원이 형식적이고 미미할 때조차 그들의 도움을 지속적으로 요청했다.

민족국가와 법치에 대한 입장으로 인해 외노협 지도부의 노동권에 대한 전망과 새롭게 등장하는 이주노동자 활동가들의 전망이 달라진다. 서울경기인천 이주노동자 노동조합은 법외노조지만, 2005년 이주노동자들이 스스로 만든 최초의 운동 조직이다. 모니루자만 마숨(Moniruzzaman Masum) 사무국장은 모든 이주노동자들의 정체성이 '국가를 넘어선다고'(trans-state) 간주하며 "난 한국에서 일하고 있으니 한국 노동자입니다. 한국 국적은 없어도 한국 노동자예요"라고 말한다(조원광 2007: 145). 여기서 국적은 보편적 외형을 상실하고, 다른 법률과 마찬가지로 국경을 횡단하는 노동의 이동을 규제하는 가장 중요한 기제로 폭로된다. 마숨의 발언은 외노협이 국가와 국가의 법에 의한 보호를 호소하는 방식과 대비된다. 이런 '국가를 넘어선' 정체성은 자본을 위해 모두를 국가의 통제 아래 두는 시민과 비시민 사이의 구별을 거부한다. 조원광에 따르면 인간의 보편적 권리로서 시민권의 유무와 상관없는 자유로운 이동의 요구는 인민주권을 대의적 국가체제 혹은 민주적 체제를 초월해 확립시킨다(조원광 2007). 조원광은 "우리는 모두 이주노동자다"라고 선언하자고 제안한다. 이러한 보편적 정치학의 천명은 국경을 포함한 모든 경계를 넘어 이동할 수 있는 인간의 본질적 권리를 중심으로 전개된다. 이런 틀에서 볼 때 취업허가제는 양순한 주체와 잉여노동을 만들어 국가가 외국인 노동자들을 통제할 수 있도록 돕는다.

조원광의 분석에서 "우리는 모두 이주노동자다"라는 표현은 법과 사회조직체의 외부에 존재하는 새로운 정치학을 지칭하는 것이다. 이 정치학은 외노협이 주장하듯 외국인 노동자를 기존의 민주질서 안으로 포용하라고 요구하지 않으며, 국가의 정당성 그리고 국가와 주체들 사이의 사법적 관계를 부인한다. 이 분석틀은 랑시에르의 국가에 의한 사회적 관계의 범주화와(Rancière 1999) 이로 인한 시민과 외국인 노동자들에 대한 차별적 포용에 대한 비판과 닮았다. 시민과 외국인 노동자를 구분하는 고용허가제는 외국인 노동자의 효율적 관리뿐만 아니라 시민을 법이라는 제약과 국민국가(Nation)라 불리는 상상된 사회적 통합체 속에 묶어 두기 위해서도 필수적이다. 이에 반해 "우리는 모두 이주노동자다"라고 표현된 보편적 민주주의의 주체는 신구(新舊) 정치적 주체들, 즉 노동자 계급과 탈근대적 복합적 주체들의 대안이다.

# 4 ——— 노조에 가입된 노동자와 사유재산권

국내 노동자들이 자본주의 위기의 해결책으로 제시되는 '구조조정'에 반대하며 벌이는 투쟁은 이주노동자에 대한 인권운동과 병렬적으로 진행되었다. 경제학자들이 최근 국내의 경제 위기 원인에 대해 열띤 토론을 벌이고 있을 때 자문가(컨설턴트)나 회계사 같은 전문가들은 실제 위기와 가상 위기의 구별을 모호하게 만든다. 이들의 전문가적 견해와 평가는 이들이 만드는 재무 포트폴리오를 통해 투기가치를 만들어낸다. 전문가로서 이들의 지위가 이 가치의 타당성을 뒷받침하고 법원·정부·언론은 흔쾌히 받아들인다. 필자는 이 국가·자본·회계의 삼자동맹이 어떻게 사유재산권을 숭고한 것으로 신성화하는지를 분석한다. 이 삼자동맹은 구조조정을 위기 극복의 수단으로 호출함으로써 노조에 가입한 노동자에 대한 무자비한 공격을 정당화하고 이로 인해 노동자들은 더 낮은 임금, 더 취약한 신분의 임시직과 시간제 노동자들로 대체된다. 필자는 또한 구조조정에 대항하는 노조원 노동자들의 투쟁이 합의 민주주의 정치학의 실체를 드러내고, 새로운 정치학의 가능성을 부각시키는 역사적 계기들을 포착한다. 이 역사적 계기들은 노동자와 지식인이 전태일 세대의 국가 폭력과 30년 이후 노조에 가입한 노동자 세대가 경험하는 국가 폭력의 동시간성을 인식할 때 등장한다. 특히 유성기업과 쌍용자동차 노동자들의 투쟁은 전태일이 어렵게 터득한 국가와 법, 노동자 신체의 기계화 사이의 관계에 대한 교훈이 소위 민주주의 시대에도 여전히 유효하며, 나아가 오늘날 실천 가능한 민주주의 정치학의 구축을 위해 더더욱 필요함을 명백히 보여준다.

전태일은 분신을 통해 「근로기준법」에 사망 선고를 내렸다. 그는 분신하는 날 원래 탁자를 길거리에 가져와 그 위에서 「근로기준법」의 주요 조문들을 낭독하고 "이런 조문이 다 무슨 소용이냐? 지켜지지도 않는 이따위 허울 좋은 법은 화형에 처해버리자!"라는 취지의 연설을 하기로 되어 있었다(전태일 기념위원회 1983: 214). 원래의 계획에서 벗어나 전태일은 "「근로기준법」을 준수하라!"고 외치며 자신의 몸에 불을 붙였고, 한 동료는 「근로기준법」 책을 불길 속에 던졌다. 전태일의 정치적 각성은 법을 비신비화하는 과정을 수반했다. 전태일은 1968년에 1945년 해방 직후 노동 파업에 참여했던 아버지로부터 「근로기준법」의 존재를 알게 되었다. 아버지는 자신의 실패담을 늘어놓으며 아들에게 노동운동을 하지 말라고 설득했지만 소용이 없었다. 어머니는 계속된 간청에 못 이겨 그에게 「근로기준법」 해설서를 사주었다. 고작 초등학교 2년과 중학교 1년의 학력뿐인 전태일은 그 책에 등장하는 법률 개념과 어휘들을 이해할 수 없었다. 비록 하룻밤에 단 한 쪽밖에 못 읽을망정 그는 책을 끼고 살았다. 그는 종종 자신에게 이 책 읽기를 도와줄 "대학생 친구가 하나 있었으면

원이 없겠다"라고 말했는데 이 발언은 1980년 대학생운동의 시발점이 되었다. 그가 자신과 동료들을 위해 좀더 나은 노동조건을 만들어가는 과정에서 「근로기준법」은 커다란 희망이었다. 그는 「근로기준법」을 철저히 준수하면 노동자들이 인간으로서 존엄을 지키며 살수 있을 것이라고 생각했다. 이후 동료들과 작은 모임을 만들어 평화시장의 노동 실태를 조사하고, 정부 부처들을 방문해 「근로기준법」위반 사례들을 조사해달라고 촉구했으며 보고서를 만들어 신문사에 제공하기도 했다. 그러나 정부 관료들은 1년이 넘도록 그의 호소를 무시했고, 전태일은 「근로기준법」과 정부의 법 집행 의지에 대한 기대를 접게 되었다. 그의 몸과 함께 불타버린 책은 그가 소중히 가슴에 품고 다니며 그 속의 단어와 문장들을 이해하려고 잠 못 이루며 뚫어지게 들여다보던 바로 그 책이었다.

전태일의 분신은 노동운동과 민주화 투쟁을 추동했으며 이는 1987년 대통령 직접 선거라는 중대한 변화를 이끌어냈다. 80년대 급진적 정치학의 역사를 고려할 때 법치 아래의 계급 타협이 민주화와 동의어가 된 것은 놀라운 반전이다. 이 민주주의 정치학의 반전은 90년대 중반에 시작된 위기 정치학의 산물이다. 이로 인해 「근로기준법」을 두고 국가와 노동계 지도부 사이의 타협이 이루어졌다. 주당 최대 44시간의 노동시간을 규정한 1989년의 「근로기준법」 개정 직후 자본가들은 정부에 고용 유연성을 촉진시키는 정책들, 즉구조조정을 위한 해고, 임시 고용, 다른 비정규 고용을 요구했다. 관련 법안이 1996년 12월 국회에서 날치기로 통과되자 민주노총은 즉각 전국적 총파업을 시작해 1997년까지 이어갔다. 하지만 1997년의 금융 위기로 인해 민주노총은 민주노총 합법화와 공무원 노조결성, 노조의 정치 활동을 보장받는 대신 유연고용제와 단일사업장 복수노조를 받아들였다. 이 결과로 2014년에 들어서자 유연 노동력이 전체 노동력의 약 60%로 증가했다. 자본가가 계급투쟁에서 승리했다고 볼 수 있다. 반면 노동자는 민주노동당의 해체와 함께 정치력 신장에 실패했다고 판단할 수 있다. 이제 민주노총은 오직 기존의 노조에 가입한 재벌 기업의 노동자를 대변하며 비정규직을 무시해온 전략 대신, 대안적 노동 전략을 수립하려는 중이다. 유성기업과 쌍용자동차의 투쟁은 자본가의 전략과 노동자의 저항을 잘 보여준다.

## 유성기업 노조의 투쟁: 컨설팅 회사와 주가

유성기업 노조는 1961년에 설립됐고, 1987년의 총파업에 참여했다. 그후 회사와 임금과 노동시간을 둘러싼 교섭을 벌였다. 2011년 5월 18일 유성기업 노조는 경영진이 동의한 월급제와 야간근무 없는 2교대제를 시행하라고 요구하며, 충청남도 아산 공장에서 네 시간 부분 파업을 진행했다. 그날 저녁 사측은 무기한 공장 폐쇄로 맞섰으며 선제적 조치로 다른 공장도 폐쇄했다. 유성기업의 사례는 전국적으로 관심을 끌었다. 그 이유는 유성기업이 자동차 엔진의 주요 부품인 피스톤링과 실린더 라이너를 생산하는 곳이었기 때문이다. 유성기업이 부분 파업을 진행하자 부품 입고가 중단됐고, 그로 인해 현대와 기아를 비롯한 네 곳의 자동차회사 모두가 자동차 생산을 거의 중단해야 했다. 유성기업 노조는 아산 공장에서 연좌농성을 시작했다. 2011년 5월 24일, 경찰이 농성 참가자들을 끌어내기 시작했다. 그러자 유성기업 노조는 해고와 사측의 징계에 항의하기 위해 농성을 공장 인근의 비닐하우스로 옮겨 8월 22일까지 지속했고, 지도부의 투쟁은 2014년 6월까지 계속됐다.

유성기업의 사례는 남한에서 일상적인 것이 되어 버린 새로운 노조파괴 공식을 보여준다. 사측은 노동자의 요구를 묵살하여 파업을 부추기고, 파업이 일어나면 불법 파업이라고 주장한다. 그리고 공장을 폐쇄하고 회사의 사유재산을 보호한다는 명목으로 용역과 경찰을 동원해 파업노동자들을 진압한다. 다음 단계로 파업 중인 노조원 노동자들을 해고한다. 이후 사측과 보조를 맞추는 새로운 어용 노조원들로 공장을 열어 가동시킨다. 한국의 노동법에 따르면 사측은 파업에 참가하지 않은 노동자를 고용하면 생산을 재개할 수 있다. 유성기업의 경우 노조를 파괴하는 과정에서 창조컨설팅이라는 곳에 의해 매 단계와 세부적 지침이 고안되었다.

창조컨설팅은 2003년에서 2012년까지 186곳의 기업을 고객으로 하여 20여 곳의 주요 기업과 대학병원의 노동조합을 파괴했다. 창조컨설팅 고객 중에는 민영화한 KT, 만도기계 공장, 동아대학병원 등이 있다. 창조컨설팅은 파업 전부터 노동자들에 의한 재물 손상을 기록하기 위해 비밀 카메라를 설치했으며, 파업이 일어나면 시설 보호란 명목하에 경찰을 파견해달라고 인근의 경찰서에 미리 요청했다. 유성기업 노조가 2011년 6월 14일 일터로 복귀하기로 결정하자 창조컨설팅은 새로운 노조를 만들기로 한 계획을 실행했고, 7월 21일 출범시켰다. 창조컨설팅이 만든 이 다른 노조는 사무직과 관리직 직원들과 숙련된 기술자, 현장 감독, 이전에 일했던 노동자들을 망라했다. 8월 22일 이후에 원래의 노조원들이 작업장으로 복귀하자 사측은 파업을 이끌었던 노동자들을 해고하거나 징계했다. 따라서 11월 30일 이후에 새로 구성된 어용 노조가 교섭단체가 되었다. 이런 노조 와해 전략의 단계들을 완료하는 데는 약 반 년의 시간이 걸렸다(창조컨설팅 2011; 김소연 2012).

사유재산권은 공장을 폐쇄하고 파업을 끝내기 위한 폭력 사용을 정당화하는 근거로 인용되었다. 사측은 공장 폐쇄를 합리화하며 노조의 영업 방해를 막고, 빌딩과 기계를 포함한 사유재산을 지키기 위해 필요한 조치라고 주장했다. 2012년 9월 국회가 특별 감사를 통해 창조컨설팅의 노조 파괴 행위가 불법임을 선언했음에도 불구하고 2011년 6월부터 2014년 4월까지 대전과 서울의 지방법원과 고등법원은 계속해서 공장 폐쇄가 합법이라는 입장을 견지했다. 지방법원은 노조원 한 명이 공장에 들어가거나 공장에서 자산과 제품을 가지고 나오거나 혹은 고객과 접촉할 때마다 5백만 원의 벌금을 부과하는 판결을 내렸다. 또한 노조 지도부에 대해 폭력과 건물 불법 진입 그리고 재산 피해의 책임을 물어 징역형을 선고했다. 그러나 지도부의 최초 행위들이 사업을 방해할 정도는 아니었다는 이유로 집행유예가 선고됐다. 지방법원은 노조의 공장 폐쇄 기간 동안의 임금 지불 요구를 거부했다. 고등법원은 지방법원의 판결을 유지하면서도 노조가 복귀 결정을 발표한 날 이후의 임금은 지불할 것을 명했다. 서울 지방법원은 노조가 국가 재산인 경찰 장비와 차량에 대한 피해와 경찰 병력이 파업자 진압 과정에서 입은 부상에 대해 4,500만

원을 지불하라고 명령했다. 법원은 이 충돌 과정에서 노동자들이 입은 부상에 대해서는 침묵을 지켰다(임정환 2013; 정재은 2014).

파업 기간 동안의 유성기업의 주가는 급격하게 상승한다. 이 현상은 국가, 산업자본, 금융자본 사이의 연계를 드러낸다. 최초의 파업 후 주가는 거의 260%까지 올랐다가 이전 주가의 150%로 하락했다. 한 달 후 경찰과 노동자들이 다시 충돌하여 100여 명의 부상자가 발생한 다음 날 다시 이전의 최고가를 회복했다. 금융전문가들은 파업 기간 중 주가가 치솟는 것에 대해 의아하게 여겼지만, 일부는 유성기업의 경제적 가치가 파업으로 인해 사람들에게 알려졌기 때문이라고 생각했다(김창규 2011; 김우성 2011).

하지만 경찰 진압이 진행되자 주가가 상승한 것은 정부가 파업노동자들과 용역들 간의 폭력적 충돌을 해소하는 데 필요한 조치라며 경찰을 투입했기 때문이라는 것을 암시한다. 다시 말해 금융 시장이 공장 폐쇄와 경찰 투입을 생산 단가를 낮추고 이윤을 높이는 전략으로 해석했다는 것이다. 곧 임금이 훨씬 낮으며 고용 안정성과 노동권이 전혀 없다시피 한 하청 내지 비정규직 노동자로 채워져 공장이 재가동될 것이기 때문이다. 주가 인상으로 인한 사측과 주주들의 엄청난 재정적 이득은 파업으로 인한 몇 달간의 생산 차질에서 오는 손해를 상쇄하고도 남는 것이며, 당연히 노동자들이 입는 손해보다 훨씬 큰 이득을 얻는다.

## 쌍용자동차 노조의 투쟁: 자본의 유령

인수합병의 투기적 과정은 국가와 산업자본, 금융 서비스 기관 사이에 새로운 관계를 만든다. 쌍용자동차의 경우는 소유권을 반복해서 이전함으로써 소유주들이 노동자 해고와 생산 차질에 대한 법적 책임을 회피할 수 있음을 잘 보여준다.

재벌 쌍용그룹은 1986년 동아자동차를 사서 1998년 금융 위기 때 대우그룹에 되파는데, 대우가 2000년에 파산하자 법정관리에 들어가며 다시 쌍용자동차가 되었다. 2003년 쌍용자동차는 정부의 투자로 인해 기록적인 수익을 거두고, 이듬해 중국의 국영기업인 상하이자동차에 인수된다. 2009년 상하이자동차는 쌍용자동차에 대해 파산 신청을 한다. 쌍용자동차는 다시 법정관리에 들어가고, 자국 정부(한국)의 긴급 구제를 받는다. 이어서 긴급 구제에 의해 만들어진 컨소시엄은 2010년 쌍용자동차를 인도 회사인 마힌드라&마힌드라에 매각한다. 기업의 회계 기록은 파산과 공장 폐쇄, 경쟁력 회복 명분으로 노동자 해고를 정당화하는 데 중요한 자료로 사용된다.

쌍용자동차가 정부의 긴급 구제 이후 추정된 손실에서 회복하여 상당한 이익을 얻었지만, 정부는 민영화를 이유로 회사를 외국기업에 매각했다. 손실을 꾸며내어 노동자들을 해고하고 회사를 매각하는 것이 보편적인 전략이 된 상황에서 쌍용자동차는 신자유주의적 구조조정의 전형이 됐다. 신자유주의 체제 아래서 자본은 유령과 같은 특징들을 가진다. 반복된 파산과 소유권 이전을 통해 근본적으로 불안정하고 포착 불가능하며 잉여적이라는 점에서 그렇다. 기업들은 주가를 높여, 자본을 늘리기 위해 스스로의 물질적·신체적 죽음을 연출한다. 반복된 소유권 이전으로 인해 해고된 노동자들은 해고를 법적으로 다투기 어려워진다. 자본은 이렇듯 악마와 같은 존재가 되는데, 이 과정은 노동자들에게 트라우마를 남기며 자살로 이끌기도 한다. 공지영은 쌍용자동차의 소유주를 '유령'이라는 말로 간명하게 표현했다(공지영 2012).

자본을 축적하는 투기적 과정은 법치에 의존하고 노동에 대한 사유재산권의 영향력을 강화한다. 마르크스에 따르면 이윤율 하락은 생산증가와 생산성 향상을 위해 기술과 생산 설비 같은 고정자본에 투자를 늘리는 경쟁과 독점의 과정 그 자체에 기인한다. 이 과정은 노동자의 수를 감소시켜 노동의 착취에서 발생하는 잉여가치를 감소시킨다(Marx 1992). 마르크스가 말하는 이러한 자본축적의 법칙을 고정자본을 줄여 일시적으로 우회할 수도 있다.

이런 자본축적의 위기는 쌍용 자본가와 그들의 대리인들에 의해 환영으로 탈바꿈한다. 금융서비스 업자들은 공장 폐쇄, 해고, 정부 긴급 지원, 외국 자본으로의 매각을 합리화하는 장부상의 심각한 손해를 만든다. 회계와 금융 전문가의 권위를 등에 업고 전문적 언어와 숫자를 동원해 고정자본의 가치 감소와 이와 관련된 손실을 조작할 때, 노동자나 일반 대중이 여기에 이의를 제기하기는 거의 불가능하다. 예를 들면 상하이자동차의 쌍용자동차 파산신청은 쌍용과 계약을 맺은 안진회계법인에 의해 인증되었다. 안진회계법인은 공장, 구조물, 기계, 도구, 기기들의 가치평가에 기초해 유형자산의 가치가 5,170억 감소했다고 감사 결과를 발표했다. 안진회계법인이 실시한 감사에서 손실은 2007년 23억 원에서 2008년 2,000억 원으로 급등했다. 세부 내역을 보면 건물 손실이 8,600만 원에서 375억 원으로, 기계 손실이 8억에서 1,000억으로 치솟았다. 이에 따라 회사의 장부상 자산 대비 부채 비율이 168%에서 561%로 증가했으며, 회사의 손실은 2008년 9월에서 11월까지 단 3개월 만에 980억 원에서 7,100억 원으로 급증했다. 공지영과 다른 이들은 이 기간에 지진이나 화재, 전쟁과 같은 참사가 없었는데도 이런 수치들이 어떻게 가능했는지, 감사 결과의 신뢰성에 의문을 제기했다.

더군다나 상하이자동차는 또 다른 대표적 회계법인인 삼정회계법인을 고용한다. 삼정회계법인은 한국 외환은행을 미국계 사모 펀드 론스타에 매각할 때, 론스타에 극단적으로 유리한 조건으로 협상하는 데 핵심적 역할을 한 것으로 잘 알려져 있다. 2009년 삼정회계법인은 상하이자동차에 파산과 법정관리 그리고 회생 절차의 일부로 쌍용자동차 전체 노동자의 37%에 해당하는 2,646명을 해고할 것을 권고했다. 공적 기관인 한국감정원과 민주노총의 변호사들이 삼정회계법인의 평가에 이의를 제기했지만 법원은 파산을 허락했다(금속노조 쌍용자동차지부 노동자역사 한내 2010: 18~31; 공지영 2012: 72~85; 한형성 2012도 참조).

사유재산제로 인해 수익성은 기업 운영에 관한 법적 결정의 유일한 근거가 된다. 기업과 정부 모두, 노동자의 요구나 권리보다 기업의 손익을 우선시한다. 이윤율이나 이윤 규모의 급감은 그것이 사실이든 조작이든 노조 가입 노동자들을 해고하고 저임금에 노조 가입이 안 된 불안정 노동자들로 대체하며 남아 있는 노동자의 생산성을 강화하는 조치를 정당화한다. 해고를 통한 구조조정의 진정한 의미는 사유재산제에 의한 사회적 관계의 추상화인데, 이는 계약을 통해 자본가와 노동자들 사이의 사회적 관계를 고착시킨다.

계약이라는 형식에 숨어 있는 상품화야말로 유례없이 높은 자살률로 이어진 쌍용자동차 노동자들의 트라우마의 근원이다. 2009년 4월 8일부터 2013년 3월 30일까지 3년간 쌍용 노동자들 가운데 22명이 자살을 했다. 이런 비극은 그들의 투쟁과 함께 활동가들과 지식인들의 비상한 관심을 끌었다. 대부분의 자살은 976명의 노동자들이 일으킨 2009년 5월 22일부터 8월 5일까지 77일간의 평택공장 점거농성 이후에 발생했다. 이들은 비상 긴급구제와 상하이자동차 주식 매각 그리고 일자리 공유를 통한 고용 유지를 요구했다. 자살한 노동자들 대부분은 농성 참여자들이었지만 계속 일을 하고 있었거나 권고사직을 받아들인 노동자들도 있었다. 심리학자들에 따르면 쌍용 노동자들이 유서를 남기지 않고 자살했다는 사실은 그들이 겪은 트라우마의 심각성을 보여준다고 말한다. 이런 트라우마는 삶과 죽음의 경계를 지우고 사람들이 세상과 맺는 관계를 파괴한다는 것이다(공지영 2012: 35~38). 미해고자들과 마찬가지로 파업노동자들의 연령은 대부분 40대였고, 쌍용 공장에서 평균 15년에서 20년을 일해온 이들이었다. 그들에게 일은 단순히 임금과 수당을 넘어선 더 큰 무엇, 즉 그들의 삶 자체였다. 사유재산제는 사회적 관계에서 이런 역사적 구체성을 박탈해버린다. 노동자들은 그들이 가진 욕구나 그들이 회사의 부와 이익에 기여한 것과 무관하게 회사와 맺은 노동계약 때문에 회사의 이익에 따라 고용이나 해고가 결정되는, 그

야말로 회사의 이익에 따라 삶이 결정되는 개인이 되었다. 가치의 담지자, 가치의 생산자로서의 노동자는 어디에도 없었다. 점거농성 기간 동안 사측은 건물의 전기와 급수를 차단하고 응급 환자의 진료조차 거부하여 점거 노동자들을 최소한으로 생존케만 하였다. 사측의 악의적 대응에도 불구하고 노동자들은 유일한 발전기를 40도를 넘나드는 그들 거처의 냉방을 위해서가 아니라 도색용 페인트가 굳지 않도록 하는 데 사용했다. 페인트가 굳으면 생산을 재가동하는데 적어도 한 달이 소요될 것을 알고 있었기 때문이었다. 사측과 경찰이 육체적·감정적 존재로서의 노동자들을 짓밟은 행위는 트라우마의 근원인 물화(reification)가 진정 어떤 것인지를 보여준다. 노동자들의 트라우마는 사회적 관계의 재구성에서 오는 것으로 충격과 소외, 배제 그 이상이다.

사유재산권은 자본가에게 자신들의 권력과 권위에 도전하는 노동자들을 제거할 수 있는 권리를 부여한다는 점에서 단순히 법이 아니라 사회적 관계의 체현이다. 사유재산권이 민주주의를 구성한다는 상상은 이 법이 개인과 사물들 사이의 관계처럼 보이는 것에서 유래한다.[8] 구조조정과 노동자 해고에 대한 모호한 기준은 친구를 적으로 만들고 그들의 중산층 공동체를 붕괴시켰으며, 궁극적으로 삶과 죽음의 경계를 모호하게 만들었다. 해고 전날 어떤 노동자들

---

8  법에 대한 마르크스의 해석으로는 밥 파인을 참조할 것. 파인에 따르면 "이런 신비로움의 근원은 사유재산이 사람들 사이의 명백한 사회적 관계의 표현이 아니라 개인과 사물 간에 사적으로 구성된 관계처럼 보인다는 데 있다"(Bob Fine 1984: 103).

은 친인척으로부터 돈을 빌려 쌍용자동차가 생산한 새 차를 사기도 했는데, 그렇게 하면 해고되지 않을 것이라는 소문 때문이었다. 해고될지, 만약 해고된다면 언제쯤일지 전혀 가늠할 수 없는 불확실성이 이들을 둘러싸고 있었다. 사측은 반복해서 "정리해고가 되지 않으면 공적 자금 투입이 되지 않을 것이고 그러면 쌍용자동차가 망하고 다 망하게 된다"라는 논리를 고집했다(손미아 2009: 152~153). 파업에 참여한 노동자들에게는 재산을 훼손하고 사회질서를 뒤흔드는 공산주의자, 테러리스트라는 저주가 퍼부어졌다.

이런 담론적 전략을 구사하며 사측은 '산 자'(즉 고용된 노동자)들을 동원하여 죽은 자에게 저주를 퍼붓고 "이러다가 다 죽는다. 너희는 물러가라"는 구호를 외치게 했다(공지영 2012: 152~153). 하지만 산 자 역시도 해고의 공포를 경험하고, 더 많은 노동을 강요당하며 죽은 자의 발자취를 따라나서게 된다. 쌍용자동차 공장의 노동생산성은 실제로 파업 진압 후 자동차 업계의 신기록을 세운다. 차 한 대의 생산시간이 106시간에서 38시간으로 줄어든 것이다(공지영 2012: 155). 신자유주의 국가와 그 국가의 법 아래서 죽은 자, 생산 라인에서 죽도록 일하다 먼저 자살한 동료를 따르도록 내몰리는 산 자의 경계는 불분명하다.

쌍용자동차 공장을 점거했던 노동자들은 쇠파이프와 화염병으로 자신들을 방어하려 했다. 경찰은 최루가스와 테이저건, 고무탄과 물대포 등 그들이 가진 무기 전부를 노동자들을 상대로 동원했다. 또한 노동자들의 머리 위를 떠도는 헬리콥터의 굉음, 자살한 동료를 애도할 때마다 귀청을 뚫을 듯한 댄스음악을 쉼 없이 틀어대며 파업참가자들에게 공포를 조성했다. 이명박 정권(2008~2013)의 경찰 폭력을 상징하는 것으로 소위 컨테이너 진압이라는 것이 있다. 이는 경찰대원들을 실은 커다란 컨테이너를 점거된 건물 지붕 위로 크레인으로 들어 올려 투입해 파업을 진압하는 방식이다.[9] 경찰 병력은 폭력적으로 시위자들을 공격했는데 시위자들을 실신할 때까지 구타하고 경찰지도부가 상황 종료를 선언할 때까지 실신한 노동자들을 끌고 다녔다. 법원이 구조조정 계획과 노동자 해고가 합법이라고 선언하자 점거농성은 불법 행위가 되어버렸다. 파업 노동자들과 가족들은 공장 설비 손실에 대한 배상 때문에 집을 잃지 않을까 걱정하게 되었다. 법원은 쌍용 노조원들과 지도부에게 징벌적 손해배상으로 46억여 원을 지불하라는 판결을 내렸고 이로 인해 이들의 자산은 압류되었다(Goldner 2009; 임성지 2011).[10]

법과 자본, 국가의 진면목을 인식한 노조 가입 노동자들은 각성하여 비정규직 노동자들과의 간극을 좁혀 갔고, 노동자 투쟁이라는 공통의 대의로 연합했다. "함께 살자"라는 구호로 쌍용자동차의 노

---

9   이른바 '컨테이너 진압'은 2009년 미군기지가 있었던 용산 지역 철거민들의 점거 농성 진압에 처음 사용되었다. 이 진압을 잘 보여주는 다큐멘터리로 2012년에 개봉된 김일란·홍지유 감독의 「두 개의 문」이 있다.

10  쌍용자동차 노동조합 간부인 고동민은 다음과 같이 말한다. "우리한테 천만 원 이상은 숫자라서, 천만 원까지는 어떻게 빚을 내서 갚을 텐데 천만 원 이상은 못 내는 거지. 뭐, 이걸 15년, 20년 동안 일해서 집 하나, 단칸방을 하나 구했는데, 그걸 뺏긴다? 목매지 않을 가장이 어디 있겠어요. 거기에 약 먹지 않을 가장이 어디 있겠어요. 아파트 베란다에서, 옥상에서, 뛰어내리지 않을 가장이 어디 있겠어요"(임성지 2011: 27).

2006년 5월에 일어난 쌍용자동차 노동조합의 파업. 자료 제공: 쌍용자동차노조.

동자들은 노조 가입 노동자들과 비정규직 노동자들의 구분을 넘어 모든 노동자들을 아우르는 새로운 보편적 운동을 만들고자 했다. 이런 보편적 원칙의 수용은 노조 가입 노동자들을 중심으로 그들의 고용 안정성과 더 많은 임금을 목표로 하는 2000년대 이래 민주노총의 전략과 결별하는 것이었다.

쌍용자동차의 노동자들은 그들이 소속된 민주노총 소속 금속노조에 대해 비판적이었다. 금속노조 지도부는 쌍용자동차 노동자들에게 경영진과 타협하여 농성 파업을 끝내라고 권유했다. 게다가 금속노조는 지나치게 관료화되어 쌍용자동차의 파업을 지원하는 동업 파업을 이끌어내지도 못했기 때문이다. 금속노조는 공권력이 쌍용의 파업을 진압할 때마다 동업 파업을 하겠다고 거듭 약속했지만 이 약속을 지키지 못했다(손미아 2009). 이랜드와 KTX 노동자들의 투쟁이 그랬듯이 쌍용의 투쟁은 노동자들의 사회적 분할을 넘어서 모든 노동자들의 연대를 외침으로써 국내 노동운동에 의미 있는 한 획을 그었다.

그렇지만 쌍용 투쟁의 결정적 한계는 국가에 그들의 재고용을 호소한 것에서 보듯, 국가와 자본에 대한 제대로 된 이해에 이르지 못했다는 것이다. 한국 정부는 상하이자동차의 투기적 인수와 계획된 파산 선언에 결정적인 역할을 했다. 장기적 이익보다는 쌍용자동차의 하이브리드 엔진 기술에만 눈독을 들인다는 의심을 받던 상하이자동차에 쌍용자동차를 팔기로 결정한 것도 한국 정부였다. 더 나아가 국책 은행인 산업은행은 상하이자동차에 대한 장기 투자와 고용 안정 협약마저 해지해줬다. 미국이나 독일과는 달리 한국 정부는 구조조정을 위해 노동자들을 해고하기 전에 일자리 공유나 인력 재배치를 강제하지도 않았고, 구조조정으로 해고된 노동자를 위해 마련된 지원 기금을 충분히 활용하지도 않았다(김남근 2012; 이호근 2012). 한국 정부는 쌍용 노동자들의 점거 파업을 잔혹하게 종결시킨 직후에도 민영화를 맹목적으로 추구하며 다급하게 구매자를 찾았다(정종남 2006).

이주노동자와 노조 가입 자국 노동자에게 적용되는 서로 다른 노동 체제의 형성에 있어 국가, 산업자본, 금융자본의 불균등한 구현은 자본주의의 분열된 시간성을 드러낸다. 1990년대 이후 남한의 민주주의는 좌파와 운동가들이 법을 보편성의 표현으로, 그리고 국가를 자유와 평등이라는 보편적 원리의 구현으로 추상화시킨다는 점에서 헤겔주의적이다. 이 지점에서 민주적 국가가 이주노동자와 노조 가입 노동자들에 가하는 극단적 폭력은 법이 물신숭배 실현에 본질적인 역할을 한다는 것을 보여준다. 이렇게 하여 자본주의적 교환은 자유롭고 동등한 법적 주체들 사이의 교환처럼 보인다. 법적 계약은 이주노동자와 노조 가입 노동자 모두에게 자유와 평등의 형식적 특징은 부여하면서 이윤의 원천으로서 노동의 자취는 모두 지워버린다. 법치는 환상도 아니며, 가치의 원천으로서의 노동력을 단순히 감추는 것만도 아니다. 법치가 국가와 자본과 맺는 관계는 불균등한 방식으로 제도화된다.

# 5 ——— 위기, 역사주의, 그리고 반복

이주노동자와 노조 가입 노동자의 정치학은 한국에서 민주주의와 신자유주의적 개혁, 이 둘 사이의 관계를 정치적으로 동요시키는 요인이다. 1987년의 민주화는 사회경제적 불안과 불평등의 증대로 이어졌다. 1990년대와 2000년대는 구조조정 해고, 국내에서 주한미군의 폭력, 미국과의 자유무역협정(FTA) 그리고 이라크 파병을 놓고 주요한 대중적 촛불투쟁이 일어났다.

이 시기에 최장집은 남한의 민주주의를 '민주주의 없는 민주화'로 규정하며 민주주의 논쟁을 촉발시켰다(최장집 2002). 최장집은 87년 민주화 이후에도 지속된 대중적 장외 투쟁을 확장된 정치적·시민적 권리에 편승하여 제도적 한계를 벗어나 민주주의를 추구하는 질환의 한 증상으로 간주했다. 고병권에 따르면 최장집의 반민주적 정서는 '민주주의 혐오'의 한 예인데, 이는 랑시에르(Ranciere 2009)가 권력과 권위를 향한 요구와 도전에 대한 불관용을 표현하는 개념이다(고병권 2011). 최장집에게 대중적 투쟁이란 정당 시스템이 위계와 지역주의로 인해 왜곡되어 진정한 대의민주주의를 만드는 데 실패했다는 사실을 의미하는 반면, 고병권에게는 대의민주주의 자체에 대한 승인을 거부하는 행위이다.

민주주의라는 난제는 역사의 동요를 일으키고, 위기에서 오는 당혹감은 현재를 과거와 구별하는 역사의 시간화를 둘러싼 열띤 논쟁 전반에 스며든다. 이 논쟁은 1987년의 민주화를 단절의 계기로 보고 1997년의 금융 위기와 서로 대립시킨다. 87년 체제론은 현재를 민주주의의 '공고화' 단계 혹은 1987년 대통령 직선제로의 결정적 전환을 좇아 단순히 '민주화 시대'라 일컫는다. 87년 체제론은 이런 민주주의로의 이행이 가진 명백한 한계를 인정하면서도 보수의 위협으로부터 민주주의를 수호하려는 시도로서 민주적 이행을 비가역적인 것으로 제시한다. 87년 체제론의 진단에 따르면 현재 민주주의의 위기는 1987년 그 시작부터 나타난 민주화의 두 가지 특징에서 기인한다.

## 1987년 이후에 나타난 민주화의 두 가지 특징

하나는 1987년의 민주 세력과 반민주 세력 간의 타협 이후 양자 모두 직선제 대통령선거의 결과를 장담할 수 없었기에 사법부와 입법부의 권력을 강화하여 대통령의 정치적 힘을 제한하기로 합의한 것이다. 다른 하나는 1987년 이래 경제적 민주화가 없었다는 것이다. 이는 민주화로 인해 같이 힘을 획득한 자본과 노동 사이의 패권 경쟁 때문이라고 본다. 경제적 자유화로 인해 사적 자본은 자신의 금융기관을 설립하여 대출과 신용에 대한 기존의 국가 제재를 회피할 수 있게 되었다. 노동자들은 신자유주의적 구조조정과 유연고용제를 받아들인 대신 노조결성권과 정당결성권을 획득했다. 이런 진단에 기초해 87년 체제론의 지지자들 중 일부는 사회의 반민주적인 군사문화를 제거하고, 북한과의 관계 개선을 위해 성장하는 중산층과 민중 사이의 지속적이고 폭넓은 민족적 투쟁을 지속해나갈 것을 촉구한다. 다른 일부는 87년 투쟁을 80년대의 민중운동의 정점으로 파악하고 사회복지제도를 확장하기 위해 계급투쟁을 계속할 것을 촉구한다(김종엽 2009).

87년 체제론과 경쟁하는 97년 체제론은 1997년 금융 위기를 기점으로 민주화 시대는 자유주의적 자본주의 체제로 대체됐다고 본다. 87년의 변화를 이끈 바로 그 진보 세력이 공평한 부의 분배와 사회복지 확장의 약속을 저버리고 경제적 탈규제와 금융 자율화를 심화시켰다고 주장한다(김종엽 2009: 12~138). 97년 체제론 지지자들 중 일부는 자본과 노동 사이의 케인스식 사회적 타협의 채택 여부를 민주주의 신장의 척도로 간주한다. 97년 체제론의 문제는 자본주의 위기에 대한 진지한 분석 없이 자본주의 체제 변화를 금융 위기로 환원시키는 데 있다. 국내에서 발생한 경제 위기에 대해 다음과 같이 세 가지 주요 원인으로 나누는데, 97년 체제론은 이러한 좌파들의 논쟁에서 유리되어 있다.

첫 번째 원인은 단기 대출의 급격한 증가로 인해 경제가 갑작스런 대출 상환 요구에 취약해졌다(Heo and Kim 2000; 조영철 2007). 두 번째는 정부의 금융 탈규제인데 이로 인해 재벌들의 무분별한 해외 자본 차입, 금융계의 로비, 부패와 정실주의가 만연해졌다(Crotty and Lee

2002). 세 번째 원인은 이윤율 하락과 이에 대한 문제 해결 방안으로 민영화와 단기이익 추구를 통해 자본투자를 위한 대안적 부문들을 만든 것이다(정성진 2006). 1997년 위기와 그 이후 신자유주의적 자본주의로의 방향 전환에 대한 이 세 가지 관점은 각각 스스로의 주장을 부각시키면서 통계적 자료로 서로를 반박하고 있다.

87년 체제론과 97년 체제론이라는 서로 경쟁하는 전망의 시대구분은 코젤렉이 말한 '전환기적 의식'(epochal consciousness)을 보여준다(Koselleck 2004). 역사의 주요 사건에 대한 이 두 체제론의 공방전은 민주주의를 자본주의 체제와 개념적으로 분리시키는 역사 의식의 양태를 명확히 드러낸다. 다시 말해 민주주의가 단순히 개별적 시민들에게 권리를 부여하는 정치제도로 변질되어 민주주의가 자본주의와 맺는 본질적 연관성을 상실한다는 뜻이다. 이런 개념적 분리는 정치적 무의식으로 드러나는 당대의 형식이다. 과거 한국의 좌파들이 민주화에 필요한 수단으로 자본주의 체제의 종식을 구상했다면, 이제 그들은 현재의 민주주의에 대한 당혹이나 난제의 형태를 띤 자본주의의 그늘과 씨름하고 있다. 이러한 민주주의에 대한 변화된 개념화는 '사회적인 것'에 대한 새로운 접근을 수반했다.

1980년대 민주화 투쟁과 사회구성체 논쟁의 시기에는 사회적인 것이 국가와 자본의 지배 아래 있는 상품화된 사회적 관계로 간주된 반면, 1990년대 이래 시민운동에서는 사회적인 것이 정치적·경제적 문화적 제도의 총합으로서의 사회로 여겨진다. 1980년대의 사회운동과 좌파 학자들이 탐구했던 주제는 국가권력의 성격과 국가권력이 자본, 미국 제국주의 권력과 맺는 관계였다. 이와는 대조적으로 90년대 이래 민주주의에 대한 논의는 '진보적' 혹은 '보수적' 정부와 같은 모호한 언어를 사용할 뿐 국가에 대한 적실한 분석을 결여하고 있다. 국가에 대해서 정상성을 자유주의적 대의민주주의와 등치시키며 '비정상 국가에서 정상 국가로' 변했다는 말까지 나왔다 (김호기 2009). 이전의 마르크스주의적 정치경제 비판은 이제 민주주의의 신장을 이행과 공고화의 관점에서 접근하는 정치적·경제적 분석의 이분법으로 대체되었다.

학인들이 모여 공동체운동을 만들었던 '연구공간 수유+너머'의 이진경은 자본주의적 축적과 그것이 계급관계, 대중 운동과 맺는 연관성을 이론화하기 위해서는 새로운 사회구성체 논쟁이 필요하다고 2008년에 주장했다(이진경 2008). 금융화와 탈규제, 미국의 군사주의와 FTA에 반대하는 촛불 시위 등 일련의 사건들이 새로운 사회구성체 논쟁의 재개를 요구한다는 것이다. 부정기 잡지 『부커진 R』에서 이진경과 수유+너머의 다른 구성원들은 90년대 이후 한국의 자본주의를 여러 용어로 규정한다. 예를 들면 노동과 자본의 이동성이 증가한 '유동 체제', 투기와 이미지로 가치증식하는 '시뮬라크럼 체제', 시민을 난민으로 만드는 '사회적 배제의 체제', 그리고 비물질적 상품으로서의 지식, 정보, 욕망과 함께하는 '금융화와 증권화의 체제' 등이다.

## 새로운 사회구성체 논쟁과 역사주의

여기서 필자는 새로워진 사회구성체 논쟁에 두 방향으로 개입한다. 첫 번째 개입은 한국 자본주의의 새로운 특징들에 대한 기술을 넘어서 사회구성체론이 80년대에 제기한 근대 한국에 대한 본질적 문제에 관한 본래의 질문—분단과 자본주의 문제에 대한 분명한 인식—으로 돌아가는 것이다. 이 책 전체를 관통하는 탐구 주제는 현 한국 자본주의의 새로운 트랜스내셔널한 성격이다. 이는 한국의 자본이 북한과 한인 디아스포라 공동체를 서열에 따라 자본주의와 민주주의 구조 속으로 통합하는 것을 일컫는다. 두 번째 개입은 1980년대의 사회구성체 논쟁과 2000년대 이래의 두 가지 역사주의(87체제론과 97체제론)를 역사적 반복으로 이론화하는 것이다. 필자가 사회구성체 논쟁으로 되돌아가는 이유는 과거의 실천으로부터 현재의 문제 해결을 위한 교훈을 얻으려는 것이 아니다. 오히려 역사 속에서 구체적으로 드러난 자본주의의 위기를 해결하기 위해 어떤 정치적 형식이 반복해서 추구되고 있음을 인식하고, 이런 반복의 이면에 놓인 자본주의의 논리를 식별하는 것이다.

1980년대의 사회구성체 논쟁과 2000년대의 역사주의라는 두 계기는 새로운 국면에 대한 성찰의 반복이며, 한국 사회의 성격을 규정하고 새로운 민주주의 정치학을 고안해야 하는 공통의 과제를 떠안고 있다. 이론과 역사 사이의 충실성은 이러한 논쟁의 시간성을 인식하기 위한 핵심이다. 필자는 이 두 시대의 동시성에 대한 해석을 통해 사회적 행동을 위한 반복된 탐색을 촉발시킨 자본주의의 위기를 기술하면서 이 두 시기의 역사적 구체성을 드러내고자 한다. 역사와 혁명에 대한 마르크스-레닌주의 이론으로 무장한 80년대의 사회구성체 논쟁은 한반도에서 제국주의 지배와 얽힌 자본주의 발전의 역사에 대한 포괄적인 이론적 탐구를 수행했다.

비록 90년대 이래 정계와 학계는 사회구성체 논쟁이 독단적이고 현학적이라고 비난했지만, 이 논쟁은 엄밀한 사회운동 전략을 수립하려는 긴급한 과제에서 나온 것으로서 운동에서 이론은 현재 상황의 복잡다단함을 파악하는 데 필수적이었다. 달리 표현하자면 이론과 실천의 변증법이 사회구성체 논쟁을 구성했던 것이다. 문화연구, 정체성 정치, 탈구조주의 시대가 우연성, 사건, 불확정성을 강조하고, 자유주의적 자본주의를 시장의 확산과 문화적 풍조(예를 들면 자기 관리), 국가 통치성의 형식으로 환원시키기 때문에 이러한 이론과 역사 사이의 충실성은 현재에도 과거에서만큼 정당성을 갖는다.

1984년 말에 시작해서 거의 10년 동안 진행된 사회구성체 논쟁은 20세기 한국의 자본주의를 다루는 데 있어 가장 중요한 기반을 제공했다.[11] 이 논쟁은 자본주의가 70년대 말의 위기에서 80년대 초의 유례없는 호황 그리고 다시 80년대 중반의 심각한 위기로 이어지며 요동치는 상황에서 등장한다. 경제 불안정으로 인해 소비자 물가, 무역 적자, 외채가 급증하자 군사정부는 경제 자유화와 개혁 정책을 시행하게 되었다. 정부는 산업자본에 더 큰 자율권을 주기 시작했으며 은행과 신용 기관의 민영화를 추진했다. 동시에 재벌로 알려진 독점자본의 권력과 재벌의 금융기관 소유를 공고히 하여 이들에게

---

11  여기서 나의 사회구성체론 해석은 이 논쟁을 네 권으로 집대성한 조희연·박현채 편,『한국 사회구성체논쟁』(서울: 죽산, 1989~1992)에 의존한다. 500쪽을 상회하는 각 권은 논쟁에 관한 방대한 자료를 포괄하는데, 주요 역사적 사건, 논쟁의 지형, 구조적 힘을 보여주면서 간략한 요약과 함께 시간대별로 논쟁을 소개한다.

좀더 많은 자율권을 허용했다. 낮은 임금과 노조를 금지하는 독재적 노동 체제를 유지하면서 군사정부는 정치적 감시를 완화했다. 또한 야당의 활동을 허용하는 일련의 개혁 정책을 시행했고, 최저임금과 국민의료보험, 저소득층을 위한 주택, 국민연금제도와 같은 사회 정책들을 도입했다.

이러한 한국의 사회경제적·정치적 변화는 미국의 제3세계 민주화 프로젝트와 시기적으로 일치하는데, 이 기획에는 총선거가 포함된다. 좌파들은 실제 시행되었거나 제안된 개혁을 중산층의 불만을 무마하여 이들을 노동자들과 분리시키려는 시도로 파악했다. 이 시점에서 좌파는 1980년 광주항쟁처럼 혁명적인 변혁의 힘을 실현할 수 있는 대중적 투쟁을 고안해내려 했다.

사회구성체 논쟁에서 핵심적 이슈는 1945년의 분단과 그 이후 분단 공고화에 미국이 활약한 상황에서, 한국의 식민지적 조건의 성격과 이 조건이 자본주의와 맺는 구성적 관계였다. 일군의 운동가들과 학자들은 자본주의의 역사적 성격과 자본주의가 맺는 파시스트적 군사독재 그리고 미국 제국주의와의 연계를 진단하고 한국에서 일련의 정치적 행동을 제시했다. 자본주의와 혁명, 제국주의에 관한 논의는 60년대에서 80년대까지 중국, 프랑스, 이탈리아 등지에서 이루어졌다. 하지만 한국에서의 논쟁은 자본주의의 발전 단계와 혁명이라는 측면에서 마르크스와 20세기 초 마르크스주의 역사이론, 러시아혁명이 한국에 적합한지를 한정해서 적용해보는 시도였다.

사회구성체 논쟁은 미국 제국주의가 자본주의 발전을 저해했는지 혹은 촉진했는지 그리고 어떻게 저해하거나 촉진했는지를 둘러싸고 시작되었다. 이 논쟁은 큰 틀에서 제국주의 비판에 힘을 불어 넣은 한국 안팎에서의 반전·반핵운동의 강한 영향력을 배경으로 민족해방론(National Liberation, 이하 NL)과 민중민주론(People's Democracy, 이하 PD) 사이의 논쟁으로 발전했다. NL은 식민주의가 자본주의의 혼성적 특징을 만들었다고 본다. 여기서 제국주의의 착취기제가 지주-소작관계를 재생산하고 악화시켜 생산력 발전을 억압한다는 것이며, NL은 식민 지배를 한국의 본질로 여겨졌다. 기본적이고 주요하며 따라서 더 직접적인 모순은 제국주의 지주, 종속된 자본가, 관료들이 민중과 대립하는 것이었다. NL은 (식민지)반봉건(사회)론 혹은 (식민지)반자본주의론이라 일컫는 접근법으로 한국에서 민족해방이라는 과제를 재표명했다. 이는 러시아혁명과 1920년대 코민테른이 피식민지 국가를 위해 채택했던 과제와 유사하다.

이와는 대조적으로 PD는 한국의 자본이 낮은 생산력에도 불구하고 어떻게 독점자본으로 발전했는지를 놓고 고심했다. 그래서 한국의 독점자본이 미국이나 일본 같은 선진 자본주의 국가들과 구별되는 독특한 성격을 띠고 있는가라는 문제를 레닌의 독점자본주의론에 비추어 이해했다. PD는 보편적 독점의 강화를 인정하는 이들과 한국 자본주의의 형태가 레닌이 이론화한 독점자본주의 단계보다 상위 단계에 있다고 보는 이들로 나누어졌다. PD가 보기에 주요 모순은 소수의 독점자본가와 민중 사이에서 일어나는 반면, 계급투쟁은 한국 사회의 기본 모순이다. 따라서 민중에 의한 민주적 혁명은 파시즘을 물리치고 기본 모순을 전면에 드러내어 그다음에 올 사회주의 혁명의 기초로 삼기 위한 내재적 과제로 인식된다.[12]

이 책에서 필자는 기존 사회구성체 논쟁에 두 가지 전환을 가져오고자 한다. 그것은 역사의 단계 이론에서 반복의 개념으로의 전환, 계급투쟁 분석에서 상품화 분석으로의 전환이다. 탈냉전기에서 사회구성체 논쟁은 역사의 진보라는 거대담론, 경제결정론, 계급분석이 비판을 받으며 폐기되는데 여기에는 타당한 이유가 있다. 이 논쟁은 이론과 실천을 결합하려 했지만 자본주의의 모순을 결정지으려 할수록 현실에서 더 유리됐으며, 논쟁의 당사자들이 공히 보편과 특수의 변증법을 따른다고 주장했지만 민족 모순과 계급 모순으로의 분열이라는 독단적 교착상태에 빠져 버렸다.

1980년대의 사회구성체 논쟁은 자본주의의 성격과 혁명 투쟁의 주체를 결정하는 요인이 생산력 발전이라는 이해하에 쳇바퀴 돌 듯, 이 당위에 대한 논의로 되돌아갔다. 사회구성체 논쟁은 한국 자본주의의 '근본', '기본', '주요' 모순들을 '과학적으로' 구분하려 하면 할수록 전형적인 유럽의 사례들을 되풀이하거나 아니면 형식주의적인 역사 단계 이론으로 뒷걸음쳤다. 필자는 역사의 발전 법칙과는 대조적으로 사회적 관계에서 복수의 시간성을 고려하는데, 여기서 시간성은 역사법칙에 규정된 계급투쟁을 통해 초월되는 대상이 아니라 역사성의 과정 그 자체로 간주된다. 필자는 자본주의의 시간성을 생산력 발전과 이 발전에 상응하는 노동자 계급의 성장이라는 관점에서 고찰하지 않으며, 진화론적인 과정을 상정하여 어느 지역이나

---

12  민주노동당과 이 당의 PD계열과 NL계열의 분열에 대해서는 정영태(2010)를 참조할 것.

사건을 기원으로 간주하지도 않는다. 내가 반복을 분석하는 이유는 축적과 상품화를 만드는 자본주의의 순간적 가속을 포착하기 위한 것이다.

반복이란 자본주의적 시간성의 균질함을 의미하는 것이 아니라 반복되는 위기의 생산을 지칭한다. 그리고 위기는 스스로를 극복할 수 있는 정치적 형식을 새롭게 탐구하도록 추동된다. 여기서 사회적 관계에 대한 마르크스의 질문이 중요하다. 마르크스는 노동가치론에서 자본축적이 이윤과 저축의 점진적 증가에 기인하는 것이 아니라 잉여가치의 생산 과정에서 나온다고 밝혔다. 노동과 상품이 시장에서 민주적인 외양을 가지고 평등하게 교환되는 자본증식 과정은 노동의 상품화를 숨긴다. 시장의 평등이라는 가면을 벗기기 위해서는 일상생활 속의 상품화를 문제로 삼아야 한다. 일상의 영역은 언어와 그 밖의 문화적·정치적 매개를 통한 상품화의 과정을 드러낸다. 한국에서 매번 새로운 고비를 겪을 때마다 자본주의의 내재적 위기가 새롭게 부각된다. 한국의 현 국면에서 위기는 새로운 자본주의 제도들과 정체성 정치, 탈구조주의에 의해 관리되고 또 생산된다. 이들은 역사가 변화하면서 드러나는 복수의 시간성은 물론 경제학과 계급 정치학으로 환원되지 않는 경험의 특이성을 강조했다.

# 6 ──── 민주주의 정치학과 미학

어떻게 신자유주의적 민주주의 시대에 국가와 자본의 폭력성을 이해하고 그것을 군사 통치의 폭력성과 비교할 수 있을까? 이 탐구는 국가주권과 국가 폭력의 독점뿐만 아니라 국가에 의한 자본주의 위기의 생산, 노동자들의 삶과 죽음을 조직하는 국가의 위기에 대한 대응이라는 영역에도 속한다. 이것은 국가 폭력을 정통 마르크스주의처럼 국가에 내재한 자본주의적 성격이라는 측면에서 접근하지 않고, 국가에 의한 위기의 생산, 다시 말해 위기의 사회적 경험을 연출하고 조직하는 것에 주의를 기울인다. 좀더 구체적으로 말하자면 이 연구는 국가의 사유재산권 정당화가 국가주권, 노동주권, 이 두 주권 사이의 관계에 대해 무엇을 말해주는가라는 질문에 천착한다. 그리고 사유재산권을 자유주의적 자본주의 체제로의 이행을 재검토하는 지형으로 탐구하고, 이 이행을 민주주의 정치학의 새로운 미학과 연결시킨다. 사유재산의 숭고화에 대한 이해는 신자유주의 시대의 자본과 국가 폭력, 자본과 국가의 관계를 개념화하는 데 필수적이다. 법원과 비정부기구, 금융과 자문 기업들은 자신들의 합리주의와 전문 지식으로 신자유주의 시대의 새로운 사회적 노동 규제에 합법의 외피를 씌운다는 점에서 자본축적의 환영적인 (phantasmagoric) 수단으로 작동한다. 신자유주의적 자본주의 체제 연구는 이처럼 금융자본의 패권적 지배에 한정되지 않으며, 더 많은 가치를 생산하고 전용하기 위한 노동과정의 변환과 사회적 필요노동시간의 재구성도 포괄한다. 하비가 신자유주의의 핵심적 특징으로 지목하는 사유화, 탈규제, 반노동조합주의의 과정은 잉여가치 생산이라는 점에서 한 몸처럼 작동하는 '삼위일체'로 이해되어야 한다(Harvey 2005).

필자는 역사적 반복이라는 개념으로 서로 다른 정치적 체제가 자본축적을 위해 수행적으로 봉사한다는 것에 주목함으로써 역사 변화의 단계론을 비판한다. 민주주의적 현재와 군사주의적 과거의 동시간성은 쌍용의 노동자와 지지자들이 예기치 않게 광주학살을 기억하는 데서 드러난다. 공지영은 『한겨레신문』에 실린 우희종의 칼럼을 인용하며 2009년 경찰과 용역들에 의한 쌍용차 노동자들에 대한 시위 진압이 1980년 군에 의한 광주항쟁 진압을 떠올리게 한다고 날카롭게 지적한다(공지영 2012: 138). 공지영과 다른 지식인들이 노동자들과의 연대를 위해 노동 현장에 투신하며 민주화운동에 참여하도록 이끈 것도 광주학살이었다. 이 두 사건에서 시위자들은 '적으로 간주되어 제거'되었으며 이는 국가에 죄책감이 없었음을 보여준다. 군사정부가 국가비상사태를 선포하여 법을 정지시켰다면, 자유민주주의 정부는 자신의 폭력을 정당화하기 위해 법치에 의존한다. 필자의 분석은 이 두 역사적 시점(moments)들의 동시간성이 단순히 억압된 기억의 회귀에 그치지 않는다는 것을 보여주는데, 이 회귀는 두 시점에 공통된 국가-자본의 연합이라는 구체적 물질성 안에 위치한다. 쌍용 노동자와 좌파 진보 진영은 이러한 정치적 현실에 각성함으로써 노동자들을 파편화하는 사회적 범주들을 거부하고 새로운 보편적 정치학을 모색할 수 있었다. 생명에 대한 호소는 외노협의 정치학과 쌍용 노동자들의 투쟁을 전태일이라는 원점으로 되돌린다. 외노협 지도부가 이주노동자 노동권을 강력히 주장한 것은 앞선 민중운동의 잔재로 볼 수 있다. 이 민중운동으로 인해 외노협은 시민운동과 정체성 정치로부터 거리를 둘 수 있었다. 쌍용자동차 노동조합의 투쟁은 공동체—박승옥에 따르면 전태일 투쟁의 정신인 '우리'—를 되찾음으로써 90년대 노동운동의 주문을 깨뜨렸다 (박승옥 2010). 역사와 역사적 변화를 다시 생각함으로써 외노협 지도부와 쌍용 노동자들은 새로운 민주주의 정치를 전망할 수 있게 되었다. 이주노동자와 노조 가입 노동자 사이의 차등적인 경험은 자본주의 체제의 분열된 시간성을 의미하는데, 이 시간성 속에서 위기는 과거와 미래의 호출을 통해 생산되고 정치화된다.

시대 구분에 대한 격렬한 논쟁은 역사적 현재를 해석하는 것이 얼마나 긴급한 문제인지 보여준다. 이 논의에서 87년의 민주화와 97년의 금융 위기가 현재를 과거와 분리시키는 결정적 계기로서 서로 대립하고 있다. 80년대 민중운동의 사회구성체 논쟁과 90년대 이래 시민사회운동의 문화적 전회는 사회적인 것에 대해 상이하게 접근하지만, 둘 다 현재를 설명하려는 시도이다. 이 둘은 서로 다른 수단을 통해 현재를 새로운 정치적 계기로 탈바꿈시키면서 르페브르식

의 '일상의 변형'을 꾀했다(Lefebvre 2008: 204). 민중운동은 '현장으로
향하는' 실천으로 대학생들이 노동자, 농민과 같이 일하고 먹고 자
며 일상의 다른 모습들을 공유할 것을 제시했다. 이런 실천은 대학
생들의 변증법적 의식 고양을 통한 노동자, 농민 '되기'(becoming)
에 다름 아니다. 이와는 대조적으로 문화적 전회는 자발성, 차이, 복
수성을 강조하며 일상의 문화를 재구성했다. 이미 만들어진 정치적
공식을 따르지 않고 자신의 정체성과 개별성을 표현할 수 있는 공간
을 만들기 위해 시위와 축제를 뒤섞기도 했다. 민주주의 정치학의 이
런 미학적 공통점과 차이점을 인식하는 것은 자본주의 위기의 역사
적 반복, 새로운 민주적 상상력 안에서 또한 그 상상력을 통해서 이
위기들을 극복하려는 자본주의의 시도에 관한 필자의 분석에 필수
적이다.

**II**

"배상의 정치학은 자본주의적 무의식으로서 자본주의의 위기를 민주주의의 위기로 상상한다."

# 배상

**Part Two**

**REPARATION**

# 배상
## 식민지 귀환자들에 대하여

# 1 ──────── 배상의 정치학

3장은 탈영토화된 한민족 공동체의 형성, 고국과 디아스포라의 자본주의적 통합 사이의 내재적 연관성을 검토한다. 한국에서 배상의 정치학은 이 밀접한 연관성을 구성하며, 한인들 간의 자본주의적인 통합이 어떻게 민주적 과정으로 표상되는지를 보여준다. 한국은 1990년대 이래 구소련에서 이주한 동족을 포용한 헝가리와 그리스 등과 유사하게 과거 사회주의 국가에서 이산한 한인들과 새로운 정동적 관계를 발전시켜 왔다. 특히 중국 조선족(이하 조선족)의 이주는 새롭게 형성되는 트랜스내셔널 코리아의 시금석이 되었다. 이들의 이주노동은 예기치 못하게 한국의 민주적 주권국가의 형성에 핵심적인 역할을 한다. 국가로서 한국의 정당성은 냉전기에는 일본 식민 지배의 유산과 미국 제국주의와의 연계로 인해 약화되었다. 이제는 또 다른 도전에 직면하고 있는데, 이는 신자유주의적 자본주의 개혁이 민주주의 시대에 복지사회를 구현하겠다는 국가의 약속에 의문을 던진다는 것이다. 이 시점에서 한국에서 조선족의 이주노동은 국가로 하여금 자신의 약속을 시장에 외주화하도록 하여 민주주의와 신자유주의적 자본주의 체제 사이의 간극을 메운다. 이들은 건설, 외식업, 육아, 간병, 노인 돌봄과 같은 서비스 분야에 저임금 노동을 제공하는데, 이 서비스는 모두 생명정치와 관련되어 있다.

배상의 정치학은 조선족에게는 자신들의 국적과 권리의 문제를 트랜스내셔널 코리아 형성에서 새로운 단층선으로 설정되며, 한국의 주권을 공고히 하는 낯설고 괴이한 역할을 수행한다. 효과는 모호하지만 한국에서 조선족을 식민 지배의 피해자로 규정하는 것은 이들을 북한의 협력자로 보는 냉전의 사유와 결별된다. 배상의 정치학은 식민 지배의 부당함에 대한 배상을 시급한 민주화의 과제로 설정함으로써, 소위 역사의 종언을 말하는 시대에 역사의 중요성을 새롭게 일깨운다. 이와 함께 배상의 정치학은 탈식민이라는 냉전의 의제를 식민 지배의 피해자를 위한 국가의 도덕적 책임으로 전환함으로써 한국이라는 국가와 그 국가주권을 정상화한다. 민주주의 정치학의 주요 양상으로서 배상의 정치학은 민주주의를 비폭력이라는 주문과 국민에 대한 국가의 책임으로 규정하는 윤리학의 보편적 역사로 전환시킨다. 이는 민주주의를 군사독재, 자본 착취의 극복으로 개념화했던 냉전기 민주주의의 정치학과 대조된다. 이 장에서 필자는 배상의 정치학 속에 내재된 서사와 정치적 실천에 대해 탐구하려 한다.

배상의 정치학은 자본주의적 무의식이다. 이는 자본주의의 위기를 민주주의의 위기로 상상한다. 이런 정치적 도치는 「재외동포법」에 구현되어 있다. 이 법은 모든 디아스포라 한인을 통합한다고 공언하지만 구 사회주의 국가 출신의 한인은 동포의 범주에서 제외한다. 배상의 정치학은 1999년부터 이 법이 개정된 2004년까지 치열한 논쟁을 불러일으켰지만 디아스포라 한인들과 한국의 자본주의적 통합, 특히 조선족 이주노동을 다루지 않고 있다. 필자는 배상의 정치학에 끊임없이 출몰하는 이 자본주의적 과잉을 드러내려 한다. 억압되었던 식민지하의 이주의 역사와 사회주의 국가의 한인 디아스포라의 역사가 냉전의 쇠퇴, 민주화, 그리고 신자유주의적 자본주의 체제와 함께 되돌아온 이 시점에서 필자는 활동가들과 조선족의 주체성이 어떤 시간적 구조를 가지고 있는지를 탐구하려 한다.

# 2 ──────「재외동포법」의 자본주의적 성격

냉전기에 남한과 북한은 서로 경쟁하며 재외한인들을 장기판의 졸처럼 취급했다. 남한의 군사정권은 북한의 위협으로부터 자국을 방어한다는 명목으로 자국 내 국민들을 재외한인들과 분리하여 국가주권을 영토화했다. 재외한인에는 해외에 거주 중인 한국 국적을 가진 사람들(한국인)과 타국의 시민권을 가진 한인 혈통을 지닌 이들(한인 또는 재외한인) 모두가 포함된다. 군사정권은 북한 간첩 색출과 비상시 국민 동원의 필요성을 내세우며 1968년부터 개개인들에게 출생지·출생연월일·성별·등록지를 기록한 주민등록번호를 발급했다. 이 주민등록제로 인해 국가는 국민과 그들의 정치적 성향에 대한 정보를 관리할 수 있게 되었다(김동춘 2000; Oka 2002). 한국인이 한국을 떠나 외국에 거주하면 등록된 주민의 신분을 상실하고 다른 재외한인 동포처럼 이방인 취급을 받았다. 남한과 북한은 1970년대와 80년대에 경제 발전을 위해 재일한인과 재미한인을 놓고 정치적 지지와 재정적 지원을 얻기 위해 경쟁을 벌였다. 북한이 1959년 송환 기획을 시작으로 70년대 말까지 일본으로부터 약 9만 명의 한인을 데려오고, 남한은 재일조선인총연합회 소속 한인들을 추석 기간에 성묘와 고향 방문 명목으로 초청하고 1976년에는 충청남도에 재일동포들을 위한 묘지를 마련했다.[13] 일본에 거주한 한인들에 대한 북한의 영향력에 대응하기 위해 남한은 1997년부터 재외한인들을 위한 예산의 65%를 재일한인들을 위해 사용했다(Ryang 1997).

## 세계화 정책과 재외한인의 위상 변화

경제 위기와 이로 인한 자본주의의 지구적 팽창은 탈냉전기에서 재외한인들에 대한 남한의 정책을 변화시켰다. 김영삼 정부(1993~1997)를 대표하는 세계화 정책은 금융, 고용, 무역 이 모든 부문에서 경제 자유화를 추구했는데, 이와 함께 재외한인을 한국 경제의 세계적 경쟁력 강화에 필수적인 인적 자본으로 포용했다.

김영삼 정부의 탈영토화된 자본주의적 접근은 디아스포라 한인들의 '현지화'와 한국 경제를 위한 이들의 경제적 지원을 이끌어내도록 구성됐다. 재외동포정책위원회를 주재했던 외무부(현 외교통상부) 차관은 현지화 정책을 다음과 같이 기술했다.

"과거 군사정권하에서는 정부의 정통성이 부족하기 때문에 교포들을 정권 안보적인 차원에서 이용하기 위해서 많은 지원, 불필

---

13  일본이나 남한 국적을 취득하지 않은 한인들은 자동적으로 북한 사람으로 간주된다.

요한 간섭, 지나친 관심을 폈다. 문민정부에서는 그런 정통성 시비가 없기 때문에 교포에 대한 새 정책은 관심을 안 두는 정책, 관계를 않는 정책으로 가져야겠다"고 [외무부 차관이] 인사 말씀을 했습니다. … 이것이 현지화 정책의 취지입니다. 재미교포는 미국화하라, 재일교포는 일본화하는 것이 바람직하다. 이것이 정부의 교민 정책의 본질입니다. 바로 현지화 정책이지요[라고 해외교포문제연구소 이구홍 소장이 지적하고 있다].

**최우길(2001: 8)**

이렇게 세계화 정책은 재외한인을 '교민'이나 '교포'가 아닌 '동포'로 지칭했는데(조광동 1996), 이 말은 통합적이고 포용적인 어휘로 국가 경계의 분리를 뛰어넘는 한인들 사이의 가족적 연대를 강조했다.

이런 전환기를 지나 탈냉전기에 트랜스내셔널 코리아가 형성된 것은 김영삼 정부 이후 김대중 정부, 노무현 정부 시기에 관료와 국회의원, 활동가, 디아스포라 한인들 사이의 열띤 논쟁을 통해서였다. 1997년의 금융 위기 이후 경제 회복을 향한 급박성은 담당 정부 기관을 설립하고 한국에 거주하는 교포의 권리를 법제화하는 기회를 제공했다. 이는 1971년부터 1992년까지 대통령선거 때마다 매번 공약에 포함되었던 사항들이다. 재외동포재단은 재외한인과의 문화적 교류를 장려하기 위해 1997년 설립되었다. 1999년에 제정된 「재외동포의 출입국과 법적 지위에 관한 법률」(이하 「재외동포법」)은 "지구촌 시대를 맞아 재외동포들에게… 모국에서의 출입국과 체류에 대한 제한과 부동산 취득, 금융, 외국환거래 등에 있어서의 각종 제한을 완화함으로써 모국 투자를 촉진하고 경제 회생 동참 분위기를 확산"시키려는 목적으로 실행되었다(대한민국관보 1999: 8~9). 이 법률은 재외동포를 위한 F-4비자[14]를 보유한 재외한인에게 병역이나 납세와 같은 시민의 주요 의무를 면제하여 사실상의 이중국적을 허용했다. 여기에는 갱신 가능한 2년 기한의 방문 허가, 주민등록증에 해당하는 거류증, 90일 이상 체류시 건강보험, 재산 소유, 취업, 자유로운 금융 거래, 사회 질서와 안정을 해치지 않는 다른 경제 활동, 이 모든 것을 누릴 권리를 부여했다.

「재외동포법」은 중국과 이스라엘이 화교나 유태인에 그랬듯이 재외한인을 경제적 자산으로 규정하는 정책입안자, 국회의원, 활동가, 엘리트 집단 사이의 합의된 요구를 반영하는 것이었다. 정부가 연구를 의뢰한 워싱턴 DC의 국제경제연구소(현재 Peterson Institute for International Economy)는 디아스포라 한인들이 한국 경제에 기여하는 경제적 가치를 1,200억 달러, 즉 한국 GDP의 20~25%로 추산했다. 디아스포라 한인들은 한국으로의 송금과 외환 보유를 통해 한국 수출의 16%, 수입의 14%에 관여한다고 추정됐다. 나아가 이들의 잠재적 기여는 중국에 대한 화교들의 기여만큼 클 것으로 예상됐다. 그 이유는 이들이 세계 4대 강대국인 미국, 일본, 러시아, 중국에 몰려 있는 동시에 150개국 이상에 산재하기 때문이다. 중앙정

---

14 법무부가 2012년부터 중국과 옛 소련 지역 동포 중 단순노무 종사 가능성이 적은 대학졸업자, 기업 대표, 기능사 이상 자격증 소지자, 만 60세 이상을 대상으로 발급하고 있는 장기체류 비자다. 유효 기간이 없고 3년 단위로 갱신만 하면 한국에서 계속 생활할 수 있다.—옮긴이

보부의 후신인 국가안전기획부에 따르면 재외한인을 '인적 자산'으로 동원하는 것은 민족국가로서의 한국 발전에 핵심적인 것으로서 디아스포라 한인의 중요성은 그 크기에 있다고 보았다(국가안전기획부 1998). 남북한 밖에 거주하는 한인 인구는 중국인, 유태인, 이태리인, 인도인 다음으로 세계에서 다섯 번째로 큰 디아스포라 집단을 이루며 본국의 인구 대비 비율로는 이스라엘 다음으로 두 번째이다.[15] 「재외동포법」에서 주요 권리를 제외한 목적은 이 법의 경제적 성격을 확연히 드러낸다. 한인계 미국인들이 오랫동안 요구했던 선거권과 피선거권은 1998년 8월의 최초 법령 고지에는 포함됐지만 최종 법안에서는 제외되었다. 대신 「재외동포법」이 제공하는 주요 특권은 금융 투자의 자유였다. 노동부에 따르면 이 자유는 한인계 미국인들의 이해에 부합하는 것이었다. 한인계 중국인인 조선족은 한국에서 주로 육체노동자로서 일할 수 있는 권리에 관심이 있었다(노동부 2003a). 이 법에서 취업에 대한 조항은 한국의 관심이 한인계 미국인의 인적 자산은 활용하면서, 노동 집약적 분야에서 조선족의 취업을 규제해 저임금 노동자로 활용하는 것이었다는 점에서 가장 큰 논란이 되었다.

---

15 1990년대 말 재외한국인의 수는 550만 명으로 남한의 5,000만과 북한의 2,400만 남북한 전체 인구의 7.4%에 해당한다. 2013년 기준으로 재외한국인은 700만으로 증가했는데, 여기에는 중국 거주자(250만, 36.7%), 미국 거주자(200만, 29.82%), 일본 거주자(89만, 12.72%), 러시아와 중앙아시아 거주자(49만, 6.95%)가 포함된다. 이에 관한 좀더 상세한 정보는 외교통상부(2013)를 참조할 것.

## 과거국적주의와 혈통주의

「재외동포법」의 자본주의적 성격은 재외한인의 자격을 두고 벌어진 치열한 논쟁에 가려졌다. 최초의 법령 고지가 재외한인을 "한민족 혈통"을 보유한 자로 정의한 반면, 개정된 법령은 재외한인을 한국 국적을 보유했던 자와 그의 직계 자손으로 인정했다. 이러한 "과거국적주의"는 「재외동포법」에서 급작스레 채택됐다. 이는 외무부가 혈통주의를 인종, 혈통, 혹은 다른 요인에 기초한 차별을 금지하는 국제 규약에 위배된다고 주장했기 때문이었다(외무부 1999: 법무부 2001; Oka 2002). 과거국적주의 지지자들은 베니스에 위치한 유럽연합의 법원이 헝가리의 해외 거주자에 대해서 혈통에 기반한 법률에 반대하는 결정했다며 자신들의 입지를 강화했고, 오직 특정 국가에 거주하는 자신들의 혈통에만 정착과 취업의 자유를 적용하는 이탈리아, 그리스, 오스트리아의 예를 인용했다(정인섭 2004). 일반적으로 혈통주의와 과거국적주의는 출생에 의해 민족 구성원의 자격을 정의하는 것으로 넓은 의미의 혈통주의(jus sanguinis)의 두 가지 유형이라고 볼 수 있으며, 이는 태어난 곳에 기초한 출생지주의(jus soli)와 대비된다. 문제는 과거국적주의를 적용하면 디아스포라 한인의 반 이상이 재외동포로서의 자격을 상실하게 된다. 즉 식민지 시기(1910~1945)에 일본, 중국, 구소련으로 이주했다가 해방 후에도 분단으로 이어진 한반도의 혼란과 갈등을 피해 그곳에 계속 머무른 이들은 한국 국적을 취득한 적이 없어서 재외동포 자격이 없게 된다. 이 문제를 인식한 국회 법제사법위원회는 한인들을 배제하는 문제,

특히 한국에서 불법으로 일하는 조선족에 대한 대책을 마련할 것을 정부에게 권고했다.

1999년 말 법무부는 귀화 자격의 범주를 독립유공자들과 그들의 후손 가운데 호적이 있는 사람으로 확장했지만, 많은 이들이 1922년 호적제도 시행 이전에 이주했고 다른 이들은 이북 출신으로 호적이 있음을 입증할 수 없었기에 혜택을 볼 수 있는 사람은 극소수였다. 「재외동포법」의 배제적 성격을 둘러싼 논란으로 인해 이 법은 2004년 2월에 개정되었다. 논란에 대한 대응은 정부가 조선족에게 동등한 권리를 부여하기보다 이들을 불안정 노동력으로 활용하는 일에 더 관심 가졌음을 보여준다. 개정안은 과거국적주의를 없애지도 않았고 조선족 취업을 합법화하지도 않았다. 단순히 괄호 안에 "대한민국 정부 수립 이전에 국외로 이주한 자도 포함된다"는 구절을 삽입했을 뿐이다. 그렇지만 이로 인해 한국 국내에서 불법으로 거주 중인 조선족 노동자 절대 다수의 미등록 신분이 해소되지는 못했다. 왜냐하면 법무부가 즉각적으로 재외한인에게 육체노동에 종사하지 않겠다는 서약을 요구하고, 그 증명을 제출하라는 조치를 취했기 때문이었다. 여기서 증명에 해당하는 항목들은 거주했던 국가에서 주요 기업에 취업했었다는 취업 증명서, 미국 등 선진국에 영주하고 있으며 빈번히 자국과 거주 국가를 방문하고 있다는 증명, 그리고 소득세 신고 등이다. 재외한인들은 또한 한국에서 불법 취업이나 체류 기한 초과와 같은 경범죄 경력이 없다는 확인서도 제출해야 했다.

따라서 조선족은 합법적 신분 대신 이주노동자로 통합되었다. 2장에서 설명했듯이 산업연수생제도는 모든 이주노동자를 위한 것이다. 그래서 가족 방문 프로그램은 조선족들을 미등록 노동자로 묶는 방편이 됐다. 대다수 조선족이 냉전 시기에 한국의 가족과 연락이 끊겼던 상황에서 이러한 가족 방문은 불법 취업으로 이어지는 온상이 되었다. 한국의 친척과 연락이 닿고 있던 사람들마저도 브로커를 통해 가족 초청장을 사서 공식적인 가족 방문에 주어진 몇 달의 체류 기간을 초과해 거주하게 되었다. 한국의 가족 초청장은 2000년대 초에 5만에서 8만 위안(약 800만 원에서 1,300만 원) 사이에 거래되었다. 90년대 중반에서 2000년대 중반까지 한국을 방문하는 가장 비싼 방법은 한국 남성과 결혼하는 것이었는데 7만에서 8만 위안, 때로는 12만 위안까지 올라가기도 했다. 한국을 방문하는 가장 저렴하지만 위험한 방법은 여권이나 방문 서류 없이 은밀하게 입국하는 것이다. 여기에는 4만에서 6만 위안이 소요되었지만 때로는 8만 5천 위안까지 올라가기도 했다. 이런 상황에서 조선족이 개인적 인연과 입소문으로 브로커에 접근함에 따라 이들 가족, 친지, 친구, 이웃들은 종종 사절단 같은 역할을 했다. 위조 서류를 구매하기 위해서는 보통 3명에서 5명의 개인이나 가족으로부터 연 2%에서 5%의 이자로 돈을 빌려야 했다. 그래서 이들은 서로 브로커 비용을 빌려주기도 했다.[16] 이렇게 가족과 이웃들은 한국에 오는 데 수반되는 위험을 같이 떠맡았다. 이 시기에는 사기 행각이 만연했고 따라서 그로 인한 자살도 드물지 않았다(문형진 2008). 실제로 사기와 사기

---

16  여기서 모든 비용은 1990년대 중반부터 2000년대 중반까지 남한에 온 조선족과의 인터뷰에서 얻어진 정보에 근거하고 있다.

로 인한 결과가 중국의 가족과 공동체에 미치는 영향으로 인해 한국의 활동가들과 언론은 조선족 이주노동자들과 그들의 불법적 지위에 관심을 갖게 됐다.

재외한인들 가운데 한국에 호적이 남아 있었던 1세대들의 가족 방문은 꾸준히 증가했다. 초청 자격도 6촌에서 8촌으로 확대됐고 방문 기간도 노동 허가와 함께 1년으로 연장됐다. 재외한인들의 가족 방문의 연령도 1999년에 50세 이상에서 2001년 7월 1일부로 45세, 2002년 12월 10일부로 40세 이상, 2003년 5월 10일부로 30세 이상, 그리고 2006년 1월 10일부로 25세 이상으로 지속적으로 낮아졌다(법무부 2003; 설동훈 2007). 산업연수생제도에서 조선족을 위한 할당도 15%에서 20%로 증가했다(이광규 2001:15). 나아가 2002년 11월에 시작되어 2004년부터는 고용허가제 아래서 운용되었던 취업관리제는 한국에 가족이나 친지가 없는 재외한인들에게 방문취업비자(H-2)를 발급했다. 조선족은 서비스 부문의 여러 업종은 물론 2004년에는 조선족과 미숙련 한국인들에게 가장 인기 있는 직종인 건설 분야에서 합법적으로 2년간 일할 수 있게 됐다. 이후 2006년에는 제조업, 농업, 축산업, 어업 분야로 이들의 합법적 취업이 확대되었다.

# 3 ——— 배상: 주권과 탈식민화

　「재외동포법」의 자본주의적 성격은 조선족을 법에서 배제하는 동시에 그들을 지속적으로 불안정 노동자로 늘려가는 것에서 명확히 드러난다. 이 법에 대한 기존의 연구는 과거국적주의와 이 원칙이 갖는 차별적 효과에 집중해왔다(Oka 2002; 채한태 2005). 나는 이와는 달리 법 개정운동을 배상의 정치학과 이 정치학의 자유주의적이고 자본주의적인 논리로 접근한다. 또한 조선족의 권리에 대한 민주주의적 표상을 배상과 배상이 국가의 주권에 미치는 역설적 효과, 그리고 배상의 담론과 실천에서 벗어나는 자본주의적 과잉의 형태로 탐구한다. 한국인들은 살림과 육아, 간병과 노인 돌봄을 포함한 가사노동을 조선족 여성에게 의존하게 되었다. 이것은 캐나다의 중산층 가정이 신자유주의 탈복지 시대를 맞아 가사노동을 필리핀과 도미니카 공화국 출신 이주노동자에게 의존하는 것과 유사하다(Stasiulis and Bakan 1997). 한국인들은 민주주의가 복지사회를 가져다줄 것이라는 기대를 오랫동안 가져왔지만, 기대와는 달리 민주화와 함께 나타난 것은 실업률 증가와 소득 불평등 악화, 육체노동 거부였다. 이 시점에서 저임금 조선족 노동자들은 복지제도의 부족함을 메워 민주적으로 선출된 정부의 정치적 책임을 덜어줬다.

1999년 10월부터 2004년 2월까지의 「재외동포법」 개정을 위한 사회운동은 국가주권을 공고히 하는 효과가 있었는데, 필자는 이 의미심장한 효과가 「재외동포법」 개정과 조선족 포용을 역사적 과오의 시정이라는 국가의 책임으로 프레임하는 배상 정치에 있음을 밝힌다.

탈냉전의 시대에서 탈식민화는 배상으로 전환된다. 냉전기에는 남과 북의 민족 통일은 탈식민화로 상상되었다. 한국은 2차 세계대전이 끝나면서 독립된 민족국가를 만들려고 투쟁했으나 다른 강대국들에 의해 분단되었다. 미국은 한국과 일본을 자신의 동아시아 냉전 블록에 편입시켰는데, 이로 인해 일본에 협력했던 인사들과 대지주 그리고 반공산주의 민족주의자들을 군대와 정부의 요직에 복귀시켜 한국인들의 탈식민화의 노력을 무산시켰다. 또한 일본이 식민 지배에 대한 배상으로 배상금과 차관으로 빌려주도록 중재하여 한국과 일본의 공식적 관계 정상화를 이끌었다. 남한의 민주화운동은 효과적으로 전략을 수립하기 위해 미국 제국주의와 자본주의 발전 사이의 관계를 상세히 분석했다. 탈식민화를 향한 새로운 기회는 1987년 민주화와 함께 도래했는데, 민주화는 한국전쟁 이전과 전쟁 중 일어난 학살과 냉전기 군사독재의 희생자들에 대한 국가의 배상으로 이어졌다(허상수 2009; 이영재 2010).

배상의 정치학이 냉전하에서 자행된 폭력의 희생자들을 대상으로 하였기 때문에 「재외동포법」 개정을 주장한 이들은 자신들의 개정운동이 배상의 정치학과 연결됐다고 여기지 않았다. 하지만 그들의 언어와 실천은 배상의 정치학의 언어와 실천에 부합한다. 법 개정 지지자들은 「재외동포법」의 대의를 한인 공동체의 혈통적 근원성에 두지 않고, 역사적 과오에 대한 이슈로 상징화하여 피해자를 위한 보상을 추구하는 보편윤리에 새겨 넣었다. 법 개정 반대자들은 이들이 민족주의자라고 비판했지만 이들은 지지자 측이 민족주의를 인권운동으로 변이시켰다는 사실을 간과했다. 민주주의 정치학의 새로운 양상으로서 배상의 정치학은 주체와 정치를 재구성하여 '정치적인 것'의 개념 자체를 재해석했다. 「재외동포법」 개정운동은 한국의 활동가들 가운데 지구촌동포연대(KIN, Korean International Network)와 같은 젊은 세대의 지지를 받았다. 이 단체는 모든 해외 한인들의 포용을 추진하고 일본이나 한국 국적을 취득하지 않아 자동적으로 북한인으로 간주되는 일본의 무국적 한인의 존재를 한국에 알렸다. 법 개정운동은 김해성, 임광빈, 서경석 세 명의 목사 활동가에 의해 주도되었는데, 이들은 군사독재에 대항해 민주화 투쟁을 했던 이들이다. 이들의 교회는 다른 외국인 이주노동자를 위한 조직들과 마찬가지로 밀린 봉급이나 산업재해 보상, 병원 진료를 받고 집과 일자리를 찾는 데 도움을 제공했다. 이들 사이의 법 개정을 둘러싼 다른 접근 방식은 민중운동이 미치는 영향력의 다양한 범위를 보여준다.

## 헌법주의와 세계시민주의

「재외동포법」개정운동은 국회에서 이 법이 통과된 지 11일 후인 1999년 8월 23일 헌법재판소에 헌법 소원이 제기되며 시작되었다. 이 헌법 소원의 청원자는 세 명의 조선족이었는데, 한 청원자의 남편은 한국의 비인간적 노동조건에 반발하여 분신자살을 했다. 이 청원은 김해성 목사가 주도했다. 그는 80년대 초 서울 근교 성남시에서 도시빈민운동을 이끌었고, 90년대 중반에는 같은 곳에서 이주노동자들을 위한 인권운동을 개척했다. 초기에 그는 주로 사고나 병으로 죽은 이주노동자들의 장례를 치르는 일을 했다. 이로부터 몇 해가 지나지 않아 그가 서울에 세운 시설은 가장 큰 규모의 이주노동자 센터가 되어 조선족을 포함해 수천 명의 외국인 노동자들에게 도움을 주었다. 이 센터는 지상 6층과 지하 1층 건물로 여기에는 3천석의 강당과 작은 방들, 성경 공부 교실이 있는 층들로 구성되었다. 모든 이주노동자들을 위한 일요 예배와 출신국과 지역별로 나뉜 이주노동자들의 정기 모임, 성경 강해가 이곳에서 이루어졌다. 일요 예배 참석은 회원의 필수 요건과 다름없었으며, 특히 센터의 쉼터에서 머무는 신입 노동자들과 무직자, 환자들에게는 더 말할 나위도 없었다. 김해성 목사의 접근 방식은 교회의 새로운 사회운동을 보여준다. 그의 접근은 90년대부터 줄곧 행해진 것으로 세계의 기아와 빈곤으로 인한 난민과 피해자들에게 구호를 제공하면서 복음주의와 인도주의를 혼합하는 방식이었다. 김해성 목사는 결국 이주노동자들을 위한 인성 교육과 종교 교육으로 기울었다. 그는 인성 교육을 이주노동자들의 근본적 문제들을 다루는 전제조건으로 파악했는데, 이들이 어렵게 번 돈으로 가족을 부양하거나 장사에 투자하기보다는 귀국해서 축첩 따위의 개인적 욕망을 위해 낭비하는 현실을 목격했기 때문이다(1996년 7월 26일 김해성 목사 인터뷰).

헌법 소원은 「재외동포법」이 조선족의 평등권과 행복추구권이라는 헌법적 권리를 침해한다는 이유로 제기됐다. 헌법재판소 청원에서 한국 정부가 일제 치하 1919년의 3·1운동과 상해임시정부의 법통을 계승한다는 점에 비추어 조선족을 포함한 모든 한인의 헌법상의 권리를 보호할 것을 촉구했다. 법무부는 조선족은 외국인 신분으로서 한국에서 헌법상 권리를 인정받지 못한다는 이유로 이 청구를 일축했다. 하지만 헌법재판소는 헌법이 외국인의 인권을 보호하며 청원이 재외한인들 사이의 내부 평등과 관련되어 있다고 언급하면서 청원의 타당성을 인정했다. 2001년 11월 2년간의 심의 끝에 헌법재판소는 민족적 동질성의 의미가 전제하는 평등, 인도주의, 개인의 선택이라는 추상적 개념에 의존하여 「재외동포법」이 위헌이라고 판결했다.

이 판결은 급작스러운 과거국적주의 채택이 정부의 외교적 마찰에 대한 우려나 재외한인의 이주가 국내 노동시장에 끼치는 위협과 안보 문제를 해소하지도 못할 것이며, 이주 시기가 1948년 이전과 이후라는 차이가 이주자들의 "동일성을 훼손할 만한 본질적인 성격이 아니"기 때문에 과거국적주의가 정당화될 수도 없다고 보았다. 이 판결은 과거국적주의가 재외한인의 민족적 정체성과 지역적 고려, 문화적 동일성의 고양이라는 법의 목적을 달성하는 일에 필요치 않기 때문에, 재외한인에 대한 차별이 "합리적 (불)평등"이라고 간주할 수 없다고 했다(헌법재판소 2001). 여기서 한국 정부의 정당성은 1948년이라는 역사적 설립 시점으로 제한된다. 여기서 남한과 북한의 사이의 정통성 경쟁이라는 냉전 역사와 남한이 일본 식민지 유산의 계승자이자 미국 제국주의의 협력자라는 오래된 비판은 폐기된다.

헌법재판소의 다수 의견은 대한민국 정부 수립 이전에 이주한 사람들은 항일 독립운동에 합류하거나 일제의 수탈과 강제징용을 피하기 위해 한국을 떠날 수밖에 없었다고 언급했다. 그래서 이 한인들을 법에서 제외하는 것은 "민족적 입장은 차치하고라도 인도적 견지에서조차 정당성을 인정받기가 심히 어렵다"고 판단했다. 또한 다수의견은 1948년 이전에 이주한 한인들이 냉전기에는 한국의 대사관이나 영사관이 사회주의 국가에 없었기 때문에 한국 국적을 취득할 수 있는 "균등한 기회"를 차단당했다고 보았다. 판결의 별개 의견은 한국 정부의 재외공관의 부재가 구 사회주의 국가의 한인들에 대한 "지역적 요소에 의한 차별"이며 이는 "인종적 차별 이상으로 비인도적이고 사회 통합에 역행하며, 국민 통합을 저해하는 것으로서 개인의 자유롭고 창의적인 능력 발휘를 봉쇄하는 것"이라고 판단했다. 이렇게 냉전사를 지역적 요소 혹은 개인의 선택 문제로 구성하는 태도는 과거를 과감하게 비역사화하는 것이다. 이는 이 책의 5장에서 중국 조선족과 중국 정부와의 관계를 중국으로 이주한 한인들이 1940년에서부터 현재에 이르기까지 중국에서 소수민족이 되어가는 과정의 맥락에서 좀더 심도 있게 분석할 예정이다. 이들의 한인 정체성은 지리적 혹은 시간적 요인으로 해석되기에는 너무도 깊이 식민지와 사회주의 혁명의 역사 속에 각인되어 있다.

헌법재판소의 이러한 한인들의 이주 역사에 관한 견해는 인권의 언어로 구성되어 있는데, 인권의 언어는 「재외동포법」을 둘러싼 논의의 한 축이었던 혈통적 민족주의와 세계시민주의 사이에 모호하게 걸쳐 있다. 당시 보수였던 한나라당은 이 법에서 취업의 자유에 관한 조항을 완전히 삭제하고 혈통주의를 지지하는 법안을 제출했다. 한편 당시 다수당이던 민주당(열린우리당)이 제출한 대체 법안은 혈통주의를 삭제하고 재외동포에 대한 이주 시기 기준을 폐지하며, 1948년 이전에 한민족의 일원으로 이주한 사람들을 재외동포로 받아들이는 것을 골자로 하고 있다. 외교통상부는 비한인 외국인에 대한 역차별과 모든 형태의 차별을 금하는 국제 협약에 반한다는 이유로 두 정당이 제출한 법안 모두를 반대했다. 국가인권위원회도 비슷한 논리로 재외동포를 정의하는 데 혈통주의를 채택하는 것이 '인종에 근거를 둔 우선권'의 형태이며 재외한인의 외국인으로서의 권리는 해당 국가와의 조약과 인권에 대한 국제 협약에 의해 부여되어야 한다고 주장했다. 하지만 혈통주의 반대자들은 「재외동포법」이 이미 미주동포에게 사실상의 한국 국적을 부여했다는 사실을 간과하고 있었다. 노동부는 중국 조선족 사회만 고려해도 어림잡아 약 37만 명의 재외한인이 미숙련·저소득 한국인들의 일자리를 빼앗게 될 것이라는 근거에서 혈통주의에 반대했고, 이들을 다른 이주노동자 집단과 마찬가지로 취급하여 고용허가제를 통해 관리할 것을 제안했다(재외국민영사국 2001; 국가인권위원회 2001; 노동부 2003a; 열린우리당 통일외교통상위원회 2004).

헌법재판소의 「재외동포법」 위헌 판결은 법 개정운동을 정당화했다. 헌법재판소 위헌 청구와 위헌 판정에 대한 반응들은 법치와 민주주의를 동일시하는 한국과 다른 여러 나라들의 민주주의 사회운동의 경향을 반영한 것이었다. 어느 법학자는 1990년대 이래 급증한 소송을 한국인들이 자신의 권리에 눈을 떴다는 징후로 해석하며 "법치는 참여 민주주의를 향한 조용한 혁명"이라고 득의양양하게 선언하였다(Ahn 1998). 헌법재판소는 1988년 헌법 개정, 대통령 직선제 도입과 함께 설립되었다. 처음에는 한국의 군사정권들이 오랫동안 헌법적 권리를 경시해왔던 탓에 별다른 주목을 끌지 못했지만 곧 최상위의 사법적 권한을 행사하게 되었다. 어쩌면 헌법재판소는 민주화된 한국에서 가장 숭고한 기관이라 할 수 있다. 다시 말해 헌법재판소는 사회정치적 현실 외부에 선험적으로 존재하는 종교적 성격을 띠게 되었다. 마르크스가 헤겔을 비판하며 언급했듯이 헌법은 인민주권과 혼동되고 인민의 목소리를 대체하게 된다(Marx 1977). 하지만 헌법주의는 역사를 되새기는 예상 밖의 계기를 만들어내기도 했다. 세계시민주의가 진전되며 역사가 실종될 때 헌법재판소와 「재외동포법」 개정운동은 망각된 역사를 보편적 윤리학과 배합하여 망각되었던 역사를 정치의 전면으로 소환했다. 헌법재판소 판결의 언어와 이 언어에 대한 사회운동 단체들의 대응은 역사적 부당함의 해소가 국가의 책임이라는 운동의 주요 담론을 만들어냈다.

## 자유왕래의 권리

　2001년 1월에 설립된 「재외동포법」 개정대책협의회'(이하 개정대
책협의회)는 조선족을 '식민귀환자'로 간주하며 이들의 경제적 도구
화에 대항했다. 김해성 목사와 서경석 목사가 이 운동에 참여했지만
협의회의 입장을 대변하는 중심인물로 부상한 이는 임광빈 목사였
다. 임 목사는 1980년대에 한국기독교교회협의회(NCCK) 인권위원
회 의장으로 민주화운동에 관여했었고, 90년대에는 과거사 배상을
둘러싼 정부와 시민사회의 활동에 참여했으며, 진보적 교회운동을
이끌고 있었다. 2000년부터는 조선족복지선교센터를 운영했는데,
이 단체는 진보적인 목사와 신학 교수 등 25여 명이 설립했다. 이들
은 같이 세미나 활동을 하며 이주노동자와 통일, 탈북 난민에 대한
교회의 역할에 관한 책들을 저술한 바 있다. 한국기독교교회협의회
에 따르면 조선족은 한국 사람들을 포함한 모든 한인들이 경험했던
식민 지배의 고통을 상징한다는 점에서 식민 지배하의 한민족의 환
유였다. 한국기독교교회협의회는 조선족이 겪은 이중의 희생을 대
변함으로써 그들이 북한의 협력자라는 냉전적 인식을 파괴했다. 여
기서 첫 번째 희생은 식민지기에 그들을 중국으로 이주하도록 강제
한 일본에 의한 것이다. 두 번째 희생은 그들을 고국으로 불러들이
는데 무관심했고, 귀국 조치를 취하지 않아 그들이 중국에 남아 중
국 국적을 취득할 수밖에 없도록 만든 고국 한국에 의한 것이다. 한
국기독교교회협의회는 조선족의 중국 북동부의 만주 지역에서 항
일투쟁 역사에 주목하며, 만약 한국이 한민족의 정당한 계승자라면

조선족을 포용하여야 한다고 주장했다. 임광빈 목사에 따르면, 「재외동포법」 개정은 재중·재러동포들처럼 항일 시기 독립운동을 하기 위해 고향을 떠났거나 나라가 어려울 때 고국을 떠날 수밖에 없었던 이들의 권리를 보호하는 것이다.

> 동포들이 자기가 뿌리내린 곳에서 경제적 어려움을 겪을 때 잠시 우리의 노동시장의 문을 여는 것은 당연하다. 누가 감히 그들에게 고국에서 일할 권리가 없다고 할 것인가? 누구도 어떤 명분을 내세워 이들의 고국 방문을 가로막을 수는 없다. … 동포들은 아직도 이곳 고향집 마당에 있는 감나무를 보며 감회에 빠진다. 그들 형제가 아직도 부모가 살던 고향 집에 살고, 뒷산에 할아버지와 할머니의 묘소가 있다.
> 동포들은 이 땅을 방문하여 살고, 일할 권리가 있다. 누가 감히 그들에게 고국에서 일할 권리가 없다고 말할 것인가? 유엔의 인권규약에 근거해 이주노동자의 평등이라는 이름으로 동포들의 권리를 제약하는 것은 유감스러운 일이다. 본 대책협의회는 더 이상 동포들을 관리나 통제의 대상으로 여기는 시각을 부정한다. 또한 저임금 외국인 노동력으로 그들을 바라보는 것도 거부한다.
>
> **임광빈(2002)**

임광빈 목사는 조선족을 가족의 딸에 비유했다. 다시 말해 집안이 어려울 때 돈을 벌기 위해 해외로 떠난 가족, 가난한 집에 시집을 갔다가 먹고살 돈을 마련하기 위해 친정으로 오려 하는 딸이라는 의

미였다. 그가 말하는 '고국'이란 구소련에 남아 있던 자국 동포들을 받아들인 독일과 이스라엘처럼 해외에 거주 중인 한인들이 자유롭게 방문하거나 돌아올 수 있는 곳이어야 했다. "부유한 본가와 가난한 귀환자"라는 통상적 표현이 조선족과 식민지 시대에 고국을 떠난 다른 한인 디아스포라들의 권리라는 도덕적 요구를 합리화하는 데 사용되었다.

과거국적주의 지지자들이 세계시민주의에 기댈 때, 임 목사는 과거국적주의에 역사의식이 결여됐다는 사실을 들어 그들을 비판했다. 미국의 소수자 우대 정책처럼 과거의 고통을 인정하는 데서부터 출발한 우대는 역차별과 구분되어야 한다는 것이 임광빈 목사의 주장이다. 그의 말을 직접 들어보자.

> 평등하다는 것은 무엇인가? 오히려 항일운동을 하였고 나라가 지켜주지 못한 목숨을 부지하고 돌아오는 그들을 외국인 노동자의 수준으로 대하는 것이 평등인가? 그렇지 않다. 오히려 동포들을 외국 노동자와 같이 대하는 것이 차별이다. … 이번에 진행하는 「재외동포법」 개정 작업이야말로 역사를 바로 쓰는 것이며 동포와 우리 사회에 껄끄러웠던 관계를 해소하는 씻김굿과 같은 것이 되어야 한다.
>
> **임광빈(2002)**

개정대책협의회는 조선족의 불법적인 신분 문제의 해결안으로 한국과 중국을 자유롭게 왕래할 권리를 제시했다. 자유왕래권이 미주

동포와 조선족 사이의 평등을 정착시키고, 조선족은 비싼 중계 수수료와 사기 행위를 피할 수 있게 할 것이라고 예상했다. 비록 가장 논란이 되는 문제는 이들의 불평등하고 착취적인 고용관계였지만, 개정대책협의회는 이러한 고용문제를 「재외동포법」 개정 목표로 설정하지 않았다. 임광빈 목사는 자유왕래권이 주어진다 해도 그로 인해 조선족의 연간 방문 횟수와 기간은 제한될 것이라고 예상했다. 그의 추론에 따르면 재방문을 보장하는 자유왕래권이 주어지면 브로커 비용을 갚기 위해 장기간 거주할 필요가 없으므로 체류 기간이 5~10년에서 2~3년으로 단축될 것이며, 가족 간의 장기간 별거 문제와 중국의 조선족의 인적 자본 손실 문제도 따라서 해결될 수 있다는 것이다(2002년 7월 15일 인터뷰). 하지만 정당들과 행정부가 공식적으로 방문과 취업을 별개의 문제로 간주하고 있었으므로 자유왕래권이 노동권을 보장하리라는 생각은 무리가 있었다.

임광빈 목사가 조선족을 「재외동포법」 개정운동에 동원한 것은 80년대 민중운동의 방식을 따른 것이다. 예를 들면 80년대 민중운동은 지식인과 대학생이 야학을 세우고, 노동자와 농민의 의식을 일깨워 그들이 스스로를 조직화할 수 있도록 돕는 방식이었다. 임광빈 목사는 이와 유사한 방식으로 조선족을 도와 2000년 5월 조선족연합회(이하 연합회)라는 조선족 최초의 단체를 스스로 만들도록 했다. 6인의 연합회 창립자들은 임광빈 목사와 같이 「재외동포법」을 포함해 재외한인에 대한 한국의 정책과 법률의 역사를 공부한 후, 자유왕래권과 여기에 노동권, 투표권, 자유로운 금융거래의 권리 지지를 추가한 제안서를 스스로 만들었다(조선족연합회 2000). 연합회에는 2003년을 기준으로 약 300명의 회원이 가입해 있었다. 2001년에서 2003년까지 「재외동포법」 개정운동이 치열하던 시기, 연합회 회원 약 50명은 임광빈 목사의 교회에 모여 「재외동포법」과 한국 역사를 공부하고 다른 회원들과 지인들에게 집회와 연좌시위 참여를 독려하는 방법을 논의했다. 임광빈 목사는 법 개정운동을 '역사 다시 쓰기'로 프레이밍했다. 연합회 회원들은 그들의 대의명분을 "역사의 한 페이지 쓰기와 역사의 주인공 되기"를 위한 노력이라 불렀다(2004년 6월 14일 서울 인터뷰). 연합회 회원 약 100여 명은 중국에 있는 가족을 부양하고 빚을 갚기 위해 수입이 절실함에도 2003년 약 8개월간 일을 포기하고 연좌농성에 참여했다. 이들은 일제강점기 역사를 배우며 한국에서 '귀환자'로서 자신들의 권리를 인식하게 되었고, 이로 인해 많은 참가자들에게 2003년의 연좌농성은 삶을 근본적으로 바꾸는 체험이 되었다(6월 12일, 14일, 20일 서울 인터뷰).

연합회의 조선족 회원들은 스스로를 한민족의 일원이자 일제 강점의 희생자이며, 얄팍한 한국 정책의 피해자로 표상했다. 연합회의 유봉순 회장은 40대 중반으로서 중국에서 농사를 짓다 한국에 왔고, 서울 도심가의 탑골공원 거리에서 중국 약재를 팔았다. 한국 노점상들은 그녀를 '중국 거지'라 비웃곤 했다. 하지만 그녀는 아주 논리정연하고 카리스마가 있어서 연합회의 리더가 되었고, 정치 집회에서 자주 「재외동포법」에 관한 강연 요청을 받았다. 연합회에 몇 안 되는 지식인 남성칠(2004)은 60대 후반으로 재외동포의 범주에 조선족이 배제된 것을 남과 북이라는 근원적 민족 분단에 비견되는 민족 분단의 한 형태라고 이야기했다. 한국의 분단은 북위 38도선이 남과 북을 가르는 탓에 '38선'이라고 불리는데, 남성칠은 「재외동포법」이 1948년 한국 정부 수립 이전과 1922년 호적제도 시행 이전에 이주한 한인을 배제함으로써 야기된 조선족과 미주동포의 위계적 구별을 '48선'과 '22선'으로 부른다. 조선족이 2003년 말 마지막 연좌농성 당시 작성한 「재외동포법」 위헌청구서는 친숙한 배상의 수사학을 차용하고 있다.

우리의 민족은 반만 년의 유구한 력사를 가진 거룩한 민족입니다. 우리의 이백만 동포들은 일본 제국주의와 외세의 침략으로 말미암아 식민지로 전락되던 역사적 시기에 나라를 잃고 정권을 잃고 땅을 잃은 불행한 민족입니다. 부모 형제자매와 헤어져 살 길을 찾아 타향살이로 목숨을 연명했던 역사가 현재 후손들의 마음을 아프게 하고 있습니다. 그러나 우리 민족은 역대로 용감하고 슬기롭고 지혜가 뛰어난 놀라운 민족으로서 나라를 되찾고 자유와 민주주의 국가를 구현하기 위하여 중국 만주에서 러시아로 일본 제국주의와 총부리를 겨누고 목숨을 걸고 앞사람이 쓰러지면 뒷사람이 이어가는 정신으로 싸워왔습니다. 오늘날 대한민국은 아름답습니다. 이것이 이 나라를 찾기 위해, 자유 민주주의를 위해 피를 흘리며 싸운 위대한 업적이 아닐 수 없습니다. 하지만 우리 민족사에 지울 수 없는 6·25전쟁으로 말미암아 적아(敵我)의 국경으로 가로막혀 다시 돌아오지 못했던 한민족이 아닙니까? 고향길이 막혀 40여 년 고향을 그리다 돌아가신 조상들이 얼마이며 고향을 그렸던 후손들이 그 얼마였습니까? 한 많은 만주 땅에서 아픔과 설움을 달래면서 고향을 그리던 그이들은 40년이란 아득한 세월을 보내왔던 동포들입니다. 국제 정세가 전환되고 역사가 바로 잡히고 적아의 이해관계가 풀리면서 굳게 닫혔던 국경선이, 두터운 문이 마침내 열려서 우리의 동포들은 푸른 꿈을 안고 코리아 드림을 실현코자 대한민국을 찾게 되었습니다.[17]

또 다른 참가자는 이와 유사한 한국 역사의 담론을 불러내어 미등록 조선족이 식민지기에 만주로 망명한 이들의 후손이며 민족적 동질성과 정체성을 보유하고 있다고 주장했다(이원석 2003).

전국민주노동조합총연맹(이하 '민주노총')이 지원하는 수십 명의 비한인 이주노동자들을 제외하면 연합회와 임광빈 목사의 조선족 복지선교센터만이 2002년 3월 25일부터 5월 25일까지 정부의 자발적 등록 촉구를 거부했다. 이전에도 주기적으로 시행되긴 했지만 2002년의 등록운동은 한국 이주노동자 역사에서 최대 규모의 장관을 만들었다. 정부는 임박한 월드컵 경기로 인해 최소 10만 명의 관광객을 가장한 불법 이주노동자가 생길 것으로 예상하여 이주노동자들에게 등록을 하면 귀국 준비 기간으로 1년의 취업 기간을 주겠다고 약속했다. 이런 혜택으로 인해 수많은 미등록 노동자들이 등록을 위해 몰려들었다. 그러나 정부는 수도권에 고작 신고 센터를 네 곳만 마련하여 전체 외국인 노동자의 70%에 해당하는 26만 명

17 2003년 11월부터 2004년 2월까지 100주년기념교회에서 농성에 참여했던 사람들로 이루어진 「10인회 청원서」. 미출판 원고.

이 넘는 미등록 노동자의 접수를 받을 준비가 되어 있지 않았다. 조선족이 밀집한 서울 영등포구의 신고 센터는 매일 줄을 서서 기다리는 6천 명의 사람들 가운데 약 1천 명을 돌려보냈다. 미등록 노동자들은 다음 날 등록을 위해 초저녁부터 줄을 서서 밤을 꼬박 새우며 기다리기도 했다. 이들이 땅바닥에 매트를 깔고 쉬거나 잠을 청하면서 행상들이 바가지를 씌워 파는 라면을 먹거나 커피를 마셨다. 인근 교회가 기부한 빵과 우유를 먹는 모습을 목격한 사람들과 언론은 이들의 난민과 같은 행색에 대한 얘기를 전했다. 경찰은 이들이 신고 센터에 들어서자마자 죄수처럼 취급하며 앉고 서기를 시키고, 명령에 따르지 않는 이들은 다시 줄 맨 뒤로 보냈다. 줄을 선다는 것은 일을 못해 급여를 받지 못한다는 의미였다. 이들의 하루 임금은 고향에서의 한 달 월급에 해당한다. 하루만에 등록을 마치지 못하면 다시 줄을 서서 또 하루의 급여를 잃어야만 했다. 과도한 업무에 압도된 관리들은 영어를 잘 모르는 사람들이 흔히 저지르는, 이름의 알파벳이 틀렸다든가 하는 사소한 실수를 트집 잡아 사람들을 줄 맨 뒤로 돌려보냈다.

이 기간에 등록을 한 약 25만 명 가운데 한국에 10년 이상 장기 체류자로 출국시 불법체류에 대한 무거운 벌금 때문에 고국으로 돌아가지 못하던 이주노동자들을 제외하면, 1년 후 출국 의사를 가진 사람은 극소수였다. 등록자들 가운데 절대 다수는 자진 등록 비용을 기꺼이 1년간 합법적으로 일할 수 있는 안전 장치인 수수료로 생각했고 한국에서 반 달치 월급에 해당하는 편도 비행기표를 구매했는데, 비행기표는 정부가 귀국 의사를 확인하는 증명으로 요구했던

2004년 한국의 민주화 기념 행진에 참여하고 있는 조선족. 사진 박현욱

것이다. 한국과 외국의 항공사들을 모두 합해도 예상처럼 대부분이 1년을 채우고 난 후 두 달 동안의 대규모 출국을 감당할 수 없었다. 그래서 등록자들은 이 등록 캠페인을 정부, 항공사, 여행사의 수입을 올려주려는 전략이라고 비웃었다. 이 등록 캠페인은 미등록 이주노동자들을 등록시키는 데는 전례 없는 성공을 거두었지만 미등록 노동자의 수를 감소시키거나 그들의 불법체류 문제를 해결하지는 못했다(법무부 2002). 연합회의 지도부는 등록 센터를 방문하여 이주노동자들에게 등록을 하지 말고 「재외동포법」 개정 투쟁에 힘을 보태자고 설득했지만 호응은 없었다. 연합회 회원 가운데 50명에서 70명 정도가 등록을 거부했다고 하지만, 회원들 사이에서조차 이 수치에 대한 논란이 있어 정확한 숫자는 알려져 있지 않다.

2004년 한국의 민주화 기념 행진 후, 조선족연합회 회원들의 티셔츠 세탁. 사진 박현옥.

억압할 수 없는 역사적 과거와 현재는 연합회 회원들 사이, 또 연합회와 한국 활동가 사이의 긴장을 드러낸다. 먼저 연합회 내부의 갈등에 대해 살펴보자. 연합회는 법 개정 투쟁을 위해 회원들을 동원하며 중국 조선족의 역사와 대면했다. 헌신적인 총무 진복자의 주도 아래 가두시위를 기획하고 100~200명에 이르는 사람들을 모집하기 위해 전화에 음성녹음을 남기거나 개별적으로 통화하며 일터와 집을 방문하는 등 회원들과의 접촉을 위해 며칠이 소요되었다. 많은 회원들은 연합회 간부들이 정치적 활동을 위해 직장과 가족에 대한 책임을 등한시한다고 비난했고, 정신 나간 사람들이라거나 교회에 매수된 사람들이라고 말했다. 남성칠은 이런 반응이 그들의 정치와 법에 대한 공포와 무관심 때문이라고 여겼다. 이는 중국의 문화혁명기에 조선족이 겪었던 고통에 기인한다는 것이다. 그에 따르면 한국과 중국 사이에 고대 고구려 왕국의 고고학 유물을 놓고 벌어진 분쟁에서 중국 정부가 이들의 애국심을 의심하면서 소수민족으로서의 취약성을 최근에 다시 깨닫게 되었다는 것이다(2004년 6월 25일 인터뷰).

연합회 내부의 갈등 외에도 역사와 정치를 두고 조선족과 한국 활동가들 사이의 균열이 생겨났다. 조선족 일부는 한국 역사를 배우며 삶이 변화되기도 했지만, 이들이 공부한 만주를 항일 독립운동의 거점으로 여기는 한국사의 관점은 자신들이 식민지기와 중국혁명기에 겪었던 파란만장한 경험을 반영할 여지를 남기지 않았다.[18] 나아가 조선족을 위해 헌신하는 한국 활동가들의 이타적인 노력에 대해 감사하면서도 연합회 지도부는 한국 정부와의 투쟁에서 구체적 목표를 설정하거나 운동의 방향을 결정하는 데 있어 자신들의 권한이 없다고 불만을 표했다. 연합회 회장 유봉순이 「재외동포법」 개정대책협의회의 집행위원회에 들어갔을 때에도 조선족의 실제적 이익을 대변할 전권은 주어지지 않았다. 그 이유로 임광빈 목사는 조선족이 외국인 신분으로 내국인과 동등한 법적·정치적 힘을 가지고 있지 않다는 점을 들었다(2004년 6월 22일 인터뷰). 이 위계관계는 조선족의 최고 관심사인 노동의 자유를 박탈하는 데 기여했다. 조선족과 활동가들 사이의 갈등은 점점 커졌지만, 조선족에게는

---

18  만주에서 중국인과 일본인 사이 분쟁의 핵심이었던 조선인의 국적과 재산권 문제에 대한 분석은 Hyun Ok Park(2005)을 참조할 것.

뒤에서 불평하거나 험담을 하는 것 이외에는 다른 불만의 배출구가 없었다.

## 귀환의 권리

「재외동포법」 개정 마감일이 다가오던 2003년 서경석 목사는 조선족이 이중국적자라면서 이들의 한국 국적을 '회복'할 권리를 주장했다. 서경석은 경제정의실천시민운동연합(이하 경실련)의 창립자로서, 이 기구는 최초의 진보적 비정부기구로 1989년 시장 활동에서 자유와 정의를 증진하고 사유재산권을 보장하는 것을 목표로 만들어졌다. 그는 또한 1996년 북한에 인도적 지원을 제공하고 디아스포라 한인들, 특히 구소련 동포들을 돕는 것을 목표로 '우리민족서로돕기'라는 단체를 설립했으며 서울의 '조선족교회'를 이끌며 「재외동포법」 개정운동에 참여했다. 다른 큰 센터의 조선족처럼 이 교회의 교인들은 여권은 잘 보관해두고 교회가 발행한 교인증서를 가지고 다녔다. 조선족이 교인증을 제시하면 경찰이 체포하지 않는 경우가 많았기 때문이다. 법무부가 서경석의 조선족교회 인근에서 특별 단속을 하는 상황에서 이 교회 안내 책자는 교회가 경찰에 구금된 사람을 풀려나게 도와줄 수 있다고 선전했다. 서울에 있는 김해성 목사의 조선족과 이주노동자들을 위한 중국동포 교회와 마찬가지로 조선족교회는 수천 명의 전체 신도들 가운데 고작 50명에서 120명 사이의 교인들이 「재외동포법」 개정운동 농성에 참여했다.

2003년 들어 서경석 목사는 「재외동포법」 개정운동에서 두 명의 다른 대표적 인물과 점점 더 거리를 두게 됐다. 김해성과 임광빈이 민족과 국적을 구분하면서 재외한인을 동포로 간주한 반면, 서경석은 조선족 한국 국적 회복 운동에서 이 둘을 하나로 묶어버렸다. 2003년 11월 13일 서경석 목사의 서울조선족교회는 5,525명의 교인과 이들 지인들의 국적 회복 신청서를 법무부에 제출했다. 그리고 다음 날에는 헌법재판소에 청원서를 제출했다. 정부가 1992년 중국과의 외교관계 정상화 이후 이들의 이중국적 문제를 해결할 책임을 방기했고, 조선족에 대한 법무부의 「중국동포국적업무처리지침」(2001)은 조선족의 국적 회복을 제한하는데, 이는 평등의 원칙에 위배된다고 비판하는 내용이 담겨 있었다. 이 청원은 중국과 러시아의 한인들이 고향으로 돌아갈 권리를 부정당했으며 따라서 한국인 '위안부' 할머니들이나 피폭 강제징용자와 유사한 피해자의 신분이 되었다고 주장한다.

청원의 법적 근거는 1948년 미군정기에 채택됐지만 이후에 잊혀진 '국적에 관한 임시조례'로서 이 조례는 한국 국적을 정의하는 데 혈통의 원칙을 따르고 있다. 이 조례는 조선인(한인)을 부친으로 하여 출생한 자, 대한제국(1897~1910)의 조선 민족으로 불리고 이후 1922년부터 호적에 등재된 자를 한국인으로 규정한다. 조례는 나아가 한국 국적 상실은 '자발적인' 외국 국적의 취득과 한국 정부의 국적 포기 허용 여부에 의해 정해진다고 규정했다. 헌법재판소 청원에 따르면 조선족은 한국 국적을 자발적으로 포기한 적이 없었다. 중화민국이 건국되면서 중국 국적을 취득할 수밖에 없었고 따라서 이때부터 줄곧 이중국적을 보유해왔다는 것이다. 한국 정부의 책임을 확실히 하기 위해 조선족의 청원은 한국전쟁 동안 한국 군대가 저지른 민간인 학살의 피해자에 대해 국가가 책임이 있다고 지적한 헌법재판소의 소수의견을 인용했다. 또한 평등권, 행복추구권 그리고 거주이전, 직업 선택, 양심의 자유뿐만 아니라 '인간의 존엄성'이라는 헌법적 권리가 훼손되었다고 주장했다(곽아람 2013).

조선족의 청원은 대한제국으로부터 일본강점기를 거쳐 대한민국으로 이어지는 국가로서의 한국의 정당성을 선형적 서사로 그려낸다. 이 역사는 1922년으로 거슬러 올라가는 호적제도의 역사를 식민지 제도로 인식하지도 않았고, 가족이 1922년 이전에 이주해 호적이 없는 조선족에 대한 언급도 없었다. 청원은 민족의 독립을 추구하는 과정에서 일어난 한인들 사이의 사회정치적·이데올로기적 투쟁을 포함시키지도 않았는데, 이 투쟁은 강대국들에 의해 격화되어 분단과 한국전쟁으로 이어지게 된다. 2006년 3월 헌법재판소는 이 청원을 기각한다. 기각 이유로 2001년 「중국동포국적업무처리지침」은 2004년에 파기되었음을 들었다. 또한 1997년 개정된 국적법에 의해 중국 국적에 대한 준거와 절차를 규정한다는 법무부와 국회의장의 견해를 재확인하고, 중국 조선족이 냉전기 양국 간 외교관계의 부재로 인해 국적을 선택할 수 없었다고 해서 조선족이 이중국적자가 되는 것은 아니라고 판결했다. 하지만 이 판결의 소수의견은 상소인들의 이중국적과 피해자로서의 상소인들에 대한 한국 정부의 책임을 인정했다. 1948년 공포된 「남조선과도정부법률」 제11호 국적에 관한 임시조례의 타당성을 인정하면서 한국 정부가 대한제국과 1919년의 독립운동의 정신을 계승함을 되풀이해 상술했다. 이 소수의견은 이중국적 허용을 1949년 10월 중화인민공화국의 건국 이전에 태어난 조선족으로 제한하여 이중국적에 대한 새로운 제약을 추가했다.

헌법재판소의 판결이 「재외동포법」 개정 마감 시한 몇 년이 지나 내려지긴 했지만 조선족에 대한 이중국적 주장 자체만으로도 법 개정운동을 흔들어놓았다. 「재외동포법」 개정대책위원회와 조선족연합회가 동원한 약 150명의 조선족은 2003년 11월 15일 84일간의 연좌농성을 시작했는데, 한국 국적 회복 신청자와 헌법재판소 청원자 가운데 약 2,300명도 같은 날 여덟 군데의 교회에서 단식농성을 시작했다. 이들 가운데 일부는 그들 신분이 바뀐 것에 대한 항의의 표시로 몇 시간 동안 물구나무서기를 하기도 했다. 단식농성 중에 김자연은 다음과 같이 항의했다 "이 땅에 우리 할아버지 묘지도 있고 내 호적도 있는데 내가 왜 추방되어야 하느냐? 단식농성은 추방 위기에 있는 우리에게는 마지막 선택이다. … 우리가 싫어서 여기를 떠난 것도 아니고 비운한 역사 때문에 떠났는데 더 이상 불체자의 신분으로 우리를 얽매지 마라"(유영규와 유지혜 2003). 여기서 그녀는 한국에서 자유롭게 일하고 싶은 자신의 욕망을 한국의 배상의 정치학 서사와 연결시키고 있다. 한국에서 일하며 6년간 저축해온 3천만 원이 넘는 돈을 사기로 잃어버렸기에 그녀는 한국에서 일하여 돈을 버는 것이 목적임을 분명히 드러냈다. 헌법재판소가 판시한 법 개정 마감일이 다가오면서 단식투쟁과 청원에 대해 언론은 법 자체보다 서경석의 이중국적 허용 제안에 주목하여 보도했다. 대중의 관심이 점차 커지자 노무현 대통령은 단식농성자들을 찾아가 그들을 지원할 것을 글로 약속했다. "중국 동포 여러분 힘내세요. 국경과 법제도가 우리를 자유롭지 못하게 하지만 우리 국민들의 믿음은 여러분과 함께하고 있습니다. 정부도 다각도로 노력을 기울이겠습니다. 건강 잘 돌보십시오"(신승근 외 2003). 다음 날 법무부는 대통령의 약속이 어떤 구체적 해결이 아니라 도의적 지원의 제공을 말한 것이라고 설명했다(조호진 2003). 그럼에도 불구하고 대통령의 지원 약속은 2003년 12월 29일 단식농성을 끝낼 명분이 되었으며, 이때는 중국 정부의 반응 이후 서경석의 국적 회복 운동에 대한 비판이 커지기 시작한 시기이기도 했다.

중국 정부는 이 시기에 자국으로 귀국한 조선족에게 제재를 가하기 시작했다. 구류하에 한국 국적 신청에 대해 심문하고 최대 3년의 징역형과 이들이 한국에서 1년간 꼬박 일해야 벌 수 있는 금액인 10만 위안의 벌금을 부과할 것이라고 위협했다. 이에 따라 서경석은 조선족의 안전을 위협한다는 여론의 질타를 받았다. 서경석의 캠페인은 또한 그의 조선족교회가 국적 회복 신청을 한 약 5천 명으로부터 총 5억 7천만 원에 이르는 청구 비용을 받아 부당하게 사용했다는 비난에도 휩싸였다. 조선족들의 지지가 급격히 줄어들면서 서경석은 국적 회복 운동을 "고향에 돌아와 살 권리 찾기 운동"으로 전환했다. 「재외동포법」 개정 마감 시한이 다가오자 서경석은 공식적으로 법 개정 지지를 철회하고 대신 조선족을 모든 이주노동자 대상의 고용허가제에 포함시키는 노동부의 제안을 지지하는 쪽으로 돌아섰다. 그는 조선족을 해외 동포로 받아들이지만 한국에서 취업을 금지할 목적으로 「재외동포법」의 시행령을 개정하여 과거국적주의를 유지하려는 법무부의 입장에 대해서도 지지를 표명했다. 나아가 논란이 된 「재외동포법」의 취업의 자유에 관한 권리 조항에 대해 그 조항이 없으면 미주동포의 이익이 침해되게 될 것이라며, 이 조항을 지지했다(서경석 2002; 이병혜 2003). 서경석의 다양해 보이는 입장은 국적의 정치학을 법적인 문제가 아니라 정치적·역사적·제도적 문제로 보는 그의 견해를 반영하고 있다.

취업의 자유에 관한 권리는 한국 국적 회복을 신청하고 단식투쟁을 벌였던 이들에게조차도 궁극적 관심사였다. 그들이 중국 정부에 보낸 공식 서한에는 이렇게 적혀 있다. "우리는 자유롭게 한국을 래왕하고 자유롭게 한국에서 취업할 수 있기를 바랍니다. … 지금 우리가 국적 회복 신청을 하고 있지만 우리 모두가 한국 국적을 원하는 것은 아닙니다. 우리 중에는 여전히 중국으로 돌아가기를 원하는 사람들도 적지 않게 있습니다. 지금 우리가 진심으로 원하는 것은 우리가 마음대로 중국 국적이나 한국 국적을 선택할 수 있는 권리를 갖는 것입니다."[19] 어떤 이들은 이 한국 국적 회복 운동에 참여한 이유가 국적 회복 신청 자체가 거부된다 해도 적어도 3년 정도 걸리는 신청 심사 기간 동안 거주와 취업을 보장할 것이라는 서경석 목사 교회의 확언 때문이었음을 분노와 함께 고백했다(이진석 2003; 강구진 2003a). 서경석과 국적 회복 신청자들이 자신들의 활동을 기술하는 언어에서 그들 사이의 서로 다른 정치학과 주체성이 첨예하게 드

---

19 교회 여덟 곳에서 연좌농성 중인 조선족, 「중국 정부에 드리는 글」. 2003년 11월 24일.

러난다. 서경석의 운동은 한국 국적을 '회복'하는 것인 반면, 운동에 참여한 조선족은 이전에 자신의 것이 아닌 어떤 것을 소유하게 된다는 함의를 가진 '취득'이라는 말을 사용했다. 대부분의 조선족에게 한국 국적 취득은 한국에서 합법적으로 일할 수 있는 수단이었다 (「사례」 2003).

다수의 국적 신청자들은 경제적 목표에 사로잡혀 국적 신청이 자신들의 중국 국적에 미치는 영향을 예상치 못했다. 많은 이들은 중국 국적을 포기할 의사가 없었다. 어느 조선족은 일을 얻기 위한 마지막 수단으로 단식농성에 참여했다고 하소연했고, 다른 이들은 한국 국적을 '취득'하여도 한국에서 살 생각은 거의 없다고 했다(강국진 2003b). 43세인 김승철씨는 "우리가 단식농성을 한 이유는 '한국 국적 취득'보다도 중국과 한국을 맘 편하게 왔다 갔다 하면서 일할 수 있게 해달라는 것이었는데 그것이 전혀 반영되지 않았다"라고 말했다(신승근 외 2003). 8년 전 한국에 온 최모 씨는 "16일 동안 단식했는데 16일 동안 단식했는데 남은 건 아무것도 없다. ⋯ 단식농성에 참가한 사람의 90% 이상이 조선족교회에 속았다고 생각한다"라고 말했다(강국진 2003c).

중국 정부 관리들은 중국에 있는 최씨의 집을 방문하여 그가 서울을 방문한 시기, 공산당 회비 납부 여부, 한국 국적 회복 운동에 참여했는지 등을 포함해 많은 질문을 했다. 대부분의 조선족은 한국에서 일을 마치면 다시 중국 국적을 취득할 수 있을 것이라고 착각했고, 중국 국적 상실에 대해 아예 생각한 적이 없는 사람들도 많았다. 이들은 중국 귀환시, 중국 정부가 국적 회복 신청자들에게 벌금을 부과하고 심지어 투옥한다는 사실을 알고는 서경석이 자신들을 지옥불로 밀어 넣고 국제적 범죄자로 만들었다고 비난했다(「사례」 2003). 한국에 8년간 머물며 국적 회복을 신청했던 어느 65세의 노인은 중국 국적은 나중에 다시 얻을 수 있을 것이라고 생각했다(『재외동포신문』 2003년 10월 호). 중국 정부의 제재와 한족의 비웃음에 대한 소식을 들은 조선족은 만약 자신들이 기회주의자로 보이면 어느 곳에서도 환영받지 못할지도 모른다며 두려워했다.

# 4 ——— 자본주의적 과잉과 국가주의

　「재외동포법」개정에 관련된 모든 당사자들은 암묵적으로 혹은 강경하게 개발도상국 동포들의 노동권에 대해 회피했다. 그렇지만 법 개정에 대한 조선족의 반응은 이주노동자로서 한국에서의 자유로운 노동권이 주 관심사가 된 자신들의 경험을 드러냈다. 그들이 법 개정 운동의 주요 두 갈래의 활동 ―자유 왕래권 주장과 한국 국적 회복―에 참여하는 동시에 거리를 두는 행위는 이주노동자로서의 그들의 주체성과 정치학이 어떤 것인지를 보여준다. 자유롭게 왕래할 권리는 조선족이 가족 방문이나 다른 목적의 방문을 핑계로 남한에서 일을 한다는 사실을 고려할 때 암묵적으로 자유롭게 일할 수 있는 권리를 의미한다. 그렇지만 자유 왕래권과 자유 노동권은 원리상 서로 다른 주권적 주체를 구성한다. 자유 왕래권의 목표는 한국의 국경을 열어젖히게 될 조선족의 민족적 귀속 관계와 관련되어 있으며, 한국 정부에 조선족의 고통에 대한 책임을 물음으로써 한국 정부에 주권을 부여한다. 이에 반해 조선족의 구체적 관심사인 노동권은 주권을 고국 정부에서 디아스포라 노동자에게로 옮겨놓는다. 스스로의 상품화 조건을 재정의하는 노동자 의식의 역량은 노동권의 주장 안에 잠재되어 있다.

자유 왕래권과 자유 노동권은 조선족의 경험이 다른 식으로 시간화됨을 드러낸다. 자유 왕래권이 이들을 식민지와 냉전 역사의 배상과 연결시키는 반면, 노동권은 그들이 현재에 한국인과 맺는 자본주의적 관계와 관련된다. 한국에서 진행되는 배상의 정치학은 조선족의 역사를 지워버렸다. 이 지워진 역사에는 디아스포라 한인들이 중국에서 소수민족 조선족이 된 복잡한 동아시아 혁명의 역사와 현재 진행 중인 이들의 이주노동에 담긴 역사적 의미들도 포함된다. 이들이 현재 맺는 자본주의적 관계를 국가-디아스포라의 양자관계 내에서 표상하면 이들을 자본주의적으로 통합하는 위계적 형식은 보이지 않게 된다. 조선족을 한국의 국민으로서 아니면 해외 동포로서 탈영토화된 한민족에 귀속하는 것은 현재에 진행되는 과거사의 해결을 통해 미래로 나아가려는 선형적 역사관의 일종이다. 이런 선형적 역사관으로 인해 한국의 활동가들은 노동조건을 제일 개선하기를 원하는 이주노동자로서 조선족이 처한 구체적 사회관계를 인식하지 못했다.

이주노동자로서의 조선족 문제를 적절히 다룰 수 없다는 것은 배상의 정치학에 대해 무엇을 얘기하는 것일까? 배상의 정치학과 신자유주의적 자본주의 사이의 관계는 어떤 것일까? 배상의 정치학은 보편 도덕주의와 국가주의의 관점으로 신자유주의적 자본주의를 표상한다. 이런 민주주의 정치학의 형식은 현재에 대한 역사적 무의식을 역사의 진보로 구현하며 신자유주의적 현실에 대한 사고를 방해하는데, 이 현실에서 한국의 복지사회의 외형이 조선족 노동의 점유라는 토대 위에 세워진다. 한국에서 승자의 관점에서 행해지는 배상의 정치학은 국가와의 합의나 국가와의 동일화를 만들어낸다. 이것이 의미하는 바는 배상의 정치학이 국가와 국민 간의 관계를 주권과 주권의 희생자 간의 관계로 전환시키는 자유주의 논리를 넘어선다는 것이다. 배상의 정치학이 갖는 자본주의적 논리는 배상의 정치학을 자본주의적 무의식으로 개념화하고, 그 위를 환영처럼 맴도는 자본주의적 현실의 존재를 파악할 때 분명하게 드러난다. 역사적 무의식의 탐구는 배상의 정치학에 내재하는 역사적 시대 구분에 문제를 제기하고, 90년대 이후의 활동가들의 새로운 시간적 주체성을 분석할 수 있게 해준다.

## 국가주의

국가주의는 민주적으로 선출된 정부를 인민의 대표자와 동일시한다. 한국의 예전 사회운동가들과 신진 사회운동가들은 신자유주의적 자본주의에 대항해 싸우려는 결의를 공유하며, 또한 동시에 신자유주의적 자본주의에 대한 합의를 만들어왔다. 이런 역설적인 민주화를 위한 사회운동의 중심에는 인민을 국가 폭력의 숭고한 피해자로 전환시키는 배상의 정치학이 있다. 조선족의 권리를 주장하는 사람들이 조선족을 피해자로 규정하는 것은 한국인과 조선족 사이의 자본주의적 관계를 폭력적인 국가와 디아스포라 피해자 사이의 양자 관계로 추상화하는 것이다. 과거사 극복의 정치학은 한국의 고용주/정부와 조선족 사이의 자본주의적 불평등 교환을 개별화된 디아스포라 피해자와 이들을 보호해야 하는 한국 정부의 책임이라는 자유주의적 프레임으로 해석한다.

이런 틀 안에서 민주주의 체제는 마치 무당이 산 자와 죽은 자를 화해시키듯 국가가 과거의 갈등과 불화를 매끄럽게 봉합하고 치유해주는 유토피아적 공간이 된다. 배상의 정치는 조선족의 미등록 신분을 해소하는 문제를 한국 자국의 탈식민화를 대리하는 의제로 접근한다. 민주주의로서의 배상은 그 서사에서 과거의 상처를 치유하고 새로운 동질적 통합체를 시대를 초월하는 민족적 동질성의 표현으로 상상하고자 하는 염원을 드러낸다. 조선족을 민족의 아픔을 체화한 존재로 표상하는 것은 이들의 식민지기 이주 경험과 중국에서 소수민족으로 살아온 역사를 지워버린다. 한국을 조선족의 고국으로 당연시하는 것만큼 역사적 망각을 효과적으로 드러내는 것은 없다. 무엇보다도 한국의 민주화는 한국의 민족국가로서 정통성을 정당화하였는데, 특히 비슷한 시기 북한의 경제 위기는 한국인들로 하여금 북한을 민족적 연민의 대상으로 보도록 함으로써 민족국가로서 한국의 정통성을 더욱 공고히 했다.

배상의 정치학은 운동가들이 현재의 민주화 형식들을 과거라는 렌즈를 통해 바라보는 태도와 관련이 있다. 배상의 정치학은 지젝이 말한 '소급적 인과성'(retroactive causality)이라는 개념을 통해 현재를 '민주적'인 것으로 인식한다(Žižek 1989: 65, 95). 국가의 정당성은 상징적 의미에 기초하는데, 이전 운동가들에게 이 정당성은 과거 민중민주의 운동의 승리를 의미했다. 과거 운동가들의 국가와의 동일시는 이들의 과거에 대한 기억, 특히 공포, 상실, 억압의 기억들과 엮여 있다. 과거에 대한 이런 관점에서 보면 현재는 의심할 바 없이 민중의 영웅적 혁명에 의해 성취된 정치적 진보를 의미한다. 역사 극복이라는 과제는 민주주의적 단절에 대한 사후적 해석을 제공한다. 그래서 억압에서 민주주의로의 역사적 전환을 보장하는 요소들, 예를 들면 민중의 신비로운 힘 같은 것을 찾는다. 이러한 기억의 유형과 과거로부터의 시선은 운동가들로 하여금 지속되는 국가 폭력을 인식하기 어렵게 만든다. 민주화운동의 공식적인 기념화는 1980년 5월 광주항쟁을 자유와 정의를 향한 염원과 같은 선험적 보편성으로 환원한다. 민중의 신비로운 힘에 대한 기억은 현재의 질서를 창조할 숙명을 지닌 집합체로서의 민중을 예정한다. 이런 역사적 기억들은 현재에 보수 세력의 도전에 대응하기 위해 만들어질 수도 있지만, 필연적으로 현재의 질서를 정당화하는 이데올로기적 효과를 수반한다. 광주항쟁에 대한 영웅적 서사의 기억들은 이 격정적 반란의 과정에 있었던 역사적 우연들과 다양한 참여자들―아이들과 사회에서 배제된 이들, 학생들과 학부모, 사무직 노동자와 정부 관료 등―의 고유한 경험들을 삭제한다. 항쟁을 공식적으로 기념함으로써 80년대 민중운동에서 민중 집단 내부의 갈등, 예를 들면 민중과 고학력 운동가 사이 그리고 특히 노동자와 농민들 사이의 갈등을 망각한다(Abelman 1996: Namhee Lee 2009). 행동의 예측 불가능한 효과나 운동 내부의 분열, 전략적 실수에서부터 기존 사회질서의 견고함에 대한 좌절에 이르는 통상적인 정치의 불규칙성은 통합된 '민중'을 과거 폭력적 국가와 대립시키는 서술에서 지워지고 없다.

문부식은 과거 극복의 정치학에 국가주의와 탈국가주의의 정서가 역설적으로 공존함을 포착한다(문부식 2002). 신학대학 학생이었던 그는 1982년 부산의 미국문화원 방화사건으로 사형선고를 받고 감형되어 6년을 복역했는데, 이 사건은 80년대 반미주의의 도화선이 되었다. 1995년 12월, 「5·18 민주화운동에 관한 특별법」이 학살 책임자를 처벌하고 희생자들의 무고함을 밝힐 목적으로 제정되어 광주항쟁이 반국가 폭력이었다는 이전의 비난들을 일소했다. 이 특별법은 "국가 기강을 바로잡고 민주화를 정착시키며 민족정기를 함양함을 목적으로 한다"라고 명시하고 있다. 문부식에 따르면 광주학살과 학살을 비난하는 특별법 모두 민족과 국가에 봉사한다는 동일한 목표를 가지고 시작되었다. 이는 심각한 역설이다. 그는 근대라는 이념 그 자체가 과거 극복을 불가능한 과제로 만든다고 주장한다. 다시 말해 민주적으로 선출된 정부가 자국민에 대한 과거 정부의 폭력에 대해 사과하면서 이와 동시에 경제 위기 극복과 사회질서 수호라는 명목으로 파업 노동자들에게 끔찍한 폭력을 지속적으로 자행하고 있다는 것이다. 문부식이 보기에 폭력은 단순히 국가의 속성이 아니라 사람들의 내적 주체성에 깊이 각인되어 있으며 이들은 노골적이든 혹은 무의식적이든 근대화와 발전을 향한 욕망 때문에 국가의 폭력을 묵인한다. 문부식에 따르면 광주학살에서 드러난 한국 군대의 광기는 보통 사람들의 민주화운동에 대한 무관심 내지는 나아가 비난과 닮은꼴일 뿐만 아니라 현재의 사회경제적 위기를 해결하는 수단으로서의 국가 폭력에 대한 용인과도 닮은꼴이다. 임지현(2000)과 문부식은 이런 진보를 향한 집단적 열정을 '우리 안의 파시즘'이라 부르는데 이것은 근대적 감수성과 닮아 있다. 이들은 자기참조(self-referentiality)를 통해 지속적으로 우리 자신 내부의 파시즘의 증상과 경향들을 섬세하게 살펴볼 것을 촉구한다.

우리 안의 파시즘이란 개념은 탈근대·탈정치(post-politics) 시대의 새로운 인본주의를 보여준다. 만약 근대 정치학이 구조적 억압과 자발적 혁명 사이의 대립을 상정한다면 탈근대 정치학은 그러한 구분을 부정한다. 근대 정치학이 신성한 폭력, 즉 혁명과 급진적 평등주의의 폭력적 본질을 포용했다면, 탈정치학은 목적과 맥락에 무관하게 폭력을 거부한다. 따라서 '우리 안의 파시즘'을 비판하는 자기참조성은 민주적 투쟁, 즉 민중민주운동에 내재한 폭력도 비판한다. 민주주의와 폭력을 대치시키는 자유주의적 시각은 배상의 정치학과 우리 안의 파시즘류의 비판 저변에 흐른다. 역사에 대한 이런 자유주의적 접근은 현재의 자본주의적 질서의 동반자가 된다. 배상의 정치학은 이전 정부가 자국민에 행한 폭력을 거부하는 데 반해, 내부성에 대한 탈근대적 비판은 가해자와 피해자 모두가 근대를 향한 덧없는 욕망에 사로잡혀 있다고 비난한다. 과거의 폭력 극복의 정치학에서 민중운동이 상징하는 민중의 저항과 궁극적 승리의 불가피성이라는 관념은 현재의 민주주의가 진실이라고 단언한다. 자기참조적 탈근대 정치학에서 개인주의적 도덕에 대한 집착은 현재의 사회경제적·정치적 질서의 역사적 구체성을 무시하도록 조장한다. 한국에서 민주주의를 폭력과 대치시키는 시각은 급진주의의 퇴조라는 최근의 세계적 경향과 궤를 같이한다. 사회주의 국가의 몰락과 이어진 현재의 지구적 테러와의 전쟁은 민주주의와 폭력, 집단성에 대해 다시 생각해보는 새로운 계기를 제공한다. 2000년대 이래 테러와의 전쟁은 민주주의를 테러와 대립시키면서 절차적 평등과 동일시한다.

## 법물신주의

법물신주의(legal fetishism) 개념은 폭력과 민주주의의 이분법을 새롭게 정의한다. 이 개념으로 인해 우리는 자본주의 체제 아래서 법치가 자본가의 잉여노동 전유를 자유롭고 평등한 주체들 간의 교환으로 바꿔치기 한다는 것을 이해할 수 있게 된다. 파슈카니스는 법물신주의를 마르크스처럼 상품생산으로 보지 않고 상품교환으로 개념화했다고 비판받지만(Pashukanis 1924), 이 개념을 통해 우리는 사회적 관계의 추상화에서 법이 어떤 형식적 역할을 하는지에 초점을 맞출 수 있다. 나는 법물신주의 개념을 활용하여 배상의 자본주의적 논리를 자유주의 정치학으로서의 통상적인 규정을 넘어서 자본주의하의 사회적 관계의 추상화라는 지평 위에 펼쳐 보이고자 한다. 조선족의 정체성과 권리에 대한 활동가들, 헌법재판소, 정부 당국 사이의 논의는 법적 추상화의 내용을 다루는 것이다. 다시 말해 이들의 권리는 법의 실질적 내용에 달려 있으며 어느 법이냐에 따라 달라진다. 그렇지만 법적 추상화의 형식은 자본주의 체제를 창조하고 재생산하는 데 있어, 특히 '자유롭고 평등한' 주체들을 생산하는 데 있어 법이 가진 구성적 역할에 대해 탐구할 것을 요청한다.

「재외동포법」을 둘러싼 배상의 정치학에서 한국인과 조선족 간의 관계는 자유롭고 평등한 주체들, 즉 자본 소유자와 노동 소유자 간의 계약 형태로 전개됐다. 이런 법적 형태는 이들의 자본주의적 교환의 초석이 되어 이들 사이의 불평등한 관계와 가치 생산을 모호하게 하고 사회적 필요노동이 강요된다는 사실을 감춘다. 이 경우에 친족 관계와 민족적 관계는 노동 체제를 자연스러운 것으로 만든다. 「재외동포법」에 관한 논의는 사회적 필요노동시간을 정착시키며 조선족과 한국 사람과의 노동관계를 혈통적이거나 민족적 혹은 이 둘 모두는 해당 귀환자로서의 권리에 대한 논의를 통해 재외한인의 범주에서 이들을 배제하는 것으로 환치시켰다. 「재외동포법」에 대한 논의가 이들 사이의 근본적 불평등을 극복하기보다는 추상화해버린 것이다. 조선족의 노동권을 위한 주장은 이들의 혈통적·민족적 권리가 남한의 민주주의적 배상 과정 안에서 정의되면서 실종되고 말았다.

조선족의 노동권에 대한 논란은 노동의 국적과 역사가 다름에도 불구하고 '한국인의 노동과 동등한 것인가'라는 질문과 관련된다. 이 문제는 정체성과 권리의 법적 구성으로 인해 조선족이 자신의 노동력의 사적 소유자가 되기 때문에, 한국 법체제하의 사유재산권만을 참조하여 결정되게 된다. 정부는 조선족의 노동을 활용하여 사회복지 서비스를 신자유주의적 시장에 위탁할 수 있게 된다. 이런 식으로 조선족의 이주노동은 한국 정부가 정통성 위기와 경제 위기를 한꺼번에 관리할 수 있도록 도와준다. 법적 논쟁은 조선족에게서 이러한 역사적 현재와 그들의 이주노동이 처한 구체적인 사회적 조건, 즉 이들의 자본주의적 통합을 낳은 조선족과 한국인의 동시적인 사회경제적 위기라는 문제의식을 박탈했다. 권력의 사회적 형식으로서의 법은 대신에 조선족을 개인—이 경우에는 배상의 서사에 등장하는 피해자—으로 만들어버렸다. 법적 권리의 옹호는 사회적 관계의 물신화된 형식이 되는데, 이는 오래된 포퓰리즘과 새로운 인권운동이 공유하는 시간성에 기인한다.

# 5 ——— 배상의 정치학이 만든 서사, 재시간화

사회경제적 위기는 민주주의 정치학에 예기치 않게 식민지와 냉전의 역사를 호출한다. 한국과 조선족 사회의 동시적인 위기하에서 국경을 넘나드는 자본과 노동의 교환은 냉전기 수십 년에 걸친 적대를 넘어 화해를 불러왔다. 90년대 이래 한국 정부의 한인 디아스포라들에 대한 정책은 북한과의 경쟁에서 이들을 동원하는 것에서부터 지구적 자본주의 팽창을 위해 이들을 이용하는 것으로 변했다. 한인 디아스포라와 이들의 권리의 준거에 대한 논쟁은 새롭게 등장한 트랜스내셔널 코리아의 위계질서를 드러내는데, 이는 한국과 다양한 디아스포라 그룹들 간의 관계를 새롭게 구성하는 국제적 자본주의 네트워트에 기인한다. 민주주의 정치학의 새로운 양상으로서 배상의 정치학은 차별받는 디아스포라 집단들에 대한 옹호를 탈식민지화의 새로운 계기로 전환시키고 식민지와 냉전의 역사를 자본주의 위기의 의미와 해결을 위한 근거로 전환시킨다.

배상의 정치학은 혈통적·민족적 신체를 초국적 형태의 대안적 공동체를 건설하는 터전으로 구성하며 사회운동가 집단들을 포함하는 새롭고 논쟁적인 한국사의 서사를 만들어냈다. 위기와 위기 극복이 민주화를 위한 계기라는 포상을 통해 위기는 국가주권을 재구성하는 기회가 된다. 배상의 정치학은 헌법주의와 보편주의, 자유주의 국가의 언어를 차용하여 탈냉전기에 민주주의를 재구성한다. 20세기 민주주의의 양상이 역사의 진보라는 사상에 기대고 있었다면 배상의 정치학은 비폭력과 정의, 인권이라는 보편윤리학을 신봉한다. 한국에서 조선족의 삶의 조건은 지구적 자본주의에 대한 이전의 근본적 비판이 결여된 탈냉전기에 승자의 지위를 차지한 한국의 사회운동에 의해 서사된다. 한국의 사회운동가들은 조선족을 한국에서 탈식민화의 대리인으로 전환시켜 식민지 역사를 현재 한국인이 겪는 종족적 경험의 원형(ur-form)으로 설정한다. 이들은 조선족을 일본식민지 지배의 상징적 피해자로, 더욱 중요하게는 신자유주의적 인도주의하에서 보편적 주체로의 환유, 즉 국가 폭력의 희생자로 구성한다. 식민지 역사에 대한 새로운 기억은 자본가, 국가, 입법자, 전문가에서부터 활동가와 이주노동자에 이르기까지 다양한 집단을 통해 민주화와 탈식민지화를 위한 문화적 작업을 수행한다. 배상의 정치학이라는 가닥 속에서 조선족을 위시한 다양한 집단이 서로 경합하며 식민지 역사를 구성하는데, 이 경합적 구성은 현재의 초국적 자본주의 시기를 재시간화한다.

　법치는 사유재산권을 보호하는 국가의 역할을 성립시키고 유지한다는 점에서 자본축적 과정에 깊숙이 개입하고 있다. 한국인과 조선족의 새로운 자본주의적 네트워크는 이들 사이에 사회적 관계를 만들어내는데, 필자는 배상의 정치학이 이 사회적 관계를 추상화하는 방식에 대해 탐구하였다. 억압된 식민지 시기의 이주 역사를 현재의 원역사(ur-history)로 전환함으로써 배상의 정치학은 자본축적 문제와 이 자본축적이 민족문제로 매개화되는 문제를 방관하는데, 이 문제들은 끊임없이 출몰하는 과잉이라는 모습으로 자신을 드러낸다. 배상의 정치학은 조선족의 이주노동에서 이들의 이익과 한국에서의 노동권을 적절하게 다루지 못한다. 이들의 자본주의적 사회관계는 신자유주의적 민주주의 시대에 트랜스내셔널 코리아에서 그림자 같은 존재가 된다.

# 4장

## 사회주의적 배상
### 산 노동에 대하여

# 1 ──── 조선족의 이주노동 체험과 이중국적

중국에서 사회주의 혁명에 대한 배상은 탈규제된 경제 발전, 이에 이어진 연변과 그 외 중국 동북부의 자치주 조선족의 해외 이주노동이라는 형식을 띤다. 필자는 이 이주노동과 자본축적의 양상, 민족성을 둘러싼 디아스포라 정치 사이의 내재적 연관성을 탐구하고자 한다. 필자는 조선족 사회의 자본주의 체제를 '자본주의적 전이'(devolution) 로 규정한다. 조선족 사회에게는 한국에서의 노동이 사회주의 혁명이 한때 약속했던 것을 구매할 수 있는 소득을 제공하기 때문이다. 다시 말해 사유화 과정이 의료 서비스, 주택, 교육의 제공이라는 사회주의의 목표를 상품화한다. 이 상품화 과정은 한국에서의 송금으로 유지되는 새로운 소규모 기업의 서비스 부문을 통해 이루어진다. 중국 중앙정부는 1980년대에 시작된 사유화와 탈규제를 사회주의 혁명에 대한 배상으로 여긴다. 하지만 이러한 배상은 이 책의 5장에서 다루겠지만 다른 수단에 의한 자본축적의 연장이다. 자본축적은 정부와 당이 사회주의 건설기에 지속적으로 추구해 온 것이었다. 이 장에서는 '자본주의적 전이'의 형성기, 특히 1990년대 중반에서 2000년대 중반까지 조선족 이주노동에 의한 역사의 시간화를 다룬다. 이들의 일상적 이주노동 체험과 한국인이자 중국인이라는 이중국적의 구성은 정부와 조선족 지식인들이 제시하는 전환과 위기의 서사와 병치된다.

언어적·신체적 경험들의 집합은 이주노동자들의 일상적 실존 속으로 스며드는데 이들은 삶의 생산에 모든 것을 걸고 있다. 2장에서 다룬 한국 활동가들이 보여주었듯이 노동주권 개념은 정치적 의식을 점검하며 사회운동을 조직했다. 4장에서는 조선족 주권을 이들의 이중국적의 정치학에서, 그리고 이들의 일상적 체험의 무정형적이고 부정합적인 표현에서 파악해보려 한다. 다양한 신체적·감각적 발현들, 예를 들면 체중 감소, 피부 질환, 빈혈, 수치스러움, 혼란스러움 등을 울거나 노래하며 드러난다. 이 발현들은 억눌린 감정과 함께 조선족의 이주노동 과정에서 억압된 죽음 충동을 드러내는데, 이들은 이 충동을 근대화되는 과정으로 서술한다. 통합된 일체로서의 몸과 마음 그리고 감각의 상실은 일상의 삶을 판독 불가의 상형문자처럼 당혹스럽게 만든다. 이 지점에서 조선족이 자신의 사회적 신체를 민족의 형태로 드러내면서 이주노동은 이들에 의한 역사적 탐구의 기념비적 주제가 된다. 자신의 자본주의적 경험을 한국인 혹은 중국인으로서의 혈통적·민족적 정체성으로 전이시키는 것은 초월의 행위일 뿐 아니라 수행적 행위이기도 한데, 이 전이는 복합적이고 이질적인 이주노동의 경험들을 공동체라는 일견 영속적인 범주로 정제한다. 이들의 이중국적 서사는 이전의 이성과 정동이라는 수사(trope)를 사용하는데, 이 수사 안에서 한국과 중국이라는 장소가 뒤바뀌기도 한다. 그런데 이 이중국적 서사는 한국과 중국 양쪽에 속하는 즐거움보다는 디아스포라 주체로서 자신의 역사적 감수성을 한국이나 중국 어느 한쪽 혹은 양쪽 모두에 부여하거나 박탈하는 것에 관한 것이다.

# 2 ——— 배상으로서의 사유화

 중국의 문화혁명에 대한 배상은 1978년 '개혁개방' 정책과 같이
도래했다. 비록 배상이 50년대와 60년대에 일련의 정치 캠페인에 이
어서 통상적으로 있어 왔지만, 1978년의 개혁은 단순히 문화혁명의
잘못뿐만이 아니라 1940년대까지 거슬러 올라가 사회주의 혁명 생
성기에 행해진 모든 잘못을 바로잡는 것을 목표로 했다. 이 대규모
배상의 핵심은 사회주의 혁명 진행의 단계마다 길잡이가 되었던 모
택동의 영구혁명론을 거부하는 것이었다. 5장에서 상세히 다루겠지
만 모택동은 집단화가 이루어진 이후에도 국가를 관료화하지 않으
면서 생산력을 발전시키고, 영국의 자본주의를 따라잡기 위해 사회
주의 혁명을 지속하고 정치적·이데올로기적 정풍운동(整風運動)을
해나갈 것을 요구했다(Schram 1989:130~131). 1978년의 중국 경제의
개혁개방 정책은 사회주의의 기초를 집단 소유제에서 '다양한' 소유
제도로 대체함으로써 이전의 영구혁명의 기본원리를 거부한다. 이러
한 변화는 사회주의적 소유 개념과 그 역사적 '실현' 과정을 분리함
으로써 정당화되었다. 국가 소유와 개인 소유를 아우르는 다양한 소

유제는 사회주의 집단 소유의 과도기적 형식으로 받아들여졌다(현동일 외. 2000:1~6). 그렇지만 생산력 발전을 향한 급박성은 1978년의 개혁 이전과 이후에도 동일하게 이어졌다. 배상은 실제로는 급속한 자본축적을 위한 수단이었으며 이것은 지금도 마찬가지다.

## 배상과 경제적 자유화 사이의 관계

생산력 발전을 가장 상위의 목표로 격상시켜 추구함에 따라 역사의 시간성이 핵심적인 질문으로 등장한다. 최근의 논의는 중국혁명을 국가권력이 대중의 자발성을 약화시킨 실패의 예로 상정하는데 (Badiou 2005; Russo 2005), 마르크스주의 경제학자들은 사회주의 경제를 국가자본주의의 닮은꼴로 파악했다(Cliff 1974; Harman 2010). 사유화는 사회주의 경제로부터의 단절이나 단순히 이전의 사회경제적 발전의 갱신이 아니며 연속성과 변화의 요소를 모두 수반한다. 중국의 사회주의 혁명의 역사를 통해 배상의 언어는 중국에서 사회주의와 자본주의, 이 둘의 구분을 둘러싸고 벌어지는 논쟁적이고 지속적인 논의와 실천을 증언한다. 1978년의 사유화와 탈규제 형태를 띤 배상은 이런 예의 하나이면서 새로운 예이기도 하다. 자유화와 민영화의 형태를 띤 이 배상은 생산력을 발전시켜야 한다는 당위를 적나라하게 드러냈는데 이 당위는 반혁명주의자들을 향한 정치적·이데올로기적 투쟁의 언어로 포장되어 있다. 1978년 이래 경제적 자유화와 사유화는 국가에 의해 지속적인 경제적 지배와 탈규제가 진행되는 역설을 낳는다. 중앙정부는 탈규제를 시행하면서 수익성이 있는 지방의 공장과 사업체를 압류했다. 1994년의 새로운 세법은 중앙정부의 세입을 10여 년 동안의 연평균 17% 증가에서 1997년 70.3%로 증가시켰다(현동일 외. 2000:18~26).

중국 북동부의 조선족 사회는 중국 본토보다는 몇 년 늦은 1983년에 경제적 자유화와 사유화가 시작되었다.[20] 이때부터 조선족 사회는 이주노동에 의존하게 되었는데 처음에는 중국 본토와 러시아, 북한에서 보따리 장사로 시작해서 한국에서 이주노동자로 일하는 것으로 옮겨 갔다. 한때 중국에서 가장 생산적인 중화학 공업 지역으로 알려졌던 동북부 도시들은 제품의 생산과 할당에서 정부 보조금이 끊기면서 공장들은 문을 닫게 되었다. 살아남더라도 남자 55세, 여자 45세가 되면 공장에서 강제 은퇴를 당했다. 이로 인해 많은 이들이 대체 수입원을 찾아야 했다. 개인 가정에 토지에 대한 권리 분배가 일시적으로 농업 생산을 증대시켰지만, 곧 농민들은 화학 비료의 가격 상승과 시장의 불확실성으로 인해 농업을 포기하기 시작했다(정신철 1999: 47~90). 이런 조건에서 조선족은 여러 도시와 주변국에서 초보적 형태의 무역에 뛰어들었다. 보따리 장사에 맨 처음 뛰어든 사람들은 기혼 여성들로 이들은 쉽게 운반할 수 있는 양말이

---

20 중국에 거주하는 조선족은 약 2백만 명인데 연변 자치주에 약 1백만 명(50%), 흑룡강주에 40만 명(20%)이 거주한다. 연변의 한인은 현재 북한에 속하는 한반도 북부에서 19세기 말부터 이주하기 시작했는데, 지리적 연속성이 주 요인이었다. 흑룡강주는 주로 한반도 남부 지역에서 이주한 사람들로 이루어져 있다. 주로 1930년 대 이래 일본의 조선인 집단 이주 식민지 정책의 결과이다. 상세한 내용은 Hyun Ok Park(2005)을 참조할 것.

나 수건, 속옷과 겉옷 같은 일상품들을 보따리에 담아 열차로 다른 중국 내 다른 도시나 변두리 지역, 러시아와 북한으로 이동하며 장사를 했다. 남자들도 곧 러시아와 북한을 상대로 보따리 장사에 뛰어들었고 여성들은 인근 노점이나 시장에서 옷과 과일, 야채, 절임식품 등을 팔기도 했다. 전직 농부나 해고노동자, 저소득 사무직 노동자들이 주로 하는 일은 택시 운전이나 길거리 환전, 공사장 노동, 작은 카페 운영 등이었다(박민자 2000; 김인선 2004). 내가 서울과 중국 연변에서 약 60명의 조선족과 인터뷰한 바에 따르면 시장경제로 이행한 이래 약 10여 년간, 이들은 중국에서 보통 다섯 개 이상의 직업을 거쳤다. 여기서 예외는 임금이 물가와 인플레이션에 맞춰 오르는 고위직 관리나 검사, 의사들이었다.

국경을 횡단하는 탈규제된 이주노동은 조선족이 지구적 자본주의 경제에 참여하는 전형적인 모습이 되었다. 이와 대비되는 것으로 중국학과 신자유주의적 자본주의 연구자들의 관심을 끈 것은 지방에서 도시로의 규제된 이주노동인데, 이는 이들로 하여금 새롭게 등장하는 사유재산권과 시민권, 법치의 체제를 연구하도록 이끌었다(Ching Kwan Lee 2007; Loyalka 2013). 조선족들의 한국 이주 규모는 이들의 중국 내 도시로의 이주와 일본, 호주, 미국으로의 이주 규모를 능가한다. 80년대 말에서 90년대 초의 이주 초기에 조선족들은 한 달에서 석 달 동안의 단기 가족 방문 기간에 서울 도심이나 서울역 앞노상에서 한약재와 약초를 팔았다. 이 기간은 조선족들이 한국인들로부터 같은 민족의 일원으로 환영받았던 아주 짧은 시기였다. 그런데 1990년대 중반부터 이들은 불법적으로 육체노동을 하기 시작했고, 기간도 3년에서 7년으로 늘어난다. 한국에서 건설과 서비스 분야에서 저임금 노동력이 필요해지고 중국에 대한 한국의 투자와 관광이 늘면서 이주노동이 폭증하게 되자 한국인들은 조선족에게 부정적 태도를 갖기 시작했다. 최초 연변 지역에서 시험적으로 투자되었던 한국 자본은 중국의 다른 지역으로 옮겨 갔다. 소규모 제조업과 관련된 한국 자본은 해외 생산을 위해 해양 접근성이 용이한 산둥반도 지역을 선호했다. 한국의 재벌들은 주로 베이징과 상하이 같은 주요 도시에 집중적으로 투자했다. 2005년 중국에 대한 한국의 직접투자는 외국에 대한 직접투자액 전체의 3분의 1에 해당한다. 조선족 이주노동 인구는 2004년 중국에 있는 529개의 한국인이 소유한 회사에 고용된 인력의 21%를 점하는데 산둥 지역에서만 약 7만 명에 이르렀다(이두원 2006; 예동근 2010; 구지영 2013). 조선족 중 대졸자와 엘리트 계층은 한국인이 소유한 공장이나 회사에서 관리직이나 사무직 혹은 한국인들을 상대로 통역자나 부동산 중개인, 여행사 직원, 중국어 개인 교사로 일했다. 연변에서는 한국의 관광객들이 북한과 인접한 동북부 중국과 백두산에 있는 역사 유적지를 방문하여 이 지역에 자본을 제공했다.

이와 동시에 조선족의 한국에서의 이주노동은 교육받은 엘리트 계층뿐만 아니라, 연변과 그 외 지역의 농부들 사이에서 흔한 일이 되었다. 한국에서의 이주노동은 다수가 중국과 인접한 현재 북한 지역 출신인 길림성 연변자치주 조선족들에게서 사이에서는 좀더 두드러졌다. 그것은 이들이 한국어에 능통하고 한국인들과 경제적·문화적 유대를 가지고 있기 때문이다. 22개의 조선족 마을에 대한 정

1998년 연변주 연길시의 흥안시장 광경. 사진 박현옥.

근재의 민속학적 연구(2005)에 따르면 2000년대 중반 이래 조선족 가구당 1~3명이 한국에서 일을 했거나, 하고 있었으며 이들 다수의 친척과 친구들 또한 한국에서 일하고 있었다. 마을에 남은 이들은 주로 어린이와 노인들, 다시 한국에 갈 차례를 기다리는 성인들로 모두 송금에 의존해 살고 있었다. 한국에서 귀향한 이들은 대부분 농사를 접고 도시로 이주하며 어떤 이들은 한족을 고용하여 자기 땅에 농사를 짓게 하기도 했다. 20세기를 통틀어 중국 동북 지역에서 쌀농사는 조선인들의 민속문화와 공동체의 원초적 요소로 여겨져 왔다. 이들의 이주노동은 개인의 창의성과 생산성의 전형을 보여주는 활동으로 칭송의 대상이 되었으며 사업자와 이주노동자는 50년대와 60년대의 노동 영웅을 떠올리게 한다(중국 조선족 발자취 총서위원회 1994).

## 사회주의 약속과 자본주의적 전이

1990년 중반부터 사유화는 한국의 영향으로 인해 조선족의 이주노동, 자본투자, 문화, 소비 그리고 정치에 이르기까지 모든 측면에서 나타나게 되었다. 1992년의 한국과 중국의 외교정상화 이래 연길은 곧바로 한국인들의 고대 왕국 고구려에 대한 고고학적 연구뿐만 아니라 북한과의 경제적·학술적 접촉의 중심지가 되었다. 필자가 1998년 연길을 방문했을 때 조선족과 한국인들 사이의 초기 교류의 국면이 끝나가고 있었다. 오랜 냉전 후 남북한 간의 처음 교류에서 오는 전율은 주로 새로운 방문자들에게 전해지는 이야기들에서 두드러지는데, 예를 들면 연길에서 벌어진 남북한 비밀 요원들 사이의 피 튀기는 활극 같은 극적인 이야기들이었다.

이후 연변 지역 방문에서는 어렵지 않게 명백한 변화들을 감지할 수 있었다. 연길은 넘쳐나는 소비재와 새로 포장된 도로들, 고층 아파트와 밤하늘을 밝히는 네온사인들과 함께 급속히 변모했다. 한국에서 수입된 의류는 연길에서 최상품으로 대접받았고, 길거리와 매스미디어에서는 조선족들이 북한식 대신 한국식 말투와 표현들을 사용하기 시작했다. 조선족들이 계속 밖으로 이주하면서 이들이 버리고 떠난 집과 땅은 인근의 한족 중국인들이 사거나 불법으로 점거했다. 연길에서 여가와 유흥은 한국 식당과 커피집, 노래방, 맥주집, 마사지숍으로 채워졌으며, 한국 연속극 등 한국 텔레비전 프로그램들이 인기를 끌었다. 이 시기 연변에서는 호텔이나 식당, 택시나 지역 비즈니스에서 여행객들과 한국어로 말하는 것이 당연시되거나 선호되기까지 했고, 이는 조선족들의 소수민족 문화에 대한 자부심을 보여주는 것이었다. 그렇지만 2000년대 중반에 이르러 한국과 중국에서 일어난 변화로 인해 연변뿐 아니라 타 지역에서도 경제와 문화 측면에서 한국의 주도권은 재편성되었다. 특히 2004년 중반부터 한국에서 조선족의 취업이 합법화됨에 따라 이들이 한국에 이주하기가 수월해졌고, 이와 동시에 이들은 중국 정부의 정치적 감시 아래 놓이게 되었다. 중국 정부는 연변의 기반 시설에 투자하기 시작했고, 중국 본토의 한족 투자자와 여행자들이 서비스와 부동산 업종에서 두각을 나타냈다. 인근 지역의 한족과 중국 북부 출신 이주자들이 점차로 택시 운송업과 호텔 운영과 같은 큰 사업에서 조선족들을 대체했고, 연길뿐 아니라 그 외의 지역에서도 중국어 사용이 당연시되었다.

'자본주의적 전이(devolution)'의 두 측면이 한국의 지배권 아래 진행된 조선족 사회의 자본축적 체제를 특징짓는다. 사회주의적 희망의 상품화와 번창하는 서비스 업종에서 소규모 자영업이 그것이다. '자본주의적 전이'는 사회주의적 역동성을 자본주의적 역동성에 용해시켜 새로운 유토피아적 염원으로 만들어낸다. 조선족들은 남한에서 일해 송금한 돈으로 유예된 사회주의의 꿈들, 즉 현대식 주택, 의료 서비스 그리고 교육을 구매한다. 사유화는 사회주의 체제가 이전에 제공했거나 충족시킬 것을 약속했던 근본적인 인간의 욕구를 상품화한다. '자본주의적 전이'가 이전 사회주의가 이런 목표 달성에 철저히 실패했다는 것을 의미하지는 않는다. 제공된 것들의 품질에 대한 논란은 있었지만 삶의 필수적인 것들을 모두에게 보편적으로 제공했다는 것이 사회주의 체제의 가장 눈에 띄는 성취란 점을 고려할 때 더욱 그렇다. 사회주의의 실패라기보다는 자본주의적 힘이 이런 중차대한 사회주의의 목표들을 상품화하여 다양하고 도처에 널려 있게 만들며 그것들에 대한 접근을 불평등하게 만든 것이다.

예를 들면 연길시에서 자본주의적 소망의 하나는 널찍한 아파트를 마련하는 것이었다. 90년대 중반부터 허물어져 가는 아파트들과 '단층집'이라고 알려진 오래된 벽돌 구조물들을 새로운 5~6층 아파트 빌딩들이 대체하기 시작했는데, 이 옛날 집들은 과거 노동을 관리했던 단위를 통해 개인들에게 분배되었던 것이다. 2002년 연길시 도심가에 방 세 개가 있는 작은 아파트의 가격은 13만에서 15만 위안이었는데, 2006년 사람들이 가장 탐내는 강변과 구릉 지역의 고층 아파트는 방 세 개짜리가 20만에서 23만 위안을 호가했다. 2000년대 말부터 한족 투자자들이 고층 아파트 시장을 지배하기 시작했다. 조선족들은 단순히 소비자 혹은 잘해야 아파트 인테리어 장식과 관련된 사업이나 구매자들에게 가구를 파는 사업에 머물러 있었다. 나아가 아픈 가족의 의료비 지출은 조선족들의 이주노동을 하게 만드는 주원인의 하나였다. 자유시장화 이후 단층 촬영(CT스캔)이나 자기공명영상(MRI) 같은 고가의 의료 검사를 포함한 현대적 의료 서비스 제공은 의료 비용 증가로 이어졌다.

사유화 체제 아래 교육 역시도 시장이 질과 비용에 따른 여러 가지 선택 사항을 제공함에 따라 다양화된 상품이 된다. 다시 말해 아이의 학습 능력과 가족의 경제적 능력이 교육비를 결정하게 된다. 적어도 부모 둘 중 한 사람은 아이의 교육비 지출을 위해 한국에서 일해야 한다고 한다. 예를 들어 어느 30대 여성은 아들을 10만 위안이 넘게 드는 예술학교에 보내기 위해 한국에서 일했는데, 이 돈은 옌길에서 교수가 10년을 일해야 벌 수 있는 액수다(2002년 1월 22일 서울 인터뷰). 내가 2002년과 2003년에 만난 한국의 건설 현장에서 일하는 45세의 전직 사무직 노동자는 중국의 주요 대학들은 지방 대학들보다 높은 시험 성적뿐만 아니라 더 비싼 등록금을 요구한다고도 했다. 그는 자녀의 교육 비용을 대는 것은 기본적인 부모의 책임이라며 다음과 같이 말했다.

'아버지가 돈이 없어서 뒷받침을 못 해줘서 대학을 못 간다.' 그런 날에는 정말 한심하게 생각되더라구요. '부모로서 도저히 이게 능력이 없으면 아예 결혼도 하지 말고 가정도 꾸리지 말고, 자식도 낳지 마라. 일단 가정을 꾸리고 자식을 낳았으면 그만큼 책임감이 있어야 되지 않냐.' 그리고 책임감만 있다고 되는 게 아니라 그만큼 또 뒷받침할 능력이 따라가야 되지 않나. 이렇게 생각이 되어가지고는 자기는 일단 식당에서 수고하지마는 집에서 애들 데리고 밥벌이는 되고 애들 공부시킬 용돈은 나오니까는 좀 고생 몇 년 더 갈라져 가지고는 어차피 나이 더 먹기 전에 조금 힘이 들더래도, 돈을 조금 벌어가지고 와 가지고 사업을 좀 넓혀 가지고는 좀 크게 좀 뭐 크게 해볼 생각 있어요. 그래 가지고 기본상 제가 그런 목적으로 왔지요.

**2002년 1월 24일 서울 인터뷰**

    1991년과 2001년 사이에 한국을 다섯 번 방문했던 어느 41세 여성은 자신이 한국에서 번 돈 덕분에 중국에서 가족들이 일하지 않고 풍족하게 살 수 있다고 했다. 그렇지만 자신의 딸을 교육시키기 위해 한국으로 다시 가서 일할 예정이라고 말했다. 연변 취업 시장의 치열한 경쟁 속에서 성공하려면 유학과 같은 고등교육이 필요하다는 것이다. 그녀의 딸에게 들어가는 사교육비는 한 달에 300위안이 넘는다. 이는 그녀의 남편이 버는 한 달 봉급의 절반이다. 딸을 위해 중개인으로부터 비자를 사는 것에만 약 10만 위안이 필요하고, 여기에 일본이나 캐나다 혹은 호주의 대학에서 공부하는 데 드는 다른 비용이 추가된다. 그녀는 딸이 중국에서 공부하더라도 대학 교육비가 남편 연봉의 여섯 배가 넘기 때문에 그의 월급으로 딸의 교육을 지원하는 것은 불가능하다고 말했다(2002년 5월 17일 연길 인터뷰).

    서비스 업종에서 이전 사회주의의 희망을 새롭게 추구하는 것은 급속히 성장하는 프티부르주아적 투자의 시도와 얽히게 되었다. 조선족들은 한국에서 번 돈으로 조그만 사업을 자신들이 하거나 장성한 자식들을 위해 차려주는 것을 꿈꾼다. 이들은 자영업을 선호하고, 택시를 몰거나 작은 식당이나 커피집, 사우나, 노래방, 미용실, 마사지숍 혹은 만화책 판매점이나 영화 비디오 테이프 대여점 등을

연변 화룡(허룽)시의 조선족의 집. 사진 제공 조천현.

사회주의 시기에 지어진 연변 용정(룽징)시의 아파트 빌딩. 사진 제공 조천현.

운영하고 싶어 한다. 이들의 장사는 주로 3인 미만의 종업원에 조선족을 고객으로 한다(이장섭 외 2007). 이들의 투자는 이런 프티부르주아적 사업으로 극히 제한되는데, 그 이유는 더 급박한 지출 때문에 남은 자금이 한정된 탓이기도 하지만, 한국의 서비스 업종에서 일하며 이런 형태의 비즈니스 운영을 배웠기 때문이기도 하다. 조선족은 한국에서 일한 경험에 대해 말할 때면 종종 자본주의의 미덕, 즉 근면, 경쟁, 합리성 등을 지적한다. 그것들을 자신들이 한국에서 배웠거나 배워야 할 현대적(modern) 윤리로 언급한다.

다수의 조선족들은 어떻든 소규모 사업부터 시작한다. 그 과정에서 한국에서 번 돈을 다 쓰고 다시 한국으로 돌아가 일하는 이들도 있다. 중국으로 돌아온 이들이 중국에서 임금노동을 하지 않는 경우는 흔하다. 이들의 노동 윤리는 중국으로 돌아오자마자 사라져버리는 듯한데, 여기에는 중국의 임금 가치가 한국에서보다 현저히 낮다는 이유가 있다. 예를 들면 중국에서 식당이나 가게, 공장이나 건설 현장에서 일해서 버는 한 달 수입은 한국에서의 하루 임금에 해당한다. 이러한 생존 지향적 혹은 프티부르주아적 비즈니스는 자본주의 기업가정신의 '결여' 혹은 시장의 급작스런 변동이라는 불확실성과 불가지성을 회피하려는 의도로 보일 수도 있다. 하지만 생존 지향적 삶을 이런 '결여'로 파악하는 것은 역설적으로 사회적 삶의 완전한 시장화의 '지연'이라는 관념을 불러온다. 이러한 결여 내지 지연이라는 시각에는 사회주의적 삶에서 자본주의적 삶으로의 변화가 선형적이며 단절적이라는 가정이 함께 전제되어 있다. 그러나 생존 지향에 가까운 삶과 비즈니스는 '자본주의적 전이'의 한 양상으

로서 이는 중국 자본축적의 구체적 한 역사적 형태라는 것을 보여
준다.

'자본주의적 전이'는 자본의 새로운 환등상(phantasmagoria)이
다. 자본축적 체제는 한국에서의 상대적으로 높은 임금 가치와 함
께 증가하는 이주노동의 교환가치 그리고 한국 화폐의 높은 환율에
전적으로 의존하고 있다. 하지만 시간이 지남에 따라 이런 이주노동
의 교환가치는 의미를 상실한다. 한국에서의 이주노동이 갖는 물신
적 성격은 벅모스(Buck-Morss 1989: 81)가 벤야민의 『아케이트 프로젝
트』를 독해하며 구별해낸 상품 물신화에 대한 두 가지 접근에서 추
론해볼 수 있다: "『아케이트 프로젝트』의 항목들은 상품 물신화에
대한 『자본론』을 인용하는데 … 교환가치가 어떻게 상품 가치의 원
천인 생산적 노동을 모호하게 하는지를 기술한다. 그렇지만 벤야민
에게 … 새로운 도시적 환등상의 핵심은 '시장에서의 상품'이라기보
다는 교환가치가 사용가치만큼이나 실질적 의미를 상실하며 순수
한 표상가치만 전면에 등장하는 '진열된 상품'이다." 마르크스적 의
미에서 한국은 한국 내부의 불평등하고 불균등한 사회적 관계들을
모호하게 만든다. 조선족에게 한국이란 같은 일을 하는 한국인들보
다는 적게 받지만 중국에서보다는 많은 임금을 받는 교환가치의 체
현에 지나지 않는다. 이들은 저축을 통해 중국에서 경제적 안정을
향유하는 꿈을 실현할 수 있다고 기대한다.

벤야민의 환등상은 이와 함께 '자본주의적 전이' 체제 아래 놓인
조선족 사회에서 명확히 드러난다. 이들이 한국에서 벌어들인 임금
과 저축의 교환가치는 의미를 잃게 되었다. 그 이유는 이들의 예상보

1998년 용정시의 주택 단지. 사진 박현옥

다 더 빠르게 자본주의적 전환이 이루어지면서 중국에서 미래에 필요한 비용과 대비해서, 한국에서 이들의 노동이 갖는 교환가치를 정확히 환산할 수 없게 하기 때문이다. 위안화의 원화에 대한 평가절상은 한국에서 번 소득의 가치를 낮췄다. 그래서 한국에서 이주노동을 하는 동안 그들의 꿈도 멀어졌다. 2003년에 이주노동자들은 한국에서 일하며 20만에서 30만 위안을 저축하는 것을 최적의 목표로 삼았다. 하지만 중국의 빠른 변화로 인해 이주노동자들이 중국으로 돌아가 어떤 장사를 해야 수익성이 있을지, 또한 어느 정도의 저축을 해야 그런 장사를 시작할 수 있을지를 가늠하기 어렵게 되었다. 나아가 그들이 계획하는 소규모 사업 시장은 빠르게 포화 상태에 이른다. 이들이 중국으로 돌아간 후에 한국에서 한 노동의 교환가치가 얼마나 될지는 불확실하다. 다시 말해 이들이 한국에서 모으고 송금한 돈이 반드시 중국에서 풍요나 자본축적으로 이어지지는 않는다는 것이다. 이들은 한국에서 불법 노동자로 일하며 사기꾼들에게 속거나 추방의 위협에 놓이고 임금을 착취당하는 등 다양한 폐해에 노출된다. 한국에서 이들의 이주노동이 합법화된 이후, 이들은 이주와 귀환, 그리고 다시 이주를 반복하게 되었다. 예를 들면 2012년 12월 6일 길림의 어느 신문에는 다음과 같은 기사가 실렸다.

> 지난 11월 초에 비자 만료로 귀국한 길림성 연길시의 리화(45세) 씨는 중국의 치솟는 물가에 기겁했다. 얼마 전에 시장에 나가 소고기며 남새(채소)들을 조금씩 구입했는데도 100원(위안)짜리가 거짓말처럼 손에서 감쪽같이 사라져버렸기 때문이다. 과거에는 못살아도 소고기 한 번쯤 먹는 것은 큰 부담이 아니었는데 지금은 소고기도 한 근에 28원이나 되니 시름 놓고 사 먹기가 주저되지 않을 수 없었다. 한국에서 소고기가 비싸서 못 먹는 부담스런 소비가 중국에서도 현실화되고 있는 것 같다는 생각이 들었다. 결혼식이다, 생일이다 하는 부조도 만만치 않았다. 물가의 상승과 함께 부조돈도 올랐는지 이전에는 100원이면 웬만한 군일에는 체면이 섰지만 지금은 좀만 가까운 사이라면 200원도 내놓기 민망할 정도였다.
> 요즘에 리화 씨는 연길에 아빠트를 구입하려고 알아보는 중이다. 리화 씨는 근 5년을 한국에서 좋은 일, 궂은 일 가리지 않고 억척스레 일해 돈을 모았다. 그런데 귀국해서 아빠트 한 채 장만하려

고 하니 아빠트 값이 천정부지로 치솟아 있었다. 2007년도에 한국에 나갈 때까지만 해도 진달래광장 부근의 70~80평방메터짜리 괜찮은 층수의 아빠트도 20만 원이 안됐는데 지금은 연길시 외곽의 신축아빠트도 평방메터당 4,000원을 호가한다. 한국에서 5년간 정말로 허리띠를 졸라매면서 일해 1년에 한화 1,000여만 원씩 도합 5,000여만 원을 모았는데 요즘 시세로 환률도 곤두박질해 5,000여만 원이라 해도 인민폐로 환전하면 30만 원이 안 된다.

　60~70평방메터짜리 소형아빠트 한 채 살 돈도 안 되니 천정부지로 치솟은 집값에 두 손을 바짝 들 수밖에 없었다. 이런 고물가시대에 벌지는 못하고 그냥 한국에서 벌어온 제한적인 돈을 소비만 하면서 살자니 하루하루가 불안하고 바늘방석에 앉은 것 같다고 리화 씨는 말했다.[21]

---

21 「방문취업제 5년, 귀국자들은 무얼 하나?」, 『길림신문』, 2012년 12월 6일.

# 3 ───── 일상 노동의 언어와 감정

코젤렉의 논의에 비추어 보면 한국에서의 이주노동은 조선족들로 하여금 과거를 미래와 구분하고 역사를 시간화하도록 한다 (Koselleck 2004). 냉전기 조선족이 북한과 가졌던 밀접한 민족적·정치적 유대를 고려할 때, 조선족과 한국의 새로운 관계는 이들의 역사적 감수성을 재구성할 것을 요구한다. 이들의 과거, 현재, 미래를 시간화하기 위해서는 이주노동의 일상적 경험을 추상화하는 것이 필요하다. 중국 동북부의 조선족 사회에서 자본주의적 현재는 삶과 죽음이라는 대조적 사례들을 시간화하는 두 가지 형식을 통해 해석된다. 하나는 새로운 경제적 부가 가져오는 역사의 정의로움이고, 다른 하나는 이동, 가족 이별, 도덕적 타락으로 인한 조선족 소수민족 사회의 붕괴다.

정근재의 연구에 의하면 조선족들은 한국에서의 이주노동을 '한국 바람'이라 부른다. 이는 일제 강점기의 '만주 바람'의 반전이다. 겨울이 되어 추수한 작물이 바닥이 나면, 만주는 땅이 너무도 비옥해 감자가 아이들 머리만큼이나 크고, 무는 바구니를 가득 채울 만큼 크다는 전언에 고무되어 사람들은 만주 바람을 타고 떠났다(정근재 2005). 여기에 더해 식민 정부는 1930년대 말 집단 이주 계획에 착수하여 만주로 이주하려는 조선인에게 상당한 크기의 땅과 자금 지원을 약속했다. 그렇지만 만주에 도착한 조선인들은 척박한 풀밭과 뼈를 파고드는 칼바람, 얼어붙은 강과 호수를 마주하곤 낙담했다. 일본은 약속했던 쌀 대신 주식으로 수수를 제공했으며, 조선인 유격대와 공산주의자들의 공격에 대비해 강제로 마을 주변에 높은 담장을 쌓도록 했다. 조선인 이주자들은 고된 노동과 불굴의 의지로 황무지를 비옥한 논으로 바꿔나갔다. 그러나 공산주의 혁명 이전에는 한족 중국인들이 작물을 소작료나 세금으로 강탈했고, 아예 땅 자체를 몰수하기도 했다. 1990년대 말이 되자 상황이 달라져 조선족의 생활 조건은 눈에 띄게 개선되었다. 중국으로 이주한 1세대를 포함해 이들은 사회주의 체제하에서 자신들의 고국으로 여겼던 북한이 아니라 한국으로 이주노동자가 되어 귀환하기 시작했고, 이제는 한국에서의 수입으로 인해 경제적으로 우월한 입장이 되었다. 일제 식민지 치하에서 만주의 조선인들이 조선말을 쓴다고 일본인에게 공격을 당하고, 또 일본말을 쓴다고 한족 중국인에게 공격을 당했지만, 이제 한족 중국인들은 조선족을 부러워하게 되었다. 과거의 조선인들이 만주의 땅을 얻고자 했다면, 현재의 한족 중국인들은 쌀농사로 인해 자신들보다 생활수준이 높은 조선족 마을에 정착하고 싶어 한다. 조선인들은 과거에는 한족들에게 쫓겨나기도 했지만 이제는 한족이 자신들의 마을에 정착하지 못하도록 행정력과 강압적 수단을 동원하고 있다. 한국에서 이주노동을 하여 쌓은 부가 주는 만족감은 노인들 사이에서 분명히 드러나는데, 이들은 또한 조선족이 농업을 포기하고 도시로 이주하는 것에 대한 불편함도 드러낸다.

조선족의 이주노동에 대한 이러한 감상적 서사는 한국 바람이 중국에서 조선족의 자치를 위협한다고 파악하는 조선족 지식인들의 위기 서사와는 전혀 다르다. 조선족 엘리트 계층에 따르면 낮은 출산율, 중국 내 다른 도시로의 이주, 그리고 해외로도 이주하는 조선족들로 인해 연변 조선족 자치주에서 조선족의 비율은 1952년 62%에서 1965년 46%, 1976년 41%, 그리고 1995년 39.8%로 감소했다(김종국 2000; 현동일 외 2000). 인재 유출과 조선족학교의 학생수 감소, 조선어 사용 저조로 인해 연변 조선족 자치주와 중국 동북부 전역의 조선족 자치 마을의 제도적 근거가 와해되고 있다고 한다. 나아가 '한국 바람'에 의한 조선족 문화의 타락은 이런 제도적 위기를 심화시키고 소수민족으로서의 조선족 사회 자체의 생존을 위협한다고 한다(정신철 1999; 김종국 1999; 박민자 2000; 김강일·허명철 2001).

연변에서 발간되는 주요 잡지 중 하나인 『연변녀성』과 같이 발행된 책 『이산의 슬픔: 돈이 무엇이길래』는 이주노동이 가족의 삶과 도덕에 미치는 파괴적 영향에 관한 40개의 실화로 구성되어 있다(이선희 2001). 여기서 주된 주제는 부모가 한국에 일하러 간 후 느끼는 어린아이의 상실감, 과소비, 온갖 비행들 그리고 한국에서 일하던 가족의 갑작스럽고 이해할 수 없는 죽음에서 오는 트라우마, 한국에서 일하거나 중국에 남겨진 기혼 남녀의 성적 문란 등이다. 조선족 엘리트층은 과소비와 과욕, 즉흥적 만족을 향한 향락주의 같은 퇴폐적 경향을 한국 사회 탓으로 돌리며, 이 모든 퇴폐적 경향이 가족 간의 유대, 도덕성, 민족적 연대, 조선족의 역사에 대한 관심을 훼손시킨다고 본다. 이들은 이런 경향에 대항하여 일률적으로 조선말과 조선족의 소수민족 역사와 문화에 대한 교육을 강화시켜 (중국인으로서의) 공민의식 혹은 조국관을 공고히 해야 한다고 주문한다. 이러한 조선족들 사이의 민족과 민족의식에 대한 호소는 3장에서 검토한 한국 사회운동가들의 접근 방법과 유사한데, 이는 자본주의적 관계를 민족의 정치학으로 완화시키려 한 것이었다.

## 파편화된 조선족의 일상 경험

현재를 역사적 정의 실현과 시대적 위기로 보는 두 가지 상반된 규정과는 달리 조선족들의 일상적 경험은 파편화되어 있다. 이들의 삶을 향한 의지의 서사를 신체적·감각적 경험들과 비교해보면 이들의 경험이 총체성을 상실했다는 것이 분명해진다. 또한 이들이 느끼는 감각을 들여다보면 이들의 경험이 언어와 욕망, 생존의 의지의 영역을 넘어서는 더 방대한 것임을 알 수 있다(Seremetakis 1994). 언어적 구성이 이주노동의 일상의 경험으로부터 죽음을 분리해낸다면, 감각에 대한 주목은 일상의 경험과 주체성의 분석 평면에 새로운 차원을 더한다. 조선족은 이주노동을 현대적 삶의 양상들을 습득하는 것으로 구성하는데, 이 양상에는 경쟁과 위생, 노동 윤리, 이와 결부된 절약, 저축 그리고 방탕과 부도덕을 거부하는 문화가 포함된다. 조선족의 신체적 경험에는 삶의 영역에서 빠져나와 노동을 합리화하는 서사를 방해하는, 떨쳐지지 않는 죽음의 영향이 수반된다.

여기에는 피부 질환, 체중 감소, 내출혈, 불면증, 궤양, 자신의 취약함과 비인간적 대접에 대한 정신적 고통, 그리고 울음이나 노래를 통한 감정의 해소 등이 포함된다. 삶에 대한 이들의 의지가 죽음의 순간들을 억누른다면, 감정과 정신질환, 병든 피부 그리고 여러 질환을 앓고 있는 신체 기관들의 산만한 집합은 이들 존재의 복잡성을 드러내 보인다.

조선족 노동자들은 한국을 현대적인 것으로 구성하여 한국인 고용주와의 사회적 관계를 이해한다. 이성과 정동의 서사적 수사법에서 한국의 문화는 경쟁과 냉정함, 현대적 '미'와 비인간성, 그리고 노동 윤리와 타인 학대를 뒤섞은 것으로 구성된다. 이 서사 구조는 착취와 비인간화에도 불구하고 조선족들이 한국과 동일시하며 자신들의 자본주의적 미래를 고수할 수 있도록 해준다. 이들은 고되고 때로는 목숨을 위협하는 노동의 일상을 현대적 삶에 접근할 수 있는 특권과 혼동한다. 한국에 대한 이들의 인상은 깨끗한 공기, 효율적인 대중교통, 편리한 쇼핑, 자식 교육에의 매진, 금연과 절주, 그리고 침을 뱉지 않는 것과 같은 공공의 매너에 의해 특징지어진다. 한국을 현대성과 연결시키는 이런 행위 속에서 자신들 노동의 상품화는 인간 발전의 보편적 역사로 탈바꿈된다.

## 냉정함

조선족 이주노동자들은 반복되는 장시간의 고된 노동에 대해 불평하기보다는 이런 어려움을 미래의 삶을 위한 필수조건으로 받아들이며 노동에 대한 불만을 감정의 영역으로 옮긴다. 내가 만난 연변의 투도 인근 마을 출신 40대 여성은 2000년 7월 한국에 와서 건설 현장에서 밥을 했다. 한 달에 120만 원 정도를 받으며 새벽 네 시 반부터 밤 아홉시 반까지 한 시간이 안 되는 점심시간을 빼고 꼬박 일을 했고, 열흘 후에는 한 달에 100만 원 남짓을 받으며 다른 식당에서 열세 시간 밤교대로 일했다고 한다. 중국 시골에서 온 다른 이들처럼 그녀는 중국에서 농번기에는 새벽 다섯 시부터 저녁 여덟 시나 아홉 시까지 중간에 가장 더운 오후 휴식 시간을 빼고는 쉬지 않고 농사일을 하는 것에 익숙해져 있어 한국에서 쉽게 일할 수 있다고 말한다. 70년대 말에 시작된 중국의 경제개혁 이후, 그녀는 여름철에는 농사를 짓고 겨울철에는 인근 도시의 식당에서 일했다. 스트레스에 대한 우리의 대화는 그녀의 삶의 목표로 이어졌다. 그녀는 두 아들, 특히 예술학교에 다니는 입양한 열여섯 살 난 작은 아들을 교육시키며 새 집을 짓고, 은퇴에 대비해 가능한 한 많이 저축하는 것이 목표였다.

확실히 나라가 발전해 노니까 경제상에서나, 와서 보게 되면 첫째로 애들 키우는 거 보게 되면 우리 중국하고 다르거든요. 우리는 시골에서 없이 자라다 보니 애들한테 제한도 많고 애들한테 하고 싶은 것도 못 해주고 하는데 여기 와서 보니까 애들한테 관심이 대단히 크고 애들이 할 수 있는 기능은 여기선 다 할 수 있잖아요. ⋯ 그다음에 여기 와서 보게 되면 우리나라는 사회주의 나라고 여기는 자본주의 국가라 해도, 교육이거나 여기 와서 보게 되면 언어상에서 존대를 쓰는 말은 예절이 밝고 이렇게 하는 거는 우리나라에서도 따라 배워야 되는 거예요. 우리가 처음에 와서 여기 와서 보게 되면은 예절 하나는 우리가 안 되거든요. … 그리고 이웃을 돕는 이런 정신은 우리나라보다 잘하는 거 같아요. 우리네서도 돈 많은 사람이 돕는다 하지만, 이렇게까지 발 벗고 나서서 이렇게까지 돕는 거 같지는 않은데요.

**2002년 1월 22일 서울 인터뷰**

조선족들은 보통 한국 고용주들이 '냉정하다'거나 '인정이 없다'라고 말한다. 어느 중년 여성은 중국에서 병든 조선족 남편과 법적으로 헤어지고, 한국 남성과 결혼하여 한국에서 노점상도 운영하고 식당에서 설거지도 했다가 가정부로도 일했다. 주민등록증을 받고 한국 국적을 취득했으며, 중국에 있는 남편과 아이들에게 돈을 보내다가 결국 두 아들을 한국으로 데려왔다. 그녀는 자신의 노동에 대한 경험을 한국인들의 냉정함에서 오는 괴로움이라고 정리하며, 사회주의에서 비롯된다고 여겨지는 중국인의 이타심과 대비시킨다.

근데 어쨌든 우리를 다르게 보는 거 같아요. 중국 사람으로 보는 거 같아요. 그렇지 않아요? 피는 어쨌든 한 핀데. 그게 답답하지요. 어쨌든 오면 우리를 뭐 한 민족이라 이런 생각은 크게 없고 북한만 자기 민족인 것처럼. … 사실은 저희 아버지도 여기 살다가 갔고 저도 정말 이게 모국이잖아요. 한국 사람 참 그 보면 정이 있는 사람도 있지만, 참 냉정해요. 어떻게 보면 참 냉정해요. 어떤 면에서 냉정한가 하면 그 이렇게 생각해주다가도, 잘 생각해주다가도 자기네 조금 어쩐다 하면 팩 돌아서는 게 여기 있어요.

거 자기 이익이 되면 거기 홀랑 넘어가고 없으면. ··· 그래서 와서 교포들도 많이 망가진 거 같아요. 돈 그저 돈. 옛날에 중국에 그렇게 안 했어요. 우리 교육받을 때만 해도 남을 위해 살아라. 남을 위해서 좋은 일하고 내봉이라는 분이 있었어요. 중국에. 그분은 참 남을 위해 봉사했고 남을 위해 목숨 날린 분인데 전국적으로 우리 모택동이가 내봉을 따라 배우라는 거, 호소 내려 가지고 전국 방방곡곡에서 내봉 따라 배우느라고 학교 가게 되면, 그때 우리 어린 시절인데 학교 가게 되면 누구 오기 전에 먼저 들어가서 청소도 하고 의자도 망가진 거 못을 가지고 두드리고, 남한테 안 알리려고 숨기고 하려고 했어요.

**2002년 1월 10일 서울 인터뷰**


40세의 어느 조선족 2세 여성은 남편의 질병으로 빚을 지게 되자 가족을 부양하기 위해 남한에 왔다. 그녀는 한국 사람의 냉정함을 고용인들을 일회용품으로 여기는 자본주의의 논리와 연결시킨다. 그녀는 중국에서 1982년에서 1992년까지 주류 회사의 검사관으로 재직하며 현미경으로 발효와 위생을 확인하는 일을 했고, 그다음으로는 그녀의 아파트에 붙어 있는 구멍가게와 작은 카페를 운영했다. 한국에서는 보조 요리사, 점원, 식당에서 설거지 등의 일을 했다. 서울에서 중국의 시장화에 대해 대화하던 중 그녀는 한국의 자본주의로 화제를 돌렸다.

근데 내 여기 와 보면은 어떻게 할까? 사람이 인정이 별로 없어요. 그렇잖아요? 근데 우리 같은 경우는 뭐, 뭐 한 번 잘못했다, 그러면 다시 하도록 노력해라, 뭐 어째라 여긴 그런 게 없잖아요. 툭 잘라버리잖아요. 경쟁 때문에 그러겠지. 난 아무 데나 돈 주면 잘 하는 사람 쓸 수 있는데 왜 하필이면 못 하는 사람 가지고 내 머리 아프게. 우리 거기는 안 그래요. 못 해도 세 번 네 번 교육하다가 안 되면, 배워주다가 안 되면, 다른데 바꿔라. 뭐 어째라 이렇게 하지. 여기는 아니잖아요? 우리도 저기 있을 때 실장님이 우리 저녁 먹을 시간이 없으면 빵이랑 사주고 그렇게 좋아도, 우리 실장님 그거 있어요. 한 번은 다시 가르쳐줘요. 어떻게 하라고. 그래도 다음 못 하면, '오지 마. 내일부터 오지 마. 월급도 며칠 후에 와.' 이렇게 자르는 거 봤지요.

**2002년 1월 20일 서울 인터뷰**

그녀가 보기에 한국의 시장 경쟁은 "노력한 사람은 그만큼 자본이 된다"라는 점에서 그리 나쁜 것이 아니며 실제로 공정한 것이다. 그녀는 경제 자유화 이후 중국도 한국과 비슷해졌다고 생각한다. "경제개혁 이전에 중국은 집단 체제에서 모두가 같은 위치에 있었기에 노력할 필요가 없었어요. 내 부모는 10년 동안 월급을 다른 사람들과 똑같이 각각 62.80위안, 48.60위안씩 받았어요."

한국과 중국 문화에 대한 이러한 시간적 구성은 그녀의 일상을 감싸고 있다. 그 일상이란 장시간의 노동과 억눌린 스트레스에 얽매인 삶이다. 중국에서 공장 검사관으로 일할 때 그녀의 일과는 오전 일곱 시 반에서 오후 네 시 반까지 여섯 시간에서 여덟 시간이었는데, 여기에는 두 시간의 점심시간이 포함되었다. 한국에서는 한 달에 약 100만 원을 벌기 위해 그녀는 뷔페식당에서 점심식사 후 한두 시간의 휴식 시간을 제외하고는 오전 여덟 시에서 다음 날 새벽 세 시까지 꼬박 일했다. 갈비집 식당에서 오전 아홉 시부터 밤 열 시까지 일했을 때는 그나마 대우가 좋았다. 고된 노동으로 인해 한국에서 일하며 처음 몇 달 동안 그녀의 체중은 64kg에서 47kg으로 줄었으며 하혈로 고생했다. 뷔페식당에서 일할 때는 한 달에 두 번의 휴일이 있었는데, 휴일이면 공원에 밤새 앉아 있거나, 노래방에서 30분에 7,000원을 내고 처음 15분은 울다가 나머지 시간에는 큰 소리로 노래를 부르며 스트레스를 해소했다. 체중 감소, 부실한 건강 그리고 눈물과 감정적 표출, 이 모든 것은 그녀에게 치명적이지만, 그녀는 삶을 약속하는 연속적인 노동의 일상으로부터 신체와 영혼을 분리시킨다.

실제로 많은 조선족 노동자들이 한국에서 일을 시작하고 몇 달도 되지 않아 심각한 체중 감소를 겪고 영양실조, 수면 부족, 불안, 극도의 피로로 인한 만성질환을 얻게 된다. 어느 49세 여성은 첫 일자리인 입주도우미로 일하기 시작한 지 5개월이 되지 않아 체중이 20kg이나 줄었다. 이후 다른 일을 하는 동안 하혈, 정신장애, 호흡 곤란, 궤양, 귓병, 빈혈로 고생했다. 그녀는 이런 질병이 100만 원 내외를 벌기 위해 모텔 청소와 가사 돌보미 일을 견디며 사는 '짐승 같은 삶' 탓이라고 얘기한다(2002년 1월 27일 서울 인터뷰). 중국에서 시장화 정책 이전 집단 농장에서 운전사와 보일러공으로 일했던 40대 후반 남성은 한국의 돼지 농장에서 일한 지 다섯 달 만에 체중이 20kg이나 줄었으며 머리는 하얗게 세었고, 치아가 여러 개 빠지기도 했다. 돼지 농장의 고용주는 임금을 체불하지 않았지만, 폭언을 일삼았다. 그가 농장주에게 오히려 기본적인 산수와 한국어 쓰는 법을 가르쳐 주었지만, 농장주는 상스러운 말로 그를 모욕했다(2002년 1월 14일 서울 인터뷰).

## 모욕

말로 모욕을 당해서 생기는 감정적 동요는 이주노동자들의 억압된 경험을 표면으로 끌어낸다. 실제로 이러한 모욕이 가혹한 노동의 일상보다 더 견디기 힘들다는 게 이 당시 한국에 거주하는 조선족 이주노동자들 사이에서 널리 퍼져 있는 이야기다. 중국 투도 마을 출신 40대 여성은 모욕의 경험을 다음과 같이 얘기했다.

> 일단 주방에서 일하게 되면 음식이 싱거울 때도 있고 좀 짤 때도 있고 이렇게 모순이 생길 수 있잖아요? 주인이 딱 마음에 다 들게는 못 하거든요. 그렇게 되면 주인이 들어와서도 말할 때는 좋게 말하지, 이건 좀 짠데 어떻게 해 달라, 이러면 우리가 고쳐줄 수 있잖아요. 그런데 그렇지 않고 주인은 거져 음식이 조금만 맛이 틀려져도, 손님이 뭐라 이러면 들어와서 주방을 다 뒤집어놔요. 야단치고 그다음에 무슨 조금 한 마디만 말하면 대꾸질 한다고. 그저 음식 위에다 왈왈 다 뿌려버리고. 아, 스트레스 얼마나 심한지. … 진

짜 너무해요. 욕할 적에 보면, 진짜. 욕이가 상스럽거든요. … 내 나오자고 말하니까 신고하겠다구요. 그냥 신고하겠다고 하더라구요.

**2002년 1월 22일 서울 인터뷰**

그녀가 보기에 한국의 고용주들은 한국인 고용인들은 놔두고 조선족들에게만 비난을 퍼붓는다. 이것이 의미하는 바는 고용주들이 조선족 노동자들과 맺는 모욕적인 계급 관계를 민족을 매개로 하여 문화와 감정의 영역으로 이동시킬 수 있다는 것이다. 중국에서 농부였던 40세의 남성은 이주노동의 어려움을 현대적 삶을 위해 지불하는 대가로 받아들였다. 그도 관리자들의 모욕을 스트레스의 가장 심각한 원인으로 지목한다. 그는 중국에서 경제개혁 이후 담배 농장일, 전기 수리, 판매일 등 여러 일자리를 전전했는데, 위조된 1개월 사업 비자로 한국에 왔다. 그도 다른 이들처럼 중국의 담배 농장일이 한국의 건설 현장만큼이나 육체적으로 고되다고 말한다. 담배 경작의 경우, 밭에서 일하는 시기는 3개월뿐이지만 담뱃잎을 수확한 뒤에는 찌고, 말리고 가열하는 작업을 해야 한다. 담뱃잎 건조를 위해 그는 아내와 함께 3일 이상 밤낮없이 장작불을 지펴야 했다. 한국에서 조선족 남성들은 몸은 고되더라도 더 많은 일당을 주는 건설 현장을 선호한다. 이 남성은 건설 현장에서 받은 언어적 모욕으로 인한 스트레스에 대해 다음처럼 말한다.

돈을 빨리 벌고, 자금 이렇게 많이 되는 데를 선택을 하니까 (건축) 현장을 선택하죠. 현장에서 스트레스 되게 받았어요. 자재라는

거, 이거 명칭이가 할 수 있어야지요? 다 이거 영어에다가, 일어 짬
뽕해놓으니까. 이거 가져오라고 하면 이거도 모르고 저거도 모르고
욕만 존나게 먹었지요. 욕먹고 나니까 막 짜증도 나고, 어떤 때는
짜증도 나고. 나는 이게 고국 땅이라구 왔는데 왜 고국어를 안 쓰
고 하필이면 이렇게 짬뽕어를 쓰는가 하고. … 자재는 이거는 무시
기다, 한 번만 가르켜주고 뭐 그냥. 우리 사용하던 게 아니니까 그
게 자꾸 잊어지고, 잊어지고 하니까 잘 안 되던데요. … 욕도, 뭐. 욕
도 엄하게 하지요. 처음에는 집에서는 욕 그렇게 못 먹어봤던 게 정
말 어떤 날에는 기분이 안 좋은 날에는, 저 또 눈이 칼 세우는 것처
럼 이렇게 같이 올려 눈 뜨고 있으면 욕하다가도 멈추고 이래요.

**2012년 1월 21일 서울 인터뷰**

잘못하면 경찰이 개입할 수 있기 때문에 그는 이런 사건들이 싸움
으로 번지지 않도록 해야만 한다. 많은 이들처럼 그는 "아름다워요"
라고 표현하는 한국의 장점에 대해 말함으로써 모욕적인 경험들을
지워버리려 한다. 그가 언급하는 장점에는 손님에 대한 훌륭한 서비
스, 편리한 대중교통, 청결하고 환기가 잘 되는 화장실 등이 포함된
다. 그는 한국의 아름다움을 조선족과 한국인을 조화시키는 한민족
의 일반적 특징으로 격상시킨다.

교통이나 전철이 편리하죠. 화장실이라든가 이런 데 들어가면
정말 산뜻한 향기 냄새도 팍 이래 올라오고. 좌우간 우리 조선족이
본시 깨끗하게 사는 습관 있잖아요? 그러니까 우리 측에서도 집

안팎을 이렇게 깨끗하게 하고 살거든요. 여기 와서 거의 느껴요. 무슨 식당집이라던지 탁 들어가 보면 정말 이래 산뜻하게. 종업원들도 있잖아요, 산뜻하게 잘 차려입고. 맛없는 음식도 절로 막 맛이 들어오는 이런 느낌인 것 같애요. … '아, 너 여기 들어오면 무스게 제일 맛있냐?' 서로 인제 물어봐요. … 서비스가 이 집 잘해준다. 맛없는 것도 맛있는 것 같으다. 예. 동무들 보면, 언어도 아름답게 하고 음식도 더 드시겠냐고 그럴 때는 마음이가 심정이가 '아, 내 집에 왔구나!' 이런 느낌 들어갈 때가 많아요. … 한족들은 그런 태도가, 무뚝뚝한 태도가 많거든요. 우리 조선족처럼 그렇게 (사근사근한) 언어고, 그런 태도도 없거든요. … 제가 와서 느낀 건, 이전에 그랬다는 건 모르는데 지금 와서 보면 정말 조용하고, 확실히 사람이 이렇게 살아야지. 다투고 싸우고 살 거 있나?

**2012년 1월 21일 서울 인터뷰**

## 자본주의적 윤리

한국인들의 냉정함은 자본주의 윤리의 한 표현으로 물신화된다. 연길의 사우나 주인인 어느 60대 여성은 냉정함을 합리적 시간 관리의 결과라고 본다. 그녀는 한국에서 식당과 모텔에서 일했다. 식당에서는 새벽 다섯 시 반부터 자정까지 설거지를, 모텔에서는 아침 일곱 시나 여덟 시부터 자정까지 청소를 했다. 이런 가혹한 장시간 노동으로 인해 심장 통증, 심신쇠약, 탈진에 시달렸다. 그녀의 말을 들어보자.

(한국) 가서 힘든 거는 사실이고. 또 우리 이해 안 돼서 그렇지만 나도 내가 여기(연길)에 와서 영업해보니까 그게 좀 아니더라구요. 여기 사람들 생각에는, '아, 거기 사람들 참 인정머리가 없잖아요. 뭐 사정 인정 없이 그렇잖아'(라고 하지만), 그런데 내가 지금 거기하고 여기하고 갔다 와서 틀린다는 게 그거지. 우리는 여기 사람은 천천히 뭐든지 중국 사람들은 중국말로 말만 하고 급한 게 없잖아. 그러나 한국은 그거 아니잖아요? 아 그래서 여기 사람들은 일하는 데는 늘어지고 먹는 데만 빠르잖아. 그런데 한국은 그거 아니잖아요. 일 시간에는 여지없이 자기 앞에 차려진 일은 다 해야 되잖아. … 한국 사람은 오늘 일은 오늘로 끝낸다. … 오늘 일은 밤중이 돼도, 열두 시, 한 시 되어도 그거 다 끝내야 자는 거잖아? … 그래 또 우리 갔다 온 지 4년 되니까 또 제 습성 돌아와 가지고, '오늘 못 하면 천천히 내일 하지 뭐.' 그런데 거기는 그거 아니잖아. 그쵸, 경쟁이 심해서 그렇지요. 경쟁 시대 거기에서 그렇게 중국같이 되면 다 뭐 문 닫고 안 되잖아. … 아, 경쟁 시대에 남만 좀 앞서야 살아날 수 있는 것이 이것이 비결이구나. 이게 느껴지더라구요.

**2002년 5월 2일 연길 인터뷰**


그녀는 한국인들에게 속아 사기를 당하는 조선족들의 어리석음을 비난했다. 그녀는 터득한 사업 감각을 입증하듯, 자신이 소유한 사우나가 그리 크지 않고 중심가에 위치하지 않은 탓에 사우나 요금을 다른 곳에 비해 반값만 받고 청결에 최선을 다한다고 했다.

1994년 산업연수생으로 한국에 와서 2002년 건설 노동자로 일하고 있던 39세의 남성도 한국과 중국에서의 노동 윤리를 다음과 같이 적절히 비교했다.

> 거기 (중국에) 있을 적에는 낮잠 시간도 있고 하니까 낮잠 시간도 있고. 더우면 또 안 하고. 어느 정도 저녁에 조금 더 하더라도 점심시간 길게 하고. … 근데 여기서는 몇 시까지라는 건 없고 이건 둘이면 둘이 '야리끼리' 말아라, '야리끼리' 하면 2시에 끝나든 3시에 끝나든. … '야리끼리'라는 거는 책임지고 오늘 하루 내에 오늘 이거 다 해야 된다는 거.

**2002년 1월 16일 서울 인터뷰**

그가 보기에 자본주의 노동 체제는 장시간 노동보다는 합리적 시간 관리에 기반을 둔다. 건설 현장에서 벽돌을 나르다 나중에 현장의 식당에서 일했던 49세 여성도 비슷한 견해를 피력했다. 그녀의 한국에 대한 첫인상은 인정이 없다는 것이다. 서울에 사는 한국인 숙모는 그녀를 비롯해 여섯 명의 가족을 초청했으면서도 열흘 동안 작은 방 하나를 내줬을 뿐이었다. 모욕과 거친 대접을 받았지만 그녀는 한국에서 근면이라는 규율을 배웠고, 이는 그녀가 연길에서 자신의 식당을 운영하게 될 때 '지도 원리'가 되었다.

한 60세 남성은 근면과 자유, 번영을 적극적으로 받아들여 사회주의 체제나 자신들을 더 잘 대해주는 북한보다 자본주의와 한국을 옹호했다. 그는 1993년 고임금을 받던 광산직에서 은퇴한 후 북한과 러시아와 관련된 작은 무역업에 종사했고, 이후 한국에 와서 건설 현장에서 일했다. 2002년 인터뷰 당시 그는 연길에서 아파트의 경비원으로 일하고 있었다. 한국에서 일하며 6개월 안에 중개인 수수료를 전부 갚았다. 또 약 15,000달러를 저축하여 연길에서 아파트를 사고 딸과 아들이 카페와 상점을 여는 데 도움을 주었다. 그는 한국에서 받은 모욕과 처참한 대우 때문에 한국에서의 첫 해는 견딜 수 없을 정도로 힘들었다고 말한다.

교포들이 한국 사람 눈에 좀 그렇게 보이겠지요. 우리 조선족은 자기 말도 한국 사람들 못 따라가고. 너는 무슨 돈을 늦게 주거나 적게 주거나 해도 말 안 하니까. … 처음에 가 가지고 뭐 우리 같은 말하지만 말이 안 통할 때가 많아요. 특히 한국 같은 데는 일어하고 영어를 쓰니까. 뭐 평범한 말 우리 제 말 하면 뭐 95% 이상 다 알아들을 수 있는데 이 자재 같은 그런 이름, 다 영어 아니면 일본어예요. 현장에서 일할 때 여기 중국에서 말하면 방목이라구요. 뭐인가, 나무 이거 네모난 거 있잖아요. 우리 방목 나무 목재라 그렇게 말하는데. 여기 사람들은 다리끼, 오리끼, 다리끼라는 거는 조그만 거, 큰 거는 오리끼라고. 그다음에 철사를 쇠줄이지요? 뭐 조선말로, 한국말로 철사라 하면 다 알아듣는데 하필이면 반상이라 그렇게 쓰지요. … 한 30대 되는 사람들 반장질하고 그러면 성질이 '이따위로 하는 거야?' 반말을 쓰는 거예요. 중국에는 그렇게 말하면 안 돼요.

**2002년 5월 1일 연길 인터뷰**

그렇지만 그는 한국을 쉽게 무시하려 하지 않았다. 1980년대 이래 북한 정부는 조선족들이 친지 방문이란 명목으로 소규모 무역을 할 수 있도록 허락했으며 그의 부모는 북한 출신이기도 했다. 그렇지만 그는 한국에 좀더 애착을 가지고 있는데, 그것은 북한이 낡은 정치적·경제적 체제를 유지하며 아직 시장 개혁을 시작하지 않았기 때문이라고 말한다. 그는 다음과 같이 사회주의와 자본주의를 비교한다.

옛날에는 평균적으로 못살아도 다 같이 못살고 잘살아도 다 같이 잘살고 그렇지요. 그거 아시지요? 근데 지금은 자기 능력에 따라 일하면 잘살 수 있고. 뭐 지금은 능력 없는 사람은 뭐 정말 힘들고 그렇잖아요. 이게 어떻게 말하면 좋은데, 능력에 따라서 잘사는 사람은 좋은데, 능력이 남보다 약하거나 능력이 없는 사람들은 그게 또 좋다고 말 못 하죠. 그래도 옛날이 좋다 이렇게 말하거든요.

그런 사람도 있어요. 그래도 나는 지금이 좋다고 생각해요. 흡족하지는 못해도 옛날보다는 살기가 낫구나. 이 정도로 생각해요. … 어떤 사람들은 5~6년, 7~8년 심지어 10년 되는 사람들 돌아올 돈이 없어서 못 돌아오는 사람 많거든요. 왕창 쓰고 노니까. 거 뭐 얼마 벌면 얼마 다 써 버리니까. 정말 다시 두 번 다시 생각해서 그렇게 하지 말라. 내 꼼꼼히 생각해보란 그 말이지. 내 왜 한국에 갔는가? 누구를 위하여? 무엇 때문에? 이거 한 번 더 생각해보라는 나는 그거를 부탁하고 싶어요. 그렇게 힘들게 번 돈 여기 한국 갔다 온 사람들이 아까도 제가 말했지만 성공률이 100분의 50도 될까 말까니까. … 나는 이렇게 다시 한번 부탁하고 싶어요. 돈 맹땅 쓰지 말라. 가치 있게 써라.

**2002년 5월 1일 연길 인터뷰**

　'서비스'라는 말은 조선족들이 한국에서 일한 경험을 비교하며 말할 때 자주 등장하는 단어이다. 내가 2002년 초에 만난 42세 남성은 손님에게 좋은 서비스를 제공하는 미덕을 아래와 같이 묘사하였다. 그는 90년대 중반 '이경호'라는 가명으로 아이스크림 제조기를 산다는 핑계로 남한에 왔다. 하루만에 이경호라는 사람의 가족사, 직업, 그의 사업에 관한 세부적 내용 같은 개인적 정보들을 암기해야 했다. 학원에서 4개월간의 유급 직업훈련을 거쳐 5년간 사우나에서 청소일을 하여, 1년 안에 한국에 오는 데 든 브로커 비용 때문에 진 빚을 갚았다. 그러고 나서 2002년 초까지 어머니에게 약 20,000달러를 보냈다. 그는 일하다 죽는 한이 있더라도 돈을 벌어 저축하려는 그의 결심에 대해 다음과 같이 말한다.

　　내가 쓰러지는 한이 있더라도 열심히 일하면 안 될 게 없다는 정신으로 열심히 했어요. 담배는 나 여기 와서 다 끊었어요. 왜 그러는가 하면, 내가 때밀이를 할 때 손님이라는 게 안 좋아하더라구. 담배 냄새는. 아, 이게 내가 돈 벌라고 왔지. 내가 아무리 힘들어도 손님에 대해서는 서비스 정신을 발휘해서 때를 다 밀고도 이거 마사지 같은 거 공짜로 해줘요. … 사회주의라는 게 그때 당시에는 뭐 좋은 점이라는 게, 그러니까 모 주석 시대에는 굶어 죽는 게 없었어요. 그게 부러워하는 사람들이고. … 근데 사회주의 시대 나는 별로 뭐 흥취 없어요. … 그래도 그때 당시에는 남보다 잘 입게 되면 그러 뭐 보지요. 그 사람이 뭐 담배라도 좋은 거 피웠다 하면 그게 부럽고. … 옷도 참 희한하게 입으면 돈도 뭐 신경 안 쓰지만, 그래도 돈도 벌어 잘사는 사람들을 부러워했지요. 지금 그래도 고생을 해도 났어요. 여기 와 피땀 흘려 버는 게 났지. … 한국에는 길거리에 돈이 딜딜딜 굴러다니는 생각했댔어. 돈이 오면 막 거저 걸리는가 했더니만 아니에요. 제 노력으로 피땀으로 해야 돈을 봐도 걸리는 거예요. 나는 이렇게까지 힘든 줄 몰랐어요.

**2002년 1월 11일 서울 인터뷰**

저축이 자연스러워지는 것은 착취적 관계와 고된 노동을 감내할 만한 일상의 즐거움으로 전환시키는 문화적 논리를 통해서이다. 이경호는 다음과 같이 이어 말한다.

내가 돈을 벌러 왔으면 돈을 벌자 하는 마음으로 내가 한 거예요. 내가 어쨌든 이왕 돈을 벌러 왔으니까 돈 벌고 보자. 옛날에 노인네 속담 있잖아요? 자꾸만 어디 가고 싶어도 가기 싫은 게, 쥐도 한 구멍에 구멍 뚫으면 된다고. 여러 개 구멍 파 봐야 아무것도 없잖아요? … 원래 빚 갚으면 나 집에 가려고 했던 게 빚도 다 갚고 나니까 이제부터 이게 내 돈이다 하고 생각하니까 또 힘이 나더라구. 그다음부터 돈 모으는 재미가 영 재미있더라구. 자꾸만 내가 정말 사흘에 한 번 은행 가서 저축했어요. 돈을 거저 40~50만 원씩 이래이래 그냥 은행 가서. … 저도 집에 가서 약간 돈을 벌면 목욕

탕, 이거 좀 해볼까 하는 생각이 있어요. 쓰러지는 정신만 발휘하면 뭐든지 안 될 게 없잖아요?

**2002년 1월 11일 서울 인터뷰**

2008년 필자는 그가 중국으로 돌아가 북한 인근의 훈춘시와 나진-선봉 경제특구에 투자하다 큰돈을 잃었고, 무역을 위해 북한을 자주 넘나든다는 소식을 들었다.

그의 표현에 따르면 한국에서 조선족 이주노동자들은 '초롱 안에 갇힌 새'의 존재와 같다. 그는 영화를 보거나 시간을 내어 친구를 만난 적이 없다. 당연한 즐거움을 위해 여행을 해본 적도 없으며, 그저 지하 셋방과 일터 사이를 시계추처럼 오가기만 했다. 일터에서 일하는 동안 계속 물에 노출되어 엄지발가락에 피부질환이 생겼고, 그 때문에 절뚝거리며 걸어야 했다. 그가 눅눅한 셋방 벽의 거무튀튀한 곰팡이에 노출되는 것이 그렇듯이, 그의 피부질환과 절뚝거림은 현재와 미래의 불연속성을 드러낸다. 40대 후반의 한 여성도 쉴 시간도 외출할 시간도 없는 남한에서의 '감옥 같은' 삶에 대해 말한다. 그녀는 처음에 5층짜리 모텔에서 새벽 여섯 시부터 자정까지 38개의 객실을 청소했고, 그다음에는 식당에서 오전 아홉 시에서 오후 다섯 시까지 일하다 나중에는 건설 현장 식당에서 새벽 다섯 시부터 밤 열 시까지 주방 보조와 설거지를 했다. 첫 일터인 모텔에서는 하루 종일 계단을 오르내리며 객실 청소를 했다. 계속하다 보니 더는 제대로 걸을 수가 없어 다리를 끌며 다녀야 했다. 이 이야기는 남한에서 청소일을 하는 조선족 여성 사이에서 흔하다. 그녀는 이런 괴로움을 남한의 하루, 이틀의 보수가 중국에서 그녀의 한 달 수입과 비슷하다는 것을 상기하며 견뎠다. 그녀는 이런 어려움 속에서 검약과 저축의 미덕을 배웠다며 자신의 노동 경험을 긍정적으로 해석했다.

나는 어쨌든 간 갈 때 희망은 나도 한번 좀 돈도 벌어보고 이래 좀 나가서 사회를 좀 떠돌아다니면서 좀 학습할 것도 있고 이렇게 하자. 또 한국도 우리 만치 많이 발전한 나란데 가서 좀 봐야 되겠다, 이래 가지고 가게 됐는데 일하는 과정에서 학습한 것도 많고. 이 특히 우리 조선족들이 생활 방면에서 어떻게 해야 되겠는가? 내 이런 거는 내 진심의 말인데, 우리 중국에서 사는 우리 조선족들 보면 아주 여기서 잘 먹고 행복하게 자유롭게 산다 하지만은 이 절약하는 이런 방면에서, 근검하게 생활하는 방면에서 보면 한국 사람들 따르지 못하겠다, 이런 게 있었습니다.

첫 번에 나가서는 이해가 안 됐어요. 한국이 먹는 방면에서. 아, 한국이 우리보다 많이 발전했는데, 이 먹는 방면에서는 우리보다 덜하다 이런 생각이 있었는데, 결국 오래서 보니까 그게 사는 게 아니지요. 처음에는 그랬어요. 처음에는 정말 식당에서 일해보니까 배춧잎이라 배추도, 중국에서는 그런 배추가 그저 밭에 가득 죽 있는데, 중국에 사람들은 이거 하나도 거둬 먹지도 않고. 우리도 60년대에는 그거 먹었지요. 근데 지금은 그렇게 안 먹어요.

**2002년 5월 5일 연길 인터뷰**

그녀를 놀라게 한 또 하나는 '웰빙'의 유행이다. 한국 사람들은 조선족이 중국에서 거들떠보지도 않았을 온갖 산나물을 먹고, 식당 주인은 중국에서는 버릴 만한 신김치로 찌개를 만들어 먹는 것이었다. 그녀는 조선족들이 한국인들로부터 검약을 배워야 한다고 보았다. 그녀의 한국 문화에 대한 존중은 그녀의 고통스러운 노동의 경험을 덮어버리고 자본주의 체제를 원만하게 포용하게 한다. 그녀는 북한은 중국이 70년대 말에 경제개혁을 하여 경제 발전을 촉진하고, 조선족들이 한국을 방문하고 일할 수 있도록 했듯이 반드시 경제개혁을 해야 한다고 생각한다. 자본주의 윤리 습득의 가치는 이주노동이 가져다준 궤양이나 설사, 근육 마비와 같은 만성적 질병과 고통을 상쇄하고도 남는다.

이동성의 회복은 조선족이 자신의 신체를 자본에 의해 성립된 기나긴 사회적 필요시간의 노동 기계로 변모시킬 때, 자신에 대한 주권을 드러내는데, 이때 (자유) 이동권을 주장하게 된다. 미등록 이주노동자로서 이들은 임금과 노동조건에서 한국인 노동자들과 대립적인 위치에 놓여 있다. 이들은 자신들이 경험하는 노동강도는 중국에서 농장이나 공장에서 해왔던 장시간의 고된 노동과 다를 바 없기에 할 만하다고 말한다. 자본의 가치증식이 노동력의 재생산에 의존할 때 이들은 자신의 노동력을 위협하는 조건 아래서 노동을 하는 것이다. 미래의 꿈을 위해 송금하고 저축하는 것은 이주노동을 통해 시장에서의 불확실성과 싸우며 중국에서 새로운 삶을 창출하는 핵심적인 방법이다. 이들은 이런 식으로 노동 착취에 내재한 죽음을 삶으로 전환하고 자본의 축적 욕망을 만족시키며, 위기로 점철된 자본주의적 축적의 논리를 은폐한다. 그렇지만 죽음은 잉여를 창조한다. 이들의 불법적 신분은 역설적으로 자주 일터를 바꿈으로써 자신들의 신체에 대한 자주권을 행사하도록 한다. 필자가 인터뷰한 사람들은 보통 한국에서 2~3년 머무는 동안 4~6개의 다른 일을 했는데, 각 일을 한 기간은 몇 주 혹은 몇 달에서 길어야 1년 미만이었다. 일자리를 바꾸는 주된 이유는 육체적 고됨과 낮은 임금 그리고 임금 체불이었다. 하지만 심리적 스트레스와 고립감도 중요한 요인이 되었다. 이들의 불법체류 신분은 실제로 일자리를 쉽게 바꿀 수 있도록 만드는데, 이것을 자신의 정체성을 보호하고 위치를 확고히 하는 수단으로 여기는 이들조차 있었다. 한국의 고용주에게는 노동시장에서의 이러한 빈번한 이직은 자본축적을 통한 가치증식의 안정성을 위협한다. 국가가 죽음을 제거하는 데 있어 한계에 봉착하듯, 고용주는 자신의 자본을 가치증식하는 한계와 마주하게 된다. 최근 탈산업사회에서 말하는 노동의 '실재적 포섭'(Hardt and Negri 2001)에 대한 가정은 과장된 것이다

조선족들이 미래의 삶을 생산하는 과정에서 억압하는 주체성은 그들의 신체적 증상과 감수성에서 드러난다.[22] 질병, 피부질환, 체중 감소, 곰팡이 균을 호흡하여 생기는 폐질환은 현재라는 시간을 신체적 기억으로 각인시킨다. 이들은 노래를 부르고 울면서 외로움과 가족과의 이별, 모욕 그리고 신체적·정신적 탈진으로 인해 억눌린

---

[22] 조선족 여성들의 질병, 죽음, 장애와 같은 신체적 증상에서 이들의 주체성을 통찰력 있게 해석한 작업으로는 이미림(2011)을 참조할 것

감정을 풀어낸다. 언어폭력은 시간과 기억을 감각적으로 경험하도록 하는데, 이로 인해 한국에서의 생활은 미래라는 시간으로 구축되지 못한다. 욕설은 한국과의 정동적 동질감을 파괴한다. 조선족 노동자들이 자신을 모욕한 사람을 거칠게 비난하는 이유는 미래의 삶을 향한 이들의 결심에 균열이 생겼음을 시사하며, 자신의 상품화됨을 직관적 무의식으로 드러내는 행위이다. 신체적 감각과 언어의 몽타주는 과거에서 현재 그리고 미래로 이어지는 상상의 시간적 연속성을 방해한다. 이는 하나의 통합체로 완성되지 못한 채 일상의 경험에서 복합성과 모순을 두드러지게 한다. 이 몽타주는 일상에서 죽음충동을 억압하면서도 죽음의 징표를 몸과 감정에 지니며 사는 조선족 이주노동자들의 수행적 행위를 드러낸다. 일상에서 이들의 존재는 현재와 미래의 시간에서 삶이 동시에 구성되면서 암호가 되고, 죽음이 일상적으로 신체에 각인되는 경험이 된다. 이들의 경험은 마음과 감정, 신체의 표면과 감각들이 탈신체화하면서 분열된다. 서사의 시간 그리고 의식적·무의식적 감각들의 시간이 어긋나는 경험은 자본 아래 노동의 실재적 포섭이 불가능함을 의미한다.

# 4 ──────── 역사적 무의식: 재현되는 이중국적

조선족들은 자본주의적 모험을 통해 민족적 정체성을 디아스포라 주체로서 갖는 자주권의 최전선으로 재구성했다. 이들의 민족성(ethnicity)과 국적(nationality)은 미등록 이주노동자로서의 경험과 분리될 수 없는 것으로 상품화되었다. 조선족은 2004년 '재외동포 취업관리제도'가 시행되며 취업이 합법화되기 시작할 때까지 통상적으로 위조 서류를 이용해 한국에서 일했다. 이는 민족에 기반한 국적의 새로운 시공간을 구성하는 것으로 이들의 역사의식을 내포한다. 이들의 디아스포라 정체성은 이중국적을 수반하고, 이는 자신의 역사에서 반복되는 이성과 정동의 전체성의 관점에서 구성된다. 이들은 보통 하나의 나라를 선택하기보다 이성과 정동이라는 측면에서 두 나라 모두와의 관계를 규정한다. 5장에서 다루겠지만 50년대와 60년대에 중국 국민이 된다는 것은 이성적인 결정으로, 이에 반해 조선에 대한 애착에는 감성적 특성을 부여했다. 2000년대에는 이성과 정동을 이전과 뒤바꿈으로써, 그들의 중국인으로서 아이덴티티는 정동적인 특성이 되고, 한국인으로서 아이덴티티는 이성적인 특성이 된다. 한 나라와 자신을 동일시하거나 이 나라 말고 저 나라를 저버리는 행위는 완결된 것도, 고정된 것도 아니다. 두 나라와 동시적으로 애착관계를 설정하여 자신들의 유동적인 민족적 정체성으로 공동체를 향한 채워지지 않은 욕망을 만족시키려 한다. 이중국적을 구사함에 있어서 두 나라 사이의 배치가 뒤바뀌는 것은 이들이 중대한 변화에 적응하면서도 자신의 삶에 균열을 일으키지 않으려는 디아스포라적 행위 주체임을 보여준다.

## 한국의 원형화

한국을 고국으로 상상함으로써 조선족의 상품화는 (종족적) 민족(ethnic nation)으로 전도된다. 1940년대부터 1980년대 말까지 조선족은 북한을 고국으로 생각했다. 이는 연변자치구의 한인들 대부분이 한반도 북쪽에서 이주했고, 또한 중국이 1992년 한국과 외교 관계를 맺는 조약을 체결할 때까지는 북한을 한반도의 유일한 합법적 국가로 인정했었기 때문이다. 90년대에 들어서 조선족은 북한을 사회주의적 과거에 고착되어 있다고 간주하게 되었다. 국경 지역과 북한의 항구를 연결하는 국가 간 발전 기획에 깊은 관심을 표명하지만 조선족이 동일시하는 것은 한국 사람들이다. 코마로프 부부의 연구(Comaroff and Comaroff 2009)에 따르면 상품 교역이 종족 집단을 만드는 것이지 그 역(逆)이 아니다. 이들의 연구에 의하면 미국과 아프리카의 원주민들은 카지노 운영과 자연 자원과 자신들의 문화적 관습에 대한 지적 재산권 획득에서 오는 경제적 이해를 바탕으로 자신들의 주권을 표현하는 새로운 언어를 만들어낸다. 자본주의적 사업은 원주민들로 하여금 그들의 종족적 정체성을 본질화하고, 자신들의 문화를 정형화된 형태로 규정하도록 한다. 코마로프 부부에 의하면 이러한 물화(物化)에도 불구하고 미국 원주민들은 경제적 이익을 교육에 투자해 젊은 세대의 종족적 정체성을 공고히 하고, 로비 활동과 주정부를 상대로 한 소송을 통해 주권을 강화했다. 마찬가지로 조선족의 자본주의적 열망이 한국을 고국으로 바라보도록 한 것이지, 그 역이 아니다. 한국을 '고국'으로 원형화하고 이를 형언 불가능한 감정과 연결시키는 일은 조선족 사회가 사회주의의 약속을 상품화하는 '자본주의적 전이'를 경험하며 일어난다. 그런데 이러한 원형화는 역설적으로 조선족의 현재를 미래지향적이면서 동시에 불확실하게 변모시킨다.

혈연관계가 그 자체로 자연스레 한국과의 정서적 애착을 만들어내지 않으며 이는 1세대 조선족들에게도 해당한다. 냉전기 수십 년간의 이별을 반추하며 한국에 거주하는 가족과 친척들을 찾는다고 해서 갑자기 일체감과 소속감이 생겨나는 것은 아니다. 예를 들어 80년대 말에 어느 1세대 조선족 할머니가 한국에 사는 형제의 소식을 듣고 서신을 교환하게 되었다. 처음에는 살아 있다는 소식을 들은 것으로 만족했다. 몇 년이 지난 후에야 조카들의 초대로 한국을 방문했고 이후에 브로커의 도움으로 다시 일을 하러 갔다(2002년 5월 2일 연길 인터뷰). 많은 조선족들에게 한국은 일해서 돈을 벌어 오는 나라에 지나지 않는다. 『림덕실: 녀 불법체류자의 일기』(림덕실 2000)는 전직 교사가 기록한 이주노동의 기록이다. 이 책에 고국으로서의 한국에 대한 감상은 전혀 없다. 오히려 외국에 이주노동자로 살며 겪은 향수병과 한국어에 대한 어색함, 체포와 추방에 대한 두려움, '노예 같은' 노동조건 등 여러 어려움을 기록하고 있다.

한국은 자본축적의 욕망과 결합될 때 하나의 환등상이 되어 어둠 속에 등장하는 해처럼 자신의 삶을 순식간에 바꿀 수 있는 장소로 상상된다. 한국에서는 돈이 마치 하늘에서 떨어지거나 길거리에 널려진 돌처럼 손쉽게 벌 수 있고, 온갖 물건이 거리마다 쌓여 있어 아무나 쉽게 손에 넣을 수 있다고 생각한다(2002년 1월 20일 서울 인터뷰). 1988년 대중매체를 통한 서울올림픽의 보도를 통해 조선족들은 처음으로 한국의 눈부신 이미지를 접하게 되었다.

42세 조선족 2세 여성은 홍콩에서 비디오로 서울올림픽을 본 인상을 다음과 같이 피력했다. "참 이렇게 무대 장식이 아름답고 사람들이, 아가씨들 얼마나 아름다워요? 참 한국 사회가 자본주의 사회인데 저렇게 좋아졌을까? 사람 사는 게 우리하고 똑같을까, 어떨까? 호기심이 가잖아요"(2002년 1월 17일 서울 인터뷰). 중국에서 사무직으로 일했던 45세의 2세 조선족 남성은 1990년 아버지와 고모들과의 짧은 한국 방문 기간을 통해 바뀌게 된 한국에 대한 인상을 다음과 같이 말한다.

민족에 대한 거는, 조선 민족에 대한 거는 솔직히 말해서 그때까지는 제가 인식이 부족해 그런지 그렇게 그쪽까지는 아직도 그렇게 인식이 좀 많이 안 간 편이지요. … 저는 중국에서 태어났으니까 솔직히 말해서 이거 대한민국에 대한 감정이 없잖아요, 예? … 직접 그때 내가 와 보니까는 아, 이 정말 민주국가가 그토록 우리가 학교 교당에서 책에서 배운 거 하고는 완전히 틀리구나. 정말 모든 경제 면에서나 국민들의 문화 수준 면에서나 사회 질서 면에서나 참, 사람들이 수준도 높고, 생각하는 거 하고는 전혀 틀리구나 하는 느낌이 가더라구요. … 친척들은 공항까지 나와 가지고서는 정말 그 분위기 놓고 말하면 왜 말로는 다 형용 못 하겠는데 참 저로서는 느낌이 많이 들더라구요. '아, 혈육관계라는 게 바로 이래서 혈육관계구나!' 제가 그렇게 느끼게 됐어요. … 아버지를 모시고 중국으로 다시 돌아간 후부터는 맘이 진정이, 안정이 안 되더라구요. 비로소 그때 고국 땅에 왔다 간 후로 새로운 인생관이라고 할까? 사람이 이런 식으로 살면 너무 자기 인생을 허무하게 보내는 거 아니냐? 실제적인 사업이나 좀 해 가지고 돈이나 벌고 자식들이나 좀 출세시키고. 그런 생각이 그때부터 머릿속에 점차적으로 생기더라구요.

**2002월 1월 18일 서울 인터뷰**

그는 한국을 보고 느낀 바가 있어 말레이시아로 건너가 일을 했고, 연길에서 식당을 운영하다가 두 아들의 더 나은 교육을 위해 한국에서 와서 일을 하게 되었다. 그가 고국이라 여긴 한국에서 일하며 겪은 차별에 대해 다음과 같이 말한다.

저도 인제는 좀 한국에 와서 적응되고 생활상에 적응되고 언어 면에서도 다소나마 지금 적응되다보니까 저를 교포라 내가 얘기 안 한 이상 그분들이 교포라고 못 보더라구요. 다 같은 한국인이라하는데, 그 일단 봉급이랑 말할까 돈 결제할 때 말하면 주민등록증 복사증을 달라 하는 경우가 많아요. 저희 놓고 말하면 그런 게 없잖아요. 제가 중국서 왔고 교포니까. 그럼 제가 그때가 인제 부득불 얘기해야 되는 거예요. 나는 교포다. 그럼 그 말 듣는 그 순간부터 이분들이 벌써 보는 시각이 틀려요. … 일단 교포로 밝힌 담부터는 일하는 도중에서도 힘든 일은 자기네가 덜 할라 하고 우리를 좀더 시킬라 하고 더 부려 먹을라 하고. … 그다음 결제 면에서는 어쨌는 가 하면 좀 늦게 줄라고 돈을 좀 늦게 줄라고. …

한쪽으로는 고된 노동을 하면서도, 일단 일터를 떠나 집으로 오는 길에서는 저 맘이 늘상 불안하지요. 뭐, 단속에 걸릴까 봐.… 그래서 내가 느낀 점이 불법체류자라는 게 정말 정말 쉽지 않구나. 낮에는 거의 노동해야 하고, 그리고 돌아오는 길에는 늘상 거저 단속에 걸릴까 봐 맘이 불안해 있고. 집에 와서는 생활하는 게, 먹는 거란 게 정말 너무나 험하고. … 제가 정말 고국 땅에 온 거 아니에요? 옛날에 우리 할아버지, 아버지가 살던 고국 땅인데 지금 고향에 정말 그 뒤뜰에 아버지가 옛날에 심었던 감나무가 아직도 살아 있어요. 그러니까 내가 이거 아버지, 할아버지 살던 고국 땅에 왔는데, 내가 이거 무엇 때문에 불법체류자라는 딱지를 걸머지고 지내야 하는가? 벌써 불법체류자, 이거 말 그대로 말하면 법을 위반한 사람인데 그럼 내가 죄인이 아니냐? 내가 대체 무슨 죄를 졌냐?

**2002년 1월 18일 서울 인터뷰**


그는 공장에서 두세 명의 조선족을 포함한 10여 명의 외국인 노동자들과 나란히 알루미늄을 녹여 자동차 부품을 주조하는 일을 했다. 그러다 용해된 금속에서 튀는 불꽃으로 인해 얼굴과 팔에 화상을 입곤 했다. 그는 한국을 자신들을 낳은 생모, 그리고 중국을 자신들을 키운 입양모라는 개념을 빌려 말했다. 이 비유는 한국인과 조선족 모두에게 아주 익숙한 것이다. 그에 따르면 가난 때문에 다른 가족에게 입양되거나 시집갈 수밖에 없었던 자식을 이제 와서 인정하지 않는 것은 잘못된 일이다. 조선족연합회의 주요 회원으로서 그는 자신의 권리에 대해 다음과 같이 얘기한다.

> 응당히 우리가 찾아야 할 권리를 찾아야 돼요. 물론 우리가 고국 땅에 와 가지고 큰소리치는 게 아니라 솔직히 말해서 고국 땅에서 우리 한국 정부도 국민들도 정말 이렇게까지 경제적으로 성장시킬려고 많이 애썼지요. 정말 허리띠를 졸라매고, 많은 고생도 하시고 정말 이랬는데, 그때는 우리가 도움 못 줬죠. 솔직히 말해서. 왜냐하면 우리가 그때는 도움 줄래도 줄 수가 없었어요. 왜냐하면 서로 체제적으로 틀리니까 한쪽에는 민주국가, 자본주의 민주국가고 한쪽에는 사회주의 국가니까. … 그거는 지난 얘기고 단지 그래도 같은 혈통은 아닌가? 고국 땅에 왔는데 내가 응당히 찾아올 고국 땅에 와 가지고서는, 또 고국 땅에 와서 우리가 스스로 우리 피와 땀으로 노동으로 돈을 벌자 하는데 이게 무슨 죄가 있냐? 그럼 우리 피와 땀으로 노동을 벌고 땀으로 돈을 버는데 그럼 우리가 그만큼 노동, 노동적인 가치를 창조하는 게 아니냐?
>
> **2002년 1월 18일 서울 인터뷰**

조선족이 한국을 자본주의의 최전선으로 상상하기 시작하면서 냉전기의 적대감은 순식간에 사라졌다. 한 조선족 2세 여성은 한국에서 돌아온 사람들이 순식간에 부유해지는 것 같아, 그것이 부러워서 한국에서 일하고 싶은 열망이 생겼다고 말했다(2002년 1월 20일 서울 인터뷰). 한국에 와서 일하겠다는 흑룡강성 출신인 64세 여성의 결정 뒤에는 다음과 같이 자본주의적 욕망이 넘친다.

> 개방해 가지고서는 거의 십 년 동안 미장원도 하고 그다음에 식당도 하고 하바로프스크에 가서 옷 장사도 하고. 저는 내 하고 싶은 사업을 하고. 그래 사업을 하다 보니까 한국 다니시는 분들도 많고, 또 저보다도 생활 수준이 더 높아지더라구요, 그분들이. 그러니까 나도 좀 우리 고향에 가고 싶은 마음도 있고, 돈도 좀더 벌고 싶은 마음이 있고. … 처음에는 말도 안 통하고 (중국으로 돌아)가고 싶은 생각이 많더라구요. 근데 한 해 두 해 이렇게 있으니까 그 맘이 좀 사라지고, 어쨌나 자유 왕래해 가지고 한 번이라도 갔다 왔으면 하는 생각이 들고. … 누가 나를 신고해서 간다면 나는 꼭 대항해서 나는 말을 하고 가겠다는 맘이 들더라구요. 왜 내 나라, 내 집, 내 고향 같은 내 고향에 왔는데 왜 보내느냐?
>
> **2002년 1월 16일, 서울 인터뷰**

이 여성은 처음 한국에 도착했을 때는 한국에 무관심했지만 조선족이 한국에서 민족의 구성원임을 열성적으로 주장하게 되었다. 그녀는 조선족을 중국인으로 보는 것에 반대하며 자신을 한국인이라고 칭했다.

　　내 가정집에서 일하는데 일을 하면 왜 한국말을 그래 잘하는가
하고 그래요. 우리는 중국 사람 아니고 교폽니다. 우리도 한국에서
다 우리 조상들이 간 그 자녀들인데 왜 한국말을 모르겠어요? 아,
그런가 하고. … 그럴 때마다 아 이분들이 머릿속에는 우리를 중국
사람으로 생각한다는 거, 그 맘이 들더라구요. 그럴 적마다 나는
한국 사람이고 우리 아버지 어머니가 다 한국 분인데 왜 그러세요,
하는 거죠.

**2002년 1월 16일 서울 인터뷰**

　投병 중인 남편과 이혼하고 한국 사람과 위장 결혼하여 90년대
말에 한국에 온 47세의 농부였던 이는 다음처럼 회고한다.

　　돈을 벌게 되어 갖고 더 벌 욕심으로 탄광을 했어요. 탄광이라
는 게 석탄을 캐는 굴(탄광)을 샀거든요. … 빚을 지게 되고 자꾸
남의 이자는 줘야 하지. 그래서 택한 게 거기서 죽는가 사는가 하
는 거보다도 그래도 사는 길이 낫겠다. 낫자면 한국 와야 살겠다. 어
쨌든 여기 오면 돈은 많이 벌잖아요. … 제가 택하는 게 위장 결혼
을 택했어요. 그래서 그때 올 때는 당시는 위장 결혼한 사람 참 수
치스럽고, 사회적으로 그 사람에 대해서 많이 저주하는 그런 인식
이 됐어요.

**2004년 6월 14일 서울 인터뷰**

여기서 '어쨌든'이란 표현은 민족적 감상에 대한 무관심 혹은 심리적 초연함을 내포한 것으로 이에 주목할 필요가 있다. 그녀는 노점상과 설거지 일로 생계를 이어 갔고, 조선족연합회의 회장이 되었다.

한국을 물화하는 것은 조선족들이 같은 혈통의 일원으로 인정받고자 하는 욕망을 가리킨다. 이 욕망은 고된 노동보다 언어폭력이 더 견디기 어렵다는 이들의 서사 전반을 관통하고 있다. 이러한 인정욕망은 이들의 한국에 대한 무의식적인 객체화를 허물어뜨리기에 한국인들의 언어폭력은 이들에게 더 큰 트라우마를 남긴다. 이들은 「재외동포법」 개정 운동과 한국 국적 회복 운동에 참여하면서 한국의 사회운동가들과 갈등을 일으키는데, 이러한 물화는 이들이 왜 혼란스럽게도 한국과 동일시하는지를 설명한다.

## 중국의 원형화

한국인들의 무시로 인해 조선족들은 자신들이 상상한 이중국적을 한국과 중국을 각각 이성과 정동의 틀로 전도시켜 재구성한다. 이러한 재배치는 또다시 현재의 시간성, 즉 한인들의 이주노동을 포함하는 지구적 자본주의 네트워크를 민족의 영역으로 옮겨버린다. 합리성과 감정을 대립시키는 전형적인 근대적 표현 방식을 통해 조선족은 이중국적을 서사화한다. 조선족 이주노동자들은 한국인 고용주를 근대적이고 따라서 인정이 없다고 여기는 동시에 중국의 자연과 전근대적인 모습에 공감하고 이에 동일시한다. 38세의 한 조선족 2세 여성은 상당히 주저했지만 중국에는 여전히 타인에 대한 동정심이 남아 있기 때문에 중국을 자신의 고국으로 간주했다. 그녀는 한국에서 한 식당에서 설거지 일을 했는데, 2교대로 열세 시간을 일하며 하루에 9만 원 정도를 벌었다. 다음은 필자가 한국에서 만나 중국과 한국에 대해 어떻게 생각하느냐고 물으며 시작한 그녀와의 대화이다.

태어났으니까 살아온 터전이고 권리는 있다 하지만, 소수민족의 권리는 이렇게 다 가지고 있는 거는 아니잖아요. 그 사람들은 우리가 중국에 산다뿐이지 남의 나라에 가서 사는 격이잖아요? 그렇지요.

[박: 거기서 태어나도 그런 생각이 들어요?]

남의 나라에 산다. 뭐든지 사람이 그렇지요. 주장을 하니까.

[박: 자기 나라는 어디인 것 같으세요?]

모르겠어요. 아직은.

[박: 한국인 것 같으세요?]

나야 뭐, 한국에 할아버지가 태어났으니까 한국으로 인정을 하고 있지만, 중국에서 컸잖아요. 먹고 배우고 이만큼 컸으니까, 어디를 선택을 할까, 이런 생각이 나더라구요.

[박: 여기서도 살 수는 있을 거 같구요?]

예. 살 수 있을 거 같아요.

[박: 한국 사회의 어떤 점이 마음에 드세요? 문제점은 어떤 거라고 생각을 하시고.]

그게 이해가 안 되더라구요. 다른 거는 다 좋은데 생활해보면서.

평상시 생활하기 참 좋잖아요? 집 안에 가보면 가스렌지 있고 보일러 켜면 나오고 자동으로 나오잖아요. 그런 거는 좋은데, 사회적으로 볼 때 우리가 배운 문화보다도 여기 애들이 좀 개방적으로, 성적으로도 개방되었잖아요? 그런데 지금 10대 애들을 가만히 보면 담배를 피우고 있잖아요? 담배를 피우고 있고, 너무 애들이 애들 같지를 않고. … 좋기는 좋은데. 생활이 편리하니까.… 자유 왕래만 되면은 여기다가 집을 잡아 놓고, 왔다 갔다 돈도 좀 벌어서 쓸 수 있고, 여기 와 있고 살고 싶지는 않아요. 그래도 내가 살던 고향이 중국인데, 거기 인정이 있고.

**2002년 1월 17일 서울 인터뷰**

한국에서 일했었고 그 이후에 연길에서 사업으로 성공한 60대 여성은 이 여성과 비슷하게 한국 사람은 '인색하다'라는 말로 그리고 중국 사람은 '마음이 따뜻하다'라는 표현으로 대비시킨다. 그 예로 그녀는 한 부유한 노인 한국인 여성을 수십 년 만에 북한에 사는 여동생과 만나게 해주었는데, 이 한국인 여성은 고맙다고 말하지도 않고 중개비로 고작 300달러를 자신에게 줬다고 했다(2002년 5월 6일 연길 인터뷰). 49세 하북 출신 조선족 2세 여성은 한국에서 고된 노동과 노예 같은 취급을 받으며 한국이 고국이라는 감정이 없어져 버렸고, 조선족이 자유롭게 한족 중국인과 '정'을 나누는 중국이 자신의 고향이 되었다. 그녀는 다음처럼 말한다.

처음에는 이 한국에 오니 정말 우리 고향이구나, 첫 땅을 디디니까 정말 기분이 후쭐하더만, 이 고생 속에서 저는 털끝 만한 것도 한국에 남겨주고 싶은 것이 없어요. … 중국에서는 우리가 열심히 살기 위해서 고생을 했다지만 이래 마음 걱정은 안 하고 살았거든요. 같은 민족으로 언어가 통하고 이러니까, 이런 괄시를 받을 거는 생각을 안 하고 이렇게 왔더만. 생각과는 틀리잖아요. 오히려 중국 사람들 하고는, 완전한 중국 것들도 이렇게 괄시를 하는 사람은 없어요. … 지금 중국 생각이 많이 나요. 저가 돈 벌러는 왔어도, 이왕 돈 벌러 왔으니까 돈은 어디까지는 벌어서 가야 되지만은 앞으로는 그래도 중국에 가서 살 거예요.

[박: 중국에 어떤 점이 좋으세요? 자기가 태어났으니까?]

저가 태어나고 그리고 첫째는 자유스럽게 살아요. 돈만 있으면은 내가 몇 년만 벌면 자유스럽게 저는 늘그막에는 살 수 있으니까.

**2002년 1월 27일 서울 인터뷰**

그녀는 포용의 대상을 한국에서 중국으로 전환하여 자신의 자본주의적 미래를 유지한다. 그녀가 생각하는 새로운 중국은 급속한 경제성장의 전망을 가진 나라이다. 그녀는 한국과 중국이 자본주의적 복사판이라는 생각을 다음과 같이 표현한다.

개방된 게 좋지요. 개방되면 우리나라 사이에도 벌써 그렇잖아요. 이 한국도 개방되고 하여튼간 많이 발달되어버렸다 이러니까. 그렇지만 우리 중국도, 중국 같은 나라고 봐요. 발달만 되면은 엄청난 보물이 많이 나오면 발달될 수 있어요. 우린 한국의 몇 배를 할 수 있잖아요. 그러니까 저의 생각도 빨리 발달이 돼서 많은 중국의 보물을 빨리 캐서 전 세계에 널리 널리 막 알렸으면 좋겠어요. 지금 우리나라가 발달이 된다니까 항상 그 마음에 막 기분이 좋고 그래요. 우리나라가 발달이 되고 정말 한국보다 막. 한국도 지금 발달을 해서 이렇다 하지만, 만약에 우리가 발달이 된다면 이보다 더 엄청나게 발달이 안 되겠나, 이 생각이 들면 어떤 때는 기분이 좋아요. 그리고 어떤 때는 생각이 우리 자식들도 대대손손 발달된 나라에서 살게 되면 얼마나 좋겠나, 이런 생각이 들면 기분이 좋거든요. 우리나라가 개발을 많이 벌이고 있는 장소가 얼마나 많아요. 개발을 할 데가 많아요. 거기만 개발되면 정말 우리나라도 엄청나게 좋을 건데.

**2002년 1월 27일 서울 인터뷰**

이중국적 서사에서 이성과 정동을 대비하는 수사법은 한국과 중국을 단순히 '근대화(현대화, modern)되는 것'의 기호로 변환시킨다. 한국과 중국은 불확실하며 꿈으로 채워진 삶을 안정된 것으로 만들기 위해 호출하는 공동체의 다른 이름에 지나지 않는다. 어디엔가 소속되어 있다고 상상하면서 사람들은 희망을 유지하고 자주적이 된다. 민족적 소속감은 이리저리 일터를 떠돌 때 하나의 고정된 장소를 제공하며, '조선족'이라는 문제적 이름을 가진 이주노동자들에게 삶과 역사를 만들어준다. 중국에서 조선족이란 이름은 사회주의 중국의 역사에서 소수민족으로서 제도권 내 신분을 지칭한다. 그런데 한국에서 조선족은 '이질성'을 드러낼 뿐, 특별한 의미가 없는 비하적 맥락이 담긴 단어다. 1998년 길림성에서 한국으로 건너와 2002년에는 모텔에서 청소일을 했던 36세의 여성은 자신의 민족적 정체성의 변화를 다음처럼 설명한다.

항상 우리 조선족은 슬기롭고 용감하고 이렇게 우월감을 느끼면서 살았어요. 중국 사람들이 어떻게 생각하는지는 제쳐 놓고, 우월감이 있게 살았고. 예전에는 북이나 남이나 다 내 조국이라 생각했는데 여기 오니 꼭 마치 남의 나라 땅에 온 것처럼 낯설고 물설은 그런 느낌이었어요. 이국이다, 타향이다. 그런 느낌밖에 드는 게 없어요. … 우리는 도대체 뿌리가 어디냐? 외계인 같은 느낌이 든다. … 아이는 중국인 학교에 보냈어요. 저는 조선인 학교에 다녔지만, 앞으로 저는 애를 외국이라고는 생각 못 했지만, 만약 한국이라 생각을 하면 한국 같은 데서 살게 하고 싶은 생각 없거든요. 왜냐하면 제가 처음에 와서 많이 느낀 게 있어요. 뭐. 와 보니까, 누구 하나 반기는 사람 없고, 눈길이 차갑고, 마음이 서늘하고 그러니까 조국이고 뭐고 필요 없다. 나를 잘 대해주는 데서 살아가. 거기서 살자면 우리 조선족 말, 우리 글보다 중국 글 더 잘해야 되니까. 우리네 보면은, 옛날에 한국 사람들 왔다면 그렇게 떠받들더니 이제는 '한국 놈', 한국 사람이라고도 안 하고 '한국 놈' 이런대요. … 이왕이면 같은 민족이 잘살아도 좋고 앞으로 한국은 천년만년, 잘살 거 같애요? 중국 조선족들이 나중에 한국을 지원할 수도 있어요.

**2002년 1월 16일 서울 인터뷰**

그녀는 남편의 반대를 무릅쓰고 아이를 중국인 학교에 보냈다.

길림성에 사는 문학 교수인 김재국(1998)은 그가 쓴 『한국은 없다』에서 한국에서 장기 체류 이후 중국을 다시금 포용하게 됐다고 말한다. 한국을 방문하고, 한국의 대학원에서 공부했던 경험은 그가 처음에 가졌던 '아름다움, 순수, 청결, 바람직함, 너그러움'의 상징이라고 생각했던 한국에 대한 믿음에서 깨어나게 했다. 그는 '내가 태어나고 자란 중국을 사랑하지 않을 수 없으며 한국의 설악산과 한라산보다 중국의 산들이 더 친밀하게 느껴진다'라고 선언한다. 이러한 감수성을 그는 다음과 같이 기술한다.

> 한국을 알기 전까지만 해도 중국 조선족들은 우리 조상들이 지난 한 세기 남짓한 동안 천신만고 끝에 개척해놓은 농지와 가옥을 사랑하면서 중화인민공화국 공민으로, 조선족으로 살기에만 충실했다. … 게다가 지금 우리들이 살고 있는 땅은 중국인들이 개척한 땅이 아니라 우리 조상들이 이민 와서 피땀을 흘려가며 개간한 땅이고 목숨을 바쳐가며 지킨 땅이기에 우리들로서는 그 어느 나라 해외 교포보다 이 땅을 더 사랑하지 않을 수 없다. … 우리는 다만 우리 조상들이 중국이라는 이 땅 위에서 엄청난 피와 땀을 흘려가며 일제와 싸웠고 척박한 황무지를 옥토로 개간했다는 것, 우리 민족이 중국 56개 민족 중에서 가장 우수하고 총명한 민족이라는 것만을 알고 있었을 뿐이었다.

**김재국(1998: 80~81)**

그의 이항대립적 논리를 따르면 한국 사람들은 편협한 애국심과 열등감에 시달리지만, 조선족은 중국이라는 위대한 나라에 소속되어 있다. 한국 사람들이 작은 나라에 사는 데서 오는 극심한 스트레스와 근심 때문에 '속도전'과 능률에 집착하는 반면, 중국인들의 '만만디'와 스트레스 없는 삶은 강대국이 지닌 큰 폭의 삶과 전망을 반영한다는 것이다. 한국이 계몽정신으로 근대 교육 체제를 만들었다면, 중국인들에게는 우둔한 척하는 것이 세상을 살아가는 하나의 처세술이라 할 수 있다. 한국의 '안 된다 문화'가 차이에 대한 관용이 없는 작고 혈통적으로 동질적인 나라를 보여준다면, 중국의 '된다 문화', 예를 들어 연장자 앞에서 담배를 피우거나 공공장소에서 윗옷을 벗은 채 걸어 다니는 것은 중국이 차이를 넓게 받아들이는 다인종 국가임을 입증한다는 것이다. 조선족 비평가 김호웅에 따르면 김재국의 두 문화 대조는 "한국 문화와 중국 문화의 사이에 정처 없이 떠돌고 있는", "이중적 의식"으로 고작해야 감정적 호소에 지나지 않는다(김재국 1998: 284~293). 그는 조선족이 한국에 대한 진정한 이해에 도달하기 위해서는 한국의 자본주의 체제 그리고 삶의 문화와 철학을 존중해야만 한다고 주장한다. 그는 조선족들에게 조언하기를 퇴보적인 것을 정이 있고 고상한 것으로 다시 받아들이려 하지 말고, 한국인들과의 경쟁에서 이겨 한국 사회의 주류로 진입할 것을 촉구했다. 여기서 김호웅은 의도치 않게 조선족의 이중 의식에서 자본주의가 핵심이라는 것을 인정하고 있다.

자신이 속하는 민족 공동체를 한국에서 중국으로 혹은 중국에서 한국으로 바꾸는 것은 조선족의 일상생활을 지배하고 있는 모호함을 드러내는데, 이 모호함은 미래 지향적인 추구를 억제할 수 있다. 하지만 이성과 감정을 대치하는 근대적 수사법은 이런 모호함을 정제하여 자본주의적 염원으로 바꾼다. 이들이 자신을 한국과 동일시하든 아니면 중국으로 바꾸든, 이들의 자본주의적 염원은 보존된다. 한 나라와의 동시적인 동일시와 탈동일시는 조선족의 상품화를 의미하며, 한국과 중국 정부 모두에 의해 탈규제된 자본주의적 조건 아래 미등록 노동자로서 이들의 취약성을 보여준다.

## 한국인도 중국인도 아님

한국과 중국에 대해 경쟁적 관계 구도를 설정하여 이 중 한 국가와 동일시하는 것과 달리 양국과의 정체성 모두를 부정하는 입장은 조선족이 자신들의 상품화와 단절하려는 양상을 보여준다. 조선족 이주노동자들은 한국의 「재외동포법」 적용 대상에서 제외되었을 때 (3장 참조), 자신들의 디아스포라적 존재를 "갈 곳 없는 사람들" 혹은 "오도 가도 설움"이라고 압축적으로 표현했다. 중국 사회주의 역사에서 해결되지 못한 조선족들의 지위가 이들의 현재 조건에 대한 하나의 단서를 제공한다고 말한 것은 어느 66세의 길림성 출신 2세 남성이다. 그는 한국에서 7년에 걸쳐 양식장, 석면 공장, 떡 공장 그리고 길거리 청소 대행사에서 일했지만 한국의 고용주들이 지불한 것은 고작 2년 반의 임금뿐이었다.

원래 낳아준 어머니는 한국이 옳습니다. 북한이든 남한이든 어디라 할 거 없이 거기 말대로 하면 조선이라고 합니다. 조선이 우리를 낳아주신 어머니고, 우리 어렵고 정말 허덕일 때 우리를 안아주시고 키워주신 이 나라가 우리를 놓고 말하면 중국이지요. … 여기 어떠한 사람들은 상당히 불쌍한 사람들도 있어요. 이제 한국 사람인데, 북한 사람이든 남한 사람이든 한국 조선 사람인데 중국에 저 내지에 들어가서 장기적인 생활을 해서 자기 언어, 문자 이 모든 거 다 풍속, 습관 이거 전혀 모르고 지내는 이런 사람들이 있어요.

이런 사람들은 너 무슨 사람이냐 해도 자기 뿌리를 모르기 때문에 살군지, 배나무인지, 사과나무에서 달린 건지 이것조차 모르는 이거 불쌍하지 않습니까? … 우리도 한때는 저쪽에 중국 땅에 가서는 한때는 중국 국적이 아니었어요. 중국 국적이 아니고 우리를 교민으로서 취급했어요. 중국에서. 이게 어느 정도겠는가 하면 52년도에서 53년 고 사이의 일인데요. 그전에는 우리가 중국에 거주하는 조선 사람으로서 중국에 거주하는 조선 사람이라고 했지요. 교민이라고. 그런데 53년도인지, 52년도인지, 그때 교민 자격을 취소를 했어요. 이거를 없애 버렸어요. 교민증을 다 거두어버리고 우리는 중국 국적을 갖게 됐어요. 이러니까 원래는 교민이던 게 중국 국적을 갖게 되니까, 여기에는 불가피적으로 우리가 상상하기 어렵지 않은 일이 생기게 되는 겁니다. 필연적으로 어제까지는 교민이던 게 오늘에 와서 국적을 바꾸어주니까 이 사람들이 머리 가운데 그 일정 아주 어려운 문제를 해결해줘야 되는 게 있습니다. 바로 그 문제는 아까 말한 조국이라는 개념 문제입니다. 안 그렇습니까? … 중국에서 당해도 우리를 낳은 어머니 아니니까 이럴 수 있겠다. 여기 와서는 우리 어머니를 떠난 지 오래고 또 서름서름하지 않아요?

**2002년 1월 22일 서울 인터뷰**

한국에 오기 전에 중국에서 사무직 노동자였으며 사업가로 성공했던 앞서 언급한 40대 후반 남성은 한국인과 중국인으로서의 정체성 모두를 부정한다. 이것은 오로지 한국에서 자신들의 권리를 옹호함으로써만 달라질 수 있다고 생각한다.

솔직히 얘기해서 우리 조선족들이 참 불쌍합니다. 중국에 가 비록 살고 있지만, 중국 정부에는 비록 소수민족이라고 인정하고 그에 따른 소수민족 정책도 있어요. 하지만 때로는 가끔씩 민족적인 차별이 없다고는 볼 수 없어요. 그래서 슬픈 감도 생길 때 있고, 야 이거 내 나라 아니니까 남의 나라 와 사는 게 이렇구나. 정말 뭐 어떻게 말하면 뭐 간부들 중국 말하면 간부들 쓸 경우에도 같은 값이면 한족을 쓸라 하고. 조선족들은 머리가 나쁘지 않아요. 머리가 비상하지요. 그런데도 그걸 뻔히 알면서도, 너는 조선족이다, 너는 소수민족이다, 이래 가지고서는 억누르고 이럴 때가 많아요. …

그러니까 중국에도 조선족들이 많이 뭉치고 있는데 어쨌든 제가 볼 때에는 확실하게 먼저 뭉쳐야 돼요. 뭉쳐야만이 힘이 되고 힘이 되어야만이 일정한 조치가 나오게 되고 방향이 나오게 되는데, 지금 중국에서 조선족들이 그러니까 내가 말한 대로 불쌍하다는 게, 이게 불쌍해요. 그렇다고 한국에 오게 되면 너네는 중국에서 왔다. 못사는 나라에서 왔다. 그래 가지고 무시당하고 이제 그 정말

이거 저 중국에 가서도 그렇고 한국에 와서도 저 불쌍해요. 우리
가 뭐 중국에 가고 싶어 간 것도 아니고, 일제 때 그때 일본놈들 통
치하에서 정말 먹고 살기 힘들어 가지고서 살길 찾아 만주 땅에 가
서 우리 부모님들이 거기서 인제 가정 꾸려가지고 이렇게 우리가 2
세대, 3세대로 내려왔는데 그게 우리가 무슨 죄가 있습니까? 우리
가 뭐 한국을 포기해가 완전히 나간 것도 아니고, 그 당시 그 환경
에서 할 수 없이 간 거고. … 그래 그게 어떤 분들은 가슴에 한탄하
는 기가 정말 가도 타향이고 와도 타향이다 그렇게 얘기하는 사람
들 많아요.

**2002년 1월 18일 서울 인터뷰**


조선족의 역사적 무의식은 한국과 중국 가운데 하나를 자신의
공동체로 임명하고 동시에 다른 하나를 배제함으로 구성된다. 이러
한 수행적 행위를 통해 조선족은 자신의 자본주의적 현재를 과거와
미래를 준거로 시간화하여 경험한다. 자신을 상상된 민족과 동일시
하다가 관계를 단절하고 다시 동일시하는 과정은 미래 지향적 현재
의 부단함과 무감각에 일시적 유예를 제공한다. 이러한 수행적 행위
는 과거에 대한 새로운 기억과 현재에 대한 새로운 경험을 만들어내
며, 이 새로움은 자본주의적 사회관계가 이들을 족보 없는 상품으
로 전환시킬 때 역사적 감수성이라는 외양을 제공한다. 조선족은 식
민지와 사회주의 역사에 끼어들면서 이런 역사와 함께 한국과 중국
에서 짓밟히는 자신들 사이의 동시간성을 무의식적으로 파악하고,
현재의 처지를 비판함과 동시에 용인하게 된다. 다음 장에서는 중국

내 조선족들이 경험한 사회주의 역사에 대한 분석을 통해 이중국적 서사의 반복에 대해 좀더 살펴볼 것이다.

# 5 ——— 공동체를 향한 정동적 전이

    사회주의 경제에서 사유화와 탈규제로의 세기적인 변화가 고정된 의미와 경험을 갖는 것은 아니다. 중국 당국은 이 세기적 변화를 사회주의 혁명 시기 국가와 당이 저지른 모든 폭력에 대한 배상으로 물화한다. 조선족 지식인들은 이런 변화를 중국에서 소수민족으로서 자신들의 존재가 소멸되어가는 전조로 본다. 그렇지만 사회주의의 약속은 소멸되지 않았고 자본주의의 축적 양식을 따라 상품으로 변형되어 왔는데, 나는 이를 '자본주의적 전이'라고 표현한다. 조선족 이주노동자들의 삶과 꿈에서 사유화와 탈규제는 역사적 단절을 의미하는 것이 아니라, 과거와 현재 그리고 미래가 다양한 시간성을 획득한다. 긴 중국 사회주의 혁명 기간 동안 추진된 급속한 산업화는 혁명의 완성을 위한 생산력 발전이란 이름으로 추진되어 왔으며, 조선족 이주노동으로 특징지어지는 미래 지향적 현재에도 여전히 지속되고 있다. 다시 말해 혁명의 시대부터 지금까지 진행되어온 자본축적의 역사를 볼 때 사유화와 탈규제는 자본축적의 새로운 수단에 불과하다.

2004년 초까지 조선족들은 사회주의의 약속이었던 의료 서비스, 주택, 교육 보장을 손에 넣기 위해 가족 방문이라는 명목으로 한국에서 불법 노동에 뛰어들었다. 이들은 과도한 노동과 사람을 무기력하게 하는 차별을 견디고, 합리적 시간 관리, 근면의 규율, 경쟁 법칙, 봉사의 윤리, 그리고 검약과 저축의 덕목을 요구하는 근대적 삶을 배우는 것으로 자신의 삶을 기술한다. 근대성의 문화정치학은 자본주의적 규율을 근대적이 되기 위한 학습으로 도치시킨다. 이들의 만성적 위기는 고통스러운 일상을 특징적으로 드러내는 징후인 신체적 경험, 울음과 노래와 통증을 통해 감지된다. 이들이 일상에서 체험하는 역사적 동요를 이해하려면 서사와 신체적 경험이 같이 고려되어야 한다. 그러나 일상에서 끊임없이 미래의 삶을 만들어가려는 이들의 의지는 중단과 와해에 직면하게 된다.

조선족 불법노동자들은 민족 공동체(ethnic national community)라는 표상을 일상에 의미를 부여하기 위해 자주 호출한다. 이들은 험난한 생활과 노동조건 속에서 민족이라는 형태로 자신들의 사회적 신체를 구성해 자신들의 자주권을 만들어내려 했다. 자본주의적 경험을 혈통적·민족적 관계와 정체성으로 전이시키는 이러한 수행적 행위는 복합적이고 다양한 경험들을 하루하루를 지탱시켜주는 희망, 나아가 신기루처럼 눈앞에 보이는 미래를 위한 희망으로 정제한다. 이러한 행위는 총체성의 감각을 보존하고 현재의 의미를 찾으려 한다는 점에서 한국 민족 공동체를 향하든 혹은 중국 다민족 공동체를 향한 것이든 정동적 전이이다. 공동체를 만들면 고통은 최소한으로 무뎌지고 부단함은 잠잠해진다. 그리고 현재가 가진 다양한 시간성은 이 새로운 상상의 공동체 건설을 통해 익숙한 유기적 총체로 동화된다. 미래를 향한 경주에서 현재가 즉각적으로 과거가 될 때 이러한 공동체를 환기시키는 행위는 의도치 않게 역사의 잔여물을 만들어낸다. 역사적 무의식은 한국인, 중국인에 관계없이 민족적 정체성을 동일시하면서 동시에 탈동일시하고, 모든 민족적 정체성을 거부하는 곳에 위치한다. 일상생활의 역사적 시간화는 그로 인해 타자와 함께하기, 타자가 되기를 상상할 수 있기에 정동적인 것이다. 민족국가가 한국이든 중국이든 미래를 향한 통로가 될 때 역사적 연속성은 일상 전반에 스며드는 것처럼 보인다.

이성과 정동의 서사와 이중국적 서사는 놀랍게도 수십 년 전의 시간을 떠올리게 한다. 자연 경관과 문화를 원형적 정체성의 원천으로서 정동적으로 포용하는 태도는 1950년대 조선족들이 표현한 이중국적 서사를 반복적으로 재현하는 것으로, 이는 다음 5장에서 다룰 것이다. 이성과 정동의 이항대립적 서사는 과거와 현재를 그에 해당하는 역사적 계기들로 구체화한다.

# 5장

# 반복되는 중국혁명

## 소수민족 문제

# 1 ───── 사회주의적 이상과 물적 조건 사이

조선족의 한국 이주노동은 이들로 하여금 중국의 사회주의 혁명기를 회고하게 한다. 이들 대다수가 회고하는 두 가지의 서사는 1950년대의 이중국적 문제와 문화혁명기 조선족의 민족 내 살해에 대한 것이다. 이런 민족적 회고는 상징적이라기보다는 알레고리적이다. 이러한 회상이 가지는 민족적 형식은 사회주의적 원칙과 이 원칙의 실현을 위한 역사적·물적 조건들 사이의 화해할 수 없는 긴장관계를 시사한다. 이 긴장은 긴장을 해소하려는 반복된 노력 속에 억압되었다. 구소련에서의 산업화를 향한 노력과 마찬가지로 중국의 신속한 산업화 추구는 노동의 교환가치나 가치법칙의 배제라는 사회주의적 원칙과 모순된다. 생산력을 발전시켜야 한다는 요청은 사회주의 시대에 여러 차례 농업과 산업에 대한 일률적인 정책을 사회에 강제했다. 사회적 관계에서 비사회주의적 요소들은 블로흐(Bloch 2009)가 말한 '비동시적 동시성'이 되었고, 중국 사회주의 체제는 이를 봉건제와 식민지의 유산, 자본주의자, 혹은 단순히 '잡귀신'이라고 불렀다.[23] 이렇게 추정된 역사적 과거는 사회주의적 보편주의와 대치되는 민족적 양식으로 압축되었다. 조선족들은 진정한 사회주의, 즉 헤겔의 용어를 빌리면 '세계정신'의 실현을 위해 견제되어야 할 타자가 되었다.

중국 사회주의와 한국 민족주의 사이의 긴장관계는 사회주의와 자본축적 사이의 모순에 기인한다. 중국의 혁명가들은 자신들이 프롤레타리아 국제주의를 지지하고, 만주 지역의 한국 혁명가들을 중국 공산당에 통합시킨 1930년대에 벌써 중국의 프롤레타리아 주권을 국민주권과 혼동했다.[24] 중국 사회주의의 민족적 성격은 사회주의적 보편주의라는 가면 뒤에 숨겨진 채로 조선인들을 소수민족화하였다.

5장에서는 분석의 대상을 민족주의의 언어로부터 자본축적이라는 문제의식으로 전환하여, 혈통적 민족주의의 원형적으로 보이는 역학을 사회주의 경제의 역사성과 함께 구체적으로 설명해보고자 한다. 이렇게 하면 사회주의 국가의 주권 분석도 정치적인 것의 영역에서 사회적인 것의 영역으로 옮겨지는데, 이 사회적 영역에서는 생산의 사회적 관계가 노동주권을 위한 공간이기도 하다. 마르크스주

---

23  잡귀신은 문자 그대로 '잡한 귀신' 혹은 '잡스러운 귀신'을 의미한다. 페티드에 의하면 "잡귀(하위의 귀신)라 불리는 … 귀신은 이승이나 저승 어디에도 속하지 않아 인간에게 위협이 되는 변신하지 않은 존재를 지칭한다(Pettid 2014: 144)".
이 정의의 맥락과 중국 사회주의 혁명의 형성이라는 맥락에서 잡귀신은 오래되지도 새롭지도 않으며, 즉 사회주의적이지 않으며 사회주의 혁명에 위협이 되는 사회적 관습과 의식을 암시하는 듯하다.

24  중국 공산당 내에서 중국 민족주의의 역사와 1949년 이전 한국 공산당에 대한 숙청에 대해서는 Hyun Ok Park(2005)을 참조할 것

의 경제학자들은 소련 경제를 20세기 서구 국가자본주의의 쌍생아인 '국가자본주의'로 파악한다(Cliff 1974; Binns, Cliff, and Harman 1987; Harman 2010).

벅모스(Buck-Morss 2002)는 이런 쌍생아적 성격을 소련이라는 국가의 주권과 소련의 물적 조건 사이의 모순으로 해석하는데, 그녀의 주 관심사는 이 모순의 시각적 재현이다. 나는 이 모순을 1950년대와 1960년대에 걸쳐 중국에서 사회주의의 실현 과정을 지배했던 억압된 동력으로 접근한다. 조선족의 민족 내 살해의 기억을 이런 지속된 모순의 맥락 속에서 이들의 사회적 존재가 도치된 양상으로 해석해보자는 것이다.

사회주의적 이상과 물적 조건 사이의 반복되고 억압되어온 모순으로 인해 역사는 철학적 범주로 격상된다. 현재의 학술적·대중적 상상력은 사회주의를 하나의 통합체로 기술한다. 이로 인해 문화혁명은 현재의 대중성을 획득하게 되었다. 역사학자와 철학자들은 파벌 싸움과 저속한 집단적 열정 그리고 무분별한 폭력으로 인해 처음에 가졌던 유토피아적 의도를 타락시켰다는 이유로 문화혁명을 실패로 단언한다(Badiou 2005; Russo 2005). 중국에서는 탈규제와 사유화의 시대를 맞아 문화혁명과 관련된 폭력의 기억들이 당시의 집산주의에 대한 대중적 향수와 공존한다(Lu Xiuyan 1994-1995; Yang 2003; Dutton 2005; MacFarquhar and Schoenhals 2006; Gao 2008).

문화혁명이 역사적 실패든 혹은 현재의 감상적 초월이든, 이러한 회고담들은 문화혁명을 예외시하는 동시에 중국 사회주의의 폭력성과 실패의 상징으로 삼아온 것의 가장 최근의 예를 제공한다. 여러 혁명의 국면에서 문화혁명은 그중 하나의 국면으로, 다른 국면과의 관계에서 이해될 필요가 있다. 문화혁명의 역사적 성격은 서로 구별되지만 반복되는 사례들 속에서, 역사적 모순과 씨름해온 중국혁명의 과정 전체 속에서만 이해될 수 있다. 반복은 여러 구체적인 역사적 조건 속에서 사회주의적 원리의 실천을 표상하는 과정에서 발생한다. 논리와 역사의 충실성은 사회주의를 여러 방법들을 통해 실현하려 했다는 것을 보여준다.

예를 들면 집단화와 1958년의 사회 동질화를 위한 민족정풍운동, 산업화를 강화하는 대약진운동, 국가의 관료화에 저항하는 문화혁명 등이 사회주의 혁명의 주요 국면에 해당한다. 사회주의라는 이념은 이렇게 여러 국면에서 역사적으로 다양하게 실천되었는데, 이는 사회주의 이상과 물적 조건 사이의 모순을 해결하려는 다양하게 지속된 노력에 기인한다. 따라서 사회주의는 각 혁명의 국면에서 (서로 다른) 고유성을 획득하게 되었다.

들뢰즈(Deleuze 1994)의 시뮬라크르(simulacre)[25] 개념처럼 사회주의는 그 이념이 대중 주권이든 집단 소유 혹은 노동의 사용가치이든 하나의 이념 이외의 원형을 가지지 않는다. 혁명의 각 국면은 다른 국면들과 구별되고, 사회주의는 이들 간의 '차이들을 통해 이해'된다. 즉, 사회주의 혁명의 역사는 하나의 총체적 현실이라기보다는 사

---

25  들뢰즈가 시뮬라크르의 '체계'(system)에 대해 말하는 반면, 나는 파편화한 사회주의 역사를 강조하기 위해 사회주의의 역사적 실현에서 시뮬라크르의 '계기'(moment)를 찾아낸다.

회주의 이념이 혁명의 여러 국면에서 역사적으로 다양하게 실현된 것으로 파악되어야 할 것이다.[26]

---

26  총체성으로서의 역사에 대한 마르크스주의 비판으로는 마틴 제이의 아도르
    노와 블로흐에 대한 논의를 참조할 것(Martin Jay 1094). 발터 벤야민의 배치
    (constellation)로서의 역사에 대해서는 "Theses on the Philosophy of History"
    (1960)를 참조할 것.

# 2 ——— 소수민족이라는 상위 기억

조선족은 자기도 모르게 문화혁명을 민족 내 살해의 시기로 기억
함으로써 중국혁명의 역사 속으로 뛰어들게 된다. '조선인들이 서로
를 죽였다'라는 말은 민족 내 살해가 실제로 일어난 일의 진실한 표
현이라든지 의식된 경험에서 억압된 참된 기억을 일컫는 것은 아니
다. 이보다는 그런 회상은 조선족이 한국으로 이동해서 불법 이주
노동자가 되면서 발생했다고 해야 할 것이다. 이 점이 중요한 이유는
2000년대 들어 10여 년간 중국 전역에서 볼 수 있었던 문화혁명에
대한 향수와 문화혁명의 상품화가 중국의 조선족 사회에서는 거의
나타나지 않았기 때문이다. 물론 필자가 한국에서 만난 조선족 모두
가 문화혁명이 그들 현재의 삶과 관련이 있다고 생각하지 않았으며,
아예 언급조차 하지 않는 이들도 있었다. 어떤 이들에게는 문화혁명
은 억울하게 박해를 받았던 사람들의 결백을 국가가 진상 조사를
하고, 물질적 보상을 통해 혁명에서 일어난 잔혹한 문제를 해결했기
에 그저 죽은 역사일 뿐이다. 예를 들면 필자가 2002년 서울에서 만
난 30대 후반의 조선족 여성은 중국 정부의 보상을 그녀의 가족이

당한 희생에 대한 배상으로 보았다. 그녀의 아버지가 문화혁명기에 한국의 '특무'(첩자)라는 혐의로 박해를 받고 70년대 후반에 들어서 억울함을 풀 수 있었던 것에 대해 다음처럼 회상했다.

그러니까 학교 다닐 때 1학년 때는 다 이렇게 넥타이를 매줘요. 빨간 넥타이를 사상 대원이라구. 근데 그것 때문에. 그때가 우리 아버지가 회복되기 전이에요. 그것 때문에 이렇게 넥타이를 못 맸어요. 그 담에 회복된 담에 넥타이 하다가. … 그래도 우리 아버지나 따지고 보면 우리 가정은 국가의 혜택을 많이 받으며 산 사람들이에요. … 아버지가 직업을 되찾았기 때문에 우리 아버지 덕분으로 그리고 이전에만 해도 배급으로 줄 때, 지금 배급이 거의 없어졌지만, 쌀을 줄 때 쌀이 그렇게 넉넉하게는 안 줬어요. 한 달에 18근인데 입쌀 몇 근에 보통 쌀 몇 근에 이래요. 근데 우리 아버지 같은 경우는 우리가 반 근 탄다면 우리 아버지는 서 근 타요. 그리고 쌀도 우리 아버지 혼자 50근 타요. 그러면 온 가족이 같이 넉넉히 먹을 수 있잖아요.[27]

**2002년 1월 17일 서울 인터뷰**

그렇지만 여전히 문화혁명의 망령에 시달리는 이들도 있다. 이들은 한국에서 자신들이 한국인임을 인정받지 못하는 미등록 이주노동자들 안에도 있다. 이들에게는 문화혁명이 현재의 삶에 핵심적인

---

27 한 근당 0.6kg이다

요소로 작용한다. 필자가 어떻게 한국에 오는 결정을 했는지를 묻자 1997년 한국에 입국하여 2002년에는 식당에서 일하던 한 55세의 여성은 다음처럼 문화혁명으로 시작되는 의외의 답변을 했다.

어릴 때부터 나는 거기서 문화혁명을 겪었거든요. 정말 나처럼 내가 말하면 나는 피눈물이 나. 문화혁명 때 아버지, 엄마까지 다 돌아가고, 아버지, 엄마가 다 북한 간첩으로 몰려 가지고 조선족이라고. 아버지 잡혀 가지고 병신되어 가지고 기어 다니다가 병원에서 죽었고, 엄마는 그후에 다 해결이 되어 가지고, 그러니까 엄마는 마음에 상처를 많이 입었지.

그래 가지고 다 좋게 돼서 다 해명을 받아 가지고 그런데 엄마가 병이 나가지고 암이 걸려 가지고 돌아갔어요. 아버지, 엄마가 그렇게 돌아가서 내가 벌어서 내 동생을 교육을 시키고. 말도 말아요. 문화혁명 때에 막일을 했지. 똥을 푸고 주임이 제일 힘든 일 제일 나쁜 일을 시키고 일은 죽게 시키고 돈은 차별을 놓고 이렇더라고. 그래서 문화혁명 후 그때는 무시기나 다 해결이 되는데 사람이 염치가 없는 거 같애. 내 혼자 고생을 하고, 내 혼자 고생을 한 것도 아니고 고생한 사람이 많은데 너무도 요구 조건이 너무 높으면 남들이 또 그렇지 않아? 그래서 그때는 요구를 강하게 못 그러겠는데 후에 생각을 해보니까 그게 아니더라구. 고생을 했는데 내 집을 들여놓고 직장 가까운데 집을 해결해달라. 이러니까 된다. 그런데 후에 잘 안 되니까, '시집간 딸까지 와서 집을 해결해달라네' 그러더라고. '그러면 처음에 시집간 딸인 거 모르고 집을 해결해준다고 했냐?'고. 안 된다고, 나는 죽어도 해결할 때까지 오겠으니까 해결을 해라. … 그리고 내가 위에 올라가서 나는 내 집을 사겠으니까 내 이름으로 돈을 내려 보내라. 거기는 그런 게 있어. 문화혁명 그때 후에 보상이 국가적으로 다 내려오는 거예요. 그래서 내 이름으로 돈이 내려온 게 있어. 내가 눈물을 흘려서 피눈물을 흘려 4년 싸워서 내 이름으로 돈이 나왔거든? … 내 끝까지 했어요.

**2002년 1월 10일 서울 인터뷰**

조선족 역사에서 이들의 민족 내 살해는 민족성 문제와 관련되어 있다. 인터뷰 한 여성에 따르면 문화혁명은 민족성 탓에 다른 지역보다 연변 조선족 자치주에서 더욱 잔인했다고 한다.

같은 조선족끼리 싸웠어요. … 조선족이라는 게 원래 그렇잖아요? 남이 잘되면 배 아파하고. 이렇게 뭉치지 못하잖아요. 중국에 한족들은 이렇게 지나가던 사람이 길에서 싸워. 내 면목 모르는 사람이 길에서 싸우는데 중국 사람하고 조선 사람이 싸워요. 그러면 조선 사람들은 내 면목 모르는 사람 그리고 지나가는데 중국 사람들은, 아 저기 중국 사람이다, 내 가서 편을 해야지. 때려 이러면 같이 가서 친다. 이렇게 단결이 심해요. … 그런데 조선족은 이거는 아니에요. 우리는 같은 친척끼리 우리를 더 헛소리를 해서 더 투쟁을 받고 달아 매고, 세상에 머리끄댕이를 엄마를 몇 시간씩. … 그러니까 엄마한테 투쟁대를 하는데 앞에다 이렇게 그리고 어떤 때는 벽돌을 목에다가 달고 고문을 하는데 말도 말아. 그러니까 나는 자녀니까 거기 참가를 무조건 해라. '타도하자' 이러면서 구호를 하는데 안 하면은 '너는 왜 안 하니?' 하니까 정말 어이없지. 정말 말도 말아. 그때 당한 거. 그래 가지고 울기는 또 얼마나 울었는지. 그런데 친척이 더 나서서 막 엄마를 투쟁하며 머리도 막 끄집어놓고 말도 말아요.

**2002년 1월 10일 서울 인터뷰**

2002년 한국에서 조선족연합회 간부였던 50대 남성 역시 조선족들이 서로 공격하는 성향으로 인해 문화혁명기에 다른 소수민족들보다 더 많은 박해와 죽음을 당했다고 지적했다. 그가 보기에 민족 내 폭력은 조선족들이 생존을 위해 수단과 방법을 가리지 않았기 때문이다. 그의 아버지는 일본 식민지 시기에 일본을 위해 일했고, 고임금을 바라는 부르주아적 사고방식을 지녔다는 이유로 문화혁명기에 탄압을 받았다. 다만 그의 어머니는 조교(중국 거주 북한 공민)라는 공식적 신분 덕분에 괴롭힘을 피할 수 있었다.

## 자본주의적 현재와 문화혁명기

조선족의 기억 속에 자본주의적 현재는 문화혁명기와 겹쳐진다. 이들의 의식 속에서 사라진 것은 문화혁명의 형태를 지닌 지속적 혹은 영구적 혁명을 요구한 역사적·지구적 조건들이다(Dirlik 2003). 이들은 문화혁명을 중국에 자본주의적 현재의 도래를 지연시킨 끔찍한 사건으로 기술한다. 서울에 거주하는 40대 후반 건설 노동자 조선족은 사회주의에 대한 자본주의의 우위를 말하며 문화혁명을 언급한다.

자본주의 사회는 영 어둡고 시내에 뭐 이런가 했더니, 보니까 진짜 틀려요. 어쨌든 자본주의화로 나가야 돼요. 여기는 보면 모든 게 자원봉사도 있지, 우리 중국은 자원봉사도 크게 없어요. 어디나 보게 되면 다 깔끔하고 다 인사성이 밝고. 원래 중국 사람은 전통적으로 그러니까 잘 안 되는가 싶은데, 중국은 조금 모든 면이 다 재래식 같은 이런 감이라고. 하하.

[박: 사람들이 사고도 이렇게 생각하는 것도 달라요?]

문화도 그렇고. 그저 사람들은 내가 보게 되면 역사도 확실히 떨어지는 거 같아요. 첫째, 조선족이라지만 자기 선조를 모르고 자기 본을 모르고 제 무슨 … 이북에서 들어와서 몇 대 되는 것도 모르는 사람이 많아요. 거기에 대한 교육도 없고. 여기로 말하게 되면 조상이 뭐 이런 책(족보) 같은 것도 없지 하니까, 싹 한 시대는 잊었다고 생각을 해요.

[박: 왜 그렇게 잊었다고 생각을 하세요?]

우리 문화혁명 있잖아요? 문화혁명 이전에는 우리 집도 장가갈 그때, 내가 79년도에 장가를 갔거든요? 그때 스물여섯 살을 먹고 갔는데 우리 아버지를 만나서 아버지는 우리 족보가 다 내려오는 … 한국에는 아버지부터 할아버지 이렇게 다 있었다. 그리고 말씀을 하시는 게 문화혁명이 겁이 나 가지고 태웠대요. 다 불에 소각을 시키고. 우리 아버지는 … 기차에서 경찰질을 했대요. 우리 아버지

314

는 보게 되면 마음이 또 착해요. 그래 한번은 중국혁명하는 사람이 차에 올랐대요. 그런데 일본군들이 올라와서 꼬리를 잡고 차에 오른 거를 알고 수색 검문을 들어갔단 말입니다. 우리 아버지가 자기 차장실에다가 숨겨 줬지요. 그래 숨겨두고 얼마 안 돼서 해방이 났단 말입니다. … 그래서 그 사람이 아버지를 찾아와서 아버지를 공신으로 치켜세웠대요. 그래서 문화혁명에 영 신나게 맞아요. … 그렇지 않아도 경찰질 했다고, 동네에서 투쟁을 하겠다고서리 고깔모자 해서. …

[박: 일제시대에 한 일까지 문화혁명 때 투쟁을 받았어요?]

그렇지요. 어쨌든 일본 모자를 배우면 안 돼요. 무작정 끌고 나가서 막 두들기지.

[박: 다 조선 사람인데?]

조선 사람끼리 서로 그랬어요.

[박: 문화혁명 때문에 역사가 한 세대 정도 늦어졌다고 지금 말씀하시는 거지요? ]

우리 아버지 세대는 아는데, 아래 세대는 다 몰라요.

**2002년 1월 24일 서울 인터뷰**

이 대화에 이어 필자는 한국에서의 체류 경험이 자본주의에 대한 그의 생각을 바꾸었는지를 물었다. 그는 역사를 문화로 전이시켜 자본주의를 문화혁명과 대립하는 것으로 구성하고 포용했다. 비록 한국에서 자본주의적 착취 관계에 놓여 있지만, 그는 자본주의를 옹호하며 문화혁명이 역사의 발전을 유예했다고 판단했다. 조선

남부의 경상도 태생 부모를 둔 조선족 2세인 그는 결혼한 딸을 방문하는 사람의 이름을 도용하여 2000년 연변자치구 수도인 연길 인근에서 한국으로 왔다. 한국에서의 이주노동으로 급격한 체중 감소와 급격한 건강 악화의 여러 징후를 겪었지만, 이런 경험이 자본주의에 대한 그의 믿음을 약화시키지는 못했다. 그는 자본주의를 문화혁명의 전형이라 여기는 비합리성, 어리석음과 대비되는 것으로 이해한다. 비록 그의 아버지는 일본군을 위해 일했지만, 남만주철도회사에서 일하며 열차에 탄 공산주의자들을 못 본 체하거나 자신의 객실에 숨겨주기도 하며 혁명가들의 목숨을 구했다. 1949년 혁명이 되고 난 후 구해준 사람들 가운데 한 명이 정부에 그의 용기 있는 행동을 알린 덕분에 그는 영웅이 되었다. 하지만 문화혁명기에는 마을 사람들이 그를 박해하려 들었는데, 아들은 이를 민족 내 폭력으로 간주한다.

민족 내 살해에 대한 비자발적 회고는 한국과 중국의 민족 정치학의 잉여다. 사회학자 알박스(Halbwachs 1992)의 용어를 빌려 얘기하면 조선족들 사이의 살인의 기억은 조선족이 한국에서 이주노동자가 된 상황에서 새로운 '집단 언어'를 제공하여, 이들은 이 언어로 자신의 과거와 현재를 이해한다. 이런 기억은 이들의 재외동포 자격을 부정하거나 한국의 탈식민화의 대리자로서 배상을 통해 조선족을 동화시키려는 한국 사람들의 역사정치학을 균열시킨다. 이와 함께 민족 내 살해라는 개념 자체가 '모범적 소수민족 의식'에도 균열을 만드는데, 이들은 소수민족으로서의 이 자부심을 한국에서 당하는 차별의 고통을 완화하는 도피처로 삼는다. 조선족들은 종종 한국인들의 차별에 대한 대응으로 자신들이 중국에서 가장 교육 수준이 높은 소수민족의 하나이며, 한족보다 더 많은 미곡을 할당받고 조선어를 쓸 수 있는 권리와 같은 특별한 혜택을 받고 있다는 틀에 박힌 서사를 동원한다. 이들의 모범적인 소수민족 의식은 몽골족이나 티베트족과는 달리 중국에서 항일투쟁과 해방운동에 참여했었다는 사실을 반영한다. 그럼에도 불구하고 중국에서 조선족은 반복적으로 반혁명분자, 지역 독립주의자, 첩자라는 비난에 시달렸는데 1932년 일찍부터 중국 공산당으로부터 숙청을 당하고 1978년이 되어서야 혐의를 벗었다.

## 조선족 역사 연구

2005년 연변 정부는 조선족의 지위 문제를 명확히 할 목적으로 조선족 역사 연구를 인가했다. 2003년 5월부터 2005년 4월까지 일곱 명의 조선족 학자들이 모여 조선족 소수민족의 형성과 이들의 혁명 투쟁의 성격을 둘러싼 논란을 해결하려 했다(전문문제 조사소조 2005). 조선족 소수민족의 형성을 둘러싸고 19세기 말, 20세기 초, 1928년의 중국에 거주한 조선인들의 중국 공산당 통합 혹은 1949년 이후를 추적하는 다양한 역사적 설명이 있었다. 또한 근대 중국사에서 조선족 사회의 역할도 논란이 되었다. 중국에서 조선인의 항일투쟁이 중국과 조선 모두의 독립이라는 대의를 지지한 것이었다고 주장하는 이들도 있었고, 조선인들이 1931년까지는 조선의 독립을 추구하다 1932년부터 중국의 해방에 집중하기 시작했다고 보는 이들도 있었다. 일곱 명의 학자들이 모여 2년간에 걸친 월별 모임과 토론회, 그리고 연변 정부, 길림성 정부와의 정기적인 교류를 통해 연구를 하였으나 조선족에 대한 논쟁을 종식시키지는 못했다. 연구의 결론은 소수민족으로서의 조선족은 청나라 정부가 조선인 이민을 법적으로 허용한 1885년에 처음 구성되었으며, 청나라가 1909년 「국적법」(대청국조례)을 시행하여 10년 이상 거주한 외국인에게 중국 국적을 부여했을 뿐 아니라 조선인들에게 토지 경작권과 소유권을 주면서 조선인들은 비로소 중국에서 국가 소수민족이 되었다는 것이다. 이 결론이 의미하는 바는 일본이 만주 지역을 점령하기 수십 년 전에 조선인들이 중국의 소수민족이 되었으며, 또한 이들은 조선족 소수민족의 자격으로 중국의 항일투쟁의 일환이 되어 중국 해방을 위해 일본 제국주의자들과 싸웠다는 것이다.

하지만 연변대학에서 가장 존경받는 역사학자인 박창욱은 다른 의견을 제시했다. 그는 1905년부터 1945년까지의 조선인의 정치적 투쟁에 조선과 중국의 해방이라는 이중의 목표가 있었다는 것이다. 그의 설명에 따르면 이 이중의 목표는 다음과 같은 '구체적인 역사적 조건'을 반영한다. 첫 번째 조건은 청나라와 군벌 정부들이 조선인 정착민을 일본인으로 간주했고, 따라서 이들의 중국 귀화를 강제하면서 동시에 금지했다는 것이다. 두 번째는 일본의 통치를 벗어난 조선인들이 공산주의자들을 포함한 조선인 민족주의자들과 중국 공산주의자들의 지휘 아래 조선과 중국, 양국 모두의 해방을 위해 항일투쟁과 반봉건투쟁에 참여했다는 것이다.

조선인들의 국적과 정치학, 기억의 문제에 대한 적절한 역사적 설명은 사회주의 혁명을 지구적 자본주의와의 관련 속에서 고찰할 것을 요구한다. 19세기 말 만주에 정착하는 순간부터 문화혁명까지 중국에서 조선인들의 역사는 이들의 국적과 정치학이 토지의 경작과 소유의 문제와 깊이 연관되어 있었다는 것을 보여준다. 이들은 땅을 찾아 가족과 함께 건너온 농민들이었기 때문이다. 일본 제국은 만주를 지구적 자본주의의 회로 속으로 통합했다. 신용 대부를 미끼로 일본인과 협력할 조선인들을 조선으로부터 만주로 끌어들이면서, 대두를 만주의 주요 수출품의 하나로 만들었다. 중국은 식민지배 시기를 벗어나며 사회주의에서 공산주의로의 역사적 전환을 이루려 했다. 모택동이 구상한 지속혁명에 대한 전망은 이런 전환을 혁명의 단계라는 관점에서 바라보았다. 혁명에 대한 이런 직선적 전망은 구체제의 잔재라고 여겨지는 것들과 갈등을 일으키게 되는데, 이 잔재들은 50년대와 60년대에 반복해서 공식적 운동의 공격 대상이 되었다.

필자는 조선족과 사회주의 국가인 중국 사이의 불안정한 관계가 이러한 사회주의의 전망과 역사적 전개 과정 사이의 간극에 기인하는 것으로 파악한다. 민족 내 살해의 기억은 중국과 한국에서 조선인(한인)들을 향한 폭력과 조선인(한인)들 사이의 폭력이라는 관점에서 과거와 현재를 연결시킨다. 그러나 필자는 이러한 과거에 대한 기억의 재현을 사회주의가 모순과 반복을 거치며 실현해가는 역사적 과정이라는 맥락 속에 위치시킨다. 이런 관점을 통해 우리는 사회주의를 그 역사적 실현이 자본주의적 원리로부터 결코 자유롭지 않았던 유토피아적 전망의 하나로 평가할 수 있다. 중국 정권은 생산과 분배 사이의 관계를 지속적으로 조정하며 자신의 사회주의적 원리를 급속한 산업화 추구와 화해시키려 해왔다. 조선인은 사회적 관계의 불안정과 유동성으로 인해 사회주의의 다양한 '타자'의 기호가 되었다. 국가주권과 그것의 물적 조건 사이의 모순은 사회주의 역사에서 역사적 현재를 인식하는 문제를 부각시킨다. 조선인의 국적을 둘러싼 질문은 재현과 인식이라는 문제의식의 경계에 놓여 있다.

# 3 ──── 사회적 문제로서의 이중국적

    중국 공산당은 1928년 초, 코민테른의 일국일당주의(一國一黨主義) 원칙에 따라 만주에서 활동하던 조선인 공산주의자들을 통합했다. 만주에서 있었던 중국 공산당의 항일투쟁은 이 투쟁의 근간이었던 동만주 지역의 조선인 공산주의자와 농민들에게 의존했다. 김병호와 강기주의 연구(2001)에 의하면 중국 공산당이 처음에는 이들을 조선인을 의미하는 '조선인' 혹은 '고려인'으로 지칭했는데, 곧 중국 국가에 귀속된 소수민족을 의미하는 '조선족'으로 분류하기 시작했다. 1928년 '중공만주성위원회'(이하 만주성위)가 반포한 『고만주조선농민서』(告滿洲朝鮮農民書)는 만주의 조선인과의 관계를 연합관계로 규정하며, 고통과 목표의 공유를 통한 공통의 항일투쟁을 인정했다. 같은 해에 발표된 「만주의 조선 농민 문제」(滿洲的朝鮮農民問題)라는 문건에서 만주성위는 조선 농민이 항일투쟁의 우군이자 만주 농민혁명군의 구성원임을 언급했다. 하지만 1930년부터 조선인들을 중국 영토 내의 다른 소수민족들과 마찬가지로 소수민족이라 부르기 시작했다. 만주성위는 1930년 공산당 중앙위원회에 보낸 편지에서 만주에서 조선인들의 혁명 활동을 만주 내 중국 민족주의 운동으로 정의했다. 중국 공산당은 1931년 11월에 채택한 「중국 경내 소수민족 문제에 대한 결의안」과 「중화소비에트공화국헌법대강」(中華蘇維埃共和國憲法大綱)에서 조선인을 다른 중국 내 소수민족의 범주에 포함시켰다. 자료에 따르면 "중국 지역 내에 거주하고 있는 몽, 회, 장, 묘, 려와 고려인 등은 완전한 자결권을 가진다. 중국 소비에트공화국에 가입할 수 있고 이탈할 수 있고 스스로 자치구역을 건립할 수 있다"라고 했다. 1934년 만주성위가 동북인민혁명정부의 건립을 준비할 때 조선인, 대만인을 포함하는 동북 민중은 일률적으로 평등하고 모두 인민혁명정부하의 공민이라고 선언했다. 중국 공산당은 조선인을 이렇게 소수민족으로 규정했지만, 특히 1940년대 말에는 중국의 소수민족으로서 또 조선 교민으로서 조선인의 이중국적을 인정했다고 김병호와 강기주는 강조한다. 실제로 중국 공산당이 1932년에서 1936년에 걸쳐 반민생단 사건으로 조선인 공산주의자들을 숙청하여 만주 지역의 혁명 세력을 거의 전부 소멸시킨 이후, 조선인과 중국인 공산주의자들은 '동북항일연군'(東北抗日聯軍)을 결성하여 연합관계로 재설정했다(Park 2005).

일본의 지배에서 해방되면서 중국 공산당은 만주 지역 조선인들을 중국의 소수민족으로 통합하려 했다. 이를 위해 그 지역의 조선인 공산주의자들을 숙청하고 토지 소유를 중국 국적과 연계하는 두 가지 전략을 활용했다. 이진령(2002)의 연구는 이 이중 전략을 명쾌하게 설명한다. 일본의 패배 이후 1940년대 초반 소련으로 도피했던 동북항일연군 소속 조선인 공산주의자들은 연변으로 귀환하여 중국 공산당 연변위원회와 대중 조직들을 만들었다. 그러나 중앙 중국 공산당에 의해 연안에서 파견된 33인의 한족 공산당원들은 1945년 11월 12일 신속하게 이 조직들을 해산시키고 대신 중국 공산당 동북부위원회를 설립했다. 이 조직은 1946년 토지개혁을 담당했고, 1947년 2월부터 1948년 3월에 걸쳐 조선인 공산주의자들을 숙청했다. 중국 공산당은 토지개혁의 일환으로 동만주(연변)에 거주하는 전체 154,243호의 조선인 가구 가운데 116,681호에 땅을 분배하여 조선인 농민들로부터 지지를 얻어내려 했다. 분배받은 땅의 일부는 쌀농사에 적합하지 않았지만 조선인들은 토지 소유를 통해 중국 국적자가 되었다(최재봉·김철룡 1993: 93). 조선인 농민들은 곧 농업협동조합에 가입했다. 연변 협동조합에서 조선인의 비율은 1950년 52.65%, 1952년 76.48% 그리고 1955년에는 90%로 증가했다. 이 협동조합은 1956년부터는 좀더 발전된 형태로 재편되었다. 조선인들은 곡물 생산 할당량을 초과 생산하여 칭찬의 대상이 되기도 했다.

조선인 공산주의자 숙청은 중국 공산당의 길림성위원회(이하 '길림성위')에 의해 실행되었다. 길림성위는 동만주의 토비(土匪)와 국민당의 연합 세력을 패퇴시키려 1947년 2월 당과 군사 그리고 행정 조직을 연변으로 이전하였다. 길림성위는 1948년 3월 길림시로 돌아올 때까지 공산당 조직과 이념의 순수성과 통일성을 복원하는 운동의 일환으로 93명의 조선인 공산당원 중 71명의 당원 자격을 취소했다. 또한 당의 대중 조직에서 42명의 조선인 관료를 몰아내었다. 중국 공산당은 숙청을 통해서 공석이 된 자리를 중국 본토의 조선인과 중국인으로 채웠는데, 조선인은 중간직과 하위직에, 중국인들은 고위직에 배치되었다. 이들 조선인은 중국 본토에서 활동했던 조선인 항일 군대인 조선의용군 대원들로 국민당을 지원하며 1936년부터 1945년까지의 제2차 국공합작에 참여했었다. 연안의 중국 공산당원이었고 동북항일연군에 속했던 주덕해는 연변 지역 조선인들 가운데 최고 지도자로 등장해 1949년 3월 중국 공산당 연변위 서기, 같은 해 4월 연변대학 총장, 그리고 1952년에는 연변 조선족 자치주의 초대 주장이 되었다. 문화혁명 발발 당시 그는 중국 공산당 중앙위의 유일한 조선인이었다. 중국 공산당에 조선족 당원들이 늘어나면서 조선족 대표가 1959년에는 연변자치주 관료의 60%를 점했는데, 대부분은 군사와 정치 분과가 아니라 행정과 문화 분과에 속했다(이진령 2002).[28]

## 계속되는 논쟁과 타협

중국에서 조선인들이 중국 소수민족으로 규정되는 과정은 이들

---

28  주덕해의 전기인 『주덕해의 일생』은 한국 독립의 정치학, 공산당과 조선인 공산주의자 사이의 갈등을 누락하고 있다. 조남기의 전기 『조남기전』은 중국 공산당이 조선인들의 항일투쟁을 자신들의 통제하에 두려는 듯한 전략을 지적하고 있다. 즉, 1951년부터 중국 중앙정부는 동북부 중국에서 투쟁했던 조선인 혁명가들을 기념하며 인정하기 시작했다. 1957년부터는 선전물, 쌀통, 일상에서 쓰던 도구, 자료 등 연변에서의 조선인들의 항일 혁명투쟁의 자취들을 보존하기 시작했다. 1960년대 초 모택동 사상에 대해 공부하는 열풍이 불었을 때, 북경의 많은 중국인 관료들은 조선인들의 혁명투쟁에 경의를 표하기 위해 연변을 방문했다. 곡애국·증범상 『조남기전』(2004)을 참조할 것.

의 국적을 둘러싼 논쟁과 타협을 수반했다. 1948년 12월 중국 공산당 동북 지부는 길림에서 조선인 국적 문제와 연변의 미래에 대한 논의를 시작했다. 일부 중국인들은 중국 국적을 취득한 조선인들을 외국인으로 간주하여 그들의 거주권을 취소할 것을 요구했다. 다수의 조선인들은 복수국적을 주장했는데, 조선에서는 한민족, 중국에서는 중국 국적자, 그리고 소련에서는 세계 무산계급의 일원으로 대접받기를 원했다.[29] 소련의 영향력 아래 놓인 조선인들 가운데 일부는 독립된 국가를 만들자는 주장을 하기도 했다. 동북항일연군에 속했던 조선인들은 중국 공산당과 항일운동을 하던 시기에 조선인들의 자결권을 약속했다는 것을 근거로 연변의 중국으로부터의 독립과 북한과의 통합이라는 이룰 수 없는 소망을 갖기도 했다.

이 국면에서 주덕해는 중국 관료들의 열렬한 지지를 받으며 중국 내 조선인들의 자치를 추진했다. 그는 조선인 국적 문제를 사회적 문제로 규정하며 중국의 주권을 사회적 관계 속에 위치시켰다. 주덕해는 조선인들에게 중국에서의 자치를 향유하고, 중국에서 땅과 삶에 투자한 수십 년간의 노고를 지키기 위해서는 중국 국적을 선택해야 한다고 호소했다. 또한 그는 조선인들이 얻어낸 중국에서의 사회경제적·정치적 권리는 농업 활동과 혁명 투쟁에 참가하여 획득한 것

---

29  연변대학의 대자보에 쓰여진 '조선'이라는 단어는 의심할 나위 없이 북한과 결부되어 있었다. 하지만 다수의 조선인들, 특히 동북부 중국의 북쪽과 남서쪽(요령성과 흑룡강성 자치주)에 거주하는 조선인들은 아직 통일되지 못한 조선을 상상했을 것이다. 복수국적 문제에 대한 상세한 논의로는 『민족문제 "따즈보" 회집』(1958)을 참조하고. 민족정풍운동에 대해서는 오태호(1993)를 참조할 것.

이라고 주장했다.

주덕해는 조선인들이 중국에서 복수국적을 주장하는 것은 중국에서 조선 민족이 가진 역사적 성격을 부정하는 것이라 보았다. 그의 주장을 요약하면 다음과 같다.

> "'조국'이란 력사성과 정치성이 매우 강한 개념이라는 것을 가일층 인식하게 되었다. 몽매한 시대에 각 민족들은 서로 보수적으로 폐쇄하며 지냈는데, 이때의 조국은 '임금에게 충성하고 조상을 받들어 섬긴다'는 것과 련계되어 있었다. 그러나 세계가 이미 '제국주의와 무산계급혁명의 시대'에 들어선 오늘 여러 민족은 교통 도구, 련계수단이 끊임없이 개진됨에 따라 서로 폐쇄하여 국면을 타파하고 정치·경제·문화 및 의식 형태 등에서 서로 련계되고 교차되며 융합되고 있으며 한 나라에 여러 민족이 살고 한 민족이 여러 나라에서 사는 현상이 이미 자연적인 것으로 되었다."
>
> **『주덕해의 일생』**(1987: 228~229)

주덕해는 한 사람에게 오직 하나의 민족국가만 있다고 주장하면서 조국과 국적을 일치시켰다. 주덕해에 따르면 "조국과 국적은 직접적으로 련관되어 있는 것으로서 한 사람에게 오직 하나의 조국밖에 있을 수 없으며 또 한 사람이 동시에 몇 개의 부동한 국적을 가질 수 없다는 것을 알게 되었다"라는 것이다. 이렇게 그는 조국을 근대 민족국가로 개념화한다. 중국 공산당은 1948년 말부터 행정 구역을 개편해 조선인들이 밀집한 목단강 지역을 연변에서 제외시켜 흑룡강주에 편입시키고 한족 중국인이 밀집한 돈화현을 연변에 편입시켜 연변에서 조선인 비율을 낮추었다(이진령 2002). 연변에서 조선인 자치의 실행은 한국전쟁으로 인해 1952년까지 미뤄졌다. 자치의 틀 안에서 조선인들의 한민족문화의 실천, 일제 때 폐교된 조선인 학교의 재운영, 연변대학 설립이 허용되었고, 이들은 또한 신문사와 방송국을 자체적으로 운영할 수 있었다(연변당사학회 1989: 1~106).

하지만 이중국적 허용은 1950년대를 통해 지속적인 지지를 받았다. 중국 공산당은 한국전쟁 기간(1950~1953) 북한과 사회주의적 국제주의 연대를 구축하면서도 동시에 민족주의 운동을 추진했다. 이런 모호함은 조선인들이 1958년 민족정풍운동에 이르기까지 북한과 중국이라는 두 민족국가에 이중적 소속을 탐색할 수 있는 비옥한 토양이 되었다. 북한은 1945년에서 1949년까지 중국 공산당에 전략적 지원을 제공했다. 여기에는 수만 명의 중국혁명군과 전략물자가 북한을 통과해 남만주에서 북만주로 이동할 수 있도록 허용하고, 만주에서 북한으로 이전된 중국의 무기공장을 운영했으며 중공군 부상자와 군인 가족들을 돌봐주었다. 중국 공산당은 조선인들을 중국 국민으로 통합하면서 조선인들을 한국전쟁에 동원해 전투에 참가시켰다. 또한 북한을 위해 생산량을 증가시키기 위해 여러 자원을 자발적으로 제공하고 북한으로의 이주조차도 독려했다.[30] 중국과 소련이 1960년대 사회주의 발전 원리를 놓고 논쟁을 벌일 때 북한은 60년대 중반까지 중국의 입장을 지지했고, 이런 제휴를 발판으로 중국은 소련을 향해 중국과 북한 모두의 사회주의 혁명을 위협하고 있다고 비난했다(연변당사학회 1989: 34~51). 1959년 6월에 벌써 연길시에 전국과 분야의 대표 약 1,000명이 모여 한반도의 평화적 통일을 지지하고 한국에서 미군 철수를 요구했으며, 조선족은 1962년에는 한일협정에 반대하며 북조선에 대한 지지를 확인했다.

조선인의 이중국적 문제는 중국에서 영구혁명 혹은 지속혁명을 구성하는 요소 중 하나가 되었다.[31] 지속혁명의 전망은 '인민민주독재'를 중심에 둔다. 여기서 사회적 관계는 사유재산 관계가 철폐되는 대신 인민들 사이의 여러 모순이 관련되기에 더 이상 적대적 계급관계로 정의되지 않는다. 모택동은 1957년에 행한 연설 『인민 내부의 모순을 정확하게 처리하는 문제에 관하여』(關于正確處理人民內部矛盾的問題)에서 협동조합, 부르주아, 공상업자, 지식인, 소수민족에 관한 문제 각각에 관심을 보였다. 모택동에게 한족 우월주의와 맹목적 지역 우월주의의 극복은 한족 중국인과 소수민족 간의 모순을 해결하는 데 필요한 것이었다. 그렇지만 1958년 봄에서 1960년 초까지 조선족 사회에서 일어난 민족정풍운동은 사회경제적 문제, 정치

---

30  한국전쟁 기간에 중국에 거주하는 약 5천 명의 조선인 청년들이 입대하여 북한으로 건너갔으며 그 외 5,740명의 조선인이 북한에 건너가 정보, 통역, 수송 분야에서 일했다. 연변 출신 총 6,981명의 조선인들이 모택동의 아들처럼 한국전쟁 중에 북한에서 목숨을 잃었다. 좀더 상세한 정보는 연변당사학회(1989: 51)를 참조할 것. 북한의 요청으로 중국은 1958년과 1959년에 조선족 10,297가구(52,014명)를 북한으로 보냈는데, 이들 가운데 3분의 1은 농촌에서 나머지는 공장에서 일했다. 이상숙·송문지(2012)를 참조할 것.

31  이 장에서 '조선인'은 19세기 말부터 중국으로 이주한 한인들을 지칭하며, 1952년 연변 조선인 자치주가 성립되고 중국 국적을 취득한 조선인을 중국 소수민족으로서 '조선족'이라 칭한다. 1958년 중국과 북한은 협약을 통해 중국에 거주하는 조선인들에게 원칙적으로 중국이나 북한의 국적을 선택할 수 있도록 허용했다.

적 문제, 소수민족 문제가 어떻게 서로 얽혀 있는지를 잘 보여준다. 중국 공산당은 연안에 근거를 두고 있던 시기인 1942년의 정풍운동에 이어 1957년의 반우파투쟁으로 조선족 지식인들을 지방민족주의 고취라는 명목으로 징계했다. 이들은 이후 1962년에 그리고 1978년에 다시 결백함이 인정되었다.

1958년의 정풍운동은 중국 공산당 내의 세 가지 문제인 관료주의, 분파주의 그리고 주관주의와 싸울 것을 공언했는데, 조선족 사회에서 주 대상은 조선인의 민족 예외주의였다. 여기에는 조선인들의 복수국적, 더딘 동화, 그리고 자치에 대한 요구가 포함된다(중국 조선민족 발자취 총서 위원회 1993: 111~116). 연변대학과 『연변일보』가 주관한 자아비판회는 교수, 방송인, 출판인, 문인 등 지식인을 초대하여 당 앞에서 "속마음을 터놓고" 뿌리 깊이 박힌 부르주아 근성과 반동적 시각을 드러낼 것을 요구했다. 비판의 도마 위에 오른 것은 중국 국적 취득에 대한 망설임, 중국어 배우기 거부, 자치구역의 크기와 행정적 지위에 대한 불만, 그리고 자치구역에 한족 행정 관료 임명에 대한 반감 등이었다. 1958년 3월 1일부터 6월 29일까지 이러한 조선족 사회를 비판한 약 20만 장이 넘는 대자보가 붙여졌다. 900명의 관리가 공장이나 농장으로 보내져 강제노동을 하게 되었다(오태호 1993: 129). 자아비판이 인민들 사이의 모순을 해결하는 방법이라고는 하지만, 민족정풍운동은 조선인들 사이의 반혁명적 성향을 노출시켰고, 이로 인해 후일 무죄로 판명되긴 하지만 체포와 박해로 이어졌다(오태호 1993).

## 영토화와 이산 사이의 갈등

연변대학 대자보에 드러난 이성과 정동의 통합이라는 수사법은 영토화와 이산 사이의 갈등에서 발생하는 주관화의 전형적 모습들을 보여준다(『민족문제 "따즈보" 회집』 1958). 이 수사법에서 중국 국적은 조선인들에게 토지 소유를 가능케 했기에 이성적이고 물질적이며 계급과 관련된 반면, 조선(북한이나 희망하는 통일된 조선)에서의 국적은 민족이 조상과 가족적 유대, 언어, 관습 그리고 자연 환경과 연계되어 있기에 정동적·민족적·심정적인 것이다. 이런 이중국적의 수사법을 통해 중국 문화를 열등하고 원시적이라고 비하함으로써 조선인들은 중국에서 자신들의 신분이 의심받는 것에 항의하였다. 중국 문화에서 조롱의 대상은 조선의 미곡 농법과 대비되는 중국식 건지 농법과 중국식 의복의 조야함뿐만이 아니다. 그리고 조선인들의 자녀 교육에 대한 헌신과 대비되는 중국인의 자녀 교육에 우선하는 배금주의적 가치관, 중국어에서 감정적 공명의 결핍, 춤과 악기의 촌스러움, 후진적인 결혼 풍습, 나아가 조선의 아름답고 푸르른 경관과 대비되는 중국의 거칠고 황량한 풍경을 망라한다. 어떤 이는 중국을 자신의 나라라고 맹세했지만, 심정적으로는 가족과 친지들이 사는 북한을 자신의 나라로 생각한다며 고백하기도 했다. 연변대학의 한 학생은 자신이 태어나고 조부모와 친척 들이 사는 조선(북한)을 그리워한다고 털어놓았다. 또 다른 학생은 중국과 그 외 나라들은 단지 정치적인 의미에서 조선인들의 나라인 반면 조선(북한 또는 미래의 통일된 조선)은 전 세계 모든 조선인(한인)들의 나라라고 주장했다. 사회주의 국가가 조선인들을 소수민족으로 중국화하려 했을때, 중국 국적을 취득한 이후에도 조선과 동일시하였던 조선인들은 이성과 감정을 통합하여 자신들의 사회적·정치적 권리를 분리함으로써 대응하였다.

조선인들의 자신의 이중(혹은 삼중)국적 담론을 구성하는 것은 '실종'이라는 탈식민지 담론이다. 중국 내 소수민족이 되는 과정에서 쌀농사를 조상 대대로 내려오는 문화로 격상시키는 것은 일본 식민지기에 자신들의 쌀농사에 담긴 사회적·정치적 의미를 지우는 것이었다. 일본은 동북부 중국에서 자신들이 실질적 주권을 행사하고, 만주를 서구로 향하는 일본 제국주의의 관문으로 만들고자 했다. 조선을 강점하고 조선인을 만주 침략을 위한 기제로 이용했는데, 조선인들을 만주로 이주시키고 이들로 하여금 만주에서의 토지를 간척하고 소유하게 하였다. 이들의 국적을 만주 침략의 기제로 활용하여 만주로 이주한 조선인에 대한 지배를 주장하고 만주에서 실제적 지배를 넓혀가려 하였다. 만주를 지배하던 중국의 군벌 또한 만주 지역에서 농업을 발전시키려 함에 있어 조선인들의 쌀농사 기술을 활용하려 하여 조선인의 간척과 쌀농사에 대해 일본과 경쟁하였다. 따라서 중국 군벌정부는 조선인들의 중국 국적 취득을 금지하거나 강요하는 정책을 번복하였다(Park 2005). 이런 식민지 과거는 이중국적의 서사가 다 담아낼 수 없는 과잉이 되었다. 어느 연변대학생의 국적에 관한 자아비판은 현재의 중국의 지배와 과거의 일본 식민지 지배 사이에 차이가 있는지 의문을 던짐으로써 이런 과잉을 표현한다.

중국을 조국이라고 하자. 그러면 조선을 민족적 조국이라고 하
는 것은 옳다. 이렇지도 않다면 친형제간에도 다른 나라 사람이란
말인가? 또는 부자간에도 다른 나라 사람이란 말인가? 이것도 조
선 사람을 중국 사람으로 만들자는 것과 같다. '그러면 일본 시대
와 무엇이 다른가? 중국이 조국이라면 밥을 얻어먹는 조국이지, 민
족적 감정이나 글자 풍습이 공통된 것이 있고, 무엇이 내통되는 것
이 있는가? 단지 이 땅에서 농사하여 밥을 먹는 것뿐이지?'라고 나
는 과거에 그릇되게 인식했다.

『민족문제 "따즈보" 회집』(1958: 1~2)


억압의 감각은 조선인들이 중국과 조선(북한) 사이의 부인할 수
없는 불평등을 목도할 때 심화된다. 연변대학의 한 학생은 "「중-조
량국 인민 대단결 만세!」라는 것이 써 붙어 있는 것을 보고 나는 콱
목이 메어 눈물을 흘렸다. 그리고 마음속에서는 '그들과 우리는 같
은 민족인데 왜 형제가 아니고 량국이 친우인가? 그사이에는 강 하
나가 놓였는데 왜 이리도 몰라주는가?…' 하고. 이런 견해는 자못 그
릇되었다고 심각히 인식한다"(민족문제 "따즈보" 회집 1958: 11)고 고백했
다. 북한 정부가 중국 거주 조선인(조선족)에 대해 보이는 무관심한
태도는 이런 한민족 정체성에 대한 환상을 약화시키지 못했다. 북한
정부는 1958년 중국 조선인의 중국 귀화에 동의할 당시에 중국 거
주 조선인들과 상의하지도 않았으며, 중국 정부와 대등한 권력관계
에 있는 것처럼 보이지도 않았다. 조선족은 한족 중국인들이 아시아
의 다른 지역에 화교로 살듯이 자신들이 북한 교포로 살도록 허용

되지 않는다고 불만을 표했다. 어떤 이는 여러 개의 조국을 갖는다는 것은 조국이 없는 것과 마찬가지라고 보았다.

> 연변의 조선족은 정말 가련하다고 생각했다. 조선 민족으로서의 조선이라 국가가 있는데도 하필 타국에 와서 사는가? 한족 아이들이 조선족 아이들을 때리거나 또는 합작사 같은 데서 줄을 서서 물건을 살 때 한족은 늦게 마지막에 와서도 조선 사람을 밀치고 앞에 서지만 판매원들은 모르는 척하고 그대로 물건을 줄 때, 나는 정말 타국에 와 사는 것이 가련하구나, 꼭 조선에 가 살아야 활기롭게 살 수 있다고 생각했고, 정말 김일성 원수의 아버지 유언 '조국이 없는 자는 상갓집 개와도 같다'는 말이 옳겠다고 생각하였다.
>
> 『민족문제 "따즈보" 회집』(1958: 4)

비록 위의 김일성의 발언은 식민지 시기 조선인의 처지를 언급한 것이지만 조선족은 이것을 1950년대 말 중국에서 자신들이 처한 상황과 연결시켰다. 자아비판에서 조선족은 자신들이 생산한 쌀의 강제 징수와 중국인들의 주곡인 수수의 분배, 조선족학교에 대한 불평등한 지원, 그리고 연변자치주의 수도인 연길의 부족한 기반 시설과 재원에 대한 불만을 드러냈다.

# 4 ———— 주권과 차이: 대약진운동

    대약진운동 시기에 중국의 민족국가 주권은 역사가 선형적이고 진보적으로 발전한다는 근대적 역사 서사에서 보편적 성격을 획득했다. 국가가 단지 법의 영역뿐만 아니라 사회적인 것의 영역에서도 주권을 수립한 것이다. 중국은 사회주의 혁명이 저개발의 조건 아래 일어났다는 점을 고려하여 집단화와 산업화를 공산주의로의 전환에 필요한 생산력 발전의 수단으로 파악했다. 농업과 공업을 망라한 대량생산이라는 과제는 국가의 주권을 사회적 영역에 위치시켰다. 이 과제는 또한 국가의 주권 자체에 내재적 긴장을 일으켰는데 이는 생산력 발전의 필요성이, 그 혁명이 약속한 자본주의로부터 해방된 무산계급의 주권과 상치되기 때문이었다. 즉 역사의 진보적 발전을 위해 신속하게 생산력을 높이기 위해서 대량생산 전략을 추진하였는데, 이는 노동의 과정을 표준화하고 국가와 사회적인 것의 관계를 균질화했다. 조선인들의 쌀농사와 다른 농경 관습은 사회주의 형성 과정에서 이러한 모순의 경계선에 놓여 있었다. 이질적인 노동과정과 문화의 실천을 통해 조선족들은 국가가 정해놓은 생산 목표를 추구했고 또 달성했다.

## 대약진운동과 유토피아적 기획

대약진운동 기간에 모택동은 사회주의 대이행의 세 단계를 제시했다. 첫째가 1956년에 집단화로 인한 생산 수단의 소유권 전환[32], 그다음으로 정풍운동의 '단결-비판-단결'의 공식에 따라 장기간에 걸친 정치적 이데올로기적 전환, 그리고 마지막으로 1958년 대약진운동으로 기술혁명을 이룬다는 것이었다. 대약진운동은 "15년 남짓한 시간 내에 영국을 따라잡고 추월할 것"이라고 공언하며 농업 분야에서의 대량생산과 급속한 산업화를 추구한 유토피아적 기획이었다(Schram 1989: 130~131). 국가의 중앙 기획과 강화된 재량권 그리고 지역 행정부의 책임을 결합하여 이루어진 대량생산은 기계화와 생산력을 발전시킬 것이라고 기대되었다. 1957년 5월 2일 『인민일보』의 사설에 의하면 "중국에서의 기본 모순은 더 이상 적대적 계급 간 모순이 아니라 '선진 산업국을 만들려는 요구와 후진적 농업국으로서의 현실' 사이의 모순, 그리고 다른 유사한 성격의 문제들이다"(Schram 1989: 124). 대약진운동은 경제정책을 이전의 소비에트 모

---

32 중국은 점진적 과정을 채택하면서 스탈린식 정통 경제를 추종하여 1956년 말까지 두 단계에 걸쳐 농업을 집단화했다. 1952년부터 1955년까지의 첫 단계는 낮은 단계의 협동조합을 만들고, 1956년 두 번째 단계에서 이 조합을 좀더 발전된 형태의 조합으로 대체했다. 중국이 스탈린의 정책을 어떻게 적절히 시행했는가에 대해서는 타이에스(Teiwes 1987)를 참조할 것.

델을 모방하는 것을 지양하고 분권화된 생산과 정치적 동기 유발을 통한 조정으로 전환했다. 스탈린식 정책이 강제 추방과 부유한 농민의 제거로 이어진 반면, 이 시기의 중국식 정책은 부유한 농민과 가난한 농민 간의 관계를 본질적으로 적대적인 것으로 간주하지 않았다. 1950년대 중반 소련과 동유럽에서의 탈중앙화와 개혁을 향한 움직임은 중국의 정책입안자들을 고무시켜 자신들의 역사적 조건을 재평가하도록 했다. 예를 들어 농민 인구 비율은 중국이 소련보다 월등히 높았는데, 1928년의 집단화 시기에 인구당 산출량은 소련의 반에 지나지 않았다. 중국 정부는 생산 증가와 농민들에게 물질적 동기 제공을 위해 소비재를 생산하는 경공업에 대한 투자를 늘리려 했다. 이로 인해 민간 시장에 대한 통제는 약화되고 주정부와 지방 정부의 재량권이 확대되었다. 이와 함께 국가는 물적·기술적 제한을 극복하기 위해 대중 동원에서 집단 의식과 정치적 열정을 가진 초인 간적 능력을 강조했다. 이러한 변화는 소비에트 모델과 결별한다기보다는 수정하는 것이었고, 대약진운동의 실패로 인해 시장과 민간의 추진력의 확장과 발맞춰가도록 기획된 중앙집권적 계획으로 복귀할 때까지 지속되었다(Perkins 1991; Schram 1991).

1955년 말에 모택동은 대규모 협동조합의 우수성을 주장하며 "마을마다 하나의 협동조합이 있을 수 있고 여러 마을이 하나의 협동조합을 이루거나 한 마을에 다수의 조합이 있는 경우도 있을 것"이라고 했다(Schram 1989: 127). 1958년 4월 공산당 중앙위원회는 소규모 협동조합들은 대규모 조합으로 통합하라는 지시를 하달했다. 공동체 집단은 관개 사업을 포함해 지방에서 좀더 효율적인 기간 시설을 마련하기 위한 대규모 조직이라는 관점에서 기획되었다. 대약진운동은 이에 맞추어 계획과 시행을 위한 광범위하고 강압적인 국가기구가 아니면 생각할 수 없는 거대하고 기계처럼 움직이는 사회조직들을 만들었다. 조선인 사회에서 대약진운동은 "이를 악물고 5년간 악전고투하여 10년 계획을 완수하자"거나 "5년 내에 량곡 단위당 수확고를 배로 늘이자"는 구호와 함께 요란스럽게 시작되었다(중국 조선민족 발자취 총서 위원회 1993: 178). 조선족들은 좀더 개선된 형태의 협동조합을 '공산주의로 인도하는 지름길'이라 불린 거대한 '인민공사'로 전환시켰다. 1958년 8월 20일에서 9월 30일 사이 연변 조선족 자치주의 172,388가구의 전체 농가는 921개의 '고급 농업사'를 78개의 '인민공사'로 전환했는데, 조합당 평균 2,021가구, 최대 10,855가구로 구성되었다. 조선족의 공식 역사에 따르면 이러한 협동조합의 재구성은 농업생산이 일상의 삶을 집단화하고 전투처럼 만들면서 생산 과정을 관장하는 유사 군사 조직을 만들었다(중국 조선민족 발자취 총서 위원회 1993:181~182; 최상철 1997).

　머지않아 집단화된 농업생산의 실패는 분명해졌다. 예를 들면 1957년 정부는 한 협동조합의 목표량을 1,193kg로 올렸다. 그러나 생산량은 7,738kg이 감소하여 조합원 1인당 곡물 배급을 188kg으로 줄여야 했다. 1960년의 끔찍한 기근과 홍수는 이런 식량 위기를 더욱 악화시켰다. 대약진운동의 실패에 대해 모택동은 정부가 생산 할당량을 설정할 때 이 수요를 만족시키는 일에 필요한 비용을 현실적으로 평가하지 않고, 단지 철강과 같은 자원에 대한 수요를 맞추는 것에만 관심을 두었다고 지적했다. 대약진운동의 실패로 인해 경제 발전 달성에 대한 좀더 현실적인 시간표가 요구되었고, 1959년 말 정부는 집단화 추진 속도를 늦추었다. 정부는 인민공사로 하여금 저축한 돈을 은행이나 신용조합에 반환하고, 몰수한 자산을 이전 소유주에게 돌려주도록 했다. 농민들이 집 주변에 과수를 소유하고 가축을 키우거나 부수적 수입을 올릴 수 있는 활동을 할 수 있도록 허용했다. 경제적·기술적 기적을 만들려는 노력은 문화혁명 기간에도 지속되었다(Schram 1989:133).

대약진운동에서 노동과정은 대량생산과 집단적 열정에 의해 균질화되었다. 집단 농장들 사이에서는 추수 할당량을 채우고 '영웅' 칭호를 받기 위해 치열한 경쟁이 벌어졌다. 예를 들면 1958년 여름 길림성의 어느 현이 헥타르당 25,000kg에서 50,000kg을 수확하겠다고 발표하자, 연변의 안도현은 50,000kg 이상을 수확하겠다고 공약했다. 정부에 제출하는 보고서에서 수확량을 과장했기에 더 많은 양을 건네야 했다. 기본 식량은 최소한으로 줄어들었고 결국에는 소를 먹일 것도 남지 않았다(『주덕해의 일생』 1987: 281). 1958년 11월 연변 주 정부가 모든 농경지의 60%를 60~90cm 깊이로 갈라는 지시를 내렸다. 곧 연변 전역에서 사람들은 추수를 끝내기도 전에 경작지를 갈기 시작했다. 하급 관료들은 이른 시기에 신속하게 끝낼 것을 강조하며 사람들을 동원하여 땅이 얼기 전에 갈도록 했다. 하지만 이렇게 내년 봄철 파종을 위해 서두른 것이 오히려 그해에 가을 추수를 방해했다. 일찍 그리고 깊게 땅을 가는 것이 처음에는 생산량을 증가시켰지만, 나중에는 추수하지 못한 작물이 눈과 얼음에 덮여 수확할 수 없게 되었다. 얼어붙은 땅의 흙을 부수기 위해 폭약을 썼더니

1m 깊이의 집채만한 구멍이 만들어졌다. 다음 해 봄이 되어 모내기
를 위해 논에 물을 댔더니 논이 저수지처럼 변했다. 결국 그 안에서
사람과 소가 물에 잠기기도 했으며, 실제로 소들이 익사하고 사람들
이 목숨을 잃을 뻔한 적도 있다고 한다(『주덕해의 일생』 1987: 281; 최상철
1997: 284). 여기에 더해 1958년 9월 정부가 철강 생산 증대를 추진하
자 현들은 서로 경쟁하며 12년간의 생산 목표를 7년에서 9년 안에
달성하겠다고 공언했다. 같은 해 9월 9일 『연변일보』 사설은 소규모
철강 생산을 장려하며 가정마다 쇠로 된 솥을 녹여 생산의 의무를
다하라고 부추겼다. 곧이어 연변의 행정 조직에서 공장, 광산, 사업
체, 농장, 학교 그리고 군대까지를 망라하는 모든 조직들은 철강 생
산을 위해 쇠를 녹이는 일에 열광적으로 뛰어들게 되었다. 종이 공
장조차 노동자 가정과 이웃들로부터 쇠솥을 모아 이것을 녹일 용광
로를 만들었다. 어느 현에서는 9,000명이 모여 '강철부대'을 구성했
다. 많은 인민공사들은 수백 개의 간이 용광로를 만들기 위해 수천
에 이르는 강철부대를 조직했다. 그렇지만 설비와 전문성 부족으로
인해 용광로들은 강철 생산에 필요한 양질의 철을 제련할 수 없었
고, 그럼에도 이들은 상부에 '강철'을 생산하고 있다고 보고했다(최상
철 1997: 269, 282~284).

## 주덕해의 연변 개혁

연변정부의 수장이었던 주덕해는 인민들이 타당성을 따지지 않고
오직 국가의 명령에 따르며 나아가 열성적으로 순응하여 서로 경쟁

하기까지 하는 세태를 '광신주의'라고 비판했다. 그는 대안으로 조선족 공동체의 발전을 '평등하면서도 다름'의 원칙에 근거해 공산당의 농업생산과 소비에 대한 획일적 접근과 거리를 두었다. 혁명가로서의 그의 탁월한 이력과 조선인들의 혁명적 과거가 없었다면 그가 그토록 당당하게 국가 정책을 비판할 수는 없었을 것이다(『주덕해의 일생』 1987). 민족 간 평등과 차이에 대해 그는 "지금 정치상의 평등만 말해서는 안 된다. 사실상의 평등을 가일층 실현하여야 한다"라고 주장했다. 그는 이에 상응하게 조선족의 자치를 같이 강화했다. 이로 인해 문화혁명기에 그는 지방 민족주의자이며 조선인들의 '독립 왕국'을 건설하려 한다는 비난을 받게 된다. 실제는 이와 반대로 주덕해는 대약진운동 기간에 자치구에 인접한 현과 구는 자치구에 편입될 수 있다는 공산당 지시를 근거로 조선족 자치구역을 확장했다.[33] 조선족의 조선어 교육과 문화시설 개선 방안의 일환으로 모든 단계의 교육기관을 확장하고 조선어 신문, 방송매체, 출판사를 설립했다. 그는 또한 연변의 조선족 산업을 확장했다. 예를 들면 요녕성의 심양에 있던 공장을 길림성의 도문으로 옮겨, 조선족을 위한 고무신을 생산하도록 했다. 조선족들의 북한 방문과 북한의 해산물 수입과 같은 두 나라 사이의 소규모 무역을 용이하게 했다.

조선족의 생산방식과 관습을 반영하는 생산 시스템을 채택한 것도 주덕해의 업적이다. 그는 조선족들의 주 생산물인 미곡과 과일

---

33 연변자치주는 중국 내 30개의 자치주 가운데 하나이며 요녕성의 장백 조선자치현과 같은 69개의 자치현들이 있다.

생산을 강조하고 생산 증대를 위해 저수지도 건설했다. 그는 또한 경사가 급한 산악 지역에서 경작을 위해 조선족들이 발명한 농경 기구를 생산하는 공장을 세웠다. 1958년에서 1961년 사이 송아지의 사망률이 50% 증가하며 소의 건강 문제가 불거지자 그는 조선식대로 쇠죽과 더운 물을 공급하고 소들을 따뜻하게 하라고 권고했다. 그의 이런 행동이 지방 민족주의라는 비판에 직면하자 그는 소들마저 민족 문제에 시달려야 하냐는 물음으로 대응했다. 그는 후에 암소를 키우는 것이 자본주의의 씨앗을 뿌리는 행위라고 비난받던 문화혁명기에는 '우왕'(牛王)이라고 불렸다.

집단화 비판은 주덕해의 연변 개혁의 핵심이었다. 1940년대 말 그는 소련의 경험이 주는 교훈을 언급하고 원칙에 대한 일률적 적용보다 실용적 접근법을 강조하며 집체 식당 제도를 비판했다. 그는 이 제도가 개인의 의무와 책임을 없애버렸다고 주장했다. 처음 이런 단체급식장이 세워지자 사람들은 마치 매일이 잔칫날인 것처럼 세끼 쌀밥에 소와 돼지를 잡고 하루 걸러 술을 빚으며 흥청망청 먹고 놀았다는 것이다. 술에 취해 노래하고 춤추며 농촌에서의 삶은 엉망이 되었다. 머지않아 집체 식당의 물품은 곡물과 죽거리까지 바닥이 났다. 게다가 집단 급식의 식사는 개개인에 입맛에 맞지 않아 조선족들은 급식소에서 밥과 반찬을 집으로 가져가 집에서 만든 반찬과 먹곤 했다. 조선족들은 예전에는 보통 잔반을 돼지와 개에게 먹여 키웠는데, 집단 급식은 가축을 먹일 잔반을 별로 남기질 않아 가정의 부수입이 줄어들었다. 집체 식당에서 식사를 할 때조차 적어도 겨울철 다섯 달 동안은 온돌 난방을 위해 집 부엌의 아궁이에 불을 때야 했다. 주덕해는 "공산당원이라면 언제나 실사구시이어야 하오. 남들이야 어떻게 하든 우린 우리 지구의 실정으로부터 출발해야 하오"라며 실사구시의 원리를 설파했다. 그의 주도 아래 집체 식당은 연변의 농촌에서 사라지게 되었다.

주덕해가 정부의 중앙집권적이고 균일한 생산정책을 반대한 최초의 인물은 아니었다. 1957년 10월 20세의 요녕성 민족사무위원회 의장 박경옥은 한족 중국인과 조선족 농업 협동조합의 통합을 연기하자는 제안을 했다는 이유로 우파라는 비난을 받고 선양의 한 자동차 공장의 노동자로 강등되었다. 통합 이후 조선족 노동자들의 소득이 감소한 것을 보고 박경옥은 공식 보고서에서 조선인과 한족 중국인 연합협동조합이 생산방식과 생활습관의 차이로 인해 생산력 발전에 걸림돌이 된다고 결론지었다. 그렇지만 주덕해는 사회 개혁에 대해 좀더 체계적인 비판을 가했다. 공산주의를 농경과 생활방식의 균일화를 통해 단숨에 실현하려고 경쟁하는 것을 광신주의라고 비판했다. 그의 비판에 따르면 광신주의는 노동과 의무의 회피와 공존하는 것이었다. 그가 보기에 협동조합에서 일하는 사람들은 마치 무리 지어 움직이는 양떼들 같았다. 사람들은 벨이 울리면 몰려나와 한 줄로 서서 들판으로 향했다. 집단 노동은 모든 이들이 같은 일을 똑같이 나누어 하게 함으로써 개인이 가진 강점과 기술의 차이를 전혀 고려하지 못했다는 것이다. 그리하여 협동조합은 게으른 이들을 먹이고 농업을 파괴하며 생산성 높은 농경지를 웃자란 벼와 잡초만 무성한 황무지로 만든다. 그는 사람들이 집에서 자는 동안에 비난과 처벌이 두려워 밤에 일을 하는 것처럼 논에 불을 밝혀놓았다는 이야기도 했다. 추수 할당량을 채우지 못하면 거두지 못한 곡식이 사람들한테 밟혀 시들어버렸거나 가축이 먹었다고 보고했다. 주덕해는 이런 행위를 개인 간의 서로 다른 노력의 투입량을 무시하는 잘못된 '평준화 원리'라고 지적했다. 그는 대신에 노동 투입량과 조합원들의 이익을 반영하는 차등 임금 정책을 채택했다. 왕청현에서 논을 작은 구획들로 나누고 각 가정이 자신의 구획을 책임지는 협동생산 시스템을 만들었는데, 노동의 유형과 질, 추수 할당량, 그리고 노동시간과 보상에 대한 지시사항도 함께했다. 임금은 이들의 노동에 대한 평가를 기초로 산출되었다. 이러한 변화는 가족 구성원들이 이른 아침부터 늦은 저녁까지 자발적으로 논에 나가 일을 하도록 이끌었고, 노인이나 학생처럼 노동에 참여하지 않는 이들도 다른 식구들이 주어진 과제를 끝낼 수 있도록 도왔다(『주덕해의 일생』 1987: 319~321; 김동화 1993).

사회주의 혁명은 가치법칙, 즉 자본축적을 위한 잉여가치 추출을 폐기할 것이라고 공언했다. 하지만 이러한 사회주의적 이상은 노동과정을 균일화하여 대규모 잉여 추출을 필요로 하는 급속한 경제성장의 목표와 상충했다. 대약진운동이 생산 감소와 자원과 노동력 낭비, 개인적 동기부여가 어려운 상황과 마주할 때 주덕해는 노동에 의한 분배의 규칙으로 '평등하면서도 다름'의 원칙을 적용하여 한국인 공동체에서 가치법칙을 되살렸다. 그의 생산과 분배의 조정으로 인해 조선족 농민들에게는 좀더 정교한 사회적 필요노동시간이 부여됐다. 여기서 역설적으로 주덕해의 개혁은 생산과 분배의 균일화를 포기함으로써 원하는 생산 증가로 이어지는 생산과정을 촉진시켰다. 사회주의 혁명 생성 과정에서의 조선인/조선족 문제는 '사회적인 것'의 환영성(spectrality)을 적나라하게 노출시킨다. 균일한 사회주의적 개혁의 도입은 급속한 산업 발전이라는 정부의 목표 달성에 도움이 되지 않았고, 사회적 관계의 차이와 불균등이 사라지지도 않았다는 점에서 그렇다. 문화혁명기에 반혁명적이라고 비판을 받는 주덕해의 통솔 아래 연변에서 농업 생산과 축산은 사회주의의 보편적 접근 방식과 거리를 두었고, 생산과 분배에서 차이를 인정하며 경제 발전을 추진했다.

## 국가와 노동, 그리고 민주주의를 둘러싼 논쟁

조선인/조선족을 반혁명주의자라는 틀에 집어넣는 것은 사회주의 혁명의 성취 불가능성을 외부의 적으로 전이시키는 라캉적 의미에서의 전도 그 이상의 무엇이다(Žižek 2005 참조). 다시 말해 조선인/조선족은 중국혁명을 방해하거나 저지한다고 비난받는 희생양 그 이상의 무엇으로 사회적 관계에서의 이질성을 드러내는 존재였다. 중국 정부는 대량생산을 추구하며 다양한 농업과 경제 행위를 균일화된 생산과 분배 시스템에 종속시켰다. 사회주의의 실현은 이러한 혼란스러운 과정을 거치는데, 이는 혁명이 '너무 빨리' 와서가 아니라 혁명가와 정책입안자들이 생산과 사회적 삶에서 복수의 시간성을 인식하지 못한 탓이었다. 이들의 한계는 국가가 계급을 기반으로 사회적 관계를 범주화함으로써 만들어진 것으로 소련에서처럼 중국에서도 제대로 작동되지 않았다. 중국은 1960년대에 출신 성분과 정치적 성향을 고려해 계급 범주를 재고하려 했다(White 1976). 이런 노력에도 불구하고 사회적 관계에 대한 원론적인 계급 접근법은 사회주의적 변혁의 현장인 사회관계의 현실을 이해하기 어렵게 만들었다. 트로츠키가 사회주의 사회를 위한 물적 조건의 성립을 위해 국가권력이 필요함을 깨달았을 때, 역사에 대한 계급 접근법은 중국에서 이러한 사회주의 건설을 뒷받침하지 못했다. 사회주의 국가가 생산방법 등 사회관계를 동질화하려 할 때 조선인/조선족들은 자신들의 혈통성(ethnicity)과 민족성(nationality)을 획기적으로 재정의함으로써 대응했는데, 자신들의 농경과 노동에서의 사회적 차이와 불균등함을 민족적·혈통적 차이로 구성했다.

대약진운동은 사회주의로의 전환이라는 선언 아래 민주주의를 재구성했으며 집단성과 동질성에 기대어 대량생산을 끌어올리려 했다. 생산의 재구성에 근거를 둔 대약진운동의 민주주의 정치학은 사회주의 국가에서 민주주의에 대한 논의가 소련에서 벌어진 논쟁처럼 국가 관료주의와 새로운 지배계급의 등장에 한정되지 않았음을 보여준다. 트로츠키는 국가의 계급적 성격을 보호하는 프롤레타리아 정치학에 의존하면서 혁명적 개혁을 강제하는 국가권력의 필요성을 인식했다. 트로츠키(Trotsky 2007: 39, 130~131)는 강제 노동이 항상 비생산적이며 민주주의가 테러리즘에 반대한다는 멘셰비키의 주장을 거부했다. 그에 따르면 폭력은 혁명에 필요한 특성이 아니라 혁명이 수반하는 사회의 급진적 변혁 때문에 혁명에 종종 수반되는 것이다. 트로츠키는 보통선거와 의회제도가 민주주의의 '형이상학'이며, 이 형이상학은 보통선거와 의회제도를 '성스럽고 불변하는 것'으로 신성시하고 민주주의를 역사적 의미에서 분리시킨다고 보았다. 필자는 여기서 트로츠키가 '사회적인 것'의 중요성을 전달한다고 생각한다. 중국에서 생산과 분배를 둘러싼 사회적 관계는 소련에서처럼 정반대의 두 방향으로 나누어진다. 한 방향은 잉여가치를 증가시키고 기술과 생산수단에 재투자하여 생산력을 발전시켜야 한다는 당위성이고, 다른 정반대의 방향은 가치법칙을 폐기하여 생산과 분배에 평등을 이룩하는 근본적 과제이다. 이러한 억압되었지만 준엄한 역사의 동력이 되었던 저개발 극복이라는 당위는 사라지지 않고, 지속적으로 민주주의의 사회주의적 정신과 대립했다. 이에 대한 대응으로 중국은 두 종류의 훈육의 기술―숙청 그리고 윤리와 영예에의 대중적 호소―에 의존했다. 대약진운동기에는 강요된 노동에 민주주의적인 성격이 부여되었는데, 이는 물적 한계를 극복하는 과정에서 정치적 영예와 초인간적 능력에 대한 대중적 호소를 통한 것이었다. 국가가 진정한 민주적 사회의 대리자라는 점에서 개인의 도덕적 의무란 국가의 정책에 순응하는 것이었다. 중국 사회주의 건설기에는 이런 식으로 윤리가 정치를 대체했다. 윤리와 폭력은 생산력 발전과 사회적 관계에서 평등의 확립이라는 상이한 당위들 사이의 모순으로 점철된 민주주의 정치학에서 서로 얽힌 두 사례들이다. 영예와 숙청의 강제를 통해 정치적 순응을 동원한 것은 사적 소유권 폐지와 새로운 민주주의 사회의 탄생 사이의 공백을 메우기 위한 것이었다.

국가와 노동 그리고 민주주의를 둘러싼 논쟁은 사회주의의 원리를 역사적 조건과 화해시키려는 노력이었다는 점에서 보편과 특수의 변증법과 관련되어 있다. 조선족은 자신들의 존재가 지닌 탈식민 지성과 국가의 급속한 발전 추구라는 역사적 조건 아래서 민주주의를 수행적 정치학으로 전환시켰다. 조선족은 차이를 포용하는 평등이라는 원칙을 내세우며, 중국 정부의 강력한 규범에 종속되지 않는 새로운 사회적 관계를 규정하기 위해 정체성 정치를 활용했다. 국가가 절대적 평등과 초인간적 열정에 호소하여 사람됨의 도덕적 관념과 소속의 개념을 표준화하려 했던 반면, 조선족은 자신들의 쌀농사와 축산을 민족적 관습이라고 내세우고, 다름을 포용하는 평등이라는 원리를 내세우며 국가가 정한 규범으로부터 이탈했다. 이러한 표상은 동시에 중국 동북부에서 조선인의 농경을 이용했던 일본 제국주의 침략에 대한 망각을 동반했다. 민족정풍운동 기간에도 같은 일이 있었다. 문화혁명 시기에도 중국 민족주의는 조선인의 민족 정체성을 일본의 침략과 동일시하고, 또 조선인의 종족적 민족성을 원초화하여 북한에 대해 배타적으로 헌신할 것이라고 여기면서 조선족의 수행적 공간을 폐쇄해버렸다. 역사적 구체성을 상실한 채 조선족의 과거와 현재는 이들이 공산주의자 편에서 서서 국공내전(國共內戰)에 참여한 사실은 물론 이들의 식민주의와 반식민주의 정치를 구성했던 정치적·경제적 과정들을 역사에 매몰시키고 말았다. 나아가 조선족은 중국혁명에 위협적인 존재로 그려지기까지 했다. 조선족의 자치조차 문화혁명에서는 위협을 받았다.

# 5 ——— 폭력과 반복

    대약진운동이 실패로 돌아가고 5년에 걸친 기근이 중국 북동부를 휩쓸고 지나갔다. 이때 복합적인 위기의식으로 인해 사회주의 현재의 역사적 위치를 다시 생각하게 하는 토대가 마련됐다. 문화혁명을 계기로 국가의 주권과 주권의 물적 조건 사이의 모순은 역사의 발전에 대해 다시금 질문을 던지게 했다. 문화혁명기에 사회주의와 공산주의로의 전환에 대한 혁명적 전망은 봉건적·식민적·자본주의적이라고 여겨지는 사회의 요소들과 마주하게 되었다. 이와 상응하는 사회와 국가 사이의 간극은 국가의 관료화를 종식시키는 진정한 정치의 부활을 통해 극복되어야 할 것이었다. 이에 대한 문화혁명기의 투쟁은 곧 역사를 진전시킨다는 공약을 재천명하며 사회적 관계의 개혁이라는 소용돌이에 휩싸이게 되었다. 이러한 역사와 권력의 얽힘은 조선족에게 각인되는데, 이들은 식민지 시기부터 문화혁명에 이르기까지 열성적으로 공산주의 운동에 참여해왔음에도 불구하고, 여느 소수민족들처럼 지방 민족주의에 갇힌 분리주의자라는 비난을 받았기 때문이다.[34] 이들의 경험을 적절하게 분석하기 위해서는 문화혁명에서 소수민족들의 경험을 다루는 통상적 학술적 분석틀인 중국 민족주의와 민족 분리주의라는 문제의식으로부터(Shakya 1999; Brown 2006; Goldstein, Jiao, and Lhundrup 2009) 국가권력과 역사적 이행이라는 문제의식으로 바꿀 필요가 있다. 조선족들의 '비정체성'은 이들의 이 비정체성을 통해 혁명 자체를 재해석하게 한다. 조선족은 혁명의 반대 세력으로 규정되어 봉건적 잔재, 국민당 지하 분자, 식민주의 변절자, 자본주의자, 소련과 북한의 첩자 등으로 매도당했다. 민족 내 살해의 기억과 함께 조선족들은 무형의 유령들을 상대로 내부에서 투쟁했다. 이로 인해 연변의 일상에 피해망상과 어처구니없는 폭력이 드리워졌다. 조선족이 감당해온 사회적 관계는 선형적이라 상정된 혁명적 역사의 시간을 부정하는 비동시적 요소를 드러내었다.

중국 조선족 역사총서에 따르면 문화혁명은 프롤레타리아 독재 체제하의 지속혁명이라는 이론을 근거로 진행되었다(중국 조선민족 발자취 총서 위원회 1993: 290). 모택동에 따르면 다수의 권력자들은 전국에 걸쳐 여러 조직에 자신들의 추종자들을 기반으로 자본주의를 복원

---

34 중국 북동부 조선인들 중 전체의 5.9%에 해당하는 69,000명, 이 가운데 연변에서만 52,000명이 국공내전(1946~1949)에 참전한 것으로 추정된다. 여기에 더해 연변의 조선인 가운데 20%에 이르는 10,000명은 전선에서 지원 업무를 수행했다. 5,000~6,000명에 이르는 조선인들이 이 해방 전쟁에서 사망하며 '혁명 열사'로 추앙되었고, 조선인이 중화인민 해방군 군가를 만들기도 했다. 조선인은 항일 투쟁기와 해방기를 합쳐 연변 지역 전체 15,970명의 혁명열사 가운데 93.96%를 차지한다. 상세한 논의는 이진령(2002), 곡애국·증범상(2004: 502), 그리고 전문 문제 저작소조(2005)를 참조할 것.

시키려 했다. 그가 평가하기로는 적어도 지도부의 1/3은 프롤레타리아의 통제 아래 있지 않았다. 또한 1949년 이래 숱한 정치적 운동에도 불구하고 권력자들이 부르주아적 사고를 유지했기에 문제가 해결되지 않았다고도 평가했다. 문화혁명은 권력을 가진 자들로부터 권력을 빼앗아 오려는 대중 투쟁이었다. 1980년대의 배상의 언어 속에서 조선족 역사총서는 문화혁명기에 자본주의자로 규정된 지도자와 관리들이 실은 중국혁명을 위해 헌신했던 사회주의 혁명의 영웅들이라고 서술한다. 이 역사총서는 문화혁명의 사회적 원인을 사회주의 사회의 발전법칙에서 찾고 있다. 노동에 의한 분배의 원리와 개인의 물질적 이득의 제공은 문화혁명기에서 자본주의적이라고 전면적으로 규탄되었지만 사실은 마르크스-레닌주의 원리, 사회주의 원리와 부합한다고 이 역사총서는 선언한다. 또한 이런 끔직한 오류는 일천한 사회주의운동의 역사 때문에 생겨난 것이라고 결론짓는다(중국 조선민족 발자취 총서 위원회 1993: 279~291).

## 연변에서의 문화혁명

연변에서 문화혁명은 1966년 6월 2일 『연변일보』와 『인민일보』에 실린 북경대학교 학생에 대한 지지 사설과 함께 시작되었다. 6월 16일에는 대부분 조선족으로 구성된 연변대학과 연변농학원 학생들이 반나절 만에 200장의 대자보를 붙이며 남경대학교 학생들에 대한 지지를 선언했다. 연길시의 학생들은 조선어로 쓰였거나 조선 문화와 연관된 이름의 상점 간판들을 떼어 냈다. 또한 짧은 치마를 입은 여성들을 공격했으며 전통 가마와 같은 조선 문화 유물도 불태웠다. 이러한 시작부터 1968년에 이르는 격렬한 투쟁기 동안에 홍위병이 주도하는 네 개의 주요 단체는 중국 본토 학생들과의 연대 문제와 주덕해와 다른 주요 조선족 관리들에 대한 보호라는 두 가지 이슈를 놓고 다투며 권력투쟁을 벌였다. 1966년 6월 12일에는 북경의 홍위병들이 연대를 위해 연길에 도착하기 시작했다. 연변주 주장이었던 주덕해는 자신의 지역에서 투쟁에 참여하라는 중앙정부의 요청을 인용하며, 북경에서 온 학생들은 돌아가고 연변의 학생들은 외부 학생들과 연대하지 말 것을 지시했다. 동북군사위의 최고위 조선족이며 주덕해의 중요한 후견인이었던 조남기 역시 연변이 국경 지역이라 안보 문제가 있다며 주덕해의 지시를 지지했다. 그러나 이런 지시에 반발하여 '8·27 혁명반란단'이 연변대학, 연변농학원, 연변의학원, 예술학교, 중학교들을 포함한 여러 학교에서 등장했다. 이들은 정부, 교육 기관은 물론 다른 모든 주요 공공 기관과 공적 기구의 관리들을 향해 전방위적 비판을 가하며 자본주의 개혁세력과 '사구(四舊)', 즉 낡은 풍속·사상·관습·문화에 대한 투쟁을 벌였다. 1967년 1월 18일 전직 군인과 퇴역 군인들로 구성된 '홍기군'(홍기전투련군 또는 홍련 계통의 일부)은 '8·27 혁명반란단'과 대립하며 여러 번 폭력적인 충돌을 겪었다(정판룡 1993).

연변에서 소위 지방 민족주의에 대한 투쟁은 1967년 1월 25일 모택동의 조카 모원신(毛遠新)이 북경에서 연변으로 오고, 홍위병들도 하얼빈에서 들어오면서 격화되었다. 이들은 주덕해와 다른 주요 관리들의 숙청을 주요 현안으로 기획했다. 여기에 부응하여 '8·27 혁

1967년의 반주덕해 투쟁. 사진 황영림. 제공 류은규.

명반란군'과 홍련 그룹의 일부가 모원신의 지휘 아래 새로운 조직들을 만들었다. 여기에는 조선족 관리와 지식인들을 숙청한 '신 8·27' 파로 불린 '홍색반란자혁명위원회,' 이에 대항하는 '보황파'(保皇派)라 불린 숙청에 반대하는 '노동자혁명위원회'가 있다. 이 네 개의 단체는 행정 기관과 주요 조직을 통제하고, 지도급 인사를 체포하고 심문했다. 그리고 이 과정에서의 대중 동원을 두고 서로 경쟁했다. 이 단체들은 군의 지지를 얻기 위해 무기를 탈취하여 곧 내전이라 불리는 상황을 헤쳐 나가게 된다. 이 조직들이 주덕해를 두고 서로 다투는 와중에 1967년 4월 중앙정부는 연변 군부에 주덕해를 북경의 은신처로 보내라고 명령했다. 주덕해는 1972년 거기서 그가 사망할 때까지 자신의 모든 혁명 활동에 대한 조사를 받았다(『주덕해의 일생』 1987; 곡애국·증범상 2004; 류은규 2007). 문화혁명기의 주덕해에 대한 비난과 1978년의 완전한 명예 회복에서 문제가 된 것은 노동을 한 만큼 분배를 한 것이 사회주의적인지 아니면 자본주의적인지라는 질문이었다. 주덕해는 '모택동 사상에 대한 학습보다 생산을 강조한' 자본주의적 수정주의를 실천했다고 비판받았다. 또한 1957년에 사회주의는 완성되고 계급투쟁은 끝났으며, 지주와 절대 다수의 부르주아 지식인들의 사상이 이미 개조되었다는 말을 했다고 비판받았다. 이런 것들은 모두 모택동이 말한 사회주의를 실현하기 위한 지속적인 투쟁을 부정하는 것이었다고 비판받았다.[35] 또 그는 일본에 협력했다는 의심 때문에 박해를 받았고, 조선인들의 복수국적을 허용하면서 중국에서 조선인들의 독립을 고취했다고 또 비판을 받았다. 하지만 실은 그는 조선인들에게 중국 국적을 취득하라고 호소했고, 조선인의 중국으로부터의 독립이 아닌 중국에서의 자치를 실현하려

35 「최고 지시: 삼반분자 주덕해가 모택동 사상에 반대하고 하늘에 사무치는 죄행을 잡아떼는 것을 용납할 수 없다」. 이것은 '신 8·27'파가 1967년 보황파을 비난하는 문서이다. 여기서 삼반분자라 함은 반공산당, 반모택동, 반사회주의자를 칭한다. 주덕해와 다른 지식인들에 대한 고발에 대해서는 연변대학 혁명위원회 교육혁명조(1969: 43)를 참조할 것.

농민노동자혁명위원회를 비판하는 1967년의 대자보. 황영림 사진. 류은규 제공.

하였다.[36]

　문화혁명에서 결정적 순간은 1967년 8월 2일에서 4일까지 연길시

---

36　주덕해에 대한 모든 비난이 근거가 없음을 밝힌 내사 자료는 다음과 같다. 「주
　　덕해 문제에 대한 중국 길림성 위원회의 재심사 결론 보고」(중국 조선민족 발자
　　취 총서 위원회 1993:6~19), 「주덕해 동지의 억울한 루명을 벗기고 명예를 회복할
　　데 관한 중국 연변 주위의 결의」, 1978년 6월 10일(중국조선족 발자취 총서위원회
　　1993:19~23).

농민노동자혁명위원회를 비판하는 1967년의 대자보. 황영림 사진. 류은규 제공.

에서 일어난 '신 8·27'파와 보황파 사이의 무장 충돌이었다. 이 충돌에서 '신 8·27'파는 보황파 단원 30명을 살해하고 북한 인근의 섬에 사는 조선족들을 공격해 이들로 하여금 국경을 너머 북한으로 도피하게 하였다. 연변 주정부는 1978년 조사를 통해 이 충돌이 연변에서 내전이 발발했다는 조작된 기사의 배경이 되었다고 결론을 내렸는데, 이 기사는 모원신의 지시로 '신 8·27'파가 1967년 8월 9일 연변 전역과 전국에 퍼뜨린 것이다.[37] 이 연변 주정부 조사에서 그때 선동자 중의 한 사람이었던 이는 "불, 불, 불 그리고 피, 피, 피"라는 제목의 전단이 연변에서 내전이 일어났다는 소문을 퍼뜨리는 데 중요한 역할을 했다고 고백했다. 이 전단은 가짜 사진도 실었고, 북한의 지시를 받는 조선족들이 반란을 일으켜 연길의 건물과 집을 불태우고 방망이와 칼로 무장하여 수백 명을 죽이고 납치했다는 허위 사실을 보도했다.[38] 조선족의 반란이라고 조작된 기사들은 동유럽 전역에서 그랬듯이 연변에서 번지는 반혁명 시도들로부터 혁명을 보호하기 위한 것으로 사람들에게 설득력 있게 다가왔다.

1968년, 이러한 투쟁으로 인해 조선족은 간첩이자 반역자라는 더 많은 비난에 직면하게 되었는데, 20개의 비밀 조직이 색출되었고 이 가운데 조선통일 건설위원회, 지하 노동당, 지하 한국군대가 있다고 했다. 이 사건으로 약 3,000명이 한국과 북한의 간첩이라는 누명을 썼고 200명은 구타로 사망하거나 자살했다. 800명은 고문으로 불구가 되었다. 40명이 공식적으로 기소되었고, 200명은 행정부나 당 차원의 징계를 받았다. 연변 전역에서 1968년 한 해 동안 1,453명이 '지하 국민당 당원'으로 지목되었다. 이들 가운데 148명은 돌에 맞아 죽

---

37 「최고 지시: 전국 인민에게 알리는 글」, 1967년 8월 9일. 이 문서는 '신 8·27'파에 참여한 여러 조직들이 만든 것이다.

38 주위 조사 연구실, 「'전국 인민에게 알리는 글' 반공 선전 삐라는 어떻게 나타난 것인가?」. 이 조선족의 반란 기사에 대한 내사 보고는 1978년 연변 주정부에 의해 이루어진 것이다. 연변 주정부에 의한 또 하나의 내사 보고서는 중국 공산당 연변 조선족 자치위원회가 작성한 1978년 6월 29일의 「반국 폭란, 'xx 특무', '지하 국민 당' 등 억울한 안건을 정정하기 위한 데 관한 결정」이 있다.

거나 자살했고, 181명은 고문으로 불구가 됐으며, 294명은 상해를 입었다. 안도현의 한 협동조합에서는 264명이 프롤레타리아계급의 적으로 기소된 이들 가운데 29명이 구타로 사망했다. 연길현의 의란공사에서도 며칠 사이에 170명이 '계급의 적'으로 지목되어 이 가운데 20명이 심문 중에 죽거나 자살했다(중국 조선민족 발자취 총서 위원회 1993:306~307). 1968년 4월에만 연변의 공안국, 검찰국, 법원의 조선족 관리 가운데 약 70%에 해당하는 175명이 '외국 특무'로 기소되었다(최상철 1997:330~331). 문화혁명기에 연변에서는 수만 명이 간첩, 반역자, 지하 북한당원으로 지목되었다. 2,000명이 구타로 사망하거나 고문으로 불구가 되고 투옥되었다. 1969년부터 1973년까지 모택동의 사상 학습과 하방 캠페인이 지속되면서 1970년 이후 폭력이 줄어들며 농업과 공업 생산에 대한 강조가 어느 정도 이루어졌다(연변 당사 학회 1989).

## 반복되는 역사적 폭력

문화혁명기의 과격한 폭력은 혁명이 관료주의에 대항하는 대중 투쟁의 공약을 넘어서 긍정적 속성을 상실했음을 보여준다. 문화혁명에 대한 학술적 연구는 폭력의 강렬함과 평범함을 파벌주의와 집단적 열정 탓으로 돌리는데, 필자는 폭력과 정체성 사이의 관계로 분석의 초점을 옮긴다. 조선족 역사총서는 이들을 향한 조직적이고 제의적인 폭력에 대한 상세한 기술로 가득 차 있다(중국 조선민족 발자취 총서 위원회 1993: 354~405). 잡혀 온 사람들은 멀리 늘어선 군중들도 볼 수 있도록 거리에 만들어진 단상 위에 세워진다. 이때 삭발을 당한 채로 머리에는 커다란 삼각형의 철모자가 씌워지며, 얼굴에는 검은 페인트가 칠해진다. 이들을 더 웃음거리로 만들기 위해 취조를 공개적으로 진행했으며, 단상에서 허리를 90도가 넘게 숙이도록 했고 무릎과 허벅지를 걷어차서 단상에서 떨어뜨렸다. 지구화와 종족학살의 연관성에 대한 인류학자 아파듀라이의 연구에 따르면 종족 간의 원초적인 이질적인 정체성이 폭력과 학살을 낳는 것이 아니라, 역으로 반복적 폭력과 학살이 종족적 정체성을 만들어낸다고 한다 (Appadurai 1998). 1970년대의 르완다에서 자행된 종족 학살의 경우 친근히 지내왔던 이웃과 여성의 몸에 폭력을 각인시켰는데, 그에 따르면 이 행위는 지구화가 구체적 의미을 지닌 기존의 사회적·공식적 집단의 범주를 없애고 불확실성을 확산시키는 가운데 종족적 정체성이라는 형태로 정체성을 확실하게 하려는 헛된 움직임에 기인한다. 폭력(학살)과 정체성의 관련성에 대한 조선족들의 경험은 이와 달랐다. 폭력이 그들의 경험과 정체성을 구체화한 것이 아니라 오히려 억압했다. 들뢰즈는 반복하기에 억압하는 것이지 억압하기에 반복하는 것이 아니라는 이론을 제시한 바 있다(Deleuze 1994). 조선족들의 경험은 이처럼 반복을 통한 억압을 보여준다. 한족과 상이한 조선족의 쌀농사, 노동과 관습 등의 사회적 행위는 사회주의 혁명에 대한 위협으로 해석되었다. 실제로 문화혁명을 포함하여 사회주의 혁명 전체를 통틀어 혁명가들은 중국인과 조선인을 막론하고 생산력 발전이라는 명목의 급속한 산업화 추구의 당위성과 민주주의에 대한 사회주의적 원리 사이의 모순을 인정하지 않았다. 혁명가들은 반복되는 폭력을 통해 이 모순을 억압했고, 따라서 모순에서 발생하는 사회적 관계 내의 이질성이나 비동시적 동시성을 인식할 수 없었다.

조선족을 향한 반복된 폭력으로 인해 개별적 폭력의 순간들은 역사적 반복에 휘말리게 된다. 1932년부터 1936년까지 이어진 반민생단 사건에서 조선인들은 중국혁명 조직에 침투한 일본 제국주의 지지 세력으로 지목되었다. 이때 규범에서 벗어나는 지극히 사소한 것들마저 조선인이 결성한 친일본 조직 민생단의 영향을 보여주는 것으로 간주되었다. 당에 대해 일말의 비판처럼 보이는 것과 실수로 인한 총기 오발과 같은 우연한 사건, 보고서에 틀리게 쓴 철자, 음식을 만드는 과정에서 벌어진 사소한 실수, 이 모든 것이 민생단을 지지하는 징표로 취급되었다(Park 2005: 222). 1957년의 반우파운동 시기에는 조선족 학생과 교사, 그리고 배우와 당 간부들이 사소한 실수로 인해 친일 식민 지배의 잔재를 벗지 못했거나 부르주아라며 비난을 받았다. 문화혁명기에도 이와 유사한 피해망상이 일상을 지배했다. 폭력의 부조리함이 조선족들 사이에 예기치 않게 활발하고 격정적인 토론을 불러일으킬 수도 있지만, 이들 대부분은 문화혁명에 대해 얘기하기를 꺼린다. 필자가 2007년 연길을 방문했을 당시, 저녁식사에 초대된 손님들은 여러 사건을 회고했는데, '개량주의 타도, 모 주석 만세'를 반복해서 쓰는 도중 실수로 '타도 모 주석 만세'라고 쓰는 바람에 잡혀간 일, '모 주석 만세'를 몇 시간이고 외치다 실수로 '모 주석 타도'라고 외치고 자살하거나 자아비판을 당한 경우. 모 주석의 사진이 든 피켓을 사물로 지칭해 불경으로 비판받은 일. 신문에 모 주석의 사진이 실렸는데, 생각 없이 그의 눈에 담뱃불을 비벼 끄는 바람에 고문을 당한 경우 등이 있었다. 조선족 역사 총서 가운데 한 권인 『풍랑』에는 다른 예들이 실려 있는데, 홍위병들은 길거리에서 여성들의 긴 머리를 자르고 하이힐의 굽을 떼어 내기도 했다. 장춘의 한 신발 공장에서는 사람 '인'(人)자를 닮은 밑창이 인간에 대한 모독이라는 이유로 반혁명적이라는 비난을 받고 수천 켤레의 신발이 불태워졌다. 대중적 기억과 공식적 역사 모두에서 역겨운 폭력은 종종 반민생단 사건과 연결되어 있다(정판룡 1993).

문화혁명 때 조선족들에게 여러 가지 이름이 주어졌다. 지방(종족) 민족주의자, 자본주의자, 봉건적 잔재, 지하 국민당 분자, 반역자, 외국 첩자, 잡귀신 등이 그 예이다. 이러한 혐의는 이들이 과거와 현재 모든 시기에 적으로 의심받고 비난받았음 보여준다. 이는 조선족의 민족성이 고정된 것이 아니라 반복해서 논쟁적인 것이었음을 암시한다. 지방 민족주의 비판은 조선족을 한민족으로 선언하는 듯이 보인다.

예를 들면 1968년 12월에 구성된 연변대학 혁명위원회는 최고위층 3명이 한족 중국인이었다. 이들이 출간한 부르주아 지식인의 100가지 죄에 관한 책자는 조선족 지식인들이 종족 민족주의를 가지고 있다고 비판했다. 조선족 지식인들은 노동과 정치 투쟁을 통한 학습보다 교실에서의 공부를 고집하고, 가난한 노동자 계급의 학생들을 차별했으며, 모택동 사상 학습과 그의 초상화 걸기를 거부함으로써 모택동의 지시를 거역했다는 죄를 뒤집어썼다. 이들은 여기에 더해 김일성대학의 교육 과정을 본뜬 조선과 조선족의 역사 공부를 확장한 것은 물론, 조선어와 조선 문화를 중국 한족의 것보다 우선해서 장려했다는 비난을 받았다. 조선인 자치를 둘러싼 오래된 논란이 다시금 전면에 등장하게 되었다. 연변대학 총장 주덕해와 부총장 림민호는 김일성의 지시에 따라 독립된 왕조를 세우려 했고, 북한의 첩자가 되었다는 혐의를 받았다(연변대학 혁명위원회 자유혁명조 1969).

외형상 조선족 정체성이 이들의 종족적 근원으로 회귀한 듯이 보이지만 조선족들 내부의 갈등 자체가 시사하는 바는 이들의 이중국적 문제가 해결되지 않았음을 문화혁명이 보여주었다는 것이다. 매번 새롭게 등장하는 이중국적을 둘러싼 반복되는 논쟁은 민족주의와 종족주의를 둘러싼 한족과 소수민족의 충돌에서 오는 것이 아니라 구체적·역사적 조건에서 기인한다. 토지개혁과 반우파 투쟁 당시 조선인들은 정체성을 이성과 정동의 통합이라는 관점에서 서술하여 종족 민족성을 사회적 삶과 결속시켰다. 대약진운동 시기에는 자신들의 민족에 기초한 사회적 삶을 구성하여 공동체에 대한 사회주의적 개념을 수정했다. 문화혁명은 이중국적의 이러한 형식에 내재한 긴장을 적나라하게 드러내었을 뿐 아니라, 이들의 억압된 식민지 역사를 현재의 정치학 전면에 배치시켰다. 일본 식민통치 시기에 동만주 지역의 연변은 1920년대 일본 제국주의 세력과 항일운동 모두의 거점이었다. 지역의 특수성으로 인해 반민생단 사건에서 중국 공산당 내의 조선인 공산주의자들을 숙청하게 되는 기반이 되었다. 이런 격동의 역사는 조선인들이 중화인민공화국 형성기에 중국 공산당의 해방 투쟁에 열성적으로 참여하면서 억압되었다가 문화혁명이 일어나며 다시 등장한다. 여기에다 냉전이 시작되고 특히 중국이 소련, 북한과 긴장 관계에 들어서자, 조선족들은 반역자, 반혁명주의자로 낙인찍히게 된다.

조선족을 반복해서 반혁명주의자로 만드는 행위는 민족에 관한 것이라기보다는 정치적이고 역사적인 물음이다. 이들에 대한 비난은 중국에서 지속혁명의 전망에 맞추어진 역사적 시간의 질서가 무너졌음을 보여준다. 조선족은 자신의 민족성에도 불구하고, 아니 어쩌면 그 때문에 자본주의에서 사회주의 그리고 공산주의로의 이행이라는 선형적 투영으로부터 이탈하는 무질서한 현재를 의미하는 상형문자가 되었다.

문화혁명은 코젤렉이 말한 '위기'의 순간이었다(Koselleck 2004). 이 위기는 과거와 현재의 관계를 새롭게 구성하여 현재를 재해석할 수 있도록 했다. 반혁명주의자라는 피상적인 꼬리표에서 추론되듯이 조선족들은 '비정체성', 즉 혁명적이 아닌 어떤 혹은 모든 것이라는 정체성을 획득하게 되었다. 조선족들이 오랜 역사와 새로운 역사의 유령들을 표상한다는 점에서 중국혁명은 이들을 억압함으로써 역사의 총체성을 단계별 역사적 이행으로 구성할 수 있었다. 조선족은 중국에서 혁명의 완성이라는 과제에서 현재적 조건과 역사적 총체성을 향한 염원을 연결하는 본질적인 고리이다.

역사적 반복이라는 동력은 중국혁명에서 사회적 기원을 가진다. 사회주의는 화석화된 이념으로 취급되거나 동질화 기획으로 대상화되었다. '사회적인 것'에 대한 이러한 총체적 관점은 사회주의 실현 과정의 모순에서 발생한다. 사회주의가 신속한 생산력 발전을 위해 잉여노동의 추출과 축적을 지속할 때 이러한 사회주의의 역사적 실현 과정이 사회주의의 이념과 배치되는 모순을 낳았다. 혁명의 여러 시점에서 반복적으로 조선족의 다름을 억압하며 사회관계를 동질화하여 이 모순을 정치적으로 해결하려 하였다. 따라서 '사회적인 것'에 대한 총체적인 관점은 기이한 동력을 가지게 되었다. 국가 통제하에 집단화되고 표준화된 대규모 생산은 평등과 자유라는 유토피아적 관념을 동원하여 사회적 필요노동을 부과했다. 혁명적 개혁은 사회적 동질화를 사회주의에서 공산주의로 이행하는 보편적인 경로와 동일시했다. 이런 이상과 현실 사이의 모순은 국가주권 그리고 국가주권의 사회적 관계 내 물질적 조건 사이의 모순을 드러내는 것이다. 모택동의 영구혁명은 일상생활의 복수의 시간성을 인식할 수 있는 체계가 아니었다. 농경, 상품생산, 물질적 장려책에서 민족 사이의 차이가 비동시적 동시성의 계기들로 인식되어 사회주의로의 이행에 위협으로 받아들여질 때, 이 차이는 단순히 '잡귀'로 치부되었다. 조선족이 표상하는 사회적 관계 내의 이질성은 혁명에 출몰하는 과거에서 온 해로운 귀신의 지위를 획득했다.

민족 내 살해로서의 문화혁명에 대한 기억은 반복된 혁명의 정치 과정 내에서 이해될 수 있다. 이 과정은 특히 조선인들 사이에 만연한 불확실성과 공포이며 이는 사회주의 국가인 중국이 반복적으로 이들을 정치적으로 배제해 왔음을 부인함으로써 갈등과 폭력을 증폭시킨다. 필자의 분석은 이런 정치적인 것—주권과 주권의 폭력성—의 논리를 역사적 현재에 관한 철학적 물음과 연관시킨다. 역사적 현재는 사회주의적 생산양식을 실현하고 이에 따라 사회적 관계를 변환시키는 격동의 역사적 과정에서 발생한 것이다.

# 6 ──── 불가능한 소수민족화

　이 장은 문화혁명의 폭력과 조선인들 사이의 민족 내 살해의 현재적 기억을 역사와 권력에 관련된 핵심적인 문제로 접근했다. 문화혁명은 그 폭력의 규모와 강도에도 불구하고 하나의 예외적인 사건이 아니라 중국혁명의 하나의 국면으로서, 중국혁명의 여러 시점을 관통하는 역사적 모순을 반복하고 이를 극복하려 하였다. 그 역사적 모순은 급속한 산업화를 지속적으로 추구하여 노동의 잉여가치를 극대화하고 축적하려는 것에서 발생하였다. 이러한 자본주의 노동가치법칙은 사회주의 이념과 충돌하며 사회적인 관계를 규정하였다. 집단화에서 정풍운동으로, 그리고 대약진운동 그리고 문화혁명으로 이어지는 중국 사회주의 역사의 각 시점에서 사회주의적 이상과 그 이상의 역사적 실현 사이의 모순을 해결하기 위한 각기 다른 전략이 동원되었다. 폭력은 각각 다른 역사적 순간마다 중국혁명에 대한 조선인들의 경험에 흔적을 남긴다. 이 시점들 중 한 시점을 개별적으로 보게 되면 국가의 주권을 숭고한 것으로 오해하게 된다. 필자의 분석에서 폭력의 반복은 그 반복 안에서 그리고 반복을 통해 사회주의적 이상과 그 이상의 역사적 실현 사이의 모순을 억압하는 데 있어서 '정치적인 것'(국가주권)의 당위성을 드러낸다. 이 반복된 시도는 모순을 해결하지 못한 대신, 모순을 유지하고 관리하는 체제를 성립시켰다. 비사회주의적인 사회적 관계의 존재가 국가가 신봉하는 선형적 역사이행론과 충돌할 때, 국가는 유토피아적 이상과 집단적 열정 그리고 폭력을 동원하여 사회적인 것을 동질화하려 했다. 이런 반복으로 인해 사회주의는 역사적 실현 과정에서 총체성을 상실한다. 사회주의가 역사적 시점마다 실현되기 위해서는, 그 역사적 실현이 표상과 해석, 확인, 인식을 포괄하는 정치적 형식이어야 한다. 사회주의 경제에 대한 연구들이 주장해왔듯이, 표상이 새로운 방식으로 반복됨으로 인해 사회주의는 실패했다거나 국가자본주의의 쌍생아라는 비난을 받기에는 그 실현 과정은 너무도 어렵고 미리 예측할 수 없었다. 이보다는 실패 혹은 20세기 자본주의 경제와의 유사성이라고 지적되는 것은 그 자체로 '실재적인 것'(the real)이다. 이러한 실재적 동력은 오직 그 동력을 극복하려는 반복되는 조치들의 그늘 속에서만, 그리고 조선족에 대한 억압과 폭력으로 이 사회주의의 역사적 모순을 해결하려 했던 기이한 역사에서만 파악될 수 있다.

사회적인 것 안에서 실재적인 것은 서로 다른 생산양식과 사회적 삶이 공존하는 데서 오는 이질성 혹은 복수의 시간성으로 드러난다. 사회적인 것에서 이런 비동시적 동시성의 요소들은 자본주의적·봉건적·식민적·반혁명적·낡은 것 혹은 잡귀신이라는 이름으로 불린다. 이런 비혁명적이라고 여겨진 요소들과의 기획된 투쟁은 변증법적 극복을 통한 진정한 사회주의로 이어지지 않았고, 대신에 반복된 투쟁은 중국 사회주의 혁명사의 이러한 실재적 동력을 은폐하였다. 사회주의가 그 자체로 표상되고 억압되었음을 고려할 때, 조선족들은 타자로서의 '비정체성'을 획득했는데, 이들의 물화를 통해 체제는 새로운 사회적 통합체와 역사적 진보라는 외양을 유지할 수 있었다. 연변 조선족 역사총서 같은 공식적 역사 서술에서는 조선족에 대한 지속적인 대상화와 폭력을 중국 민족주의와의 소수민족의 민족적 충돌로 환원시킨다. 그러나 오히려 이러한 조선족에 대한 대상화와 폭력은 폭력을 사용하지 않고는 사회관계의 동질성을 만들지 못한 것에 기인한다. 조선족을 향한 폭력은 사회주의 실현의 불확실성을 확실한 정체성으로 변모시키지 못하였다. 오히려 실재적 사회관계를 더욱 모호하게 하는 데 기여했다.

조선족이 개개인이 문화혁명을 민족 내 살해로 기억하면서 문화혁명의 사회적 기원은 이들의 기억에서 사라져버린다. 대신 폭력, 특히 제의적 폭력의 기억이 전면에 등장한다. 공식적인 배상의 언어는 사회주의 과거의 '끔찍한 과오'를 사회주의 발전 법칙에 대한 잘못된 이해로 간주한다. 그렇지만 개인적 회상과 공식적 역사 모두 통상적으로 문화혁명을 조선인들에게 비슷한 비난이 가해졌던 중국혁명의 이전 순간들과 연결시키지 않는다. 그뿐만 아니라 맥락을 충분히 고려하지 않은 채 폭력의 세부적 모습에만 초점을 맞춘다. 중국 본토든 혹은 세계의 다른 지역이든 배상의 정치학은 억울한 누명을 쓰거나 죽음을 당한 피해자를 대의한다. 그렇지만 조선족은 소위 자신의 나라라 여기는 곳에서 피해자로조차도 스스로를 대의할 수 없는 듯하다. 누명을 썼던 사람들에 대한 회고에서 이들은 중국혁명과 공산당은 저버렸지만, 그럼에도 불구하고 계속 혁명에 헌신했던 '영웅적 희생자'로 추앙된다. 조선족들에게 문화혁명은 추억의 대상이라기보다는 억압된 역사로 남아 있다.

깊이 억압되어 있던 문화혁명의 기억은 조선족이 한국에서 미등록 이주노동자로서의 경험을 전달하는 대체 불가능한 양식이 되어 예기치 못한 방식으로 표면에 드러난다. 과거를 기억하는 것은 삶의 양상이 되는데, 이 양상은 매개된 경험을 이해하기 위한 것이며 또한 자신의 통제를 벗어난 힘들의 영향을 인지하기 위한 것이기도 하다. 문화혁명에 대한 배상의 공식적 서사는 화해와 사회 통합의 조성을 위해 과거의 잘못을 극복한다고 하는 점에서 더욱 헤겔적이다. 이와는 대조적으로 조선족들이 한국에서 표출한 문화혁명 회상은 벤야민이 말한 화해될 수 없는 의미와 욕망들의 몽타주처럼 무의식적으로 존재한다. 이 회상은 과거 역사의 문제를 해결하려는 것보다는 현재를 이해하려는 행위다. 또한 상품화의 구현으로 정체성과 표상, 다른 상징적 수행(performance)의 담론적 구성을 포함하고 있다. 조선족의 회상은 이들이 한국과 맺는 물화된 관계를 시간화하는 형판(template)과 참조점이 된다.

조선족들 간의 민족 내 살해라는 문화혁명의 기억은 이중국적을 총체성 안에 구축하며 해방투쟁에 참여하든, 생산 할당량을 초과하든, 아니면 귀신들을 쫓아내든 상관없이 사회주의 중국에서 소수민족이 되는 것이 불가능하다는 것이 트라우마로 도치된 것이다. 조선족의 경험은 사회주의적 국제주의와 민족국가의 주권 사이의 어찌할 수 없는 긴장을 노출시킨다. 현재라는 역사적 순간에 민족 내부의 살해에 대한 이들의 기억은 또 하나의 트라우마를 포착하게 되는데, 이는 이들이 한국에서 경험하는 배제와 폭력이다. 이 서사에서 과거 중국혁명의 순간들과 현재 이 순간 사이의 경과된 시간은 사라져버린다. 이 회상은 사회주의의 과오에 대한 배상으로서의 사유화라는 중국의 공식적 언어, 그리고 식민지 시대의 잘못에 대한 배상이라는 한국의 언어를 중단시키려는 무의식적 행위이다. 과거의 자본주의와 현재의 사회주의 사이의 단절이 사회주의 혁명기에 불가능했던 것과 같이, 과거의 사회주의와 현재의 자본주의 사이의 관계를 탈식민화를 위한 배상이라든지 (사회주의에서 자본주의로의) 선형적 이행이라는 형태, 역사적 단절로 여겨서는 안 된다.

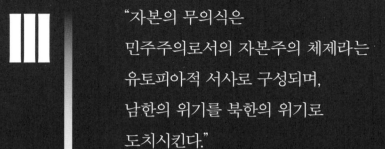

"자본의 무의식은
민주주의로서의 자본주의 체제라는
유토피아적 서사로 구성되며,
남한의 위기를 북한의 위기로
도치시킨다."

# 평화와 인권

## Part Three
## PEACE & HUMAN RIGHT

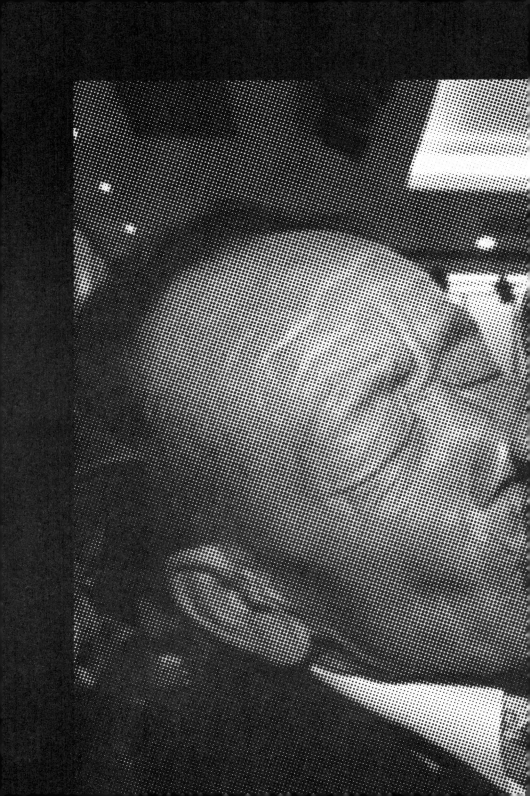

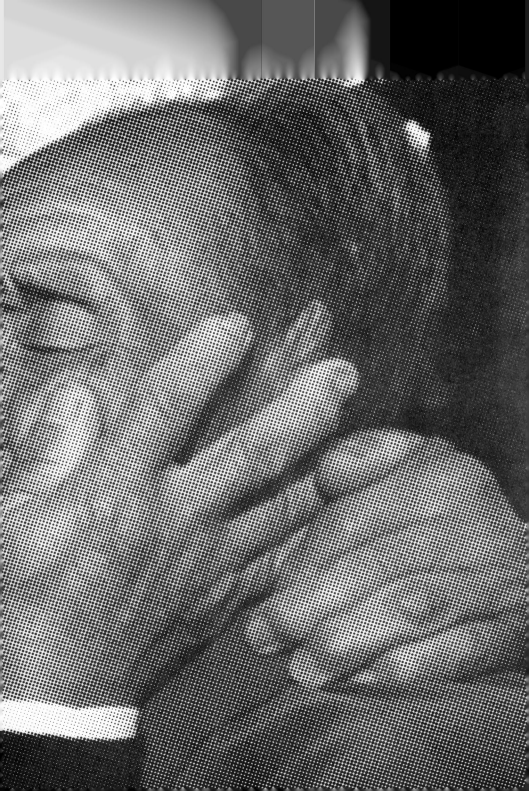

# 6장

---

# 남북통일과
# 자본주의적 패권

# 1 ——— 이중의 통일 정치학

탈냉전기 한국(그리고 미국)에서 한민족 통일의 정치학은 북한을 자본주의적 패권의 공간으로 창출해 낸다. 20세기 초반 사회주의와 파시즘이 유럽을 휩쓸었을 때 하이에크(Hayek 1944)는 자유주의 경제제도가 평화로 가는 길이라는 훈계를 당당히 늘어놓았다. 자유주의는 수십 년 후에 다시 도래했는데 이때는 사회주의가 매력을 상실한 이후였다. 사유화와 탈규제는 1990년대 러시아와 유럽의 과거 사회주의 경제체제에 시장과 새로운 경제제도를 만드는 데 필요한 충격 요법으로 도입되었다(Burawoy and Krotov 1993; Sachs 1992; Burawoy 1997; Gerber and Hout 1998). 북한도 이와 유사하게 특히 1990년대 말부터 신자유주의적 자본주의의 실습장이 되었다. 한국에서는 민족 통일의 두 가지 정치학이 신자유주의적 자본주의를 북한에 민주주의 체제를 심는 방법으로 처방한다. 하나는 경제 협력(경협) 정책으로 남북한 간의 교역을 통해 점진적인 변화를 유도한다는 목적을 가지고 있다. 다른 하나는 미국의 대테러전쟁과 결합한 북한 인권운동으로 정치적 자유, 시장 체제, 법치를 확립시킨다는 명목으로 북한에서의 결정적인 체제 변화를 주장하는 것이다. 통일에 대한 이 두 가지 전망은 한국에서 격렬하게 대립되었지만 이 두 전망 모두 의심의 여지없이 신자유주의적 자본주의를 평화와 자유를 향한 유토피아적 동력으로 소환한다.

북한에 대한 이런 도덕적 접근법 내에서 탈냉전기 한민족 통일의 정치학은 자본주의적 패권을 위한 이념적 작업을 수행한다. 이 접근법은 민족 통일이라는 수십 년에 걸친 과제를 국가, 자본, 사회운동 간의 신자유주의적 자본주의의 필요성에 관한 합의의 공간으로 전환시킨다. 이 합의는 자본의 무의식이다. 이것은 자본주의 체제가 민주주의 체제라는 유토피아적 서사로 구성된다. 그리고 남한의 위기를 북한의 위기로 도치시킨다. 또한 소위 진보적이라는 남한 정부에 의한 신자유주의적 자본주의 지배를 정당화하는 역사적 무의식을 수반한다.

한국에서 좌파 민주 세력은 1998년부터 2007년까지 정권을 잡았다. 이들은 평등한 분배와 사회적 복지라는 자신들의 약속에도 불구하고 신자유주의적 자본주의 조치들을 시행했다. 혼란스러운 민주화의 과정에서 북한과의 경협 정책이 이들이 내세우는 진보성을 살려냈다는 것이 통념이다. 하지만 진보적 정부가 내세운 대표적 통일정책은 실은 자본주의적 지배를 민주적 통치로 구성하는 기법이었다. 보수 세력의 경협 정책 반대는 진보적 정부의 자본주의적 성격을 더욱 감추는 스펙터클이 되었다.

필자는 동전의 양면 같은 '이중의 통일 정치학'(경협과 북한 인권운동)을 자본주의, 특히 역사적 개념으로서의 자본주의를 둘러싼 더 포괄적인 학술적 논의 속에 위치시킨다. 평화와 갈등 해결에 관한 사회과학적 연구들은 교역과 경제적 상호 의존을 평화의 중요한 메커니즘으로 파악한다. 이는 두 종류의 통계적 상관관계에 의존한다. 하나는 국가 간 평화적 관계와 경제적 교환의 규모 사이의 상관관계(Gartzke, Li, and Boehmer 2001; Erik Gartzke 2007; de Soysa and Fjelde 2010), 다른 하나는 적대국들 간의 무력 충돌 감소와 경제적 관계 사이의 상관관계이다. 예를 들면 이스라엘과 팔레스타인, 중국과 대만, 그리고 남한과 북한의 경우들이 있다(Tait 2003; Friedman 2005; 조민 2006; Kahler and Kastner 2006; Rusko and Sasikumar 2007).

이런 자본주의적 평화론은 "민주주의 국가는 갈등을 덜 유발하는 경향이 있는데 이는 오직 다른 민주주의 국가와의 관계에 대해서만 그렇다"라는 민주주의 평화론과 대비된다(Oneal and Russett 1997; Seung-Whan Choi 2011). 그렇지만 허쉬만의 자본주의의 역사적 개념 분석에 의하면(Hirschman 1997), 이 두 평화론은 자본주의가 평화와 자유의 정신을 구현한다고 상상한다는 점에서 본질적으로 연관되어 있다. 더욱 중요한 것은 허쉬만의 연구가 역사와 권력의 중요성을 보여준다는 것이다. 이 점은 앞서 언급한 평화 연구에 심각하게 결여된 사항이다. 그의 분석에 따르면 17~18세기 유럽의 철학자들은 상업과 제조업 생산이 폭정에 대한 사악한 열정과 사적인 이득에 대한 개인의 관심을 누그러뜨릴 수 있는 이익/관심(interests)을 제공한다는 것을 다양하게 추론했다. 명예와 영광이라는 중세적 관념 안에서 '이익/이해'(interests)란 양심, 건강, 부, 성찰, 타산을 향한 '인간적 염원의 총체'로 폭넓게 정의되었는데, 이후 특히 애덤 스미스에 의해 경제적 이익/이해라는 의미로 한정되었다고 한다. 철학자들 역시 경제적 관계가 사실상 지속적 전쟁 상태에 있는 유럽에서 국제적 평화와 번영의 신장에 직접적인 영향을 줄 것으로 예상했다. 이들은 이런 전쟁 상태가 지배자들의 정복에 대한 열정 때문이라고 보았다. 이처럼 자본주의 개념을 국제관계로 확장하는 것은 허쉬만에 따르면 국제관계에 대한 이해의 부족을 드러낸다.

자본주의 평화론과 민주주의 평화론은 자본주의의 여러 개념을 근대적 전쟁의 기원과 역학에 대한 아무런 논의도 없이 국제관계에 관한 검증 가능한 사실로 둔갑시킨다. 이 평화론들은 또한 애덤 스미스가 경고한 근대 경제의 어두운 면은 물론 자본주의 개념의 발전과 변화의 조건들을 제대로 인식하지도 못한다.[39] 이런 접근법 대신에 나는 민족 통일의 정치학에서 역사의 정치학과 국가-자본 연합의 역사를 자본주의 정신과 관련하여 탐구하고자 한다.

이 장은 민족 분단으로 인해 헤어진 가족 상봉의 두 가지 양상에 대한 설명으로 시작하고 끝을 맺는다. 이 둘 모두 분단 이후 어느 통일의 정치학에도 포착되지 않는다. 본문에서는 이중의 통일 정치학을 자본의 무의식으로 탐구하는데, 이 정치학은 자본주의를 북한에 민주적 삶을 만들어 내는 바탕으로 설정한다. 나아가 두 가지 통

---

39  애덤 스미스는 상업이 인류의 용기와 상무적 기상을 파괴한다고 생각했다. 그의 상업에 대한 양가적 태도에 대해서는 Albert Hirschman(1997: 106)과 Tony Aspromourgos(2007)를 참조할 것. 그의 이론에 대한 죽음정치(necropolitics) 관점에서의 분석은 Montag(2013)을 참조할 것.

일 정치학의 역사성을 동북아시아 자본주의 블록에 대한 상반된
두 전망으로 이해하고, 이러한 통일 정치학의 시장 유토피아를 1980
년대 민주화운동의 민족 유토피아와 대조시킴으로써 설명한다.

# 2 ——— 가족 상봉, 혈연과 국가 폭력

휴전선을 경계로 하여 헤어진 가족의 상봉은 민족 통일의 환유이다.[40] 2000년 말을 기준으로 남한에서 가족과 이별한 첫 세대는 123만 명인데, 이 가운데 절반 이상이 60세 이상이다(채경석 2001: 546).

1985년 이래 처음으로 남북한은 2000년과 2001년 세 번의 행사를 통해 양쪽에서 2,000명씩의 가족 상봉을 주선했다. 양국이 가족 상봉을 정례화하기로 합의했지만, 이후 양쪽의 충돌로 인해 상봉은 뜸해졌다. 2008년을 기준으로 가족 상봉을 위해 등록한 사람들 가운데 127,547명이 대기자 명단에 올라 있다.[41] '탈북'은 탈냉전기 가족 상봉의 한 형태로 조선족 주선자와 한국의 인권운동가들이 북한 사람들을 은밀하게 도와 중국이나 동남아를 거쳐 한국으로 갈 수

---

40  나는 여기서 과거 청산의 불가능성을 강조하기 위해 '가족 재상봉'(reunion) 대신 '가족 상봉'(union)이라는 표현을 쓴다.

41  대기자들 가운데 41,195명은 이미 사망했으며 생존자 가운데 약 40%가 70대와 80대이다. 가족 상봉에 대한 구체적인 것은 채경석(2001: 546)과 염규현(2009)을 참조할 것.

있도록 한다.

## 「국군포로 3인의 선택」

조천현의 다큐멘터리 「국군포로 3인의 선택」에서 표현된 탈북에 대한 다른 관점은 해결을 거부하는 민족 분단 역사의 무게를 증언한다.[42] 이 기록물은 2001년부터 2003년까지 세 명의 국군포로를 추적하는데, 이들 가운데 둘은 50년 만에 처음으로 남한에서 온 형제들과 연길에서 짧은 상봉을 하게 된다. 이들은 모두 한국전쟁 (1950~1953) 당시 가장 치열했던 전투지의 하나였던 금화(강원도 철원 지역)에서 생포되어 북한에 억류되었다. 이들은 1953년 전쟁포로 교환 당시, 북한 당국이 보고하지 않은 포로들이다. 이 전쟁포로 교환에는 북한주민 110,723명, 중국인 21,374명, 남한주민 8,668명, 유엔군 5,148명의 전쟁포로가 포함되었다. 남한포로의 경우 추산된 88,000명에 훨씬 미치지 못했다(오경섭·윤여상·허선행 2008). 냉전기에 남한 사람들은 정치적 의혹을 사지 않기 위해 전쟁 중 행방불명이 되었거나 자발적이든 납치에 의해서든 월북한 가족을 사망신고했다. 1990년대부터 조선족은 북한에 더욱 쉽게 왕래하게 되고 남한 사람들과 관계를 맺기 시작하면서 측은한 마음에 혹은 수수료를 받고 중국에서 이산가족 상봉을 주선하기 시작했다. 「국군포로 3인

---

42 「국군포로 3인의 선택」은 2004년 11월 20일 KBS에서 방영되었다. 조천현 비디오 저널리스트가 2000년대 말부터 3년에 걸쳐 취재한 국군포로 세 명의 이야기를 기록영화로 만든 것이다.

2010년 어느 형제의 상봉. 오마이뉴스 남소연 제공

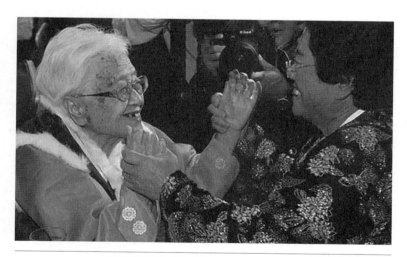

2010년 엄마와 딸의 상봉. 오마이뉴스 남소연 제공.

의 선택」에서 남한에 있는 한 국군포로의 동생이 편지를 받게 된다. 죽은 줄 알았던 국군포로 형에 대한 소식이 적힌 편지를 중국으로 부터 받은 것이다. 형이 손수 쓴 편지와 함께 그의 사진과 어렸을 때 예명 같은 정보 그리고 미화 30,000달러를 지불하면 형을 만날 수 있다는 중개인의 전갈도 들어 있었다. 이런 주선에서는 수수료를 더 내면 가족을 남한으로 데려올 수도 있다는 암시도 덧붙여지곤 한 다. 국군포로의 경우 남한 정부가 50만달러 내지 60만 달러를 보상 금으로 지불하기에 수수료는 더욱 올라간다.

「국군포로 3인의 선택」은 민족 분단과 한국전쟁의 기억에 대한 두 가지의 강력한 수사법을 확인할 수 있는데, 이는 혈연과 국가 폭력이 다.[43] 한국에 있는 60대 후반의 동생 김태형은 북한에서 온 장남인 형을 만나러 막냇동생과 함께 중국으로 가는 길에 이렇게 말한다. "부모님이 계셨다면 와 가지고 부모님과 상봉하고, 그 외는 바랄 것 도 없고. 우리 부모님 평안하게 가시기 위해선 숙원 사업이었을지 모 른다."

첫 번째 만남이 무산되고 6개월 후 다시 중국을 방문한다. 그는 "핏줄인데 뭐 한이나 안 되게. 형이랑 나랑 나이가 비슷하니까 이제 살아야 얼마나 살겠어. 마지막 한이나 안 되게 [가는 거야]···"라고

---

43  한국전쟁을 둘러싼 남한의 기억은 개인의 정체성, 가족 통합, 군인들 간의 전우 애, 무분별한 폭력을 강조하는데 이 모두는 공식적 역사, 그 역사가 강조하는 민 족주의, 애국주의와는 거리가 멀다. 한국전쟁 생존자들에 대한 연구는 김귀옥 (2006)과 이 용기(2003)를 참조할 것. 최근에 나온 한국전쟁에 대한 영화 분석에 대해서는 정병기(2013)를 참조할 것.

말한다. 또 다른 국군포로인 김기종의 형제들은 처음에는 믿을 수 없었지만 중개비를 분담했는데 그 이유를 다음과 같이 말한다. "엄마 아버지가 살아 계셨으면 가만 있으시진 않으셨겠다는 생각이 제일 먼저 들어서 우리가 오빠 데리고 나오려고 우리가 빚을 내가지고 이러는데 할 수 없죠. 왜 핏줄이라." 가족들이 빚을 내어 가며 형을 만나야 하는 것을 조금이나 망설였다면, 핏줄에 대한 언급이 그 모든 애매함을 지워버린 듯하다. 세 번째 국군포로 최진용의 경우 중개인들은 그의 가족들을 찾을 수 없었다. 이는 어쩌면 가족들이 중개인이 제시한 조건에 동의하지 않았음을 의미할지도 모른다.

이 다큐에서 북한에서 잠시 넘어온 국군포로들은 그들이 국가 폭력의 희생양임을 토로한다. 한국전쟁과 식민지 투쟁 사이의 관련성은 1950년대와 1960년대 한국전쟁에 대한 남한의 문학적 묘사에서 찾을 수 있다(한수영 2011). 하지만 그러한 역사와 무력충돌의 핵심적 성격에 대한 관심, 즉 한국전쟁이 지구적 전쟁이면서 또한 내전이었다는 사실은 냉전 이후 전쟁에 대한 기억에서 대부분 사라지고 없다.[44] 김재형도 유사하게 자신이 북한의 포로가 되자마자 인민군으로 복무하도록 강요받은 탓인지 한국전쟁을 남과 북 사이의 무의미한 경쟁으로 회고한다. 김기종 역시 전쟁에 참가한 것을 그가 남을 위해 싸웠든 북을 위해 싸웠든 단순히 "그저 시키는 대로 했을 뿐"이

---

[44]  내전으로서의 한국전쟁에 대해서는 Bruce Cumings(1981)를 참조할 것. 개인을 국가와 대립시키고 민족 분단의 기원으로서의 민중의 탈식민지 투쟁을 지워버리는 탈냉전기의 새로운 해석에 대해서는 박명림(2002)을 참조할 것. 새로운 한국전쟁 연구 동향에 대해서는 손경호(2011)를 참조할 것.

라고 회고한다. 최진용은 포로가 된 후 3년간 감옥살이를 하고 정착금 2만 원과 함께 탄광촌으로 보내졌다. 이들의 회고는 전쟁에 대한 역사적 의미를 결여한 채 가족과 개인의 삶을 파괴하는 전쟁의 보편적이고 비인간적 결과를 강조한다. 이 다큐는 나아가 지리적으로 가까운데도 헤어져 살아야 함을 강조함으로써, 민족 분단의 비인간적 결과를 드러낸다. 김태형은 두만강 건너의 북한이 남한의 자기 집에서 동네 구멍가게의 거리밖에 되지 않으며, 강 건너 북한에서 놀고 있는 아이들에게 이야기를 건넬 정도로 가깝다고 안타까워한다.

그렇지만 「국군포로 3인의 선택」이 지닌 중요성은 민족 분단 경험을 표상한다는 데에 있다. 이 국군포로들이 탈북에 대해 제각기 다른 선택을 한 것은 북한 인권운동의 관점에서 쓰여진 탈북 서사에 이의를 제기한다. 3인 가운데 유일하게 탈북을 시도했던 최진용은 남한으로 가기 위해 지난 2년간 중국에서 불법으로 체류하고 있던 아들과 며느리를 만났다. 최진용은 자신이 탈북을 결정하게 된 이유는 통일의 정치학이 주장하듯 민족적 정체성이나 자유를 찾기 위해서가 아니라, 부모님 묘소를 찾아보고 전쟁 전 그가 사랑했던 여성을 한 번 더 만나기 위해 고향에 돌아가고자 하는 어쩌지 못하는 소망 때문이라 말한다. 가난하고 제대로 배우지도 못했다는 자괴감에 고백을 하지도 못했던 첫사랑을 만나고 싶다는 그의 감상적 소망은 (전체주의 체제로부터의 탈출이라는) 탈북의 고담준론을 무색하게 한다. 그렇지만 최진용과 그의 아들은 중국 공안에 의해 불법 국경 횡단과 불법 거주 죄목으로 체포되었다. 이 다큐멘터리는 최진용의 이루지 못한 소원을 담은 물건들을 비춰준다. 그가 체포 당시 숨어 있던 커다란 옷장, 그의 돋보기 안경, 그리고 마루 밑에 숨겨진 마른 산나물 꾸러미로 시장에 내다 팔고 남았거나 아직 찾지 못한 남한의 가족들에게 줄 선물로 간직한 듯하다. 김기종과 남한에서 온 동생들도 그들이 만난 지 몇 시간이 되지 않아, 김기종은 중국 불법입국 그리고 동생들은 공모죄로 중국 공안 요원에 의해 체포된다. 김기종은 북한으로 돌아갈 예정이었지만, 동생들은 중국에서 추방된 후 남한 정부와 언론에 호소하여 그를 남한으로 데려올 수 있었다. 과거 청산의 불가능성은 북한에 남은 그의 가족과 이별하게 된 것, 또 남동생과 소원해진 것에 의해 강조된다. 이들을 취재한 조천현 기자에 따르면 이들 형제간의 불화는 정부 보상금을 서로 배분하는 과정에서 야기한다.

김재형은 남한에서 온 동생들과 행복하게 재회했지만, 이는 곧 민족 분단의 완전한 청산과는 완전히 다른 결말로 치닫는다. 그는 남한으로 가자는 동생들의 권유에도 불구하고 북한으로 돌아가고 싶다는 생각을 피력한다. 이들은 반세기에 걸친 이별 뒤에 처음으로 만났지만 몇 시간이 채 지나지 않아 또 작별을 고하게 된다. 이들은 서로에게 이렇게 한번이라도 만나서 이제 더 이상 맺힌 한은 없다고 얘기한다. 형제들은 어떤 해결이나 더 직접적인 소통 대신, 민족 분단이 없었다면 얕은 강을 건너듯 서로가 방문할 수 있었을 것이라는 슬픔을 표현한 노래들을 부른다. 남한의 동생이 부르는 「두만강」과 북한의 형이 부르는 「반갑습니다」는 사물과 공유된 감정에 의해 일시적으로 가두어진 듯한 역사적 과잉을 압축적으로 보여준다. 형제들은 서로 연락하며 같이 부모님 제사를 지낼 것을 약속한다. 남한에서 동생이 제사를 지낼 때 형은 남쪽을 향해 절을 하기로 한 것이다. 이때 관객들은 이제 서로가 살아 있음을 알면서도 만나지 못해 더 견디기 어려울 것이며, 서로 죽었다고 생각했던 과거가 더 행복했을지도 모른다는 조천현의 독백을 듣게 된다. 이 다큐멘터리에서 가족 상봉이란 분리되기 이전의 어떤 통합체로의 회귀와는 거리가 멀다. 3인의 국군포로들의 탈북에 대한 다른 선택과 이들의 서로 다른 운명은 통일의 정치학에 부재하는 역사적 현재를 드러낸다. 여기서 조선족의 중개인 역할은 탈냉전기 한민족의 탈영토화를 암시한다.

# 3 ——— 남북통일과 자본주의 정신

1990년 말 이래 이중의 통일 정치학은 국체(national body)를 포획하여 새로운 평화와 자유의 담론을 한반도에서 민주주의 전망의 토대로 만들어낸다. 여기서 특히 흥미로운 것은 남한 자본주의의 위기다. 이때 재구성된 통일의 정치학은 이 위기를 바탕으로 자본권력을 수립한다. 이중의 통일 정치학은 앞서 설명한 바와 같이 서로 정반대의 입장을 취하지만 자본주의 체제가 북한 민주화에 필요한 힘이라는 전망을 공유한다. 이들에게 공통된 도덕의 정치학은 남한의 위기를 북한의 위기로 도치시키며 동시에 역사의 민족 통일 전망을 박탈한다.

## 평화를 위한 경제 협력의 메커니즘

남한의 김대중 정부(1998~2002)는 남북한 간의 경제 협력을 민족 통일 정책의 새로운 원리로 확립했다. 남북 간의 획기적 경제 교류는 1980년대 말에 시작되었는데, 김대중 정부의 경협 정책은 이 경제 교류를 점진적이고 평화적인 통일로 가는 주요 메커니즘으로 정식화했다. 1948년의 분단 이후 경협 정책 이전까지의 접근법은 남북한 모두 영토와 경제, 민족문화를 포괄하는 총체적 통일을 위해 경쟁했다는 것이다. 이는 한쪽이 다른 한쪽을 흡수할 때만 가능했다. 경협 정책은 이와는 대조적으로 선 화해, 후 통일의 원리에 기초하고 있다. 교역과 경제 교류는 분리된 국가와 사회를 이어주고, 중국, 러시아, 일본과 같은 주변 강대국들이 통일에 반대하는 것을 우회하게 해주는 수단으로 생각되었다. 경협 정책은 1970년대 동독과 소련에 대한 서독의 경제 지원과 교류가 평화적 관계를 구축하여 궁극적으로 통독으로 이어졌다는 것을 근거로 공식적으로 독일 통일을 모델로 한 것이다(김대중 1997).

경협 정책의 세 가지 자유주의적 원칙은 시장이 가진 특질이 평화를 실행 가능한 정책들로 만든다고 해석한다. 이 세 원칙은 정치와 경제의 분리, 교역을 통한 평화 그리고 합리성이다. 정경분리 원칙은 남북 간 경제 교류를 정치적·군사적 교착상태에서 자유롭게 해준다. 1972년(남북적십자회담), 1988년(민족자존과 통일번영을 위한 대통령 특별선언), 1992년(남북고위급회담)의 상호인정 합의 이후, 1990년대 말까지 남북한 사이에 있었던 주목할 만한 화해의 노력도 계속된 정치적·군사적 충돌로 인해 무색해졌다. 노태우 정부(1993~1997)는 북방정책의 일환으로 홍콩과 중국을 통해 북한, 소련과의 경협을 시작했는데. 이는 그가 군 출신이라는 배경을 상쇄하고 탈냉전기의 전 지구적 자본주의 체제 변화에 적응하기 위한 것이었다. 김영삼 정부(1993~1998)는 북한과의 경제 교류를 정권의 대표적 지구화 정책인 '세계화'로 통합했다(김규륜 1999). 이러한 경제적 시도는 종종 한반도의 정치적·군사적 긴장으로 인해 중단되었다. 이 긴장의 원인은 남한의 집요한 반공주의에서부터 남북 간의 작고 산발적이지만 심상치 않은 위기를 불러일으킨 물리적 충돌, 북한의 장거리 미사일 실험, 북한의 남한에서 핵무기 제거와 미군 철수 요구, 미국의 북한을 향한 핵무기 개발 중단 요구에 이르기까지 다양하다. 경협 정책의 정경분리 원칙은 이전과는 판이하게 지속된 긴장관계 속에서도 남북이 경제 교류를 유지하고 남한의 직접무역, 경제지원, 관광, 직접투자의 확장을 가능케 했다.

경협 정책에서 교역을 통한 평화라는 언어는 북한에 점진적 변화를 일으키는 것을 목표로 한다. 북한의 대상화는 김대중 정부가 경협 정책을 이솝우화의 「북풍과 태양」에서 따온 '햇볕정책'이라 불렀다는 널리 알려진 사실에서 분명해진다. 이 우화에서 북풍과 태양은 누가 더 힘이 센지를 두고 행인의 코트를 벗기는 경쟁을 벌인다. 거세게 휘몰아치는 북풍은 행인이 코트를 더욱 단단히 여미게 하지만, 태양의 열기는 그가 코트를 벗도록 한다. 이 이야기는 위협보다는 설득이 더 우월하며 강요된 변화보다 자발성이 더 효과적임을 보여준다. 태양의 열기는 햇볕정책에서 시장의 합리적 역할에, 휘몰아치는 바람은 군사력에 해당한다. 교역과 투자를 통해 변화를 이끌어내려는 목표는 햇볕정책이 '대북포용정책'이라는 이름으로 불리게 된 이후에도 유지되었다. 김대중은 평화에 대한 언급이 전혀 없었다는 것이 이전 남북 간 경제 교류 정책의 치명적인 결함이라고 주장했다. 교역은 최소한의 당사자 간 신뢰만 있으면 가능하므로 햇볕정책은 정치적·군사적 충돌 종식을 위해 필요한 서로에 대한 신뢰를 만들어낼 것이라고 기대되었다.

한국의 경협 정책에서 교역을 통한 평화라는 개념은 허쉬만이 17세기와 18세기 유럽으로 거슬러 추적한 자본주의의 계몽적 개념을 환기시킨다. 몽테스키외에게 '상업은 ⋯ 야만적 방식들을 세련되게 하고 순화시키는데', 이는 상업이 인간의 '너그러운' 행동을 만들어내고 세상에 대해 예측 가능성과 항구성을 부여하기 때문이다 (Hirschman 1997: 60). 제임스 스튜어트(James Steuart)에게 근대 경제는 폭정의 어리석음에 대한 가장 효과적인 억제책이다. 이는 근대 경제의 복잡성이 통치자가 경제에 개입하지 못하고, 경제법칙을 따르도록 유도하기 때문이다. 몽테스키외와 스튜어트의 입장은 허쉬만이 보기에 군주의 권력을 제약하는 것에 초점을 맞춘다. 이후의 중농주의자들은 경제가 국가의 번영에 직접적으로 기여함을 알게 되었다. 허쉬만에 따르면 자본주의 발전 초기 단계의 이러한 생각들은 중세의 명예와 영광의 관념을 새로운 부르주아 덕목으로 대체한 것이 아니라 인간의 본성, 사적 이익과 공적 안녕 간의 관계, 근대 국가 이론 등에 대한 복잡한 체계화를 포함하게 되었다(Hirschmann 1997: 31~100). 허쉬만이 역사적으로 구성되고 변화하는 자본주의 개념을 다룬 반면, 남한의 정책은 자본주의가 역사적 문제를 해결할 수 있는 보편적 진리라는 관점에서 접근한다.

민족 통일이라는 역사적 개념을 보편적 모델로 전위시킴으로써 한국의 통일 정치학은 역사와 동력을 잃게 된다. 이 전위는 경협 정책이 기본적으로 남한 내부의 경제적 위기에서 비롯된 것이라는 사실을 숨긴다. 김대중(1997)에 따르면 냉전기의 '정치-군사적 전쟁'은 '경제적 열전'으로 대체되었다. 이 경제적 열전에서 경제 강대국들은 자유무역 정책과 경제적 지역주의로 무장하고 있다. 북한과의 경제적 협력은 남한의 전 지구적 경제력 추구에 절대적인 필수요소로 간주된다. 나아가 남북통일은 단순히 실현 가능한 것이 아니라 남한이 경제적 열전에서 살아남는 데 필요하다는 것이 김대중의 논리였다. 북한을 남한 자본을 위한 자본주의의 미개척지로 구상화한 것은 경제학자들과 통일 운동가들에 의해 많은 공감을 얻었다. 이들은 경협 정책을 남북 모두에게 상생적 해결책으로 봤다(홍순직 2004). 즉 경협 정책은 남한에서 산업구조조정을 촉진하는 방법으로 먼저 노동집약적이고 낡은 산업을 북한으로 옮기고 나중에 중화학, 전자, 기술집약적 산업을 이전시킨다는 구상이었다. 이 기획은 활성화된 북한 경제가 남한 기업의 새로운 시장이 되리라고 기대하였다(홍일표 2004). 또 남북한 경제 사이에 '유기적' 결합이 만들어지면 남한의 외국무역에 대한 의존과 독점자본의 시장에서의 권력도 완화될 수 있으리라는 희망이 섞인 기대도 있었다(역사문제연구소 1995).

경제적 도구주의는 남북 간 경협에 팽배해 있는데, 이에 반해 과거 유럽의 철학자들은 새로운 '인간 소망의 총체'를 자본주의의 정신으로 보았다(Hirschman 1997:32). 경협 정책은 막스 베버식의 합리화를 반영하지만, 이 합리화의 철창 효과는 인식되지 않는다. 이 정책은 남한의 자본과 에너지, 북한의 노동과 자원의 교환을 한 사회에서의 노동분업으로 파악한다. 이 교환에서 기대되는 것은 남한 투자자들은 북한의 노동을 이용해 저렴하게 생산된 상품을 수출하고, 북한은 이미 확립된 남한의 전 지구적 교역망을 이용해 자국의 제품을 수출하는 것이다. 매년 만여 개의 중소기업이 도산하는 남한에서 북한과의 경협은 저렴한 노동과 자원에 접근하여 이들 산업의 쇠락을 막는 방법의 하나로 여겨졌다. 또한 남한은 북한의 자유무역 지대에 투자하고, 공동으로 관광산업과 농업을 개발하려 했다. 하나의 민족 단위로서 남북한은 외국에 합작투자를 시작하는데, 특히 시베리아의 임업과 극동 지역의 조업에 투자하는 것이다. 김대중(1997: 129~151)은 대통령이 되기 전 이미 이 모든 계획들을 만들어놓고 임기를 시작했다. 예외적으로 외국에 대한 합작투자와 국제적으로(미국에게) 남북한 간 무역을 국내무역으로 인정받는 것은 실현시키지 못했다.

경협 정책은 자본주의 정신을 경제적 이해로 좁게 정의한다. 이는 애덤 스미스가 만든 근대 경제에 대한 헤겔식의 논의와 상응한다. 여기서 애덤 스미스가 자본주의에 가졌던 양가적 생각은 간과된다. 헤겔이 '개인은 개인적 일에서 이미 무의식적으로 보편적 작업을 수행한다'라고 보았듯이(Hegel 1077: 213), 애덤 스미스도 개인의 이익 추구 자체가 노동 분업과 협력으로 이끌어 전체 사회를 개선하는 방향으로 이끈다고 주장했다(Montag 2013: 194). 남북 어느 한쪽의 경제적 이익 추구가 다른 한쪽의 이익을 충족시키고 보편적 이익, 즉 평화와 민족 공동체에 봉사한다는 것은 이와 유사한 섭리적 사고다. 하지만 경협 정책은 여전히 애덤 스미스 자신이 인정했던 자유주의 경제의 어두운 측면을 무시한 유토피아적 모델이다. 애덤 스미스는 시장의 합리성과 자율 조정 기능을 합치시켜 기근에 상품 가격을 내리는 것과 같은 경제에 대한 어떤 개입도 반대했다. 그 이유는 국가가 필수품 등 상품의 가격을 내리면 상인들이 물건을 내다 팔지 않아 더욱 식량 위기가 악화시킬 것이기 때문이라 한다. 이는 시장의 안정을 지키기 위해 사람들이 죽도록 내버려둔다는 의미이다. 몬태그(Montag 2013)의 해석에 따르면 애덤 스미스가 피력한 새로운 근대적 삶(분업, 협업, 이윤과 부의 창출)을 야기하는 상품교역경제는 본질적으로 죽음의 필요성을 수반한다. 허쉬만의 해석에 의하면 애덤 스미스는 자유로운 사익 추구에는 심리적 위축, 교육의 평가절하, 그리고 영웅적 기상의 쇠퇴와 같은 바람직하지 못한 효과가 발생한다는 점도 염려했다(Hirschman 1997: 105~108). 한국의 경협 정책은 경제로부터 삶을 직조하는 데 있어 자유주의의 선조들보다 더욱 확고하게 낙관적인 것 같다. 이는 '민족 분단에 소요되는 명백한 비용을 경제적 생산을 증진하고 사람들의 복지를 향상시키는 중요한 자원으로' 전환시킬 것이라는 공언에서 드러난다(김대중 1997: 124).

시장교환이라는 유토피아적 자유주의의 언어는 남한에서 자본주의의 패권에 봉사하는 이데올로기적 작업을 수행한다. 경협 정책은 국가-자본의 관계망을 재구성하여 남한에서 자유주의적 자본주의의 지배가 확립되도록 했다. 군사독재 시절 국가는 경제발전을 국력을 신장시키고, 주적 북한을 물리치는 방법으로 내세우며 자본과 노동을 철저히 규제했다. 군사정부는 통일에 대한 논의와 정책을 독점하여 오직 국가가 인가한 인물과 기관들만이 북한과 통일정책을 논할 수 있도록 만들었다. 국가가 은행을 소유하고 국가 자원의 효율적 이용이라는 명목하에 대출과 사업 인허가로 자본을 통제했으며, 이러한 통제와 더불어 노동조합을 불법화하고 노동쟁의를 국가 안보 문제로 취급했다. 1990년대 이래 진보적 정부들은 자본주의 위기의 해결책으로 경제적 자유주의화를 채택해 신자유주의적 자본주의 개혁을 추구했다. 이 국면에서 통일정책은 남한 자본이 국가와 사회에 대한 지배를 공고히 하는 데 기여했다. 경협 정책에 대한 수많은 남한의 연구 가운데 김학노(2005)의 연구는 패권적 자본권력의 중요성을 인식하고 있다는 점에서 특히 주목할 만하다. 김학노의 연구가 주목하는 것은 남한 정부가 북한의 핵무기 개발에 대한 대응으로 경제 교류를 지연시키려 할 때조차 남한 자본가들의 북한과의 교류에 대한 열정을 제어할 수 없었다는 점이다. 김대중 정부가 들어서기 전에 이미 재벌들은 북한을 경제적 전초기지로 하여 아시아와 유럽을 잇는 철도를 구상했다. 필자는 북한과의 경협에서 자본주의적 패권에 대해 김학노의 연구에 동의하면서, 한 발 더 나아가 평화의 동력으로서 자본주의의 유토피아적 설정, 경협이 민주주의 정치학 구성에 미치는 효과, 경협과 북한 인권운동과의 친화성에 대해 분석하려 한다.

경협 정책은 국가와 자본, 언론과 학계, 일반 대중들 사이에 현재 자본주의 체제에 관한 폭넓은 합의를 이끌어냈다. 경제기구들은 공적·사적 기구 구분 없이 이 새로운 정책이 가져올 경제적 혜택에 대해 찬사를 늘어놓았다. 북한과의 경협 정책에 대해 재계에 조언하고 일반 대중을 교육할 목적으로 기업 대표자들과 산업 협회, 언론, 변호사, 경제학자들이 협력하여 새로운 협회들을 창설했다. 사단법인 남북경협국민운동본부는 한국 산업단지 공단과 협력하여 경협에 대한 공개강좌와 재계를 위한 교육 강습을 후원했다. 경남대학교의 극동문제연구소와『한겨레신문』은 남북경협 아카데미를 설립했다. 또한 남북경협시민연대는 비정부기구와 학술기관, 경제단체들을 연결하여 북한 투자에 관심 있는 기업들에게 정보와 도움을 제공했다.

경협 정책에 대한 남한의 연구는 보수주의자들의 반대, 북한의 불확실성, 그리고 미국의 지원 부재를 포함한 경제 교류의 진전과 장애물에 집중하고 있다(조민 2001; 이성로 2013). 독일의 통일과의 비교가 종종 경협 정책 합리화를 위해 동원되었다. 남북한 간 교역량과 투자액이 통일을 향한 진전의 좌표로 동서독 간의 그것과 비교되고(김웅희 2004), 독일식의 흡수통일은 한 해 국내 총생산(GDP)의 10%가 필요하며 5년 안에 남한의 재정을 고갈시킬 것이기 때문에 경협 정책은 합리적 접근으로 정당화되었다(이성로 2013). 2004년부터 2010년까지 총 121개의 남한 기업이 문을 연 개성공단에서 사업장을 운영했다. 2008년에 약 40,000명의 북한 노동자들이 고용되어 주방 기구부터 손목시계, 직물, 화장품 용기, 신발에 이르는 제품들을 생산했다. 북한 정부가 2013년 4월 개성공단을 폐쇄했지만, 4개월 후 남북이 다시 공단을 열기로 합의했다. 경협의 중요성은 공단의 경제적·민족적 가치를 넘어 자본주의 패권을 위해 공단이 수행하는 이데올로기적 역할에 있다. 경협 정책은 민족과 국가의 연결고리를 끊어버린다. 이 단절은 국가의 권력 자체를 약화시킨다기보다는 국가의 패권적 자본권력에 대한 지지를 정당화한다. 신자유주의적 자본주의 체제는 민족이라는 가면을 쓰고 자본의 지구적 차원의 탈규제된 축적을 탈냉전기의 진리로 내세운다. 자본이 민족 통일의 주체가 되어 국가를 대체한 것이다.

## 북한 인권의 정치학

북한의 인권문제는 1995년에서 1998년까지 식량 위기로 인한 북한 사람들의 중국으로의 이동과 함께 급격히 정치적 파급력을 가진 이슈가 되었다. 여러 보고서에 따르면 북한 인구의 4분의 1에 해당하는 640만 명이 기근에 시달렸고, 5세 이하 아이들의 60%가 영양실조를 겪었다. 전체 인구의 15%에서 20%, 즉 3백만 명이 기아로 사망했다고 한다(최창동 2000: 공성진 2004). 북한에서 중국으로 유랑하는 북한 사람들에 대한 증언과 사진은 남한과 타국 언론에 넘쳐났다. 사진은 길거리에서 구걸하고 잠을 자며 쓰레기를 뒤져서 굶주림을 채우거나, 중국에서 산악의 오두막에 거처하는 일명 꽃제비[45]라 불리는 북한 아동들의 이미지를 보여주었다. 굶주림에 지친 이들의 모습은 특히나 비참한데, 영양실조로 자라지 못해 젊은 성인이 마치 아이와 같은 모습을 하고 있다. 기근은 영양실조가 한인 유전자 풀에 부정적인 영향을 줄 뿐만 아니라 두 개의 코리아를 영구히 갈라놓아 진정한 민족 통일에 새로운 장애물이 될 것이라는 우려를 자아냈다. 널리 유포된 사진들 가운데는 엄마의 벗겨진 앙상한 몸에 매달려 울고 있는 굶주린 갓난아이나 중국과 북한 국경의 두만강에 둥

---

45 '꽃제비'는 북한의 어린이와 청소년 난민을 이르는 말이다. 유랑민, 방랑자를 뜻하는 러시아어의 한국식 발음이라는 설도 있으며 한국에서는 발음의 유사성으로 인해 철새처럼 떠돌아다닌다는 의미로 '제비'라 부르게 되었다고도 한다.

둥 떠 있는 시신들의 이미지를 담은 애절한 사진도 있다. 북한 여성들이 납치되어 사람당 500달러에서 800달러에 인신매매된다는 뉴스로 인해 북한 난민들이 처한 곤경은 더 큰 주목을 받았다(좋은 벗들 1999; Paterniti 2003; 이금순 2005).

북한의 인권문제는 남한에서 새로운 보수주의를 부추겼다. 특히 전향한 과거 좌파 급진주의자, 복음주의 교회, 그리고 다른 보수세력들이 연합하여 소위 좌경화에 대항하는 세력으로 등장했다. 이들은 미국의 테러와의 전쟁과 보조를 맞추어 북한을 세계의 평화를 위협하는 사악한 국가로 만들었다. 아렌트는 20세기 전반에 전체주의의 억압으로부터 탈출한 난민들이 처한 근대적 역설을 이야기한 바 있다(Arendt 1951). 인간으로서의 양도할 수 없는 이들의 권리는 오직 자국 시민에게만 권리를 부여하는 국민국가 체제에서 보호받지 못한다는 것이었다. 아감벤의 이론에 따르면 난민과 시민의 구별은 사라진다(Agamben 1998). 이는 근대국가가 국가주권의 기반을 삶의 생산에 두기는 하지만 지속되는 비상사태에서는 자국 시민에게서 삶과 권리를 박탈할 수 있는 예외적 권력을 갖기 때문이다. 북한 인권문제는 국민국가 체제의 모순을 지구적 민주주의의 문제로 전환한다. 지구적 민주주의 기획은 특정 국가 내 시민의 자유뿐만이 아니라 이른바 소위 세계 평화의 추구라는 명목하에 주권을 가진 국민국가를 침략할 수 있는 소위 초국적 권력을 정당화한다. 이런 맥락에서 북한 난민들은 자국 국민의 인권을 침해하고, 세계 평화를 위협하는 대량살상 무기로 자신의 권력을 지키려는 실패한 국가의 상징으로 받아들여진다. 이 장 앞부분에서 언급한 정치학적 연구가 민주주의와 평화의 경험적 상관관계를 확인해보려 했다면, 북한 인권은 이 상관관계를 북한에 민주주의를 세우고 세계 평화를 확립하는 처방으로 전환시킨다. 경협 정책과 북한 인권운동 사이의 전면적 논쟁은 북한의 주권과 지구적 민주주의 사이의 대립을 중심으로 벌어진다. 인권운동가들은 '탈북자'들을 자유를 갈구하는 정치적 난민으로 정의하고 국제사회에 몽골과 남북한 인근의 장소에 난민촌을 만들자고 호소했다. 이와 달리 경협 정책 지지자들은 이들을 외부의 요인들이 겹쳐 일어난 일시적 위기에서 탈출하려는 잠정적 이주자로 간주한다. 외부 요인들로는 자연재해, 소련과 중국으로부터의 급작스런 원유 지원 중단, 미국에 의한 경제 제재, 그리고 핵무기를 둘러싼 미국과의 충돌로 인해 군사비용 증가 등이 있다. 북한을 정당성이 있는 국가 그리고 민족화해의 당사자로 인정하는 경협 정책 옹호자들은 남북한 경제 협력이 북한의 상황을 개선시키면 북한주민의 중국으로의 '탈북'이 점차적으로 줄어들다가 궁극적으로 사라질 것으로 전망한다.

북한 인권운동은 미국의 북한에 대한 정책과 공조하며 전개되었다. 이 흐름에 예외적인 조직은 '좋은 벗들'로 북한 난민들과의 활동과 그들을 위한 모금을 통해 남한에서 가장 영향력 있는 불교 비정부기구가 되었다. '좋은 벗들'은 중국으로 건너간 북한 사람들의 실태를 조사하고 인터뷰했으며, 중국뿐만 아니라 북한에서의 생활환경에 대한 정보도 확보했다. 2001년 '좋은 벗들'의 활동가들이 중국 정부에 의해 체포되어 이 단체가 더 이상 북한 유민들에 대한 조사를 하지 않는다는 조건으로 석방된 이후, 이들은 주활동을 다른 아시아 지역에서 인도적 지원을 하는 것으로 전환했다. 이와 반대의 정치적 성향을 가진 북한 인권시민연합과 북한민주화네트워크(NKNET: Network for North Korean Democracy and Human Rights)는 미국과 미국의 테러와의 전쟁에 호응하며, 북한 정부의 인권 침해와 정권 교체를 위한 외부 개입의 필요성을 알리는 선봉에 섰다. 국제 앰네스티 전 한국지부장이 이끄는 북한 인권시민연합은 미국 비정부기구인 전국민주주의기금(NED: National Endowment for Democracy)과 협력하여 북한에서의 인권 침해를 논의하는 국제 학술회의를 주최하곤 했는데 논의의 주제는 소련의 강제수용소 굴락과 유사한 북한의 정치범 수용소와 강제노동 수용소, 중국과 러시아에 있는 북한 난민들이 처한 위태로운 상황, 그리고 중국에서 추방된 난민들에 대한 정치적 세뇌와 잔혹한 처벌과 같은 것들이었다.[46]

북한민주화네트워크(NKNET)는 뉴라이트 연합의 싱크탱크로서 북한에서의 인권운동이 전 지구적 민주주의를 확립하는 과제라고 이론화했다. 김수영은 이 단체의 역할에 대해 다음과 같이 말한다.

> 인권이라는 개념 아래서는 주권이나 간섭이라는 것은 존재할 수 없다. 근대 국민국가가 등장한 이래 국가주권은 국제질서 확립에 최우선하는 듯이 보인다. … 냉전이 끝나고 사회주의 대 자본주의

---

46  NED 대표의 발언에 대해서는 2005년 제6차 북한 인권과 난민에 관한 국제 학술회의에서 발표한 Carl Gershman, "The Human Rights of North Koreans: An Issue of Universal Concern"을 참조할 것(http://www.ned.org/ about/board/ meet-our-president/archived-remarks-and-presentations/021405).

의 충돌은 사라졌고, 어떻게 국제사회가 인권 침해 문제를 다루어야 하는지에 대한 새로운 합의가 만들어지고 있다. 국가주권보다 상위인 인권과 민주주의 옹호에 대한 합의가 이루어지고 있다.

**김수영(2004)**

　북한민주화네트워크의 창설 멤버인 김영환(2005)에 따르면 북한이 중국식 자유화와 개혁을 추구할 가능성이 낮기 때문에, 북한의 극단적 고통을 외면하는 것은 남한의 도덕적 의무를 배신하는 일이다. 그는 1990년대 북한의 즉각적 붕괴라는 잘못된 예상을 했던 이들이 군부권력 등장의 모순적 효과를 과소평가한 것이 아니라고 주장한다. 이들이 말하는 모순적 효과란 군부가 국가와 노동당을 장악하며 주체사상이 잠식되고 당과 지도자들을 향한 인민의 충성이 약화되며, 부패가 증가한 것을 말한다. 따라서 외부의 은밀한 개입에 의한 아주 작은 균열로도 북한 체제의 안전망을 무너뜨릴 수 있다고 김영환은 주장한다. 주체사상의 설계자이자 최고위 탈북자였던 황장엽은 북한민주화네트워크의 상임고문과 북한 망명정부의 수반이 되었다. 그는 북한을 민주화한다는 명목으로 북한 정부 붕괴를 위한 무력 사용을 정당화했다. 북한민주화네트워크는 난민들의 증언을 기초로 북한 정부와 사회에 대한 정보를 널리 알림으로써 북한 인권 문제를 신 우익(뉴라이트)과 기존의 우익을 구별하는 쟁점으로 만들었다. 이 뉴라이트 단체는 시장자유화와 작은 정부를 지지한다고 공언했는데, 구 우익은 국가주의, 민족주의, 권위주의에 기반을

둔 국가 주도 경제발전을 추구했었다.[47]

2001년 미국이 북한 체제를 악의 축으로 선언한 이후 미국의회는 2003년에 「북한 자유법」과 2004년에 「북한 인권법」을 제정했다. 이 두 법안은 모두 북한에 법치와 시장 체제를 수립하여 민주적인 정부 하의 한반도의 통일 지원과 북한 인권 개선을 목표로 한다. 2003년에 제정된 「북한 자유법」은 대량살상무기 제거를 목표의 하나로 추가했다. 2004년 제정된 「북한 인권법」은 앞서 언급한 NED가 지원한 국제 학술회의에서 논의된 구 사회주의 국가에서의 인권 침해 사항들과 거의 판박이인 북한 정부에 의한 25개 인권 침해 사항을 열거하고 있다. 이 두 법안은 미국정부가 난민들에게 조력을 제공하고 정보를 전파하며 북한에 경제적 자유화를 가져올 목적으로 개인, 단체, 정부기관에 재정 지원을 가능하게 만들었다. 이 법안에는 또한 북한 사람들의 탈출을 지원하는 지침도 담겨 있다. 이는 베트남 전쟁에서 그랬듯이 인구의 10분의 1이 탈출하면 북한 체제가 무너질 것이라는 보수적 비정부기구들의 정서를 반영한 것이다. 그러나 정작 미국은 몇몇 예외적 경우를 제외하곤 북한 난민의 망명을 거부했다(김수남 2004). 이런 법률 제정은 미국이 이라크 침공 전에 「이라크 해방법」을 만든 것을 고려할 때 미국이 북한을 침공할 것이라는 공포를 한반도에 조장했고, 북한은 당연히 「북한 인권법」을 선전포고로 받아들였다(이금순 2004). 경협 정책 지지자들은 「북한 인권법」을

---

47 2005년에 설립된 '뉴라이트 연합'은 또 다른 뉴라이트 단체인 '뉴라이트 전국연합'과 자신을 구분한다. 뉴라이트 연합은 '뉴라이트 전국연합'이 개별 정치인들과 정당의 이익을 대변한다고 비난한다.

한반도에서의 평화에 대한 위협이라고 비난했다.[48] 이들은 북한과 관련된 두 법안에 대해 사회경제적 권리와 생존권에 대한 고려 없이 정치적·시민적 권리에만 주목하고, 역사적 맥락에 대한 고려 없이 법적인 자유를 다른 권리보다 우위에 두는 서구적 인권 개념에 기반한 것이라고 비판했다.

김대중 정부와 노무현 정부는 북한의 인권문제를 정면으로 다루기보다는 조용한 외교라 부르며 이산가족 만남과 인도적 지원에 치중했다. 노무현 정부는 2003년과 2004년 유엔 인권위원회(현 유엔 인권이사회) 59차와 60차 북한 인권 결의안 표결에 참가하지 않았다. 그 이유로 남북 간의 대화와 협력이 궁극적으로 북한의 인권을 개선시킬 것이며, 북한이 자신들의 인권문제를 스스로의 의지로 개선시켜야 한다는 점을 들었다. 당시 다수당인 열린우리당과 새천년 민주당 의원들은 주한 미국대사에게 보낸 2006년 9월 2일자 서신에서 「북한 인권법」이 한반도의 긴장을 높인다고 비난한 반면, 보수 야당이었던 한나라당은 법안을 지지했다(이금순 2004). 2014년 2월 북한 인권시민연합은 약 60명이 참가한 서울 도심에서 3일간의 시위를 조직했고 여기서 한국 국회가 독자적 「북한 인권법」을 제정할 것을 요구했는데, 이런 요구는 10년 전에 제기된 바 있고 입법 과정에서 묶인 상태이다(Ku Jun Hoe 2014).

---

48  북한에 대한 미국의 법 제정을 비판한 진보적 단체로는 민주사회를 위한 변호사 모임(민변), 인권운동 사랑방, 참여연대(남한 최대의 비정부기구), 6·15 남북 공동 선언 실현을 위한 통일연대 그리고 한국기독교교회협의회(KNCC)와 같은 진보적 기독교 단체들이 있다.

미국의 국력과 초국적 권위 사이의 모순 그리고 남한 보수세력의 민족주의와 세계평화의 옹호 사이의 모순은 남한으로의 '탈북'과 관련된 두 가지 스펙터클에 의해 모두 억압되었다. 하나는 중국 주재 외국 대사관과 영사관으로의 기획된 진입이고, 다른 하나는 제3국을 통한 은밀한 탈출이다. 앞서 언급한 단체들 외에 납북자가족협의회와 한국기독교총연합회(한기총)는 북한 사람들을 남한으로 데려오는 데 핵심적 역할을 했다. 기획된 외국 공관 진입은 북한 인권문제를 널리 알리는 전략이 되었다. 이는 장길수의 가족을 포함한 7인이 2001년 6월 26일 북경에 있는 유엔 난민 고등판무관 사무소를 찾아갔지만 중국에 의해 즉각적으로 남한으로 추방되며 북한 난민 문제가 세계 언론의 주목을 끌게 된 이후의 일이다. 인권운동가들에 의해 최초로 기획된 진입은 2002년 3월 14일 25인의 북한 사람들이 중국 북경에 주재한 스페인 대사관에 진입한 사건이었다. 엄마가 경비원에게 붙잡히자 어린 딸을 대사관 문 안으로 밀어넣는 영상은 자유를 찾는 북한 사람들의 결정적 이미지가 되었다. 기획 진입은 2004년 9월과 10월에 절정에 이르렀다. 이는 9월 28일 미국의 「북한 인권법」 통과와 시기적으로 일치한다.[49] 다른 기획 진입의 광경들과 진입에 성공했거나 실패한 이들과의 인터뷰는 언론 보도와 북한 인

---

49 2004년 9월 29일의 중국 캐나다 대사관에 44인의 탈북자가 강제로 진입하는 데 성공했다. 10월 15일에는 20인이 북경의 남한 대사관에 그리고 10월 22일에는 29인이 북경에 있는 한국 국제학교에 성공적으로 진입했다. 10월 25일에는 남한 대사관에 진입하려던 18인 가운데 오직 3인만이 진입에 성공했다. 진입에 성공한 이들은 모두 중국 정부에 의해 남한으로 추방되었다.

권에 관한 다큐물의 주요 재료가 되었다. 또한 2000년대 전반에 걸쳐 미국에서 대학생들과 사회운동가들을 동원하는 데 핵심적인 역할을 했다. 그렇지만 이런 스펙터클에 노출된 사람들은 기획 진입이 비정부기구들에 의해 사전에 모의됐다는 사실을 알지 못했다. 스페인 대사관 진입은 10개가 넘는 남한과 미국, 일본, 유럽의 비정부기구 단체들이 여러 달에 걸쳐 기획한 것이었다. 진입한 25인의 북한 사람들은 기아에 의한 가족의 죽음, 인신매매 위험, 북한과 중국에서의 정치적 박해 등 국제적 기준을 충족시키는 사람들로 미리 선별되었다. 유럽연합 회의에서 북한 문제를 다루기로 예정된 때에 맞춘 진입 시도는 1989년 체코와 헝가리에서 일어났던 유사한 사건들을 본뜬 것이다. 진입 기획자들로부터 미리 언질을 받은 CNN과 AP통신을 포함한 미디어 네트워크의 기자들은 촬영을 위해 스페인 대사관 정문에서 대기하고 있었다.[50]

은밀한 탈출은 지역 비정부기구들과 한기총에 속한 보수 교회들에 의해 조직된다. 중국 내 북한 사람들, 나중에는 더 많은 사람들을 북한에서 열차나 버스를 타게 하거나 걸어서 몽골, 캄보디아, 태국, 라오스, 월남 등 제3국을 거쳐 한국으로 밀입국시켰다. 제3국에서는 한국 영사가 이들의 자격을 심사하고 남한으로 갈 수 있도록 조치한다. 은밀한 탈출은 남한의 헌법을 활용한다. 남한의 헌법은 한반도에서 남한만이 정통성을 가진 유일한 국가임을 천명하고 있으며 따

---

50 최초 기획 진입의 주 기획자이며 남북자가족모임을 이끄는 도희연과의 2002년 7월 5일과 23일 인터뷰.

406

라서 북한 사람들도 남한의 시민으로 간주한다. 헌법은 남한 정부가 북한에서 온 사람들에게 현금과 주택, 월 단위 보조금, 직업훈련, 교육보조금 등의 금전적 지원을 할 수 있는 법률적 틀을 제공했다. 이러한 지원은 2000년대 중반에 들어서 감소했지만 여전히 가난한 남한 사람들의 부러움을 사고도 남을 만한 정도였다. 은밀한 탈출은 중개인이나 선교사 그리고 다른 인권운동가들에 의해 주선되기도 했다. 통상 사람당 2,500달러에서 4,500달러의 중계료가 요구된다. 지불은 남한에 있는 가족이 선불로 지급하거나 탈북자 자신이 한국에 도착한 후에 받는 정부보조금으로 하게 된다. 흔하지는 않지만 중계료를 더 지불하고 위조 서류를 이용해 중국에서 남한으로 직행 항공편을 이용하는 방법도 있다. 언론이 사막과 강을 통한 탈주 경로와 국경경비대와 불량배들을 피해 탈주하는 이들의 고난을 보도하면서 탈북자들에 대한 관심이 커지고 지속되었다. 뿐만 아니라 탈북과 북한 인권 문제에 관여하는 교회와 단체들에 대한 재정 지원도 증가했다.

기획된 진입과 은밀한 탈출 모두 인권운동가들 사이에서조차 논란이 됐다. 도덕적 언어를 빌린 비판들은 북한 인권 문제를 더욱 스펙터클로 만든다. 기획된 진입에 대해 북한민주화네트워크, 한국교회연합, 납북자가족협의회는 지지했지만, '좋은 벗들'과 북한 인권시민연합은 비판적이다. 비판자들은 기획된 진입이 탈북자들을 도구화하고 중국에 있는 북한 사람들의 안전을 위태롭게 하며 중국에 있는 비정부기구들의 활동을 위협한다고 주장한다. 기획 진입과 은밀한 탈출에 대한 언론 보도는 중국 정부를 자극했다. 중국 정부는 불법으로 거주중인 탈북자들에 대한 보복 조치로 이들의 신고에 1만 위안의 보상금을 걸게 만들었는데, 이는 중국에서 일어나는 인권 침해에 대한 국제사회의 관심을 미연에 방지하기 위한 것이었다. 북한 사람들이 기획된 진입에 선발되어 돈을 받았고, 이를 위한 계획과 훈련 기간 동안 은신처에서 학대당했다는 보고는 논란을 더욱 부추겼다. 외국 공관으로 진입할 계획을 짤 때 선불로 중계료를 낸 이들은 탈북자들 중간에 세워 경비원들과의 직접적 충돌을 피할 수 있도록 한 반면, 한국에 도착해서 지불하기로 한 이들은 맨 앞과 뒤에 세워졌다(조천현 2004a). 은밀한 탈출도 탈북자들의 은신처와 비밀스러운 이동 경로를 노출시키는 탓에 도덕적 관점에서 비판받았다. 탈북자라는 외양에 맞추기 위해 중국에 불법으로 체류하는 북한 주민이나 북한 사람으로 위장한 조선족도 한국과 다른 나라에서 온 방문자들을 위해 산속 오두막이나 동굴에 전시됐다. 언론 보도나 이주자 본인들의 말에 따르면 인권활동가들은 북한 사람들을 모집하며 한국의 가족이 지불하지 못하면 탈북자 자신들로부터 받거나 아니면 시민들로부터 후원을 받았다. 또 탈북자들에게 한국에 데려가겠다고 거짓 약속을 하고 이런 과정에서 자유를 박탈하고 여느 브로커와 다르지 않게 행동했다고 한다(조천현 2004a: 2006). 탈북에 대한 도덕적 비판은 북한 사람들 이주의 성격, 인권운동 그리고 변화하는 북한 사회의 조건에 대한 충분한 탐문을 가로막는다.

북한 인권운동은 민주주의가 칸트적 의미에서 선험적 보편가치로 초월됨을 의미한다. 블로흐(Bloch 1987: 161~162)의 부르주아에 의한 민주주의 강화 비판에 따르면 칸트의 방식은 자유를 역사적 경험

(현실)을 떠나 이론을 도덕과 통합하는 선험적 원천, 즉 자발성을 향해 비상하는 물자체로서 상정한다. 블로흐가 보기에 칸트의 논의는 경험과 가정(postulate) 그리고 '필연의 영역'과 '자유의 영역'의 이분법을 극복할 수 있는 역사 개념을 결여한다. 그에 따르면 근대 부르주아 민주주의는 자유가 사적 소유권과 연결되어 있기에 민주주의의 세 가지 원리인 자유, 평등, 우애 사이의 본질적 긴장을 수반한다. 부르주아 민주주의에서 선택의 자유와 행동의 자유를 구별하는 것이 중요하다. 그 이유는 민주주의를 향한 투쟁이 단순히 '어떤 것으로부터의 자유'뿐만 아니라 대중 주권의 확립을 통한 평등을 '지향하는 자유'를 포함하기 때문이다. 북한 인권운동은 근대국가의 이러한 원천적 긴장을 윤리에 대한 호소로 봉합한다. 자유, 지구적 민주주의 그리고 고결함(integrity)을 천명하는 것은 북한 체제가 가지는 역사성을 배제한다. 민주주의를 체제 위기에 대한 만병통치약으로 처방하게 되면 전 세계에 걸쳐 자본주의의 위기가 사회경제적 불평등, 실업, 사회적 불안, 부채와 같은 문제들을 심화시키고 개편한다는 사실이 은폐된다. 이런 자본주의적 무의식 속에는 민족 분단의 식민지적 기원과 냉전의 역사가 억압되어 있다.

# 4 ——— 민족 유토피아에서 시장 유토피아로

 이중의 통일 정치학은 탈냉전기에 북한 민주화를 목표로 하여 민주화운동을 민족 유토피아의 정치학에서 시장 유토피아의 정치학으로 전환시킨다. 필자는 시장 유토피아를 탈냉전기 민주주의 정치학으로서 파악하며 다음의 두 단계로 설명한다. 첫 단계는 경협 정책과 북한 인권운동을 지구적 자본주의 네트워크 형성 과정의 일부로 파악하고, 그다음으로는 이들이 시장 유토피아 생산에서 공유하는 이데올로기적 작업을 살펴본다. 민족 통일의 두 가지 정치학은 탈냉전기 아시아에서 자본주의 질서의 전망을 놓고 서로 경쟁한다. 경협 정책은 중국과 북한을 주요 경제 우방국으로 포괄하는 동북아시아 경제권에 대한 남한의 전망을 구성한다. 반면에 북한 인권운동은 미국에 의해 재구성되는 아시아의 전망에 필수적인 요소이다.
 1980년대 말과 90년대의 북방정책과 세계화는 남한을 아시아와 지구적 경제질서의 중심으로 만들려는 시도였다. 1997년의 금융 위기의 여파 속에서 진보적 정부의 경협 정책은 아시아에서 미국의 패권과 경쟁할 수 있는 새로운 동북아시아 경제권이라는 전망을 구상했다. 노무현 정부는 신자유주의적 개혁을 강화하며 동북아시아 허브라는 전망 속에서 남한을 무역, 금융, 연구, 개발의 중심지로 내다보았다. 탈규제와 외환자유화를 통해 서울을 홍콩이나 싱가포르와 경쟁하는 금융 중심지로 만들고, 북한과의 경협을 통해 남한 경제를 강화시키고 결과적으로 아시아에서 남한의 지도적 위치를 공고히 할 것이라고 기대했다. 여기서 중국과의 협력은 필수적인 것으로 여겨진다. 중국이 세계의 경제대국이 될 것이라고 기대하면서 남한은 북한과의 네트워크를 통해 중국과 연계를 만들려고 했다. 만약 북한과의 경협이 북한에 대한 직접투자로 격상되지 않으면 중국과 일본 그리고 미국까지도 북한에 대한 투자를 선점하게 될 것이라고 남한은 우려했다. 이러한 동북아시아 허브에 대한 구상은 행정부서들을 서울 밖으로 옮기고 서울을 이 허브의 경제적 중심으로 전환시키는 노력을 포함해 국내 정치에 지대한 영향을 주었다(김규련 2004).

## 동북아 경제권에 대한 두 가지 구상

북한은 구상된 동북아시아 경제권의 마지막 고리가 된다. 중국과 러시아는 남한과 꾸준히 경제관계를 확대시켜 왔으며 북한과 밀접한 관계를 유지했다. 이는 주로 북한에 대한 중국의 경제적 지원과 정치적 지지를 통해서였다. 2000년대 초 일본과 북한 또한 일본의 식민지 통치에 대한 배상 합의를 통해 관계 정상화를 향한 이정표를 세웠는데, 십여 년이 지난 지금 이 합의는 수십 년 전 북한의 일본인

납치 문제로 인해 이제껏 진전이 없다. 동북아시아 경제권이라는 구상은 러시아와 북한의 천연자원과 노동력을 남한과 일본 그리고 중국까지 포함한 이들의 자본과 기술, 잉여생산과 연결시키는 시베리아 횡단 운송 루트를 예견했다. 이 구상은 유럽과 동남아시아까지의 확장도 염두에 두고 있었다. 아시아 여러 나라에서 자본주의의 위기는 통합의 열망을 부추겼지만, 이 열망의 실현은 영토 분쟁, 패권 경쟁, 미국의 이라크 침공에 대한 이견으로 인해 제약을 받았다. 이 나라들은 북한에 대한 미국의 도발을 공통의 이익에 대한 위협으로 간주했다. 나아가 경협 정책은 협력과 화해의 외양 이면에 남북 간의 치열한 패권 경쟁을 수반하고 있다. 남한은 북한과의 경협에서 우월한 위치를 당연한 것으로 여기고 미국은 자유무역협정(FTA)을 맺고, 북한은 자국의 시장화를 둘러싼 남한의 패권을 억누르기 위해 중국과 경제 협력을 추구했다. 남북의 경협은 민족 통일을 향한 도착된 욕망을 자본 성장의 추구와 일치시켰으며, 남북한 내부와 남북한 사이의 새로운 불균등과 경쟁을 부추기면서 이데올로기적 적대를 초월했다.

북한 인권운동은 탈냉전기의 동아시아를 재구성하는 미국의 전략에 통합되었다. 미국은 인도, 파키스탄과 새로운 동맹관계를 맺으면서 동아시아에서 확대되어 가는 중국의 힘에 대항하여 미국, 일본, 남한의 오래된 동맹을 재편성했다. 빌 클린턴 재임기(1993년 1월 20일~2001년 1월 20일)의 기본 원칙은 경제문제를 다루는 데 있어, 국가 주도의 정치적 행위가 중추적 역할을 한다는 것이다. 그래서 미국의 군사 안보를 경제 안보와 밀접하게 결합시켰다(Gowan

1999:77~78). 국가안보위원회(National Security Council)에 비견되는 새로 만들어진 국가경제위원회(National Economic Council)는 전 세계에 걸쳐 미국 자본주의를 강화하는 대리인이 되었다. 국가경제위원회는 월스트리트 금융자본의 힘을 뒷받침하고 아시아에 투자한 미국 기업들과의 협력관계를 강화했다. 조지 부시의 재임기(2001~2009)에는 방위산업과 신보수주의자 사이의 동맹이 주요한 정치적·경제적 관심사가 되었다. 한 신보수주의자 싱크탱크가 1997년에 작성한 '새로운 미국의 세기를 위한 기획'에 따르면 미국의 지도력은 군사력과 외교적 활동력 그리고 도덕적 원칙에 대한 헌신을 요구한다(Harvey 2005: 190~192). 인권이라는 보편적 가치를 불량 국가들로부터 보호한다는 미국의 주장은 신자유주의적 자유시장과 자유무역의 전파와 긴밀히 연결된다. 북한에 대한 선제공격 구상은 미국이 일본, 남한과 자신의 안보와 경제적 관계를 재구성할 수 있도록 했다. 미국은 아웃소싱과 전략적 유연성을 추진하며 축소된 보병사단을 중국을 마주하는 남한의 서해안 쪽으로 재배치했다. 다른 한편으론 재정적 책임과 지휘권을 남한 군대로 이전했다. 북한의 인권 문제 이력과 핵무기, 핵미사일 개발은 미국이 아시아에서 패권을 재편성할 수 있는 기회를 제공했다.

노무현 정부는 북한과 경협 정책을 추진하면서 미국과의 관계 또한 강화했는데 좌파들과 농민, 노동자의 저항을 무릅쓰고 미국과 자유무역협정(FTA)을 추진하여 미국이 남한의 정보통신, 법률, 의료, 부동산, 교육을 망라하는 서비스 부문에 투자할 수 있도록 개방했다. 노무현 정부는 이런 조치를 남북경협에 대한 미국의 태도를 누그러뜨리고 미국이 북한산 제품을 남한제품으로 공식적으로 인정하도록 압력을 가하는 수단으로 정당화했다. 남한과 미국 간의 FTA는 노무현 정부가 핵심 발전 정책으로 추구한 동북아시아 중추의 구상에 전략적으로 대립하는 정책이었다. 미국과의 FTA는 중국을 경제적 위협으로 규정하도록 했지만, 노무현 정부의 동북아시아권의 구상은 중국을 기회의 원천으로 간주했다. 중국과의 긴밀한 관계는 남한의 동북아시아 중추의 전망에 핵심적인 것으로 간주된 반면, 미국과의 FTA는 남한의 서비스 부문을 강화하고 경제 경쟁력을 개선하는 데 핵심적인 것으로 여겨졌다(이진경·고병권 2006).

이중의 통일 정치학이 지구적 자본주의 네트워크에 대한 서로 다른 전망을 가지고 있었지만, 양자 모두 민주주의를 자본주의 체제에 편입시켰다. '교역을 통한 평화의 구축'이라는 경협에 대한 전통적 이해와 '체제 변화를 통한 평화의 전파'라는 북한 인권운동은 이둘이 공유하는 이데올로기적 성격을 은폐한다. 이들의 이데올로기적 활동은 시장 유토피아로서의 자본주의 구축이라는 영역에서 이루어진다. 평화와 자유가 자본주의 정신이라는 상상은 민주주의 정치학을 외세의 지배와 계급 착취를 극복하려 했던 1980년대의 민중 해방 운동으로부터 분리시킨다. 제2장에서 논의한 것처럼 서로 경쟁하는 두 가지의 접근법이 80년대의 민중 해방 운동을 규정했는데 이는 민중민주론(PD)과 민족해방론(NL)이다.

PD는 군사국가의 파시즘과 부르주아 독점권력애 대항하는 계급 투쟁에 우선순위를 둔 반면, NL은 미국 제국주의와 군사독재에 맞서는 민족 해방운동을 주장했다. 특히 NL에서 가장 급진적인 주사파는 북한을 반제국주의 혁명 투쟁의 모범으로 파악했다. PD와 NL 모두 1980년대와 90년대의 남북 간 경제 교류를 비판했다. PD는 이 정책을 독점자본이 시장을 구 사회주의 국가로 확장하고 북한을 흡수하거나 민족 분단을 공고히 하는 수단으로 보았고 NL은 경제 교류를 한반도 전체의 미국 식민지화를 강화하는 것으로 간주하며 남북 간 대화의 전제 조건으로 남한에서 전면적 미군 철수를 요구했다(조희연·박현채 1989a; 1889b; 1991; 1992).

1990년대 이후로 줄곧 PD과 NL은 통일의 정치학, 그리고 구 사회주의 국가의 붕괴와 북한의 위기를 두고 견해의 차이가 더욱 커졌다. 경협 정책은 좌파진영과 운동가들이 이끌었고 지지했는데, 이들은 일반적으로 PD와 입장을 같이하는 이들이었다. 북한 인권운동은 북한에 대한 유토피아적 이해가 붕괴된 이후 다양한 변화를 겪은 NL이 선봉에 섰다. 1998년부터 진보적 정부가 들어서면서 국가와 사회운동은 더 이상 대립하지 않았다. 과거 사회운동가들이 정부의 주요 직책을 맡고 정당과 국회에 더 많이 참여하면서 정부와 사회운동의 인물과 생각들은 밀접하게 연결되었다. 이런 상황에서 민족 통일을 위한 사회운동은 두 개의 조직을 통해 남북한의 경협을 위한 국가와 사회 간 협력을 촉진시켰다. 이 두 조직은 민족 화해협력 범국민 협의회(이하 민화협)과 6·15 남북 공동선언 실현과 한반도 평화통일을 위한 연대(이하 통일연대)이다. 민화협은 1998년에 설립된 준공공단체로 정당과 시민단체 등 171개 조직의 협의체로 다양한 사회적·정치적 영역에서 남한 '내부'의 화해(남남화해)를 이끌어내는 것을 목표로 했다. 2001년에 설립된 통일연대는 46개의 단체로 구성되어 있는데, 이들 구성원 대부분은 온건한 NL을 포함해 민중운동에 참여했던 전력이 있다. 통일연대는 경협을 지지했지만 종종 진보 정부의 정책을 비판했다. 이에 반해 민화협은 남북공동 통일행사, 마라톤 대회, 공개 토론회를 주최하고 중국이 자신의 영토라고 주장하는 옛 한민족의 고대 왕조인 고구려 유적지를 중국과 공동 발굴하는 등 국가의 보조적 역할을 수행했다.

NL은 통일 운동을 민주화의 핵심적 척도로 삼았다. 1987년의 노동자 대투쟁 이후 통일 운동과 다른 사회운동이 점차 노동자 투쟁과 유리되어 간 것은 2장에서 논한 바 있다. 노조들은 노동에 대한 신자유주의 정책에 대한 대응으로 생산현장의 문제를 다루기 위해 경제적 조합주의를 채택했다. 새로운 지역 비정부단체들은 노동 중심의 사회운동에서 벗어나 문화적 정체성과 사회적 차이에 초점을 맞추었다. NL, 특히 주사파는 '북한 바로 알기 운동'을 시작했다. 이들은 북한에서 출판된 혁명과 주체사상 그리고 통일에 관한 책들을 재출판하여 성공적으로 북한 사회와 정치에 대한 대중의 관심을 불러일으켰다. 주사파는 북한방문을 기획했고, 학생 대표와 재야 지도자가 북한 방문 후에 걸어서 비무장지대를 통과하면서 커다란 반향을 일으켰다. 나아가 남북한 대표들의 만남을 주선했는데, 이 모든 것은 남한 정부의 허락 없이 이루어졌다. 그렇지만 주사파의 전폭적인 북한 포용은 정부가 통일 운동 단체들뿐만 아니라, 다른 민주적 요구들을 북한의 지시에 의한 것이라고 비난하며 억압할 수 있는 빌미를 제공했다.

이 시점에서 북한의 식량 위기와 이로 인한 북한 사람들의 불법 중국 이주는 NL에 적어도 세 가지 변화를 가져다주었다. 민주노동당의 창당, 인도주의로의 전환, 그리고 특히 일부 주사파들의 반 북한 정치노선으로의 전향이 그 변화들이다. 2장에서 다루었듯이 2000년에 만들어진 민주노동당은 노동운동의 정치적 힘이 강화된다는 것을 의미했다. 수뇌부의 NL 구성원들로 인해 민주노동당은 미군의 완전 철수와 FTA 반대를 대표하는 집단이 되었다. NL의 일부 구성원들은 민족해방 투쟁 대신 인도주의 활동을 추구했다. '좋은 벗들'의 이승용 사무국장에 따르면 그와 동료들은 70년대와 80년대 민주화 투쟁 당시 불교학생회에서 NL 성향을 가지고 활동했었다고 한다. 전환점이 된 것은 이들이 1996년 조선인들의 반식민지 투쟁의 자취를 탐구하러 갔던 중국 동북부 여행에서 북한 난민들이 처한 끔찍한 상황에 충격을 받은 일이었다. 이후 이들은 이전의 구조적 변화와 이데올로기적 논쟁 대신에 실사구시의 원칙을 채택하여 구체적 현실과 일상에서의 실천을 기록으로 남겼다.[51] 이러한 변화는 '우리민족서로돕기 불교운동본부'의 탄생으로 이어졌는데, 이 단체는 남북 간 경협을 지지하면서 동시에 북한 동포들에게 식품, 의류, 의약품을 포함한 인도적 지원을 제공했다. 1999년 '좋은 벗들'로 개명하고 가장 큰 불교계 비정부기구가 된 후, 이 단체는 중국의 북한 난민들이 처한 생활환경을 조사하고 보고했다. 또한 이들의 이야기를 기록하며 이데올로기적 차이를 넘어 대중이 이들을 돕도록 호소하는 것에 집중했다. 탈구조주의의 차이와 다원성의 신조는 '좋은

---

51  2012년 7월 20일 이승용 '좋은 벗들' 사무국장과의 서울 인터뷰.

벗들'의 통일 운동과 평화 운동 그리고 인권운동을 통합하고 있다. 이사장인 법륜(2001)은 진정한 차이를 인정하는 일이 평화의 원천이라 말한다.

> 평화의 반대 개념은 갈등, 불화, 투쟁, 전쟁이다. 도대체 왜 이런 것들이 생기는 것일까? 하나는 서로 다르다고 생각하기 때문이고, 다른 하나는 같다고 생각하기 때문이다. … 남북한이 싸우는 것은 '우리는 한민족이니 하나가 되어야 하는데 너는 왜 딴살림 차리느냐'라고 생각하기 때문이다. … 사물과 인간의 다양성을 인정하지 못하기 때문에 생기는 불화나 갈등의 문제는 바로 이 다름을 인정함으로써 해결할 수가 있다. …
>
> 인권 침해가 있으면 평화라고 할 수 없다. … 오늘날 한국에서 평화 운동은 어떤 것일까? 우선적으로 보면 남북한의 이념적인 갈등을 해소하는 것이다. … [남한과 미국의] 군비 축소가 이루어진 후에 북한의 미사일 개발 중지, 핵확산금지조약 가입이 뒤따라야 한다. … 평화 운동은 개인 단위에서 시작해서 세계적으로 확장된다. 기득권자는 기득권을 내놓고, 피해자는 피해의식에서 벗어나 서로 타협하고 화해하며 조화를 이루어가야 한다.

과거와의 단절이 어떤 NL 이론가들에게는 훨씬 더 극적으로 나타난다. 확신에 차 있던 주사파 지도부의 몇몇은 언론을 통해 자신들의 정치적 전향을 알리고 동료들에게도 전향할 것을 종용했다. 전설적인 1986년의 선언문 「강철서신」에서 북한을 혁명과 민족독립의 본보기로 칭송했던 김영환은 1995년 공개 전향 후 4년 뒤 주요 보수 일간지 『조선일보』에서 전향을 재확인했고, 북한민주화네트워크의 창설에 참여했다. 그는 전체주의 국가에서 사회경제적·정치적으로 신음하는 북한 사람들의 현실 때문에 전향했다고 말했다. 이후 1980년대 말 PD에서 전향하여 뉴라이트 연합을 만든 신지호가 이끄는 자유연대와 같은 다른 보수세력과 연대했다. 북한민주화네트워크의 긴급한 과제는 북한에서 자유를 실현하는 데 필요한 모든 수단을 강구하는 것이었다.[52] 김영환(2005)에 의하면 민주주의는 대중의 자발적 행동이 만들어내는 것이 아니라 국가의 형태에 달린 것이다. 그런데 어떻게 그런 민주적 국가가 만들어지는지는 그의 관심사가 아니다.

북한체제는 사람들 편이 아니라 그 반대편에 서 있다. 우리는 혁명가이기에 사람들 편에 서서 싸워야만 한다. 지금 가장 시급한 것은 사람들을 억압하고 굶주리게 하는 정권의 타도를 위해 북한에서 혁명을 일으키는 일이다. … 정권에 대한 저항이 북한에서 퍼져나가기는 어렵다. 북한 사회에서 반체제운동의 점진적 확산을 통해 정권을 전복할 가능성은 희박하다.

안병직은 80년대 사회구성체 논쟁에서 상징적 인물이었다. 그 또한 현란하게 변신하여 2006년 뉴라이트 재단의 이사장이 되고, 북

---

52  1990년대의 자아비판과 사상적 전향에 대한 상세한 예들은 김태호(2004) 참조.

한의 주체사상을 비난했다. 미국과의 FTA를 지지하고 일본과 미국의 식민지가 되는 것이 남한의 자본주의 발전에 필요했다는 주장으로 큰 파장을 낳았다.

## 역사에서 이상주의로의 비상

민족 통일의 정치학은 역사에서 이상주의로의 비상을 의미한다. 교역을 통한 평화, 체제 변화를 통한 자유의 고취라는 이중의 통일 정치학은 법치가 민주주의의 핵심적 요소라는 믿음에 부합한다. 법의 지배 아래서 개인은 시장교환에 참여하는 법률적 주체이고, 시장교환이 평화와 자유의 기초라는 개념은 역사적 현재를 모호하게 만든다. 즉, 산업자본주의의 위기와 이로 인한 남한에서의 국가, 금융자본, 산업자본 간의 새로운 관계의 발전뿐만 아니라 북한의 변화도 잘 보이지 않게 된다. 이중의 통일 정치학은 지젝이 '향유'(jouissance)라 부른 자본주의적 통치의 "증후"를 즐김을 통해 합의를 도출해낸다(Žižek 1989; 2007). 시장 유토피아는 위기의 순간에조차 자신에게 '누군가 우리에게서 희열을 빼앗아갔기에 … 욕망을 충족시키지 못했어'라고 읊조리며 자신의 욕망을 온전히 지켜내는 환상에 의해 가능해진다(Dean 2009: 58). 남한에서 이 '누군가'는 남한에서 유지되고 있는 반공주의 제도와 여전히 냉전에 고착되어 있다고 간주되는 북한이다. 보안법의 존재와 반공 정서를 이용해 자유를 억압했기 때문에 자원이 낭비되고, 경제적 투자를 부추길 수 있었던 외국의 투자가 위축되었다는 것이다. 민족 통일의 정치학은 현재 진행 중인 자본주의의 신자유주의적 형태가 가진 문제점을 지적하지 않고, 자본주의를 북한으로 확장하려 한다. 남한은 자본주의 불평등과 위기를 자본주의 확장이라는 유토피아적 도치를 통해 민족 통일로 대체하고, 이것을 북한이라는 타자 탓으로 돌린다. 남한은 북한과의 탈동일시를 통해 신자유주의적 자본주의와의 동일시를 유지한다. 남북 간의 교역의 형태를 띤 평화란 산업 근대화와 대중민주주의의 유예된 약속을 향유하는 것이다. 통일의 정치학은 북한의 민주화보다 신자유주의 자본주의 질서를 유지하는 데 더 중요한 역할을 하였다.

시장 유토피아는 변증법적 반전이며 민족 분단의 근원을 분단 해결의 메커니즘으로 전환시킨다. 남한에서 민족 분단과 분단 재생산의 근원에는 국가, 독점자본, 미국의 지배가 있는데, 이들 간의 복잡한 상호관계는 사회구성체 논쟁과 80년대 민중운동의 주 관심사였다. 이중의 통일 정치학은 탈냉전기를 역사 발전의 한 단계로 설정하는 역사주의의 형태를 보여준다. 이는 신자유주의적 자본주의가 탈규제, 사유화, 실업, 유연하고 불안정한 고용, 자기계발의 정신을 동반하여 사회적 삶의 영역을 변화시킨다는 사실을 모호하게 만든다. 이 모든 신자유주의의 병폐는 곧장 비판을 받지만 동시에 북한에 대한 이념적 승리라는 허위의식에 의해 잠잠해진다. 폴라니는 자유주의에 대한 중요한 연구에서 '교역을 통한 평화'가 토지, 돈, 사람을 각각 사유재산, 자본, 노동으로 상품화하는 본질적으로 자유주의적인 원리임을 간파했다(Polanyi 1944). 폴라니는 상품화에 대하여 평등을 위한 새로운 집단과 조건을 전망하는 다양한 사회적 대응을 고찰했다. 이중의 통일 정치학도 이와 마찬가지로 삼중의 상품화에 대한 사회적 대응이다. 그렇지만 민족 통일의 정치학은 신자유주의적 자본주의 아래 진행되는 상품화에 대한 암묵적 합의를 동반하는 집단 무의식을 수반한다.

자본주의의 집단 무의식은 민족 통일의 정치학이 드러내는 외견상의 모순에 대한 일정 정도의 설명을 제공한다. 경협 정책은 쌀, 오렌지, 옷, 비료 구분 없이 남한의 잉여물자를 북한에 폐기 처분하는 것에 지나지 않는다고 폄하되기도 한다. 남한의 사회운동가들은 자신들의 운동이 북한에서 오는 청년들과 운동선수, 대표단을 접대하고, 2000년의 남북공동선언을 매년 기념하는 것으로 축소됐다고 자조적으로 한탄한다. 여기에 더해 경협 정책에 대한 폭넓은 합의는 민족 통일에 대한 남한 사람들 사이에서 깊은 회의나 의혹과 혼재되어 있다. 지구화 시대, 세계시민주의 시대에 남한 사람들은 남북 간 영토적·사회문화적 통합의 진정한 가능성에 대한 폭넓은 회의와 더불어 이론과 현실 모든 면에서 민족의 동질성에 대해 의문을 던지고 있다. 벤야민은 자본주의와 제국주의의 팽창을 역사 진보의 동력으로 표상한 기념비에서 '과대망상'을 보았다(Buck-Morss 1991: 92). 시장 확장을 민주화의 동력으로 바라보는 경협 정책에서도 이와 유사한 과대망상이 발견된다. 경협 정책은 냉전기 남과 북에 배태된 적대의 해소를 보장하지 않는다. 북한 인권운동가들의 경협에 대한 열띤 반대가 경협 정책의 이런 무기력한 본질을 가려버린다.

# 5 ——— 또 하나의 가족 상봉: 무국적 주체들

이중의 통일 정치학은 식민지와 냉전의 역사가 계속 현재의 경험을 규정하고 있다는 것을 인정하지 않는다. 통일 정치학의 이러한 비역사성은 1960년대 탈북자들의 가족 상봉에서 드러나는데, 이들의 경험은 과거의 통일 정치학과 현재의 통일 정치학의 언어를 넘어서는 것이다. 이들은 북한에서 정치적 억압을 피해 탈출했지만 중국에서 북한의 첩자로 몰려 억압받고 중국 공민증 없이 재외 북한 주민(조교)으로 살다가 엄청난 고난을 뚫고 남한에 왔지만 한국 시민 혹은 탈북자로 인정받지 못하는, 아렌트의 용어를 빌리면 '무국적' 주체들이다. 탈냉전 시기의 용어로는 국민국가들 사이에서 살고 있는 초국적 주체로 볼 수 있지만 여러 나라들에 이중으로 소속(예를 들면 이중국적)되지도 못하고 그 어느 한 나라에 귀속되지도 못한다.

## 장정순과 오순복

장정순과 오순복은 각각 1938년과 1936년 평안도 지주의 집안에서 태어났다.[53] 지주의 집안에서 태어났기 때문에 이들은 적대계층에 속한 것으로 분류되었다. 이 분류에 속한 이들은 약 3백만 명으로 1958년의 내각 결정 제149호에 따라 탄광이나 집단 농장, 주요 도시와 남한과의 국경에서 멀리 떨어진 산간벽지로 보내졌다(서재진 1995). 이들의 가족은 함경도로 보내졌는데 이 지역은 중국 접경 산악 지역으로 겨울이 길고 혹독하게 추운 곳으로 널리 알려져 있다. 이들 가족은 곧 뿔뿔이 흩어지는데, 한국전쟁 이전과 전쟁 중에 남한으로 간 사람들도 있다. 이북에 남은 형제들은 광산촌으로 보내지거나 당국에 체포되면서 간첩 행위나 다른 명목으로 박해를 받았다. 장정순은 가족 성분 때문에 파혼을 당하고 작가가 되려는 꿈을 포기해야 했다. 이로 인해 아버지에게 깊은 원망을 품고 욕설을 한 적이 있는데 그녀는 평생 이것을 후회하게 된다. 오순복과 그녀의 가족은 그녀의 남한에 있는 오빠가 군대에서 복무했고 냉전 시기 수십 년간 군에서 반공 강연을 한 탓에 더욱 고통을 받았다. 장정순과 오순복은 각각 1966년 2월과 12월에 중국으로 탈출했는데, 장정순은 한국전쟁과 전후 복구 건설에 참여했다가 중국으로 귀환하는 조선족의 도움을 받았다.

이들이 중국에 도착한 것은 5장에서 다루었듯이 문화혁명의 열기가 가득했던 시기였다. 이들은 즉각 간첩 행위를 했다는 비난을 받고 4~6개월 동안 모욕과 폭력을 견뎌야 했다. 장정순은 자신의 마르

---

53  이 절에서의 필자의 설명과 인용은 2004년 6월 14일 장정순과의 인터뷰와 조천현이 기록한 오순복의 영상기술에 기초하고 있다.

크스-레닌주의에 대한 지식을 활용하여 사회주의적 국제주의를 언급하고 중국에서의 혁명에 대한 헌신을 피력하며 자신을 비난하는 학식이 낮은 중국인들을 압도했다. 장정순은 혈혈단신이었기에 결국 자신을 도와준 조선족과 마지못해 결혼하고 흑룡강성 상지현에 남았다. 오순복은 취조가 끝나고 연변자치주의 연길에 정착했다. 이들은 재봉 기술이 좋아 이웃에게 옷을 만들어 팔아 경제적으로 풍족하게 살았으며, 중국 국적을 취득하지 않고 조교로 살았다. 장정순은 북한을 거부하면서도 북한 국적을 유지했던 이유를 다음과 같이 설명했다.

조교[북조선 해외 공민]들이 한국에 올 때 공민증을 안 가지고 온 사람들이 많지만, 나는 공민증을 꼭 가지고 다닙니다. 왜냐하면 내가 그렇게 핍박을 받고 나니 이 나라[북조선]에 살지 못하게 되니 내가 더 절실해서 꼭 가지고 다닙니다. 나는 아무튼 통일될 때까지 죽을 때까지 '이것이 증거물이다' [하고] 가지고 다닐 거예요. 그렇게 힘들게 북조선에서 살았고, [결국엔] 그 땅에서 살지 못하고 원통하게 그 땅을 떠났기 때문에, 탈북해 중국에서 문화혁명 때 당하면서도 언제고 통일이 되겠지 [하며] 이것을 꼭 품고 다녔습니다. 왜냐하면 나는 그 땅에 태어난 조선인인데 그 땅에서 살고 싶은데 살지 못하고 할 수 없어 떠나서 그 고향이 왜 피에 사무치지 않겠어요?

이들의 재외북한인 신분은 북한 정부에 의해 5년마다 갱신되었다. 장정순은 자신의 원래 신분과 정치적 계층을 숨기기 위해 그녀가 살던 현의 168명에 이르는 조교와 관련된 일에 적극적으로 나섰다. 매달 모임에서 이들에게 떡을 돌리고 북한에서 오는 관리들에게 식사와 선물을 전했다. 북한 정부가 이와 같은 중국에서의 공로를 인정하여 그녀와 다른 이들을 초청했을 때, 그녀는 과거가 드러날까 두려워 응하지 않았다. 1975년에 비밀리에 북한을 방문하여 결혼한 여동생을 만났지만 어머니는 만나지 못했고 아버지는 남은 두 아들이 급작스레 체포되어 죽음을 당한 후 화병에 시달리다 길거리에서 죽었다는 소식을 들었다.

1979년 중국의 개방정책과 함께 장정순과 오순복은 각각 방송사와 지인을 통해 남한의 친척들을 찾을 수 있었다. 1980년대 남한의 라디오 프로그램들은 남한과 중국, 사할린 그리고 과거 소련에 흩어져 있던 가족을 연결시켜 주었다. 가정에 텔레비전이 널리 보급되며 등장한 가장 놀랄 만한 프로그램은 1983년 KBS에서 138일 동안 진행한 「이산가족을 찾습니다」라는 프로그램이었다. 반(反)북한 정서를 자극하고 군사정부의 정당성을 강화시키려는 의도로 4일 연속 생방송으로 기획된 이 프로그램에는 100,952건의 신청이 등록되어 53,536명의 참가자와 이들의 이별 이야기가 소개되었다. 그리고 남한에 사는 10,189명의 재회를 둘러싼 기막힌 사연들이 방영되었다 (양건모 2013; 조정훈 2014).

오순복은 남한의 방송사에 편지를 써서 도움을 청했고, 방송사는 남한에 사는 오빠를 찾아주었다. 오빠는 그녀를 남한으로 초청했는데, 그녀의 북한 국적 때문에 비자 발급이 거부되었다. 1980년과 1989년 사이 그녀는 여러 번 남한으로 오려고 했고, 홍콩을 거쳐 남한으로 오려다 사기를 당하기도 했다. 마침내 1989년 그녀는 네 살 난 아들과 같이 걷기도 하고 버스와 배를 타기도 하며 버마에 오는 데 성공했지만, 양곤(랑군) 남한대사관의 안기부 직원은 그녀의 망명을 거부했다. 따라서 그들은 불법입국으로 체포되어 양곤에서 5개월 동안 수감되었다. 이후 남한에서 퇴역 장성인 그녀의 오빠가 관계 당국에 탄원을 한 후에야 이들은 석방되어 남한으로 올 수 있었다.

장정순은 남한에 있는 형제자매를 찾을 수 없었다. 남한에 있는 그녀 고향의 향우회와 연락이 닿은 중국의 지인을 통해 운 좋게 뜻을 이루게 되는 것 같았다. 그런데 향우회에 있던 아버지 친구가 그녀를 초청했지만 남한 정부는 그녀의 북한 국적을 문제 삼아 비자 발급을 거부했다. 결국 1993년 그녀는 자신보다 열세 살 어린 사람의 중국 공민증을 사서 남한에 왔다. 도착하고 나서 오빠는 사망하여 국립묘지에 묻혔다는 사실을 알게 되었지만, 향우회 모임을 통해 언니를 만날 수 있었다. 장정순과 그녀의 언니는 불편한 관계로 남아 있었다. 언니는 1950년대에 자신이 북에 있는 동안 남한의 간첩 활동을 했다는 소문 때문에 장정순 등 가족이 북에서 고생했다는 사실을 믿으려 하지 않았다. 그녀는 또한 장정순이 북한의 간첩일지도 모른다고 의심했다.

장정순과 오순복은 남한에서 수년간 무국적 상태로 있었는데, 남한 정부는 이들의 북한 국적을 인정하지도 않고 남한 국적을 부여하지도 않았다. 3년이 넘도록 법무부에 수없이 탄원한 다음에야 이들을 동정한 공무원들 덕분에 겨우 남한 국적을 취득할 수 있었다. 장정순의 사촌은 오랫동안 세금도 내지 않고 국적을 요구할 수 있는 권리가 있는지를 물으며 그녀가 남한 국적을 받으려고 노력하는 것을 못마땅해했다. 장정순은 그에게 자신과 자신의 가족이 민족 분단으로 고통받았으며, 남한 정부가 자신을 북한에서 탈출한 탈북자로 인정해야만 한다고 말했다. 그녀는 국적 취득 탄원을 위해 법무부를 방문한 자리에서 분노와 좌절감에 차서 책상에 있는 서류들을 집어 던지고 바닥에 주저앉아 "나는 역사의 피해자인데 이 땅에서도 그걸 인정을 안 해주나?" 하며 울부짖은 적도 있었다. 한 중년의 공무원이 다가와 그녀를 달래며 일주일 정도 기다려보라고 했는데, 실제로 일주일 후 주민등록증을 받았고 그것이 1996년 일이었다. 오순복은 1993년 서울시 공무원의 호의 덕분에 한국 주민등록증을 받았다. 그때까지 안기부 직원들은 버마에서 그녀의 망명을 거부했던 것에 대해 질책을 받을지 모른다는 두려움 때문인지 국적을 신청하지 말라며 그녀를 계속 위협했었다. 그녀는 오빠와 화해했고, 오빠는 자신의 반공 강연 활동으로 북한에 있는 가족들에게 많은 고통을 안겨준 것에 대한 참회로 그녀의 삶에 대해 몇 달간 밤낮으로 글을 쓰다 심장마비로 사망했다. 그녀의 올케는 남편의 죽음이 그녀 때문이라며 그가 쓴 원고를 넘겨주지 않았다.

국적을 얻은 후에도 남한 정부가 이들을 귀순자나 탈북자로 인정하지 않는 탓에, 이들이 남한이라는 국민국가에 일원이 되는 것은 상당 부분 미완으로 남아 있다. 이들은 민족 분단으로 인해 고통받았고 남한으로 오기까지 수십 년을 기다렸기에 남한 정부가 북한과 중국에서 그들이 겪은 고통에 대해 인정해야 한다고 생각했다. 김대

428

중이 대통령이 되고 나서 장정순은 청와대를 찾아가 탄원서를 내기도 했지만 아무런 소용이 없었다. 많은 탈북자들이 북한에서 별다른 고생을 하지도 않은 것 같고 오히려 고위급 탈북자의 경우처럼 그들은 북에서도 혜택과 특권을 누렸던 반면에, 자신이야말로 북한에서 정치적 억압을 받은 진정한 탈북자라는 것이 그녀의 북받친 외침이었다. 그녀는 자신이 탈북자로 꼭 인정받는 것이 왜 중요한지 다음과 같이 기술한다.

> 우리 같은 사람이 있다는 것을 정부가 생각한 적이 없으니까 이것이 문제입니다. 억압받지도 않은 이들이 탈북자로 인정받아 집도 받고. 나는 집도 받은 적이 없습니다. 지금도 나 월세로 살지만, 그것을 하나도 탓하지 않아요. 왜 우리나라가 이런 형편인데 나 같은 사람을 인정 안 해주는가? … 나는 돈 없고 밥 굶는 것은 고통이 아니라고 생각합니다. 사회적·정치적으로 고통받는 것이 가장 큰 고통이라 생각이 듭니다. 내가 여기 와서 먹을 것 없고 집이 없어도, 어디에 자도 내 맘대로 내 얘기하니 그게 좋습니다.

장정순은 가정부로 일하거나 식당에서 아침 7시부터 밤 11시까지 일하면서 밤에는 탄원서를 준비하고 자신의 삶을 기록했다. 필자를 포함해 그녀의 삶에 관심을 표하는 이들이면 누구든 이야기를 나누었다. 국립묘지에 있는 오빠의 묘 사진을 가지고 다니며 언론에 호소도 했다. 오순복은 1989년부터 필자가 그녀를 만난 2006년까지 17년에 걸쳐 정부에 자신을 귀순자로 인정해달라는 응답 없는 탄원을 해온 것을 다음처럼 요약했다.

> 솔직히 말해 내가 남한을 향해서 중국에 왔으나, 중국에서 문화혁명 때 길이 막혀서 거기 있었지. 내가 중국에 살고 싶어서 거기 있었겠어요. 북한에 돌아가면 죽게 생겼고, 살아서 남한 가서 오빠 만나려면 할 수 없어 살려고 결혼한 거지. 결혼해서 살다 보니까 삼 남매를 낳은 거지. 그것 때문에 귀순 처리가 안 됐다는 것은 도저히 말이 안 되지. 왜 내 가정 토대를 보면 내가 남한을 향한 것이 확실하잖아요. 내가 이렇게 목숨을 걸고 찾아온 한국에서 사실 이렇게 나를 적대했으니까 사실 정말 한국에 와서 눈물로 지냈다고요. 17년 동안 서울이 원망스럽고 저주스럽고 내 발자국마다 눈물 까득까득 채우고 살았어요.

그녀는 남한 정부가 자신을 탈북자로 인정하지 않는다면 미국으로부터 인정받겠다는 결심으로 로스앤젤레스에 가기까지 했다. 북한민주화네트워크의 김영환은 그녀의 케이스를 맡지 않기로 한 후, 그녀에게 미국에 가서 북한 난민으로 망명을 신청해보라고 권했었다. 그녀는 미국에서 한 달간 한인교회와 언론에 호소하다 건강이 악화되어 남한으로 돌아왔다.

## 귀순과 탈북 사이

장정순과 오순복의 삶은 냉전기와 탈냉전기의 역사에 걸쳐 있는 북한 난민의 삶에 대한 두 역사적 정의, 즉 '귀순자'와 '탈북자'의 정의를 굴절시키며 동시에 벗어난다. 오순복은 자신을 귀순자라고 생각하는데 탈냉전기의 북한 난민은 탈북자로 불린다. 장정순은 자신을 탈북자로 여기지만 이 용어는 탈냉전기의 난민에 한정해서 지칭하는 말로 구체적으로는 북한 인권운동과의 연관성 속에 쓰인다. 장정순은 냉전 시기 남북의 이데올로기 대결 중에 북한을 떠났기에 탈북자의 정의에 부합하지 않았다. 이때는 남북 어느 한쪽에서 다른 쪽으로의 탈출을 '귀순'이라 했으며, 더군다나 그녀는 중국에서 수십 년을 머물렀다.

설사 사람들이 장정순이나 오순덕과 같은 이들의 존재를 인정한다 해도 남한 정부와 사회운동 단체들은 이들의 이주 경험을 현재의 통일 모델 내에서 어떻게 위치시켜야 하는지 알지 못한다. 이들의 이주는 냉전 시기와 그 이후의 민족사의 잉여이다. 갖은 노력에도 불구하고 남과 북 가운데 하나를 선택할 수 없었던 이들의 초국적 신분을 수용하기에는 냉전의 역사는 지나치게 국민국가에 묶여 있다. 탈냉전의 정치학은 이들의 일대기가 이제는 구시대의 유물로 여겨지는 국민국가에 묶인 것처럼 보일 정도로 지구화되었다. 계급투쟁, 숙청, 혁명으로 점철된 이들의 일대기는 평화와 지구적 민주주의를 신봉하는 지배적 통일 정치학 내에서 아무런 위치를 차지할 수 없는 그저 지나간 과거사로 보일 뿐이다. 냉전 이데올로기를 초월하려는 남한 사람들은 귀순자나 탈북자로 인정받고자 하는 이들의 결의가 경제적 이득을 얻기 위함이 아니라는 것을 이해하지 못한다. 이들에게 장정순과 오순덕은 복장이나 억양에서 일하러 중국에서 건너온 다른 조선족들과 다를 바 없다. 이러한 역사적 국면에서 무국적자로서 이들의 경험은 냉전기에는 너무도 초국적이었고, 탈냉전기에는 지나치게 민족적이다.

# 6 ——— 스펙터클로서의 민족 통일

경협 정책은 남한과 북한의 공존에서 점진적 민족 통일을 위한 평화의 건설로 이어지는 선형적 역사 변화를 설정했다. 이 설정된 직선적 시간은 비균질적인 통합을 만들고 위기가 내재된 팽창을 일으키는 자본주의적 반복의 시간을 은폐한다. 평화운동은 자본주의를 평화와 자유의 정신으로 호출함으로써 새로운 물신숭배가 되어 버릴 위험을 안고 있다.

1980년대의 민중운동은 여러 가지 결함에도 불구하고, 유토피아적 통일의 이상을 자본주의 체제와 제국주의적 구조를 변환시키는 과제 속에 포함시키는 것의 중요성을 인식했다. 이와는 대조적으로 1990년대 이래 대중적 민족 통일운동을 포함한 민주주의 운동은 이러한 구조적 변화를 위한 운동을 의제 지향적이고 파편화된 정치학과 대립시킨다. 또한 민족 통일을 사회적·지구적 의제들과 단절시키는 이데올로기에 사로잡혀 있다.

이중의 통일 정치학 아래서 민족 통일은 자본주의를 시장 유토피아로 번역해내기 위한 볼모가 된다. 1980년대의 민주주의 정치학이 민족을 대중 해방투쟁의 터전으로 만들려 한 반면, 1990년대의 민주주의 정치학은 민족을 자본주의에 대한 합의의 공간으로 구성한다. 1980년대의 민족 유토피아가 평화를 총체적인 구조적 해방으로 바라본 반면, 시장 유토피아는 평화를 자본주의적 팽창과 동일시한다. 시장 유토피아는 불평등, 소외, 불의로부터의 해방이라는 유토피아적 희망을 평화와 자유라는 희망으로 도치시킨다.

이중의 통일 정치학은 민주주의를 그 본래의 비판이라는 소명, 즉 아방수르가 '행동'(action)라 부른 것과 분리시키는 윤리정치학의 전형을 보여준다(Abensour 2011). 이중의 통일 정치학은 일상의 경험과 자발성을 과거의 목적론적 대중 투쟁으로부터 지키기 위해 평화와 자유의 윤리학을 지지함으로써 민주주의 정치학을 무력화하는데, 이로 인해 민족 분단의 근원과 메커니즘은 감추어진다. 배상의 정치학에서와 같이 평화와 인권의 정치학으로 인해 국가와 국가의 법률 기제는 청산되지 않은 폭력의 역사를 청산하고 독재적 국가의 과잉으로부터 사람들을 보호할 필요가 있다는 것을 근거로 스스로의 정당성을 확보할 수 있다.

이중의 통일 정치학은 단순히 북한과의 협력이나 적대적인 대립의 문제만이 아니며 그렇다고 국가주권과 지구적 민주주의 사이의 대립만도 아니다. 더욱 중요한 것은 두 가지 통일의 정치학이 민주주의의 두 가지 스펙터클 사이의 충돌과 관련되어 있으며, 이 스펙터클들은 평화와 자유를 옹호하며, 자본주의를 보편적 가치로 성립시킨다. 이것이 바로 역사와 정치에서 현재를 박탈하는 신자유주의 언어이다. 민주주의 스펙터클 만들기의 중심에는 민족 통일과 신자유주의적 자본주의에 대한 두 가지 합의가 있다. 이중의 통일 정치학은 탈식민화와 대중 주권의 확립이라는 민족 통일 본래의 과제를 이타적 윤리학으로 대체했다.

# 7장

# 반복되는 북한혁명

## 위기와 가치

# 1 ——— 북한의 사회주의와 시장화

1980년대 말 이래 전 세계에 걸친 사회주의의 붕괴는 북한의 가까운 미래에 대한 엇갈리는 전망을 낳았다. 북한 연구는 한국과 미국에서 활발했는데, 이들의 주 관심사는 1990년대 중반 경제 위기 이후 북한의 시장화로 이를 둘러싼 논쟁은 대체로 러시아, 동유럽, 중국의 탈사회주의 이행에 관한 논쟁을 반영한다. 탈사회주의 이행 논쟁의 핵심적 질문은 세 가지인데, 첫째는 시장화가 직접 생산자들에게 혜택이 돌아가는 '상향식 과정'을 포함하는지 아니면 기존의 당 간부와 기술 관료의 권력을 재구성하는지(Nee 1989; Szelenyi and Kostello 1996)를 연구한다. 두 번째 질문은 이 이행이 시장경제와 관료적 개입의 이중성을 포함하는지 아니면 자본주의로 가는 복수의 경로를 제공하는지(Kornai 1986; Walder 1996; Szelenyi 2008), 그리고 세 번째는 새로운 제도적 네트워크들이 어떻게 이 이행 과정에서 발생하고 또 이행에 기여하는지(Stark and Bruzst 1998)에 관한 것이다. 곧 설명하겠지만 이와 유사하게 북한학 전문가들은 시장화를 소득재분배와 정치적 민주주의를 위한 동력으로 간주하고, 경제 계획과 시장화의 공존을 검토하며 완전한 시장화를 가로막는 장벽들을 확인한다.

이 논쟁은 사회학의 창시자들인 마르크스, 뒤르켐, 베버가 관심을 기울였던 자본주의로의 이행에 관한 탐구를 반복한다. 이는 사회주의가 유령처럼 출몰하던 시기를 배경으로 한 것이었다. 버러워이(Burawoy 2001a)에 따르면 이러한 신고전주의 사회학은 대체로 엘리트의 형성, 소유권의 형태, 정치적 민주주의와 같은 자본주의 상부구조에 관심을 집중하기 때문에 사회학이 가진 비판적 가능성을 결여한다(Burawoy 2001a). 버러워이는 대신에 '내재된 사회주의의 발굴'(Burawoy 2001b)과 생산자의 일상경험에 대한 민속학적 해석의 필요성을 역설한다(Verdery 1999; Zbierski-Salameh 2013도 참조). 버러워이의 비판과 처방은 십여 년이 지난 지금에도 여전히 현재의 북한 자본주의 이행 논쟁에 설득력 있는 대안을 제시하고 있다.

이 장은 북한의 힘겨운 사회주의 이행의 역사 안에서 소위 자본주의 이행 과정에 대한 평가를 제공한다. 북한 사람들의 이주와 관련된 일상의 정치학은 8장에서 분석하게 된다. 북한의 사회주의 건설은 구소련이나 중국에서처럼 평등이라는 사회주의적 이상과 급속한 산업화 추구 사이의 모순을 겪었다. 주체사상에 기반을 둔 북한식 영구혁명은 계획경제를 상품생산과 잉여가치의 전유라는 자본주의적 원리와 화해시키려는 다양한 제도적 조치들을 포함하고 있었다. 시장화의 확장과 축소를 반복하여 변덕스러워 보이기조차 하는 국가정책은 혁명의 시작부터 사회주의 경제 건설에 내재된 모순과 위기를 유지시킨다. 북한의 미래에 대한 어떤 예측도 이러한 역사를 고려해야 하고, 이 역사 안에서만 시장화 개혁의 구체적 의미를 분석할 수 있다.

7장은 사회주의와 시장화에 대한 이야기들로 시작된다. 이 이야기들은 북한에서 시장화에 대항하는 사회주의를 상정한다. 1990년대부터 진행된 "비사회주의 현상에 대한 중앙의 '련합 그루빠' 검열 투쟁"(이하 비사검열 투쟁)은 사회주의가 대중적 담론에서 어떤 지위를 갖는가를 보여주는 알레고리이다. 최근의 북한 시장화는 한국과 미국의 북한학에서 논쟁의 중심에 있다. 다음으로는 북한에서 사회주의 건설의 역사를 탐구한다. 특히 식민지적·탈식민지적 조건에 대한 해석, 민족 분단, 그리고 소련에서의 개혁 추세를 둘러싼 지구적 조건들에 대한 북한의 해석을 주목한다.

1950년대 이러한 조건 아래서 여러 중요한 변화를 겪으며 만들어진 북한의 사회경제적·정치적 구조는 현재까진 유지되어 왔다. 북한의 사회주의 건설은 모순과 위기에 점철되어 있기 때문에 1970년대와 1980년대의 공고화 단계 그리고 1990년대부터의 위기라는 통상적인 시기 구분을 적용하기 어렵다. 이 장에서의 분석은 김일성과 김정일의 저작에 의존하는데, 나는 이 저작들을 개인적 견해의 표명이라기보다는 행정적·정치적·학술적 문서로 간주한다. 김일성과 김정일의 저작이 이들이 직접 저술했던 아니면 학자나 다른 전문가들이 썼든 개인의 견해가 아니라 공식적인 정책으로 간주한다. 이 저작들은 북한 사회가 직면하고 있는 주요한 문제와 쟁점을 다루고 있다.

# 2 ──────『임진강』, 스펙터클로서의 사회주의

1992년 김정일의 지시에 의해 만들어진 '비사검열투쟁'은 비사회
주의의 온상이라 여겨지는 시장 활동을 제거하기 위한 것이다. '우리
식 사회주의'를 실현하는 오래된 원칙에 따라 이 '투쟁'은 법적·관료
적 시행보다는 국가기관에 의해 파견된 작은 집단을 활용하여 경제
적 위기를 관리하려는 것으로 예외적 주권의 새로운 시기이다. 제도
상의 위계 관계는 회사의 경우 30명, 신의주와 같은 국경도시의 경
우 300명으로 이루어진 조사단, 비사회주의 검열조(이하 비사검열
조)에 의해 잠정적으로 유예된다. 이들은 5개의 정치와 행정 조직들,
검찰, 사회안전부, 당 위원회, 청년연합, 직업총연맹에서 파견된다(서
재진 1995). 김정일은 비사회주의적 현상을 "민심을 소란시키고 사회
질서를 문란하게 만들어 군중에게 나쁜 영향을 주는 불량행위, 국
가사회재산의 유용과 탐오 낭비, 상적 행위를 비롯하여 돈과 물건을
가지고 하는 부정부패 행위"로 정의한다. 그는 "인민정권은 인민들
에게는 공포를 주지 말아야 하지만 불량자들에게는 공포를 주어야"
하고 "인민정권이 인민대중의 리익을 침해하는 세력과 요소에 대하

여 독재를 실시하는 것은 인권유린이 아니라 철저한 인권 옹호 행위이다"라고 말한다(김진환 2010: 101~102). '투쟁'은 시장 활동이 일상적으로 보편화되고 필수적이기도 한 시점에 그것이 비사회주의적이고 남한의 간첩들이 침투해 있다고 비판함으로써 사회 전역에 공포를 조장한다. 이 비사검열조 파견단은 신속한 사찰, 영장 없는 체포와 고발, 비사회적 요소의 기소와 재판, 군사재판이나 공청회에서 신속한 결론 내리기, 공개처형 감독의 권한을 가진다.

### "혜산이 자본주의화되었다"

『임진강』은 북한으로부터 비밀리에 전해지는 소위 보통 사람들의 소식과 이야기를 전하는 것을 목적으로 선언한 잡지이다. 이 잡지는 2000년 혜산과 2007년 순천에서 있었던 '투쟁'에 대한 기사를 실었다. "혜산이 자본주의화되었다"라는 말을 들은 김정일은 비사검열조를 압록강을 마주한 국경도시인 양강도의 혜산에 파견했는데 혜산은 '전국의 리비아'(번영의 완곡어)라 불렸다. 『임진강』에 따르면 석 달의 조사 끝에 100여 명의 사람들이 체포되었는데 몇몇 마약판매상과 마약 복용자를 제외하면 대다수가 간부와 기업인이었으며 이중 수십 명이 처형당했다. 당 서기들과 신발, 종이, 식품 공장을 소유한 이들의 기본 죄목은 "'남조선 안기부'의 지시를 받아 인민의 생명 재산을 해치였다. [또한] 제도 전복을 노리고 국가재산의 횡령, 개인 축재를 하였다"라는 내용이었다. 체포된 인물 가운데 대표적 여성 기업인 박정순이 있었다. 그녀는 중국에서 겉에는 밀가루 포대를 신고 그 밑에는 소다 포대를 깔고 들여온 후, 이를 혜산에서 작은 봉지에 재포장하여 개별 포장된 상품을 수입한 다른 상인들보다 훨씬 저렴한 가격에 팔았다. 이로 인해 그녀는 원료를 싸게 들여와 이것을 포장하고, 가공해 팔아 가격을 낮추고 많은 이윤을 내는 비밀을 터득한 선구자로 지역 사람들에게 알려졌다. 그녀는 또한 남한 사람들과 해외 동포들에게 북한의 친척을 찾아주는 고수익 고위험 사업도 하고 있었 다. 『임진강』의 보고에 의하면 조사 결과를 보고받은 김정일은 충격을 받아 "(그렇게 다 죽이고 나면) 나는 누구와 혁명하란 말인가!"라며 탄식했다고 한다. 이런 충격으로 인해 혜산에서의 공식적 기소는 비사검열의 '(정치적) 오류'라고 중앙이 선포하기까지 이르렀다(림근호 2010).

박기원은 2007년 순천 사건의 중심에 있었다(손혜민 2009). 그는 수출 중심의 석재 공장, 건설 부동산 회사, 그리고 상류층에게 오락과 여흥을 제공하는 서비스 산업을 운영했다.[54] '나라의 생명선'이라 불린 순천비날론연합기업소에는 비료와 기계, 의약품, 직물, 신발, 담배, 시멘트를 생산하는 공장이 들어서 있었다. 순천은 비날론[55] 공장이 터를 잡고 있던 곳으로 1980년대 전 기간에 걸쳐 김일성은 의류

---

54  2010년 국경 지역에서 휴대전화기를 압수한 '비사회주의 현상과의 그루빠 투쟁'의 형태에 대해서는 '좋은 벗들'(2010)을 참조할 것.

55  비날론은 1939년 북한의 리승기 박사가 일본의 학자들과 공동으로 만든, 나일론에 이은 세계 두 번째 합성섬유이다. 북한은 순천 비날론 연합기업소라는 대규모 공장을 짓고 생산에 박차를 가했지만 채산성이 떨어지면서 애물단지로 전락하고 말았다.—옮긴이

부족을 완전히 해소하기 위해 이 공장의 완성을 독려했다. 1989년에 공장이 완성됐지만 설계 문제로 공장을 가동하지 못했다. 10년이 넘게 버려지고 여러 공장 설비를 도난당하고 나서 정부는 2005년에 공식적으로 순천 비날론의 설비 해체를 명했고, 장비와 물자를 다른 공장에 판매하고 회수한 금속을 수출했다. 박기원은 공장에 있던 대형 변압기를 자신의 공장에 설치한다고 가져와서는 암시장에 팔다 걸렸는데 그는 "위대한 수령님의 령도 업적을 빛내는 혁명사적 물의 훼손"이라는 죄목으로 처형되었다. 이 죄목의 부조리함을 표현하기 위해 지역민들은 비사회주의 투쟁을 중국 공산당원들이 조선인 공산당원들을 일본의 첩차라고 숙청했던 1932년부터 1936년까지의 반민생단 투쟁과 동일시했다(Park 2005).

『임진강』의 두 사건에 대한 기사에 따르면 '투쟁'의 진정한 비밀은 국가가 자신의 실패를 외부자에게 전가하고, 이들을 공동체에 대한 위협으로 낙인 찍고 싶어 한다는 것이다. 이 기사에 인용된 지역의 한 목격자에 따르면 혜산 사건은 '벌거벗은 왕'의 시대를 증언하는 것으로, 오직 국가만이 사회주의가 무의미해졌음을 인정하지 못하고 있으며 국가는 이미 죽었다는 것이다. 이 목격자는 또한 "'자본주의 경영 방식, 개인 기업'이라는 죄목은 공표상의 터부였다. 공식적인 자리만 아니면 누구나 입에 올리면서도 재판에서는 찍지 못한다. 터부가 될 리유를 생각해보았는데 아마 너무나도 흔한 현상이여서 공식적으로 언급했다가는 군중에게 '사회주의 제도 붕괴'를 착각하게 만들거나 혹은 재판이 웃음판이 될 우려 때문일 수 있겠다"라고 덧붙인다.

순천 사건을 목격한 다른 주민들은 나라가 시장에 하청을 준다라고 한다(손혜민 2009). 국가의 경제와 행정은 모두 붕괴되었다. 예외는 재원을 거두고 계급 간 투쟁을 (뇌물을 포함해) 국가에 큰돈을 내는 자들과 그렇지 않은 자들 사이의 투쟁으로 재구성하는 조직들뿐이다. 국가 소유의 공장들과 국가의 계획경제는 재원을 제공하는 가계와 소규모 생산 단위에 의존한다. 예를 들어 "고무 신발창이 각 가정의 구멍탄 아궁이 안에서 조립 가공되었다. ⋯ 그 개인기업의 생산품인 신발은 발주했던 도매업자에게 구매되여가고 이어 일련의 민간 류통과정을 거쳐 최종 소비자가 기다리는 시장에 방출된다. ⋯ 항생제 중간원료인 배양액은 수공업적 가내생산이 공급"하여 국영제약회사에 제공하는 것이다(손혜민 2009). 이러한 『임진강』의 보고에 따르면 장마당과 부패가 만연하고 시장 활동이 만연하고 정치권력과 결탁하고 있어 체제 자체를 파괴하지 않고는 제거할 수 없으므로 조사원들은 조사 결과를 자주 덮어버린다고 한다.

## 누구와 혁명을 할 것인가

『임진강』의 보고는 국가의 잘못된 인식이 국가 자신의 주권이 가진 폭력적 본성을 용인하도록 한다는 것을 보여준다. 김정일이 "누구와 혁명을 할 것인가!"라고 탄식할 때 그는 오직 체제를 수호하지 않음으로써, 즉 부르주아 현상이라 비난받는 것을 건드리지 않음으로써만 체제를 구할 수 있다는 역설에 직면했던 것이다. 이 역설은 체제가 자신이 이미 죽었음을 망각했기에 살아남을 수 있다는 진실,

다시 말해 프로이드가 말한 진실 억압에 실패함으로써 진실을 인식한다는 것을 드러낸다. 국가는 비사회주의에 대한 투쟁을 과오라고 선언하며 잠정적으로 자신의 망상을 제쳐놓았다. 기사에 따르면 소위 북한 내 인민들은 기업인들의 기소가 민주주의의 싹을 짓밟는 행위라고 이해하고 있다. 국가는 일자리를 창출하고 새로운 리더십을 만들어내며 경제성장을 견인하는 계몽된 지도자들을 기소하고 있다고 비난을 받는다.『임진강』은 북한의 보통 사람들이 겪는 일상적 경험이라는 이름으로 이렇게 위기를 담론화하며 일상 경험의 역사적 맥락을 지우고 개인을 자유주의적 주체로 규정한다.

이 자유주의적 주체는 사회주의 국가를 그들의 자유를 억압하는 존재로 간주한다. 이들에게 사회주의 국가는 사유화와 시장화가 발생시키는 착취, 독점, 경쟁에 대해 비난을 퍼부을 수 있는 예정된 장소이다.『임진강』의 기사에 재현된 국가의 내재적 폭력이라는 자유주의적 메타 언어는 사유화를 향한 믿음과 욕망의 간주관적(間主觀的) 교환을 자연스럽게 만든다. 사회주의를 스펙터클로 전환시키며 주체들은 자신들의 모순을 타자─여기서는 국가─로 외부화함으로써 지젝이 말한 도착적인 잉여 향유(surplus enjoyment)에 빠진다.

북한이라는 국가는 벌거벗은 임금님일지도 모른다. 자신만이 사회주의의 죽음을 인지하지 못해서라기보다는 자신의 사회주의 건설에 내재된 모순 때문이라는 점에서 그렇다. 계속 논의하겠지만 북한은 자본주의적 생산과 교환원리로 알려진 것들을 지속적으로 자신의 사회주의 건설에 통합시켜 왔다.『임진강』에 보고된 최근의 사회주의 국가와 개인들 사이의 관계는 이들 간의 수행적 정치학을 보여

2014년 북한 혜산의 저녁 장마당. 조천현 제공.

준다. 국가가 시장에 위탁하는 것은 관점에 따라 국가가 사업에 대한 인허가 그리고 교환과 과세에 대한 규제라는 수단을 통해 사회주의 국가의 제도와 이데올로기를 유지시키는 연속성의 일환으로 해석될 수도 있다.[56] 국가와 개인 모두 가장 최근의 경제적·정치적·사회적 변화를 염두에 두고 자신의 정체성과 권력을 구성한다. 사회주의를 과거의 유물로 묘사함으로써 소위 보통 북한 주민들은 자신을 국가 폭력의 희생자로 표상하는 것이다.

---

56  예를 들면 페리는 1980년대 초부터 중국이 혁명적 언어와 이데올로기를 동원하여 사유화를 강제한 것을 두고 중국 역사에서의 단절이라기보다는 혁명의 연속성의 징표로 받아들인다(Perry 2007).

이렇게 개인이 자신을 피해자로 표상하는 것은 이데올로기적인 행위다. 이런 표상화가 증가하는 사회적 불평등과 적대에도 불구하고 자신들의 자본주의에 대한 믿음을 정당화한다는 점에서 그렇다.

# 3 ——— 사회주의 국가에서 빠른 시장화

북한이 빠른 사유화와 국가의 사회주의 회복 사이를 오고 가는 것처럼 보이는 현상은 북한이라는 자본주의의 미개척지에 주목하고 있는 남한의 많은 학자들과 정책결정자 그리고 투자자들의 지대한 관심을 끌었다. 관련 연구들은 탈북자들과의 인터뷰를 통해 얻은 정보에 의거해 북한의 시장화율이 전체 경제활동의 20%~90%에 이르는 것으로 추정한다(박석삼 2002; 이석 외 2009; 김평연·양문수 2012). 시장화율에 대한 이렇게 모호한 추정에도 불구하고 학자들은 북한에서 시장화가 갖는 여러 의미를 산출해내고 있다. 북한에서의 시장화 진행 정도는 러시아보다는 훨씬 높고 헝가리보다는 훨씬 낮은 것으로 추정된다(김병연 2009; 양문수 2010: 109~124; Lankov 2013a: 37). 정권의 변동성과 안정성에 대한 질문은 북한학에서 핵심적인 토론 주제로서 이 질문은 시장화와 사유화의 현재 진행 속도와 성격이 북한을 자본주의 경제와 민주화로 이끌 것인가라는 문제를 중심으로 이루어진다.

북한의 시장화와 사유화에 대한 현재의 여러 가지 평가 중에서 대표적인 세 가지의 관점이 있다.

## 북한학에서의 세 가지 관점

첫째는 전체주의 수령제에서 시장제로의 중요한 전환에 주목하는 일군의 전문가들의 관점이다. 사회 전반과 일상생활을 관통하는 시장경제의 팽창은 이미 국가의 계획경제를 위협하고 있는 것으로 간주된다(차문석 2007; 김종석 2008; Lankov 2013b). 회사와 회사 관리자들은 생산과 소비, 가격 결정에 있어 당과의 관계에서 자신들의 권한을 확대한 것으로 보이며 자발적 시장활동은 이미 시장교환의 자유를 도입했다. 방대한 2차(시장)경제는 계획경제로부터 자원을 고갈시키며 국가는 시장 가판대 판매와 국영 기업과 국영 공장의 개인 대여와 같은 시장 활동에서 얻는 수수료와 세금에 점점 더 의지하게 된다. 시장은 낡은 사회주의 체제를 해체시킴과 동시에 시민사회와 부유한 중산층의 등장을 촉진하는 것으로 여겨진다(김평연·양문수 2012).

두 번째는 북한에서 신속한 정권교체가 이루어질 것이라는 기대에 대해 경고하는 관점이다. 시장화가 자본주의, 이로 인해 정권교체로 이어지는 것은 북한에 아직 성립되지 않은 조건들, 즉 자유시장 가격제도, 자유로운 시장교환, 생산자와 소비자의 이윤과 흑자 소유권, 금융거래의 자유, 자유로운 사법적 개인이라는 조건 아래서만 가능하다는 것이다(정세진 2000; 최완규 2006; 이우영 2008; 윤영관, 양운철 2009). 현재 북한의 사유화는 '되거리'라 불리는 상품의 재판매와 같은 상업활동 그리고 단순 식품 가공과 같은 자급자족 지향의 생산에 의지하기 때문에 자본주의 제도를 확립하지 못했다. 나아가 북한은 아직 대규모 산업생산, 대량생산과 소비, 자본축적을 발전시키지 못했다. 그렇기 때문에 북한 경제는 시장사회가 아니라 빅터 니가 80년대 중국의 농촌경제를 기술하는 데 사용한 표현인 '시장적' 사회로 특징지어진다(Nee 1989). 이러한 관점은 자본주의 발전이 상업 자본주의에서 산업자본주의, 금융과 독점자본주의로 나아간다는 자본주의 발전단계론을 불러온다. 또한 러시아와 폴란드에서 시장개혁에 대한 개인들의 대응 방식인 상업 자본주의와 자급자족 생산으로의 회귀를 북한에서는 기대하지 않는다(Burawoy 2001b; Zbierski-Salameh 2013).

세 번째는 계획경제와 시장경제의 공존을 강조하는 관점으로 이 두 경제 형태는 이중적으로 혹은 다수의 분리된 영역에서, 때로는 군사적 통치와 경제개혁이 결합된 형태로 공존한다. 이 접근법은 국가의 감시, 불평등, 시장의 자유, 사회적 무질서 그리고 소외가 체제를 안정시킬 수도 있다는 것을 인정한다. 양문수(2010)는 계획경제와 시장경제의 이중성을 1990년대 경제 위기의 산물로 간주하는 반면, 김평로(2012)는 1960년대 이래의 사회주의 건설 과정으로 거슬러 올라가는 것으로 이해한다. 김평로에 따르면 시장화는 지방 경제 영역에서 팽창했는데, 이 영역은 90년대 중반 이래 개인이 도매상과 중간상으로 등장하는 곳이다. 박형중(2009)에 따르면 계획경제와 시장경제의 이중성은 거의 모든 경제 영역에 존재하는데 여기에는 김일성 일가가 통제하는 영역, 공식기관이 소유한 회사, 군대와 당 조직이 운영하는 회사, 농업과 협동조합의 영역, 그리고 지방 장마당 모두를 포함한다. 그는 이런 다양한 영역화가 공식적 경제와 비공식적 경제를 분리하기 어렵게 만든다고 주장한다(임강태 2014).

북한학에서의 이 세 가지 관점은 서로 간의 차이에도 불구하고 시장화를 사회주의의 외부로 간주한다. 필자는 이와는 대조적으로 북한 정권이 자본주의적 원리를 사회주의 건설에 필수적인 것으로 이론화했다고 주장하고자 한다. 북한 정권은 구체적인 역사적 조건 아래서 자신들의 영구혁명 형태를 고안해내었고, 그것에 부합하는 독특한 경제구조를 발전시켰다. 사회주의와 시장화를 역사화함으로써 우리는 북한의 영구혁명, 즉 사회주의로의 이행을 진지하게 탐구해볼 수 있다.

## 지속혁명으로서 주체사상

반식민지 투쟁은 북한에서 영구혁명 혹은 지속혁명 이론을 주체사상의 추구로 변모시켰다. 북한학은 주체 이데올로기를 전체주의적 주권을 정당화하는 신정 체제의 근본 교리로 간주하고, 그 근원을 종족적·가족적·종교적·신비적 전통의 관점에서 이해하려고 했다(Hassig and Oh 2009; Myers 2011; Kwon and Chung 2012). 이와는 달리 필자는 주체사상을 영구혁명 기획의 하나로 접근한다. 이 기획은 사회주의 건설이라는 구체적 과정을 통해 정치적 주권을 만들어냈다. 북한 정권은 주체이론을 자신의 역사적 조건, 즉 일본 식민지 지배의 유산, 민족 분단 그리고 미 제국주의의 산물로 내세운다. 앞서 비슷한 길을 걸었던 소련과 중국처럼 북한은 생산력 발전을 사회주의 이행을 완성하는 가장 핵심적 요인으로 지목했다. 1969년 김일성(1971g)은 국가의 계획이 자원의 합리적 이용을 가능케 하고 국가 경제의 여러 분야 간의 균형을 이루게 하며, 급속한 기술 개발을 촉진하고 노동생산성을 향상시키므로 사회주의 체제는 생산력이 위기를 겪지 않게 한다고 말한다. 중국의 대약진운동 시기처럼 인민의 혁명을 향한 열정은 '생산력 증대'를 위해 동원되었다. 요약하면 1960년대 이래 북한의 '자력갱생'은 중공업화를 추구했고, 노동에서 잉여를 추출하기 위해 노동과정을 규제했다. 북한 정권은 프롤레타리아 독재를 고집하는 트로츠키의 견해가 정치적으로 노동자를 고립시킨다고 비난하면서, 사회주의 이행기에 레닌의 프롤레타리아와 농민의 동맹이라는 전망을 확장했다(『계속혁명에 관한 주체적 리해』 1992). 그럼에도 불구하고 북한 정권은 지속적으로 수령의 영도 아래 노동자 계급이 패권을 가지고, 노동자와 농민이 대중으로 구성되는 것을 강조했다. 모택동은 집단화와 산업화 단계에서 이념-문화와 기술적 투쟁으로 이행되는 단계적 지속혁명을 신봉했는데, 주체사상의 전망도 이와 유사하게 '사상혁명, 기술혁명, 문화혁명'을 북한의 지속혁명의 핵심으로 받아들인다.[57]

독특하고 유토피아적 성향을 지닌 중공업화와 가치법칙은 사회주의 이행의 단계를 둘러싼 이론적 논쟁과 정치적 투쟁을 거치며 북한의 발전을 지탱하는 두 기둥이 되었다. 서동만은 김일성의 권력 획득에 결정적이었던 1950년대 중반과 1960년대의 권력 투쟁이 사회

---

57 영구혁명 단계론과 산업적·문화적·이념적 발전의 개념화에 대해서는 Kim Il Sung(1971h)을 참조할 것.

주의 혁명의 단계를 놓고 벌어진 논쟁에 기인한 것이라고 본다(서동만 2005: 2010).

토지개혁과 집단화의 완성으로 특징지어지는 역사적 계기에 대한 해석을 둘러싸고 중대한 논란이 전개되었다. 연안파의 송예정은 1956년 북한 사회가 여전히 부르주아 민주주의 단계를 완성해가는 과정에 있다고 정의했다(서동만 2010: 145). 이 단계에서 반제국주의·반봉건 민주혁명을 위해서는 경제 재건설에 필요한 사유자본을 가진 민주적 부르주아와의 동맹이 요구된다는 것이다.[58] 송예정은 북한에서 '국가자본주의' 창출을 주장했다. 이는 1921년 레닌의 '신경제정책'처럼 농산물의 시장교환을 허용하고 국가의 계획과 시장의 공존을 촉진하며 급속한 중공업화가 아닌 균형 잡힌 경제성장을 실행해갈 것이라고 기대되었다. 이와는 달리 김일성이 속한 갑산파는 모택동의 중국 발전의 관점과 궤도를 같이하여 농업 집단화의 완성이 사회주의로의 이행을 완성했으므로, 지속적인 '사상혁명, 기술혁명, 문화혁명'을 통해 사회주의를 공고하게 만들어야 한다고 주장했다. 김일성은 1955년 사회주의가 '사회적·경제적 발전에 필수 불가결

---

58 연안파는 일본 식민지 시기에 중국 공산당의 투쟁에 동참했던 조선인 공산주의자들을 포함하며, 소련파는 해방 후 조선으로 귀국하기 이전에 소련에 머물렀거나 소련에서 공산주의 운동에 관여했던 공산주의자들을 지칭한다. 갑산파에는 중국 북동부 만주에서 중국 공산주의자들과 함께 항일투쟁에 참여했던 조선인 공산주의자들이 포함되는데 김일성도 갑산파의 일원이었다. 그렇지만 그는 1967년 갑산파가 인민의 삶을 이롭게 하는 점진적이고 균등한 발전을 내세우자 이들을 봉건주의, 족벌주의라고 비난하며 숙청했다. 이에 대한 상세한 논의는 조태석·윤성식(2005)을 참조할 것.

한 요구'라고 주장하며 소규모 농민경제, 상품생산, 민간 거래와 민간 기업을 생산력 향상의 장애물로 파악했다(Kim Il Sung 1971d). '국가 사회주의'를 건설한다는 구호 아래 김일성은 1958년 스탈린식의 산업화를 '중공업의 우선적 장성'으로 추구했다. 이런 기치하에 모택동처럼 경공업과 농업의 동시적 발전에도 관심을 기울였다(리명서 1991: 144). 김일성은 중공업 개발 우선이 사회주의적 산업화의 핵심이라고 주장했다.

> 강력한 중공업 확립만이 모든 산업, 운송과 농업 그리고 사회주의 체제의 승리를 담보할 수 있다. 일본 제국주의 식민 지배의 유산인 우리 중공업의 퇴행적이고 기형적인 모습으로 인해 해방 이후 우리나라 전체의 발전이 저해되고 있다. … 강력한 중공업을 일으켜 세우지 못하면 우리는 퇴행적인 경공업 강화도, 시골에 근대적 영농 기구 제공도, 인민의 생활환경의 급속한 개선도 이루지 못할 것이다. 오직 강력한 중공업 확립을 통해서만이 자주적 경제, 자주적 진보를 이룰 수 있을 것이다.
>
> **Kim Il Sung(1971d: 21~22)**

1980년대 말에도 북한에서 중공업은 여전히 경제발전의 기초로 불리었다. 1989년 중앙인민위원회 모임 연설에서 김일성은 전기와 석탄, 시멘트, 철강의 원활한 공급이 다른 산업에 필요한 근대적 기계 설비, 연료, 소재의 생산을 가능케 한다는 점에서 중공업 발전의 긴급성을 다시 설파했다(Kim Il Sung 1997d: 266). 그는 자원 부족과 제국주의 권력과의 투쟁이라는 조건 아래서 이러한 생산력 발전은 수령의 영도하에 대중의 혁명적 주체성을 요구한다고 했다(『계속혁명에 관한 주체적 리해』 1992: 14~29).

　사회주의 건설은 초기에는 민족 분단 아래 식민지적·탈식민지적 민족 정치와 연계되어 있었지만, 곧 북한 경제의 발전이라는 문제에 고착되었다. 초기에는 북한에서의 독자적 민족 경제 확립이 궁극적 민족 통일의 민주적 기반을 만들어내는 가장 중대한 과제로 격상되었다. 1946년의 토지개혁은 '북조선을 나라의 통일을 위한 견고한 민주적 기초로 바꾸는 위대한 역사적 과제'라고 불렸다(Kim Il Sung 1971a: 37). 친일협력자는 남한에서보다 북한에서 훨씬 철저히 처벌된 반면에, 남한에서 미국은 일본 제국을 위해 행정, 군대, 경찰에서 봉사했던 친일파의 권력을 유지하도록 했다. 이 국면에서 쌀이 민족 주권의 한 형태를 상징하게 되었다. 독립채산제가 처음 도입되었을 때 김일성은 이 제도를 농업으로 확장하는 것에 반대했다.

　　우리는 해방 후부터 오늘까지 쌀을 매우 눅은 가격으로 인민들에게 공급해주고 있습니다. … 쌀을 시장 가격으로 인민들에게 팔아주면 아이들이 적은 집은 일 없지만 아이들이 많고 버는 사람이 적은 집은 쌀을 사고 나면 다른 것을 살 돈이 없게 됩니다. 이렇게 되면 인민들은 골고루 잘살게 할 수 없습니다. 그래서 우리는 쌀을 계속 눅은 값으로 인민들에게 공급하고 있습니다. 나는 쌀은 곧 공산주의라고 말하였습니다.

Kim Il Sung (1996g: 363)

김일성은 "나라가 없는 인민은 상갓집의 개보다 못하다"라고 하였다. 그렇지만 북한에서도 정치적 환경이 탈식민지 과정을 규정하게 되었다. 예를 들면 1945년에 친일협력자의 숙청이 공산당 온건 민족주의자들의 폭넓은 민족주의 전선에 의해 지연되었고, 소련의 정책에 저항한 정치적 적들에게 토지개혁과 집단화를 적용하였다(전현수 2002).

더구나 한국전쟁 이후 사회주의 민족 경제의 발전으로 인해 사회주의 건설은 더욱 민족 통일을 향한 열망과 분리되었다. 1972년의 남북한 평화협정(7·4 남북공동성명)은 곧이어 휴전선을 사이에 둔 두 정권의 독재 확립과 경제성장 경쟁으로 이어졌다. 김일성의 경제에 관한 연설은 통상 중공업 발전에서 당의 역할과 중공업과 경공업, 농업의 관련성에 집중되었다. 탈식민화 추구는 1930년대 만주에서의 무장투쟁의 기억으로 치환되는데, 이 투쟁은 현재까지 주체사상의 바탕이 된다. 민족 통일 문제는 김일성과 외국 저널리스트, 외국대표들과의 인터뷰에서만 계속해서 등장했다(Kim Il Sung 1991). 저명한 남한의 비평가 백낙청은 북한의 경제발전을 민족 분단 아래 자기 인식의 상실로 규정했다(서동만 2010: 147). 이러한 빛바랜 자기 인식은 제3세계 사회주의 국가의 인민들과 조우하는 사해동포주의적 계기에 등장한다.

남한의 북한학은 90년대의 위기에 초점을 맞추고 90년대 이전을 사회주의 공고화 시기로 본다. 하지만 현실에서 북한의 경제계획은 최초의 일정한 성공 이후 계속 주춤거렸다. 고속 경제성장기(1957~1970)에는 지속적인 노동, 기술, 자본의 부족에 시달렸는데,

이 문제는 경제적 자립을 추구하며 더욱 악화되었다. 외국의 원조는 1954년부터 1963년까지 신속한 전후 복구를 촉진했다. 그러나 1960년대의 7.5%라는 경제성장에도 불구하고, 1961년에 시작해 중공업에 초점을 맞추었던 제1차 7개년 계획은 끝마치는 데 10년이 걸렸다. 외국 원조의 감소와 세계적 오일쇼크는 1970년대에 경제성장을 둔화시켰으며 따라서 제2차 7개년 계획(1978~1984)은 전기, 철강, 비철 금속 생산 등의 전략적 분야의 어려움 때문에 3년이 연장되었다. 북한 경제는 1990년부터 1998년까지 마이너스 성장을 겪었는데, 이 기간 중에 1995년부터 1997년까지는 식량 위기를 겪었다. 이후 1999년부터 2000년 사이에는 3.8%의 경제성장을 기록하며 반등했다(오수열 외 1995; 권오국·문인철 2011). 외부에서 보기에 경제 위기는 계획경제와 개인 숭배와 관련되어 있는 것처럼 보이나 북한 내부에서는 경제 위기가 자원과 노동의 부족, 노동 생산성 감소, 관료주의 때문이라고 보았다. 북한 정권은 1960년대부터 지속적으로 이런 문제들을 제도적 조치를 통해 해결하려 했다. 이중 경제구조, 독특한 산업 조직, 가치법칙의 채택이 그것이다. 1990년대 이래 북한의 사유화와 시장화의 파장은 사회주의와 자본주의에 대한 이런 북한 내부의 논쟁이라는 맥락에서 평가되어야 한다.

# 4 ——— 이중 경제와 시장화

    이중 경제 구조 아래서 중공업을 위한 자원과 노동을 계획하고 할당하는 일은 국가가 통제했고, 경공업을 감독하는 일은 도(道)와 군 당국에 위임되었다(박형중 2009). 1950년대 중반부터 1970년대 중반까지 중공업은 북한에서 국가에 의한 총 산업 투자의 80%를 차지했다. 자원과 노동 부족의 관리를 위한 산업 생산 합리화 방편으로 소비재를 생산하는 지역화된 경공업은 가정주부 등 저활용된 노동자원을 동원하려 했고 주부들이 이와 관련해 종종 언급되었다(Kim Il Sung 1971f). 단순 제조업을 지방에서 육성시키라는 요구는 70년대와 80년 전반에 걸쳐 반복되었다(Kim Il Sung 1986c). 1980년 김일성은 기적이라며 거의 4,000개에 이르는 근대적 지방 공장이 만들어졌다고 발표했다(Kim Il Sung 1996c). 이 공장들이 식민지 통치와 전쟁의 폐허 속에서 일어난 사람들에게 음식과 의복, 주택을 제공한다고 덧붙였다. 경공업의 지방화는 국가의 총 예산에서 지방정부 지원 비중이 1960년에서 1964년 사이 30~35%였다가 1973년에서 1990년 사이 15%로 줄어드는 과정에서 진행되었다(권오국·문인철 2011: 156).

## 경공업의 지방화

경공업의 지방화는 불균등한 자본주의 발전의 두 가지 본질적 형태인 도시와 농촌 간 불균형과 축적과 소비 사이의 불균등을 바로잡는 균형 잡힌 발전이라는 유토피아적 전망의 틀에 맞춰 제시되었다. 북한에는 농업 전통이 있고 지방에 인구가 많은데 지방 산업이 이 인구를 흡수함으로써 도농의 균등발전에 많은 유리함을 가져다준다고 여겨졌다. 1962년 김일성은 상황을 다음과 같이 기술했다.

> 자본주의 국가에서 인구는 지나치게 도시에 집중되어 있고 이는 어떤 점에서도 좋지 않다. 자본주의가 잘 발달되지 않은 조건에서 사회주의를 건설하는 우리나라에서는 자본주의 사회처럼 불필요한 도시인구 집중을 허용할 필요가 없다. 공장은 도시에만 몰려있어서는 아니 되고 오히려 지역의 특징에 맞춰 여러 곳에 세워야한다. 아름다운 산천을 가진 우리나라 곳곳에 공장이 들어서고 산업이 발전한다는 것은 얼마나 멋진 일인가!
>
> **Kim Il Sung(1971b: 343)**

김일성은 각 도에 그 지방의 구체적 특징을 반영하는 공장을 짓도록 독려했다. 지방 산업 발전에 대한 이러한 접근이 운송 비용을 절감하고 전략적 이해에 부합할 것이라는 기대도 있었는데, 생산 설비들이 지리적으로 분산되어 있으면 적의 공격에 덜 취약하기 때문이다. 같은 연설에서 김일성은 다음과 같이 말한다.

만약 우리가 식량 공장, 방직 공장, 종이 공장 그리고 그 밖의 공장을 도시에만 지어 원자재를 전국 각지에서 가져오고, 기름을 짜고 천을 만들어 다시 지방의 소비지로 보내야 한다면 얼마나 힘들 것인가! 만약 평양에서 간장과 된장을 만들어 후미진 산촌으로 보낸다고 가정해보자. 평양으로 콩을 가져와 간장과 된장을 만든다. 그다음 다시 콩이 온 곳으로 보내야 한다. 간단히 얘기해서 이것은 왕복운송이라는 것이다.

**Kim Il Sung(1971b: 342)**

1970년 김일성은 또한 "사회주의 경제 건설에서 가장 중요한 것은 축적과 소비 사이의 균형, 생산수단의 생산과 소비재의 생산 사이의 균형을 적절히 유지하는 일"이라고 했다(Kim Il Sung 1986c: 33). 북한의 경제학자 리명서에 따르면 축적과 소비는 원칙적으로 사회주의에 적대적인 것은 아니다. 그는 "사회주의적 축적이 결국에 있어서는 소비를 위한 것"으로 축적과 소비에 적대적 모순이 없다고 한다(리명서 1991: 131). 그렇지만 그는 그 지점의 사회주의적 축적에 도달하기까지는 상당한 시간이 걸릴 것이며 따라서 그때까지는 조직적으로 소비보다 축적을 늘리는 것이 기술 확장과 경제 발전에 필요하다고 판단했다. 이와 동시에 북한 정권은 충분한 소비재를 제공하는 것이 일상생활뿐만 아니라 농민과 노동자들의 물질적 동기 유발을 위해서도 중요하다는 것을 깨달았다. 1962년 김일성은 협동조합에 속한 농가들이 자신들 몫의 쌀을 쌓아두는 것을 비판했다. 쌀을 팔아 다른 사람에게 쌀이 가도록 하는 것이 아니라 떡을 만들어 출가한 딸이나 친척들에게 나눠주곤 했기 때문이다. 소비재 생산이 늘어 시장에서 구입할 물건이 많으면 그것을 구입하려고 더욱 열심히 일하고, 그로 인해 소득이 늘고 더 많은 소비재를 살 수 있게 될 것이라고 예상했다(리명서 1991: 357~358). 이런 맥락에서 북한 정권은 원칙적으로 소비재 생산의 대부분을 지방 산업에 위임했다. 무상배급제를 통한 제품량의 감소는 절약과 시장에서의 기본재 구매를 동시에 촉진하기 위한 수단으로 채택되었지만, 이는 또한 계속되는 생필품 부족에 부합하는 정책이기도 했다. 1980년대에 김일성(1996f: 192)은 "예를 들어 작업복을 2년에 한 벌씩 공급하게 되어 있다고 하면 그것을 4년에 한 번씩 공급하고 그 대신 돈을 줄 수 있습니다. 그렇게 하면 로동자들이 작업복을 아껴 입을 수 있으면 작업복이 더 필요한 사람은 돈을 주고 작업복을 사서 입을 것입니다"라고 하였고, 군인들에게는 5년에 한 번 새 군복이 지급되었다. 이와 동시에 현금 소득을 올리는 방편으로 조리된 버섯, 건조 다시마, 염장 혹은 건조 생선처럼 식품과 수산물을 가공해서 팔 것을 지속적으로 권장했다. 또한 길거리에서 주스를 잔으로 파는 것처럼 상품의 가치와 가격을 올리기 위해 더 잘 포장하고 진열하도록 권장했다. 이런 가계 부업을 통해 만들어진 상품은 세 가지 경로를 통해 판매되었는데 국영 상점, 여러 기관과 협동조합의 직영점, 그리고 농민시장이 그 통로였다(김진환 2010).

소비재의 부업 생산과 시장교환은 계속해서 강조됐다. 소비재의 부업 생산은 8·3 운동으로 알려졌는데, 이는 김정일이 1984년 8월 3일에 부산물, 공장 폐기물, 잉여 가정노동력을 이용하여 생산을 증

압록강변에서 감자를 처리하는 북한 사람들의 모습. 조천현 제공.

가시키라는 지시에서 온 것이다(김병연 2009; 이석기 2009). 북한 정권은 1989년을 경공업의 해라고 선언했다. 가공식품, 의류, 신발, 우산, 빗자루, 양동이, 가구에서 타이어, 선풍기, 자전거에 이르는 소비재 생산을 촉진했고, 생산자들이 수입을 위해 상품을 파는 것을 허용했다. 북한에서 가장 명백한 사유화 정책인 2002년 7월 1일 교시는 다시금 개인들이 중고품을 수선하거나 폐기물을 재활용하여 시장이나 국가가 승인한 상점에서 팔도록 권장했으며, 그 일환으로 매매자나 구입자의 신원을 밝히지 않아도 되게 하였다. 2004년의 '신 관리체제'는 생산물의 30%까지 관리자의 재량에 따라 판매할 수 있도록 허용했다.

## 1990년대 이후의 두 가지 변화

1990년대부터 주요한 두 가지 변화가 있는데 전례 없는 시장의 확장과 기초적 형태의 사유재산제의 도입이다. 시장에 대한 정책은 계속 변화했다. 1950년까지는 각 도마다 서너 개의 1일장으로 열리던 '인민시장'이 있었다. '농민시장'은 1958년 집단화 이후는 도마다 정해진 두세 곳의 10일장, 1984년부터는 각 도에 한두 곳의 1일장이 있었으며, 반사회주의 활동 단속기였던 1991년부터는 다시 10일장이 되었다가 1993년에 1일장으로 돌아왔다. 농민시장은 2003년에 '종합시장'으로 바뀐다. 2007년에 이르자 종합시장은 거의 300개에 이르렀고, 모든 일상품 거래의 80%가 그곳에서 이루어졌다(김창희 2010). 곡물과 공산품 거래 금지는 무기를 제외하고는 해제되었다. 1990년대 이래 시장 활동의 증대는 사유재산권 합법화로 인해 촉진되었다. 1990년의 민법과 가족법상 사유물은 집, 가정용품, 자동차 그리고 어선, 가축, 농기구와 같은 농수산 생산에 필요한 물품들이 포함된다. 북한 정부는 보통 가정은 30평에서 50평, 군인가정은 100평, 그리고 농업협동조합 같은 단위는 1,000에서 2,000평의 땅 소유를 합법화했다. 경작은 처음에는 채소로 한정되었지만 나중에는 식량 위기로 인해 옥수수, 콩 그리고 다른 곡물로 확장되었다.[6]

최근의 경제 위기(고난의 행군)는 1990년 말에 이르러 극복되기 시작했다. 석탄, 전기, 시멘트, 마그네슘의 생산은 1999년부터 증가한 것으로 보고되었다. 산업용 공장은 생산 목표를 초과 달성했고 지방기업들은 소비재 생산을 증가시켰으며, 새로 건설한 중소 규모의 수력발전소들은 전력 공급을 개선시켰다. 생산에 필요한 자원의 부족은 중국에서 수입함으로써 완화되었고 농업생산은 남한이 곡물과 감자, 다른 채소들의 경작을 지원함으로써 증가했다. 이런 시점에서 북한 정부는 가계부업 생산과 시장교환에 대한 통제권을 유지하는 것을 넘어 이로 인한 이윤도 전용하려 했다. 북한 정부는 한편으론 시장 거래의 자격과 거래 가능 물품의 범위를 반복해서 제한했다. 2002년 7월 1일 교시는 노동자들은 공장과 일터로 돌아가고 오직 여성에게만 장사를 허용한다는 지켜지지 못할 지시를 내렸다. 2005년부터 2008년까지 북한 정부는 장사를 40세 이상의 여성으로 제한하거나 49세 이상으로 나이 제한을 올리는 것을 반복했는데, 주민들은 뇌물과 위조된 허가증으로 이런 제한을 피했다(류경원 2009; 양문수 2012). 북한 정부는 다른 한편으론 개인, 가정, 그리고 이웃(가내반 혹은 가내 작업반)에 의해 운영되는 모든 부업 생산 단위는 행정 단위인 인민반에 등록하고 이윤의 일정 비율을 수수료로 지불하여야 한다고 명했다. 또한 개인들이 좀더 이윤이 큰 생산과 시장 활동에 종사하기 위해 공식 작업장에서 이탈하고 싶으면 돈을 지불해야 한다고 명시했다. 나아가 북한 정부는 시장의 가판대도 파는 상

---

59  1평=3.3 $m^2$. 사유재산권은 이 권리가 역사적으로 확인되었지만 여전히 제한적이다. 예를 들면 집을 매매한다고 했을 때 여러 행정부서들로부터 허가가 필요한데 뇌물 없이는 거의 불가능하다 한다. 이로 인해 비공식적 교환이나 사용권의 매매가 일어나게 된다. 이에 대한 상세한 내용은 류경원(2008: 4~46)과 최진희(2008: 18~22)를 참조할 것. 법의 변화와 토지 사유화에 대해서는 정세진(2000: 100~103, 207~210)과 김병로(2009: 285~330)을 참조할 것.

품의 가격과 종류, 가판대의 위치에 따라 다른 수수료를 책정하여 대여했다(김평로 2009).

　북한 경제의 이중 구조에 대한 역사적 분석은 학술 연구들이 가정했던 것처럼 1990년대 중반 식량 위기 이후 지방 생산의 시장화 확대가 사회주의 경제와 단절된 것이 아니며, 비록 상당한 변화를 야기하기는 했지만 연속적이었음을 시사한다. 앞서 서술했듯이 남한의 북한학은 부업으로의 시장 활동을 공식적 혹은 국가계획 경제에 대비시켜 '비공식적' 혹은 '이차적'인 것으로 정의한다. 남한의 북한학은 시장 활동의 증가가 정권의 실패와 민주화로 이어질 것인가를 두고 논쟁을 벌이며, 1990년대 북한 정권이 경제개발 우선순위를 중공업에서 경공업과 농업 생산으로 되돌렸는지를 두고 토론을 벌인다. 그렇지만 소비재와 곡물의 부족은 90년대 중반의 식량 위기 훨씬 이전부터 지속되었던 문제였고, 북한 정권은 이중 산업구조를 발전시켜 이 문제를 다루었다. 현재의 시장화는 농업과 경공업, 즉 지역의 자원을 동원해 소비재를 만드는 도와 군 소유의 지방 기업과 공장에서 증가하는 경향을 보인다. 시장 그리고 개인과 주민 조직, 지방 기업에 의한 생산은 줄곧 북한 산업화의 특징이었다. 최근 시장을 국가의 통제 아래 두려는 북한의 시도는 새로운 것이 아니라, 시장을 국가의 사회주의 건설이라는 범위 내에서 수용하여 시장으로 인한 모순에 대응하려는 지속적인 고투의 징표이다.

# 5 ——— 산업구조와 조직망

　북한의 산업구조는 독립채산제와 연합기업소로 이루어져 있다. 독립채산제는 노동 생산성 개선을 위해 보상을 늘리고, 생산을 좀 더 효율적으로 만들기 위해 생산, 교환, 이윤의 활용에서 관리자의 재량권을 강화하는 것을 목적으로 한다. 연합기업소는 서로 관련된 상품을 생산하는 여러 공장들을 주요 공장의 관리 아래 하나의 산업 단위로 통합한다. 독립채산제는 소련에서 물자 부족과 생산성 감소를 극복하기 위해 채택되었던 기업회계제도를 모방한 것이다. 이는 1962년 국가 소유의 기업과 공장에 채택되었고 1970년대 초에는 지방 기업에 적용되었으며, 1984년에는 생산과 분배를 담당하는 모든 분야로 확장되었다. 독립채산제에서 생산에 필요한 자금은 주로 국가에 의해 제공되고, 기업은 소득과 이윤에서 할당된 비율과 다른 수수료를 정기적으로 국가에 납부하고 나머지를 차지하게 된다. 2002년까지는 생산에 쓰인 재료는 기업이 가격이 높거나 생산하기 쉬운 상품생산에 치중하는 것을 막기 위해 완제품과의 교환을 통해 조달하도록 했다(김상기 2004). 그렇지만 생산 자원 조달에 현금 지불

을 금지하는 것은 생산자들이 가격과 이윤에 대해 무관심해지도록
하여 독립채산제에 악영향을 끼쳤다.

## 독립채산제와 연합기업소

1984년 김일성은 독립채산제가 관료와 조직 간의 부진한 협조 관
계를 개선시키는 유일한 수단이라고 했다(Kim Il Sung 1996i). 계획을
담당하는 관료들은 생산의 실제적 조건인 자원, 노동력, 상품 수요
등에 대한 적절한 고려 없이 생산 할당량을 정한다는 비난을 받았
고, 기업과 공장은 품질을 생각하지 않고 할당량만 맞춘다고 비판
을 받았다. 예를 들면 광산에서는 화력발전소로 보내는 석탄 목표량
을 맞추기 위해 불순물을 제거하는 석탄 선별기를 사용하지 않았
다. 결국 전기 생산을 위해 이 불순물이 많은 석탄을 태우면 충분한
열이 만들어지지 못했는데, 이는 장비의 고장과 사고로 이어졌다. 김
일성은 1970년 국가계획위원회와 다른 국가 경제기관들이 "나무의
작고 가는 가지들은 무시한 채 오직 크고 굵은 줄기들만" 본다고 비
판했다(Kim Il Sung 1986c: 35). 여기서 나무의 크고 굵은 줄기란 중국의
대약진운동에서처럼 생산력 발전을 위해 필요한 생산 요구량을 의미
하고, 작고 가는 가지는 실제 생산과정에서의 세부 사항을 일컫는 것
일 것이다. 북한의 지도부는 고질적인 자원과 노동의 부족을 물질적
유인책과 책임감을 늘려 해결하려 했다. 2002년 7월 1일의 경제관리
개선조치는 기업이 계획과 생산을 담당하고 생산의 일부를 스스로
책정한 가격에 판매할 수 있도록 하여 독립채산제를 강화시켰다.

1973년에 실험적으로 도입해서 1985년에 시행된 연합기업소는 전략적 생산 시설을 주요 공급자와 보조적 공장들과 통합한다. 1960년대 후반과 1970년대 초반의 동독에서처럼(Grabher 1997) 북한의 연합기업소는 생산과정의 협조와 통제를 합리화하고 기술자 훈련과 지역 사회 조직과 같은 기본적인 기반 서비스를 제공하려는 시도였다. 연합기업소는 연합회사와는 다르다. 연합회사는 1950년대 후반 흐루시초프 치하의 소련에서처럼 기술과 제품을 표준화할 목적으로 특정 지역에서 혹은 전국적으로 같은 제품을 생산하는 기업들을 통합해, 예를 들어 광산 연합회사나 화학 연합회사를 구성하는 것이다. 경제가 통합된 세부 계획의 원리에 의해 관리됨으로 연합기업소는 정무원의 국가계획위원회로부터 생산 할당량을 부과받는다.[60] 그러고 나서 연합기업소는 자신의 생산과정을 계획한다. 행정부의 산업부는 자신의 통제 아래 있는 연합기업소에 기술 사용을 지시한다. 각 연합기업소의 주 공장은 같은 연합기업소에 속한 다른 공장에서 사용될 생산 기술과 조직을 결정한다. 북한에서 두드러진 점은 연합기업 내 공장들 간의 정교한 상호의존망을 만들어 자원의 공급과 합리적 이용을 확실하게 하는 것이 갖는 중요성이다. 연합기업소는 이중 독립채산제를 연합기업소와 공장 수준에서 시행한다. 연합기업소는 평균 약 10개의 공장으로 이루어져 있는데, 큰 연합기업소는

---

[60] 정무원의 지위는 당과 관련하여 시간에 따라 변해왔다. 북한 정권 수립 당시 최상위의 행정집행기관인 내각이 1972년 정무원으로 격하되었고, 1982년에는 공안국에서 분리되었다가 1986년에 다시 통합되었다. 이후 1998년 사회주의헌법 개정으로 다시 내각으로 격상되었다.

20~40개의 공장으로 구성되기도 한다.[61]

1960년대 말 김일성은 자본주의 경제와 사회주의 경제를 명확히 대조시킴으로써 연합기업소 체제의 개념을 다음과 같이 분명히 했다(Kim Il Sung 1986c: 22). 자본주의 사회에서 자본가는 다른 부문이나 공장에 대해 전혀 관심을 갖지 않는데 이는 이들이 필요한 자원을 시장에서 구매하기 때문이다. 이와는 달리 사회주의 계획경제에서는 "모든 생산이 계획에 따라 이루어지기 때문에 자신의 분야의 번창에만 만족하여 다른 부문에 관심을 기울이지 않는 이기적인 태도는 용납될 수 없다". 김일성은 국가 자원의 낭비가 국가경제의 다른 부문들 사이 그리고 공장들 사이의 협력 부족 때문이라고 보았다. 예를 들면 양질의 석탄을 충분히 생산하지 못하면 철강 생산이 줄어들고, 이는 다시 직조 기계의 생산 감소로 이어진다. 지방에 또 락또르(트랙터)가 부족한 이유는 거슬러 올라가면 공장의 크랭크축 생산 부족 때문이며, 더 거슬러 올라가면 강선제강소의 박판 파이프 생산 부족 때문이다. 궁극적으로는 황해제철(연합기업)소의 충분한 강판 생산능력 부족 때문인 것이다(Kim Il Sung 1986a). 순천 비날론 연합기업소를 이루는 주요 구성원에는 석탄과 석회암에서 비날론을 추출하고 비날론 직물을 생산하는 주 공장, 카바이드 공장과 비료 공장처럼 제품 추출 과정에서 나오는 부산물을 이용하는 화학

---

61  나카가와는 연합기업소와 연합회사를 일반적인 연합기업소 체제의 다른 유형으로 간주하며 1986년에 이르러 연합기업소와 연합회사는 120개에 이르렀는데 중앙 정부 아래 61개, 지방정부 아래 59개가 있음을 지적한다(Nakagawa 2003a; 2003b). 필자는 이 장에서 연합기업소와 연합회사를 구분하여 사용한다.

공장, 그리고 직물 염색 공장 등이 있다. 그렇지만 산업생산 중앙집권화의 목표는 제대로 달성되지 못했다. 이는 주 공장이 연합기업소 내 다른 공장들이 생산 기술과 조직을 잘 지도하지 못했기 때문이다. 예를 들면 2·8 비날론연합기업소는 주 비날론 공장이 석탄 생산을 위한 기술과 조직을 제대로 지도할 능력이 없어서 석탄공장이 없이 운영되었다.

## 대안의 사업체계

북한의 연합기업소 체제에 대한 연구는 양적으로는 많지 않지만 연합기업소의 특징을 놓고 서로 다른 견해를 보여준다. 일부 연구는 연합기업소 체제를 '대안의 사업체계'로 채택한 중앙화된 제도로 특징짓는 반면(박후건 2013), 다른 연구들은 1980년대 중반부터의 연합기업소 체제 확장을 관리의 분권화 때문이라고 본다(오강수 2001). 1961년에 채택된 '대안의 사업체계'는 경제에 관한 중앙당의 권한을 군중 노선 정책과 통합하는데 "상위 기관이 하위 기관을 도와주고 우수한 자가 열등한 자를 돕는다"라는 원리를 강조한다(Kim Il Sung 1971f; 차문석 1999 참조). 이와 동시에 '대안의 사업체계'는 당원들이 "대중 속에 깊이 들어가"며 "하나는 전체를 위하여, 전체는 하나를 위하여" 라는 정권의 대표적 구호 아래, 노동자들의 의견을 수렴하도록 지시하는 군중 노선 정책의 실천을 강조한다. 군중 노선은 공장과 기업에 만연한 관료적 경향을 바로잡기 위한 것으로 제시된다. 당 간부, 관리 간부, 노동자 그리고 기술자 사이의 집단 토론은 생산

능력과 필요한 노동의 양과 질을 정확하게 결정하기 위해 장려된다. 군중들의 작업장을 빈번하게 방문하며 대중을 직접 지도하는 수령은 이 모든 요소들을 조직된 생산과정으로 통합하는 힘으로 이상화된다(『주체의 경제 관리론』 1992: 69~106). 이와는 달리 연합기업소 체제는 생산을 분권화하는 경향이 있다고 간주된다. 1980년대 중반부터 연합기업소가 확장되면서 자원의 관리는 물론 생산계획과 연합기업소 간 계약에 관해 많은 기능들이 정무원에서 연합기업소로 이전되었다고 한다(오강수 2001). 연합기업소가 다른 도와 군, 시에 걸쳐 있는 공장들로 있는 상황에서 1981년 말 기업과 공장에 대한 지방정부의 강화된 권한은 연합기업소의 생산계획과 공장들의 조정에 문제를 일으켰다(Nakagawa 2003b). 이에 대응하여 1980년대와 90년대에 북한의 연합기업소 체제는 관할 구역과 관리 부서가 바뀌며 여러 번 재구성되었다(오강수 2001).

소련에서 1920년대 당 관리자, 기술 부국장 그리고 노동조합 대표가 공장 단위에서 협력하여 당의 생산 목표에 저항했던 것처럼 연합기업소 체제도 로농당의 권위에 대한 저항을 불러일으킬 수 있는 통합 생산의 수평적 네트워크로 이어질 것인가? 아니면 연합기업소 체제가 중국에서 등소평이 자신의 개혁정책에 대한 공산당과 지방성 서기들의 지원을 얻어낼 수 있도록 했던 하향식 지원 네크워크를 만들어낼 수 있을까? 패드젯(Padgett 2012: 267~315)은 공산주의 조직 네트워크 분석에서 수평적 네트워크와 후원 네트워크를 대조시킨다. 북한은 좀더 많은 연구가 필요하겠지만 이 두 가지 조직망을 모두 발전시켜온 것으로 보인다. 공장이나 연합기업소 수준에서 수평적 네트워크의 성장은 당원들이 관리자들에 대한 권한을 가지면서도 생산 할당량 충족과 이익 실현을 위해 그들에게 의존할 때 가능해진다. 자원 부족은 특히 당원과 관리자가 자원을 확보하고 할당량을 충족시키며, 노동자들에게 임금을 지불할 수 있는 이익을 만들어내기 위해서 긴밀히 협조하여 법과 규정을 피하도록 했다. 이데올로기 투쟁과 문화투쟁이 지속적으로 독려되었지만 중앙당이 당원들의 이기주의와 관료적 성향을 제어하고 공장과 연합기업소 수준에서 수평적 네트워크 형성을 예방하는 데 성공했는지는 의심스럽다.

김일성은 1962년 당 관리들이 "이른 아침부터 서류 가방을 들고… 외판원들처럼 여기저기 바삐 돌아다닌다"고 비판했다(Kim Il Sung 1971c). 당의 직원들은 "가늘고 긴 삶의 방식"을 추구하여 정치적 영향력으로 재물에 접근하고 생산물을 비축하거나 속여 자신들의 기득권을 유지하기도 한다. 1990년대 초 김정일은 "일부 공장, 기업소 당 서기들은 사람과의 사업에는 품을 들이지 않고 자재까지 배정하면서 행정 대행을 하고", "어떤 당 일군은 자재요, 뭐요, 하면서 실무적인 사업에 말려들어 경제 일군 노릇을 하면서도 그것이 옳은지 그른지 분간하지 못한다"라고 비판했다(차문석 2002: 94). 1990년대 중반 이후의 부패의 일부 유형은 기업이나 연합기업소 수준의 협력 네트워크의 문제를 드러낸다. 기업이나 연합기업소는 제품의 생산과 공급에 대한 부기 장부를 허위로 작성하여 지정된 공장으로 보고하고, 빼돌린 제품을 암시장에 팔아 현금으로 생산을 위한 자원을 사거나 개인들이 착복했다(오강수 2001). 탈북자들과의 인터뷰에서 드러난 사실은 공장들이 생산의 약 30%를 지정된 공장에 넘기고, 약

30~40%를 자원 취득을 위해 다른 공장에 팔며, 20~30%를 암시장에 내다 판다는 것이다(이석기 2004). 자신의 돈을 투자하여 시장에서의 자원을 사서 되팔아 이득을 취하기까지 하는 당 관료들도 있는데, 이들은 자신의 정치적 연줄을 이용하여 불법으로 이름을 빌려주고 사업 허가를 내어주기도 했다. 한 예로 한 철도 회사는 콩기름 생산의 잔여물을 이용해 불법으로 인조 고기를 생산하는 이에게 자회사 건물과 전기를 제공하기도 했다(김종욱 2008).

'대안의 사업체계'에서 군중 노선은 공장과 기업에 만연한 관료적 경향에 대한 보완책으로 제시되었다. 이 노선은 수평적 네트워크의 발전을 저해할 수도 있었다. 1990년대의 위기 이전에도 지방계획위원회의 중재를 통해 연합기업소의 생산 계획을 수정하는 방안의 일환으로 중앙당 당원들은 공장의 당 위원회와 관리자들을 직접 만나 상의하라는 요구를 받았다. 그리고 지방위원회의 위원들은 일터를 직접 방문하여 그곳의 노동자, 기술자, 당원들과 자원과 노동력의 조달, 제품 사양의 확보에서부터 유통 계획에 이르기까지 세부 내용을 놓고 토론을 하라는 지시를 받았다(Kim Il Sung 1986a: 28). 국가 계획부서들이 공장과 기업에 만들어져 지방계획위원회의 '세포' 역할을 하게 되었다(Kim Il Sung 1986b: 91). 이러한 군중 노선의 정치학은 당과 지방 서기들 사이보다는 당과 대중 사이의 지원 시스템을 만들어내기 위한 것이었다. 연합기업소 체제는 자립의 실현을 위해 당의 지도력을 군중 노선 정책과 통합하는 수단으로 추진되었다. 김일성의 주체 사상에 따르면 연합기업소 체제는 자원과 상품 수입에 필요한 외환이 부족한 북한과 같은 나라에 특히 중요하다고 언급했다. 그는 또한 소련의 전기 원조 제안을 거부했는데, 그 이유는 원조를 받으면 소련의 간섭을 받게 되기 때문이라고 했다. 중앙집권화와 '대안의 사업체계'에서 군중 노선 사이의 긴장은 영도자의 통치권에 의해 억제되는데, 이 통치권은 대중에 향한 그의 사랑으로 격상되어 그들에 대한 그의 지시는 모든 다른 정책에 우선시된다.

연합기업소 체제에서 기업의 상호 의존성은 시스템의 실패가 들불처럼 전체로 퍼지는 위기로 이어질 수 있다는 것을 의미한다. 그렇지만 연합기업소는 완전한 실패도, 완전한 성공도 아닌 듯하다. 북한 체제는 연합기업소를 폐지했다가 다시 복원시키며 그 가치를 확인했다. 1999년 연합기업소 체제는 국가의 자원을 철강공장과 같은 전략적 중요성을 지닌 공장들로 이전하기 위한 '신경제전략' 아래 해체되었다. 그러자 해체로 인해 자원 부족이 심화되면서 다음 해 다시 복원되었다. 김일성이 민족의 독립성 유지를 위해 연합기업들에게 허가해주지 않았던 해외 무역권이 개혁의 일환으로 허용되었다. 남한 학자들은 경제계획과 공장 관리의 권한이 1990년대의 경제 자유화 이후 중앙당에서 정부의 행정 내각으로 이동했는지를 두고 논쟁하고 있다. 일부 전문가들은 경제 위기가 당의 잘못 때문이라고 비판받은 것에 대한 결과로 당에서 정부로 권한이 이행되었다고 본다. 관리지들의 경제정책에 대한 관리 권한은 제3차 7개년 계획이 실패한 이후인 1993년 말에 공식화되었고, 1998년 헌법 개정으로 경제 관리는 당에서 공장과 기업의 관리자들에게로 넘어갔다. 2002년 초부터 수백 명의 경제 전문가가 공장과 기업으로 파견되었다. 공장과 기업은 이제 예산을 재무 부서가 아니라 지방정부에 제출하게 되었다(차문석 2002; 이석기 2004; 박형중 2009). 그런데 이대근에 따르면 경제계획이 당에서 내각으로 이전된 것으로 보이는 것은 북한의 당, 정부, 군부의 구분에 대한 심각한 오해에서 기인하는 것이다(이대근 2009). 북한의 영도자는 당에 대한 통제를 통해 권력을 확고히 유지하며 이를 통해 당 위원회를 매개로 군부와 국가 행정을 지배한다는 것이다. 그렇지만 이대근의 상세한 분석은 권력의 최상층에 국한되며, 최상층의 지도력과 당 하위층 관리 사이의 조직 관계를 다루지 않는다.

1994년 김정일로 권력 승계가 이루어지고, 이어진 선군정치는 북한학 학자들 간에 당, 행정 내각, 군부 사이뿐만 아니라 국가 경제계획, 시장, 군사 경제 사이의 관계 변화에 대한 격렬한 논쟁을 불러일으켰다. 1966년 김정일은 당을 장악하는 당 비서라는 자리를 만들어 자신의 권력 승계를 위한 발판을 마련했고, 1970년대 중반부터 주요 당 기구들을 장악하기 시작했다. 1980년에 이르러서는 당과 군부에 대한 자신의 권력을 공고히 했다. 군부가 권력을 두고 당 그리고 정부와 갈등하는 것을 강조하는 전문가가 있는 반면, 당과 정부, 군부가 연속적 통합성을 보여준다는 전문가들도 있다.[62] 다른 연구자들은 1970년대 초부터 내각의 예산으로부터 대부분 독립되고 일반 경제와 분리되어 있던 군수산업(그리고 군수산업의 고수익 원료 해외 무역)이 사회주의 경제의 재생산을 유지하고 있는 것으로 추정

---

62  심화되는 사회적 불만 속에서 김정일의 권력 장악과 그의 아들 김정은의 권력 승계 수단으로서의 선군정치에 대한 연구는 윤황(2010)과 이대근(2009)을 참조할 것.

한 다(조대석·윤성식 2005). 그렇지만 군수산업이 북한의 다차원적 경제의 다양한 부문들을 새롭게 강화하고 있다고 보는 이들도 있다(박형중 2009; 권오국·문인철 2011). 선군정치가 경제에 미치는 주요 영향은 미사일과 핵 시설 개발을 위한 군수산업 재정 지출에서 온다. 그렇지만 군부의 정치적·경제적 힘을 과대평가해서는 안 된다. 국내총생산 (GDP)의 29%에서 37%로 증가한 1998년에서 2002년 사이의 기간을 제외하고, 군 예산은 1970년대 초부터 2008년까지 국내총생산의 22%에서 27% 사이에 머물렀다.

# 6 ——— 사회주의적 노동과 가치법칙

 

 

 

북한의 산업구조는 노동정책에 의존한다. 북한의 노동제도는 노동을 규제하고 제도화하면서 소련의 스타하노프운동과 같은 돌격노동운동을 실시하여 제도화된 노동과정을 파괴하고, 노동 생산성을 높이는 이중적 전략을 꾀했다. 즉, 한편으로 '대안의 사업체계'는 노동 규제와 물질적 유인책을 제도화했는데, 다른 한편으로는 이것들을 군중 노선 정책 그리고 정치적·이념적 유인책과 통합했다. '대안의 사업체계'는 하루 일정, 노동력 교대와 교대 과정, 노동시간, 도구 사용, 그리고 물질적 보상을 상세히 정하여 노동과정을 표준화했다. 이와 동시에 돌격노동이 제도화된 노동과정을 깨고 노동과정에 대한 새로운 표준을 세우기 위해 채택되었다. 1998년의 신경제전략은 이런 이중적 접근법을 더욱 강화하여 규정을 강화하면서 소위 '천리마운동'이라는 것을 다시 시작했다. 새로운 노동 영웅들이 주체적 발전의 정신을 구현하며, 물질적 부족을 극복해 기계 장비들을 수리하여 생산 할당량을 초과 달성함으로써 불굴의 의지와 창의성을 보여주는 새로운 노동자 모델로 호명되었다(차문석 2002).

# 북한의 노동 규제

북한은 정치적·이념적 유인책에 노력을 집중하고 '평균주의'로 알려진 무상, 평등 분배를 시행했는데, 보편적으로 이러한 북한의 사회주의적 특성은 1990년대의 경제 위기 그리고 주거와 일상 필수품의 무료 배급을 중단시킨 2012년 7월 1일 지시와 함께 붕괴되었다고 알려져 있다(고려대학교 기초학문연구팀 2005; 김진환 2010). 이와는 달리 필자는 정치적·이념적 유인책의 중요성에도 불구하고, 북한 정권이 사회주의 건설 과정에서 물질적 유인책을 노동이라는 개념 안에 심어 놓았다고 생각한다. 중앙위원회의 활동에 대한 1961년 9월 11일 조선노동당 제4차 당 대회에 제출된 보고서에서 김일성은 "노동하는 인민의 생산 열망에 대한 물질적 자극"을 강조했다(Kim Il Sung 1971e). 1950년대 한국전쟁 이후 재건기에 이미 노동자들은 매일 옮겨야 하는 벽돌의 숫자를 할당받는 등 구체적인 노동 규제 아래 놓여 있었고, 노동 할당량 완수와 미완수에 따라 차등 급료를 받았다(Kim Il Sung 1996e). 김일성에 따르면 사회주의적 분배 원리는 '일하는 만큼 먹는다'로서, 노동의 양과 질에 따른 차등 배분은 '사회주의 사회의 객관적 법칙'으로 규정된다(Kim Il Sung 1971e). 다시 말해 '일하는 만큼 먹는다'라는 원칙은 노동의 사회주의적 원리로 명명되었다(Kim Il Sung 1996g). 1978년에 시행된 「사회주의노동법」은 "공산주의 사회는 사람들이 일할 필요 없이 편한 삶을 누리는 사회가 아니"라 "집단주의에 기초해 노동하는 인민 모두가 하나로 뭉쳐 일하고 살아가는 사회"라는 북한 정권의 지향을 반영한다(Kim Il Sung 1996a). 이 법은 국가에 성과급을 '임금의 기본 형식'으로 정할 수 있는 권한과 책임을 부여하는데, 성과급은 국가경제 각 부문의 모범적 공장에서 얻어진 자료를 바탕으로 정해진다(Kim Il Sung 1996g). 노동 할당량의 설정은 작업장에서 설비와 노동의 양을 정확히 일치시키는 수단으로 합리화된다. 이렇게 '대안의 사업체계'는 노동의 규율을 당의 중앙 통제 아래 두는 것을 목표로 한다.

이와 동시에 돌격노동은 개인과 집단 사이의 빈틈없는 통합을 만들어낸다는 명분 아래 지속되었다. 돌격노동은 산업화 3개년 계획을 예정보다 앞서 달성할 목적으로 1957년에 시작되었는데, 여기서 천리마는 하루에 천 리를 달린다는 전설 속의 날개 달린 말에서 따왔다. 노동자들이 산업·농업·운송·건설·과학·교육·문화, 이 모든 사회주의 건설의 전선에서 생산시간 단축을 위해 천리마가 달리는 속도로 돌진한다는 것이다. 1961년 8월 말에 이르면 200만 명의 노동자가 돌격운동에 참여하는데, 125,028명을 포함한 4,958개의 소조와 작업반이 천리마 칭호를 받았다. 1,459명을 포함한 55개의 소조는 두 번이나 이 칭호를 받는 영예를 누렸다(Kim Il Sung 1971e). 돌격노동운동은 근래에 '70일 전투', '3대 혁명 소조운동', '3대 혁명 붉은기 쟁취운동' 등 여러 이름으로 지속되었다.

벅모스는 소련의 1차 5개년 계획 기간에 널리 행해진 충격 노동(shock work)에서 '충격'의 의미를 탐구하는데, "충격을 의미하는 'udar'는 (공습과 같은) 군사적 의미, (천둥 소리나 타악기와 같은) 중립적 의미, 그리고 (뇌졸중이나 발작과 같은) 의학적 의미에서 강한 힘을 수반한 타격이나 공격을 의미하는 러시아어다"라고 말한다

2013년 북한 병사들이 무를 다듬고 있다. 조천현 제공.

(Buck-Morss 2002: 111). 이 말이 북한의 돌격노동에 붙여지면서 '돌격'이란 말은 테일러 시스템의 기계적 이미지보다는 초인의 이미지를 공유하게 된다. 그러나 '돌격'은 개별 병사들의 공동 노력에 의존하는 지상군에서 합동 공격과 소대 집단을 묘사하는 말이다. 1930년대와 40년대 만주에서의 항일 무장투쟁의 기억은 노동자들 사이에서 정치적·이념적 동기를 유발하기 위해 종종 호출되었다. 만주 무

장투쟁의 기억은 김일성의 영웅적 투쟁과 등치되어 조선인 공산주의자와 농민이 중국 공산주의자와 농민, 일본 식민 지배자와 맺었던 격동적 관계를 지워버린다. 김일성은 1962년에는 지방 사업 생산에서 자원 부족을 극복하자면서 그가 만주의 빨치산 시절 일본 제국주의자들과 싸우는 데 쓸 화약을 만들기 위해 소의 오줌에서 질산을 추출해냈던 일화를 언급한다(Kim Il Sung 1971b). 1982년에는 중소규모의 수력발전소 건설을 호소하며 빨치산 대원들을 위해 물레방아로 쌀과 곡식을 탈곡했던 인민들의 불굴의 의지를 이야기했다(Kim Il Sung 1996d). 그리고 소비재 생산과 부업의 다변화를 독려할 목적으로 1984년에는 왕씨 성을 가진 빨치산 대원을 모델로 제시했는데, 이 대원은 만주 무장투쟁에서 비밀공작 수행을 위해 상인으로 위장하여 당의 출판자금을 벌어들였다(Kim Il Sung 1996i). 설비와 도구의 발명과 수리의 중요성을 강조하기 위해 1998년 로농당 중앙위원회 모임에서는 만주 무장투쟁 중에 망치와 솥과 같은 일상용품을 이용해 '연길폭탄'을 만든 이야기가 나왔는데, 이후 망치와 솥은 주체의 발전을 상징하게 되었다(Kim Il Sung 1997a). 또한 김일성은 만주 무장투쟁에서 학습이 가장 중요한 과제였다는 경험을 언급하며 사회주의적 지도력을 연마하기 위한 핵심으로 학습하는 습관을 강조했다(Kim Il Sung 1996h). 그가 친일 민생단 첩자로 의심받았던 빨치산 대원들을 사면한 것은 그의 대중에 대한 믿음, 자급자족을 통한 혁명에 대한 헌신으로 받아들여진다(Kim Il Sung 1986d). 1990년에는 인민들에게 국가가 대형 또락또르(천리마 트랙터)를 공급해주기를 기다리지말고, 소형 트랙터를 손수 만들어 영농을 기계화하라고 권고하며 만주 혁명 정신을 다시 언급했다(Kim Il Sung 1997c).

## 가치법칙의 활용

널리 알려진 1996년 황장엽과 김정일 사이의 갈등은 이러한 사회주의 노동정책과 실행의 역사 안에서 평가되어야 한다. 주체사상의 설계자로 황장엽은 영도자를 위해 정책에 관한 문서와 연설을 담당하는 북한 로농당 중앙위 비서국의 고위직에 있었다. 남한의 정보 기관에 제출되어 보수지 『월간조선』에 실린 망명기에서 황장엽은 자신의 변절을 "인간의 자주성과 창조성의 형성에서 물질적 조건의 중요성"을 두고 벌어진 김정일과의 근원적 충돌 때문이라고 했다(김진환 2010: 307~312). 황장엽은 자신은 북한 경제의 시장화와 물질적 유인책을 주장한 반면, 김정일은 그런 물질적 요인에 대한 강조가 당을 부패시키는 반동적 부르주아 사고이며 수정주의라고 일축했다고 술회했다. 그렇지만 이렇게 사회주의와 시장화에 물질적 유인책과 이념적 유인책을 대립시키는 것은 문제가 있다. 북한에서 이들 사이의 긴장은 새로운 것이 아니라 이들을 통합한 사회주의 건설이라는 과제에 내장되어 있던 것이다. 1950년대 이래 생산력 발전은 아마도 북한 경제 건설에서 가장 긴요한 과제였을 것이다. 물질적 유인책과 노동자의 국가에 대한 복종을 통합하는 것 역시 노동과정의 초석이었다. 북한 정권은 오래전부터 필요에 의한 분배 원리를 개인의 기여를 무시하는 '평균주의' 혹은 '전체주의'라고 거부했다. 1980년대 중반 김정일은 "집단주의가 반대하는 것은 [물질적 유인책 적용이

북한의 문산에 있는 건물에 걸린 구호. 조천현 제공.

아니라] 집단의 리익보다도 개인의 리익을 더 기본으로 내세우는 것"
이라고 천명했다(김진환 2010: 216~217). 김정일은 2001년 다시 "로동의
결과에 따라 일을 많이 하고 더 잘한 사람은 물질적으로 더 많은 몫
을 받고 정치적으로도 응당 평가를 받게" 하여야 한다라고 언급했
다. 노동에 따른 분배의 원칙을 반복해서 강조하는 것은 정치적 정
실주의(情實主義)라는 상반된 경향을 드러내는 것일지도 모른다. 하
지만 이런 강조는 북한 사회주의 건설에서 기본적인 모순을 드러내
기에 족하다.

노동규율이 자원의 합리화와 생산성 향상에 핵심적일 때 제기되
는 질문은 노동에서 오는 잉여가치의 차용, 즉 가치법칙에 관한 것

이 된다. 가치법칙의 이론화는 소련에서 그랬듯이 북한 사회주의 경제의 과도기적 성격을 해석하기 위해 핵심적이다. 김정일은 1961년 과거의 전통적 생산양식이 사회주의 생산양식과 공존하는 과도기에는 적절한 가치법칙의 '활용'이 아주 중요하다고 언급했다.

> 낡은 사회의 유물이 아직 남아 있는 사회주의 사회에서 경제관리를 합리화하자면 가치법칙의 요구를 무시하여서는 안 됩니다. 사회주의 사회에서 가치법칙을 잘 리용하여야 절약제도를 강화하고 제품의 질을 높이도록 생산자들을 추동할 수 있으며, 독립채산제를 바로 실시할 수 있습니다. … 사회주의 사회에서는 소비품이 상품으로 되고 근로자들이 로동에 의한 분배를 화폐 형태로 받기 때문에 인민들은 돈을 내고 소비품을 사 쓰게 됩니다. 따라서 여기서는 가치법칙이 작용하지 않을 수 없습니다.
>
> **김정일(2003: 1~2)**

김일성은 1969년 당 중앙위원회의 과학교육부에서 학자들의 가치법칙에 대한 질문에 답변하며 이 질문에 대한 좌경화와 우경화의 오류가 낳을 수 있는 심각한 결과에 대해 경고했다.

> 가치법칙은 자본주의 사회에서처럼 맹목적이 아니라 제한된 범위 내에서 작동하며, 국가는 그것을 효율적인 경제관리를 위한 경제적 지렛대로 하여 계획적으로 이용한다. 훗날 과도기가 끝나고 협동조합의 재산이 모든 인민들의 재산이 되어 일원적인 소유의

형태가 확립되면 … 생산물은 더 이상 상품이라 불리지 않고 단지 생산수단과 소비재 혹은 다른 이름으로 불리게 될 것이다. 그때가 되면 가치법칙은 작동하지 않게 될 것이다.

Kim Il Sung(1971g: 168)

김일성(1996b: 179)은 이어서 1978년 가치법칙이 독립채산제와 함께 작동하며 이는 "단위당 물자 소비를 감소시키고 고용인당 산출가치와 생산된 제품의 질을 같이 높이게 된다"라고 했다.

북한에서 자본주의적 원리의 채택은 '내용'(content)이 아니라 단지 그 '형식'(form)으로 이론화된다. 국가의 상품 가격결정과 금융 통제는 가치법칙의 사회주의적 이용을 확보하는 조치로 이론화된다. 앞서 1969년 학자들에 대한 답변에서 김일성은 독립채산제와 가치법칙 아래서의 생산은 상품생산의 '형식'을 가진다고 설명했는데, 그 이유는 국영 기업들이 다른 곳에 소유된 것처럼 운영되어 서로 독립적으로 생산수단을 이용하고 관리하기 때문이라는 것이다 (1971g: 170~171). 독립 경영은 기업들 간에 교환된 생산수단이 마치 다른 소유주에게 넘어간 것 같은 인상을 준다. 그렇지만 국가의 계획으로 인해 상품의 교환은 국가가 정한 가격으로 결정된다.[63] 김정일은 국가가 학생들 학용품의 가격을 결정하는 것을 예로 들며 사회주의 사회에서는 가치법칙이 자본가의 이윤 추구에 봉사하는 것과

---

63 북한에서 출판된 리원경(1986)의 사회주의 화폐제도에 관한 저작은 대체로 가치법칙을 '형식'에 국한된 것으로 개괄하고 있으며, 빠른 화폐 유통의 중요성을 덧붙이고 있다.

는 대조적으로 인민의 필요에 봉사한다고 강조했다(김정일 2003). 사회주의 경제의 기업들은 기업이 낸 이윤을 가지고 물품을 사거나 더 큰 이윤을 남기기 위해 팔아야 할 때, 자원을 낭비하지 않고 작은 생산수단조차 매매한다는 것이다. 또 물자나 생산물을 비축하는 것을 지양하고 불필요한 것은 취하지 않고 쓸모 있는 것은 꼭 사용해야 한다고 김정일은 주장했다. 이런 식으로 기업들은 시장 거래를 위한 양질의 상품을 생산하게 된다는 것이다.

오직 형식으로서의 이런 가치법칙에 따르면 은행은 쓰이지 않는 돈을 모아 화폐유통을 원활히 하여 필요한 부문에 공급해야만 한다(Kim Il Sung 1971g). 상품(자원)의 신속한 유통은 화폐의 신속한 유통과 맞물려 불필요한 비축과 자원 낭비를 방지할 것으로 예상된다. 이런 식으로 사회주의 통화제도는 상품을 금융, 유통 부문과 연계시키는 것을 목표로 한다(리원경 1986: 56~119). 1947년, 1959년, 2009년의 화폐 개혁은 개인과 기업이 장기간 보유하고 있어 순환이 되지 않는 돈을 무효화하여 다시 은행으로 회수해 돈의 순환이 이어지도록 했다. 반복된 화폐개혁은 구 화폐에서 신 화폐로 전환할 수 있는 최고 한도 금액을 설정했다. 1947년의 화폐 개혁은 환전 가능한 액수를 노동자, 농민, 점원, 관리자, 기업, 조직 등 계층과 정치적 지위에 따라 다르게 정했다(리원경 1986: 56~67). 2009년의 개혁은 화폐 전환을 가구당 100대 1의 비율로 10만 원으로 제한했으며, 이보다 더 개인들이 교환하려면 한 사람당 1,000대 1의 비율로 5만 원까지 허용했다. 전문가들은 가장 최근의 이 화폐 개혁이 권력 승계 작업을 위한 현금 확보의 방편인지 아니면 시장 활동을 국가의 계획경제 아래 두려는 조치인지를 두고 논쟁하고 있다(김창희 2010). 이 논쟁을 넘어서 화폐 개혁은 금융 통제, 상품교환, 가치법칙의 북한 사회주의 역사라는 맥락에서 이해되어야 할 것이다.

북한의 가치법칙 이론화는 역설적으로 마르크스의 주장을 역설적으로 도치시키고 있다. 마르크스의 가치법칙은 이윤이 미지불 노동 형태의 잉여가치에서 온다고 설명한다(Marx 1976). 마르크스가 시장투자와 가격결정을 이윤의 원천으로 보는 정치경제학자들을 비판한 반면, 북한의 지도자들은 이들과 유사하게 노동규율과 잉여가치 축적을 정당화하기 위해 국가의 가격결정에 의존한다. 그렇다면 1930년대 소련에서 논의된 것처럼 가치법칙의 사회주의적 이용의 정치적 의미는 국가의 성격, 즉 국가가 특권 계급을 이롭게 하는지 아니면 인민을 이롭게 하는지에 달려 있다. 벅모스는 소련의 테일러 노동 시스템 채택을 두고 레닌 역시 이 시스템의 "자본주의의 착취적 내용을 빼고 그 노동의 형식만을 수입할 수 있다"라고 생각했으며 그것을 과도기적 경제라는 이름으로 정당화했다는 점을 지적했다(Buck-Morss 2002: 104). 다음은 벅모스가 인용하는 레닌의 말이다.

러시아인들은 농노제의 여파로 인해 선진국에 비하면 형편없는 노동자들이다. … [이로 인해] 여전히 시달리는데 … 자본주의의 결정판인 테일러 시스템은 노동 과정을 여러 작업 단위로 분류하고 불요불급한 동작을 제거하는 등 … 부르주아의 노동 착취 전략과 여러 위대한 과학적 성과가 결합된 것이다. 사회주의 건설의 가능성은 소련의 잠재력과 관리조직을 이러한 자본주의의 최신 혁신과 결합시키는 데 성공하느냐에 달려 있다.

Buck-Morss(2002: 309~310)

벅모스에 따르면 문제는 '이러한 자본주의의 형식이 바로 그 내용'으로 소련 노동자들의 조립라인 생산 공정 경험과 서구 노동자들의 경험이 그다지 다르지 않다(Buck-Morss 2002: 104~105). 기계 숭배는 북한에서 기계의 부족을 고려할 때 더욱 미래 지향적으로 보인다. 그렇지만 소련과 북한 이 두 사회주의 체제의 유사성은 분명한데, 이 둘은 모두 자본주의적 동력을 차용하는데, 이를 낡은 사회의 잔재를 제거하고 역사적 진보를 향해 나아간다는 명목으로 합리화한다.

# 7 ——— 북한 사회주의에 내재된 모순과 위기

    7장은 1990년대 이래 북한에서 확장되어온 시장화와 사유화의 과정을 역사화하는 것이 중요함을 보여주었고, 또한 20세기 말 소위 사회주의 국가들의 자본주의로의 이행이라는 것이 과거 사회주의로의 이행으로 알려진 역사에 내재해 있음도 설명했다. 북한은 사회주의 건설 전 과정에 걸쳐 다른 사회주의 국가들처럼 생산력 향상을 위한 자본축적의 과제, 자본주의 사회적 관계의 대안 창출이라는 원칙 사이의 충돌과 직면했다. 북한에서 이러한 모순과 이 모순을 해결하려는 시도는 놀랄 만큼 일관적이다. 북한의 사회주의 경제는 소비재 생산은 지방정부로 위임하고 중공업을 중시하는 전략을 취했다. 북한 정권은 생산과 분배의 합리화라는 명목 아래 독립채산제와 독특한 산업구조를 채택했으며, 또한 노동규율을 공장과 기업에 대한 금융 지배와 조율하여 가치법칙을 전유했다. 사회주의와 자본주의를 서로 무관한 것으로 취급하며 서로 대립시키는 것이 여전히 학술적으로 일반적인 견해이긴 하지만, 이 장에서 필자는 역사적으로 어떻게 잉여가치의 생산과 축적이 사회주의와 조합되고, 이러한 자본주의적 원리의 불편한 채택을 사회주의 이행 과정의 일부로 이론화했던 역사적 과정을 분석하였다. 여기서 분석된 제도적 조치들은 북한식 영구혁명의 전형을 보여준다.

위기와 위기 해결에 대한 이러한 분석이 북한 사회주의 경제에서 정상 상태와 위기 사이의 명백한 구분을 상정하는 것은 아니다. 1990년대에 시작된 위기의 시기를 그 이전의 공고화 시기와 구별하는 통상적인 시대구분은 현재의 위기를 북한 사회주의의 총체적 실패의 징후로 해석하도록 하는 한 요인이다. 이런 접근법 대신 사회주의를 자본주의 사회적 관계에 대한 하나의 비판으로 간주하고, 이 비판을 이른바 사회주의로의 이행 안에서 실현하려는 험난한 과정과 이 과정의 내적 논리와 모순들을 이해하는 것이 더 유용할 것이다. 모순과 위기는 북한 사회주의에 내재된 것이며, 역사적 관점을 통해 우리는 북한의 자본주의로의 이행이 불가피하다거나 지연되고 있다는 헛된 예측을 피할 수 있다. 사회주의적 요소와 자본주의적 요소들의 혼합은 현재의 경제적 위기를 해결하려는 임시방편적 시도에서 오는 최근의 현상이 아니라, 사회주의 이행의 체계적 이론화와 실현의 본질적인 부분이다. 상당한 변화에도 불구하고 1990년대 이래 진행 중인 시장화와 사유화는 이러한 모순들을 폐기하기보다는 재구성했다. 이런 역사적 맥락에 대한 적절한 분석은 위기와 이 위기가 국가의 주권과 일상의 정치학에 미치는 구성적 효과에 대한 해석의 기반이다.

# 8장

# 탈북의 스펙터클
## 자유와 자유 노동

# 1 ——— "올 필요는 없었지만 그래도 …"

국경을 횡단하는 이주는 북한에서 경제 위기의 일상 정치학을 구성하는데, 이로 인해 사회주의·자본주의·민주주의가 재구성된다. 자유, 노동, 국경 횡단의 일상적 의미는 과거에 대한 기억과 미래를 향한 염원으로 둘러싸여 있다. 현재는 비동시적이어서 북한의 현재는 사회주의와 연속선상에 있는 것도 아니고 시장 민주주의로의 단선적 이행도 아니다. 사회주의에 대한 새로운 해석과의 관계 속에서 자유와 평등의 의미가 재구성되며 국경 횡단 이주에 동기를 부여한다. 북한 사람들의 이주에 대한 필자의 분석의 핵심은 무결정과 우연성을 드러내는 "(중국/남한에) 올 필요는 없었지만 그래도 (왔어)…"라는 서사다. 이 서사는 국경 횡단을 합리화하는 언어들과 상치되며 국경 횡단이 분명한 인과관계를 가진 하나의 총체성의 경험이라는 것을 거부한다. 이 서사는 국경 횡단의 경험에 대한 손쉬운 해답이나 의미 확정을 거부한다. 필자는 "올 필요는 없었지만 그래도 …"라는 서사를 상품화의 서사라고 규정한다. 여기서 화자는 생산과 시장 유통의 과정에서 자신의 상품화를 초월하면서 또 강화한다. 시장에서의 불평등 교환, 불확실성, 독점의 경험을 통해 북한 사람들은 시장 활동에서 멀어지기보다는 도리어 시장 기회를 찾아 중국이나 남한으로 이주하게 된다. 달리 표현하자면 북한에서 중국으로 또 남한으로 반복된 이주는 헤겔의 개념을 빌리면 이동에 대한 변증법적 해결이 없는 '부정의 부정'이다.

이 서사는 분석의 초점을 북한 난민의 인권을 둘러싼 통상적인 논란에서 이들 노동의 상품화로 옮겨지게 한다. 이러한 전환은 국가 주권에 대한 탐구를 상품화에 대한 탐구와 연결시키는데, 이 연결을 통해 우리는 자유와 '자유 노동'(free labor) 사이의 불편한 관계를 탐구할 수 있다. 탈북에 대한 통상적 서사는 북한 사람들의 국경 횡단을 전체주의적 통치로부터의 탈출로 기술하고, 북한 이주민을 무국적 주체라는 조건으로 인해 인간으로서 양도할 수 없는 권리를 박탈당한 난민으로 구성한다. 그러나 이들은 이보다는 근대 자본주의 역사에서 인간이 끊임없이 생계의 수단을 수탈당하고 추방당하여 자유 노동자가 된다는 의미에서 난민이다. 국가는 사회적 혼란을 우려하여 이 추방된 사람들을 거지, 도둑, 낭인으로 분류하고 일자리가 부족해도 노동을 강제한다. 마르크스에게 이 원시적 축적 과정은 '피와 불의 문자로' 쓰인 역사이다(Marx 1976: 875). 폴라니에 따르면 지식인과 정책입안자는 토지, 화폐, 노동의 상품화에 다양하게 대응하는데, 여기에는 '사회'의 회복을 위한 사회복지제도의 입안과 자유주의적 신조도 포함된다(Polanyi 1944). 하비에 따르면 원시적 축적은 강탈에 의한 축적의 형태로, 혹은 사센에 따르면 추방의 논리로 현재까지도 진행되고 있다(Harvey 2005; Sassen 2014). "올 필요 없었지만 그래도…"라는 서사는 북한과 중국에서 밀려난 사람들의 역사적 무의식을 드러낸다. 대의정치적 민주주의와 법치가 민주주의 비판을 위한 공간을 배제하고 있는 시점에서 필자는 몇몇 우연적 주체(aleatory subjects)들을 분별해내는데, 이들은 사회주의가 가진 번영, 평등, 자유, 사용가치를 위한 노동 등의 유토피아적 꿈을 수정하여 새로운 공동의 정치학을 상상한다.

1990년대 말 이래 북한 사람들의 국경 횡단 이주는 새로운 탈식민지적 계기를 보여준다. 이들의 중국 이주, 특히 조선인의 중국 동북부로의 이주는 반세기도 더 지난 식민지 시기의 추방을 환기시킨다. 조선족과 북한 사람들이 공유하는 식민지 시기 추방의 역사는 현재 진행 중인 북한 사람들의 국경 횡단과 이들의 상품화를 매개하는 종족적 민족 정서로 전환된다. 조선족은 북한 이주민들의 자본 축적과 자유 사이에 '끼어 있는'(interposition) 존재다(Žižek 2007: 4). 이러한 끼임은 탈냉전기의 조선족, 북한 사람, 남한 사람의 자본주의적 통합을 서로를 향한 뒤틀린 정서로 도치시킨다. 북한 사람을 대상으로 한 조선족의 선교 활동은 영성(spirituality)을 번영의 기반으로 확립하여 칼뱅주의 근면의 원리를 역으로 뒤집는다는 점에서 이중의 전도를 만들어낸다. 냉전기가 남북한의 통일이라는 숭고한 목표를 보여준다면, 탈냉전기는 초국적 민족 공동체를 형성하는 탈통일의 계기이다.

이 장은 미개봉 다큐멘터리 「간도 아리랑」의 해석으로 시작한다. 여기서 과거와 현재를 북한 사람들과 조선족의 연합 속에서 추정해본다. 이어지는 필자의 분석은 북한 사람들의 이주를 북한에서 일어나고 있는 사회경제적·정치적 변화 속에 위치시키고, 중국과 남한으로의 반복되는 이주에 대한 일상적 서사를 탐구한다. 이어서 종족적 민족주의를 국경을 횡단하는 이주를 매개하고, 이주자들로 하여금 자신의 상품화를 초월하면서 또 반복하게 하는 것으로 해석한다. 마지막으로 자신만의 정치학을 통해 자신이 상품화되는 것을 유예시키는 세 가지 유형의 우연적(aleatory) 주체들을 포착하고 설명한다.

## 2 ─────「간도 아리랑」

    중국의 연길을 배경으로 한 다큐멘터리 「간도 아리랑」은 자본주의적 현재를 사는 조선족과 북한인들 사이의 관계에 대한 하나의 알레고리이다. 2000년에서 2003년에 걸쳐 조천현 기자가 만든 이 애절한 사랑 이야기는 자본주의적 현재의 잉여를 드러내는, 국경을 넘어선 불가능한 결합을 그리고 있다. 다큐멘터리의 제목은 가뭄과 폭동, 전쟁과 외침에 헤어진 연인들의 상심을 그린 민요 「아리랑」을 현재 북한인들의 이주를 포함한 조선인들의 간도(현재의 연변 조선인 자치주)로의 추방의 역사와 절묘하게 겹쳐 놓는다. 시장에서 거리 청소부로 일하는 75세의 조선족 이화수와 연길의 한 병원에서 불법으로 간병일을 하는 65세 북한 과부 오영실과의 관계는 이 두 사회에서 이산자들(the displaced)의 실현되지 못한 공동체를 상징한다. 처음에는 오영실이 중국에 안전하게 머물 집이 필요해 궁여지책으로 이화수와 같이 살자고 애원했지만, 시간이 가면서 이 둘 사이의 애정이 뿌리를 내린 것처럼 보인다. 오영실은 그에게 자식들이 잘 대해줄 것이라며 남북이 통일되면 북한에서 같이 살자고 제안한다. 하지만 5년 전인 1997년에 같이 처음 중국을 방문하다 조선족 인신매매 단에 납치된 막내딸을 찾아 북한과 연길을 오가며 괴로움에 시달린다. 그녀는 1년에 한두 번씩 북한을 방문하여 자신이 번 돈을 다른 자녀들에게 전하고, 납치된 딸을 찾아다니며 중국에 있는 다른 북한 여성들을 돌본다. 그녀가 언제 다시 만날 기약 없이 북한으로 떠나면 이화수는 초조하게 그녀를 기다리는데, 누구든 "먼저 죽는 사람은 마음고생할 필요 없으니 행복할 거다"라고 말한다. 오영실은 죽더라도 북한에 묻히기를 원한다. 자식들이 거기에 있고 사별한 남편도 그곳에 묻혀 있기 때문이다.

오영실의 이산(displacement)의 체험은 그녀의 "세월을 원망합니다"라는 말 속에 응축되어 있다. 그녀는 다음과 같이 말한다.

> 세월이 바뀌니까 그저 왔다 갔다 장삿길에 벌어먹고 마지막에 먹을 게 없어서 영감을 맏딸네로 보내니, 좀 있다 한 달 만에 사망 전보가 왔네. 내가 또 사노라고 하다가, 그래도 내 못 살겠지. 그다음 큰딸 집으로 가자 하고 나갔다가 기차 타고 삼봉에 내려서 두만강 넘어서 그다음 막내 잃어버리고, 또 왔다 갔다 하다, 또 여기저기 허둥지둥 돌아다니다 두만강 넘어가고…. 조선에 나가 있음 막내딸 여기서 잃어버린 생각 나고, 여기 오면 찾을 것 같고, 여기에 들어와 못 찾고 찾으려 허둥지둥하다 또 거기 새끼들 다 죽는 것 같아. 나는 세월을 많이 원망합니다. 세월이 아니면 이렇게 고통스럽고 고생스럽게 살겠는가?

역사적 현재의 환유로서 지나간 세월—길이가 특정되지 않은 시간—은 명백히 표현되지 않는다. 그녀는 설명 대신 「풍년가」를 부르는데 「풍년가」의 홍겨운 가사는 그녀의 감정과는 너무도 먼 곳에 있다. 그녀는 "갈 데 없는 이 세상. 어딜 가오, 어디를 가오. 벌판 넘어서" 같은 내용의 우울한 민요도 부르며 "아, 슬픕니다. 어디 가야 합니까?" 하며 슬프게 읊조린다. 그녀는 자신의 딸이 인신매매된 북한 여성이 대부분 그렇듯 농촌 남성에게 팔려 갔다면 시골생활을 견디지 못할 것이라고 말하며, 북한에서 자신의 높은 사회경제적 지위를 드러내기도 한다. 그녀는 조천현 기자에게 자신과 딸이 딸의 혼수용품을 사러 중국에 왔다가 그렇게 되었다고 털어놓았다. 그녀는 교회나 비정부기구가 운영하는 쉼터를 방문해 도움을 청할 때는 탈북자의 행색을 유지하며 이화수와 살고 있다는 사실도 숨긴다. 그렇지만 북한에서 여행 허가 없이 여행하다가 열차에서 잡힐 때마다 (먹을 것을 구하러 여행 중이라고 말하면) 북한 국경경비대와 경찰은 아무 소리 없이 즉시 석방해준다고 하며 탈북자를 둘러싼 담론에 비판적이다.

오영실은 중국 정부가 실시한 불법체류 중인 북한 주민에 대한 단속을 피해 친구의 집에 숨어 있던 중 2002년 10월에 갑자기 심장마비로 사망한다. 이화수는 장례식에서 다음과 같이 그녀와 작별인사를 고한다.

> 잘 가라. 잘 가거라. 구천에서 다시 만나자. 네가 먼저 죽으니 먼저 죽은 니가 행복하겠다. 나는 어쩌냐. 타국 땅에 와 있으니까. …

구천에 가서 본 영감 만나서 사죄하고. … 이게 무슨 일이냐? 한족
말로 짜이찌엔. 조선말로 잘 가. 일본말로 사요나라. 잘 가.

그가 한중일 3개국 말로 한 작별인사는 일본의 식민지 통치, 중국
혁명, 한국전쟁 그리고 현재의 위기로 인한 한인들의 반복된 이산을
함축적으로 드러낸다.

역사적 과잉의 경험은 역사적 기억에 대한 언급을 통해 일시적으
로 구체화되고 의미를 이끌어낸다. 이화수는 오영실이 북한에서 무
사 귀환을 학수고대하는 중 60년도 더 이전에 할아버지가 그에게
물었던 '두만강의 아픔'을 불현듯 떠올린다.

우리 고향이 황해도인데 할아버지가 아버지 두 살 때 아버지 업
고 두만강 건너왔습니다. 한족 사람에게 일해주고. 조선에서 중국
이 살기 좋다 하니까 조선에서 사람들 들어오고 하다 보니까. 할아
버지가 옛날 '두만강의 아픔'이 뭔지 아나 그랬는데, 그때는 개소리
로 들었는데 노친네랑 살다 보니까 그 말이 맞습디다.

순진했던 소년 시절의 회고에서 현재의 경험은 자신이 인식하고
감각으로 느끼는 세계와 부합하고, 할아버지와 그의 세대가 가졌던
잃어버린 꿈을 포착한다. 그의 이런 갑작스런 인식은 기억 체계를 새
롭게 각인하여 관조의 공간을 만들어내고, 이를 통해 일상의 흐름
은 중국 사회주의 역사와 중국 사회주의하에서 소수민족의 역사라
는 박제된 틀로부터 조선족의 역사를 해방시키는 실체로 전환된다.

두만강의 아픔이라는 본원적 기억에 대한 그의 언급은 자기성찰의 순간으로 공적 역사이자 지역사라는 댐을 무너뜨려 역사가 세대를 가로질러 흐르도록 한다. 할아버지의 몸과 말에 저장된 이주에 대한 감각적 기억은 이제 이화수 그의 것으로 전이된다. 기억을 통한 식민지 시기로의 귀환이 식민지 시기나 현재의 이주가 가진 진정한 의미의 뒤늦은 인식을 반드시 가져다주지는 않는다. 대신 기억이라는 실천은 그때와 지금의 인식 문제 그리고 새로운 정치적 주체로 이끄는 변증법의 가능성을 내재한다. 벤야민의 통찰에 비추어 보면 두만강의 아픔을 기억하는 것은 억압되어 있어 아직 '경험'으로 구성되지 못한 식민지 경험을 각성하게 한다. 이 각성은 다시 현재라는 순간에 일어나는 규범적 일상경험에서 또 다른 정치적 각성을 불러일으킨다(Benjamin 1969).

# 3 ───── 이주서사로서의 시장 민주주의

　북한 인권의 정치학은 북한 이주민을 전체주의적 통치에서 탈출한 난민, 즉 탈북자로 표상한다. 이런 표상은 남한 보수세력이 말하는 인권 정치학과 세계적인 반테러 정치학에 상당한 정치적·도덕적 권위를 실어주었으며, 동시에 여러 비정부기구의 보고서와 학술연구에 의해 비판을 받기도 했다. 2000년대 북한인들이 이주하던 절정기에 탈북자들은 대체로 인구 구성에서 가장 빈곤한 계층이 아니었는데, 이는 기존의 탈북 서사를 상치되는 것이다(강차연 2004: 63). 필자가 인터뷰한 북한 사람들에 의하면 이들의 이주의 실제 이유는 먹을거리와 자유를 찾는 것에서부터 단지 지루해서, 범죄를 저지르고 도피할 목적으로, 이전에 중국으로 건너갔거나 한국전쟁 중에 헤어진 가족을 찾기 위해 혹은 일자리를 찾거나 보따리장사를 하기 위해서 등 아주 다양하다.[64] 나아가 북한 이주민 가운데 떠날 때부

──────────

64　'보따리장사'란 소규모의 독립 상행위로 개인이 상품이 든 가방을 먼 곳으로 가져
　가 팔아서 두 지역 사이의 가격 차이로 작은 이윤을 얻는 것을 일컫는다. 북한의

터 남한으로 오려 계획하는 사람은 극소수다. 많은 이주민들이 북한과 중국을 오가거나 중국에서 돈을 벌고 북한으로 돌아가거나 아니면 중국 체류증명서를 얻거나 위조하여 장기 이주민이 된다. 이주민들은 보통 중국에 5년에서 7년을 머무르며 두세 번 고향을 방문하여 북한에 있는 가족과 관계를 이어간다.

북한에서 탈북자들에 대한 처벌은 남한으로 가려 했거나 선교사와 접촉한 경우가 아니라면 경감된다. 국경을 몇 번이나 건넜는가를 증명하는 것이 어렵기에 탈북자는 잡히면 굶주림 때문에 처음 탈북했다고 주장할 수 있다. 북한 국경을 엄청난 장벽으로 상상하는 것은 냉전적인 사고로 현실과 거리가 있다. 중국과 북한을 가르는 두만강과 압록강의 대부분은 경비대가 지키지 않고, 아이도 걷거나 헤엄쳐 건널 만큼 깊이가 얕은 곳도 많고 보통 깊은 곳이라 해도 보통 어른의 가슴이나 목 높이 정도이다. 필자가 인터뷰한 사람들에 따르면 사람들은 강 건너편에 있는 사람과 몸짓이나 고함을 질러 소통하기도 한다. 북한 사람이 아침에 어떤 물건이 필요하다고 외치면 오후에 중국 쪽 사람이 그것을 가져다주는 식이다. 물론 국경 횡단은 위험할 수도 있다. 한겨울의 맹추위 속에 몇 시간이고 밖에서 숨어서 국경 건너편에 있는 안내원의 신호를 기다려야 하기도 한다. 횡단은 국경수비대의 일정에 맞춰 진행되고 일정액의 뇌물을 통해 조직화된

---

보따리장수들은 보통 말린 산나물과 생선 제품 등을 중국에 가져와 팔고, 옷이나 다른 생필품을 중국에서 사와 북한에서 판매한다. 이들 중에는 위험을 무릅쓰고 불법으로 골동품이나 마약, 개구리기름 같은 것들을 북한으로부터 빼돌려 밀매하는 상인들도 있다.

다. 뇌물은 2000년대 초에는 탈북자당 100~200위안이었고, 중국과 북한이 불법 이주자 단속을 함에 따라 2006년에는 뇌물 액수가 더 커졌다. 나아가 최종적으로 캐나다나 유럽에 정착하고 싶어 하는 이들에게는 남한이 유일한 목적지가 아니다(임근호 2009; 최승철 2012).

북한의 이주자들을 전체주의적 통치에서 탈출한 사람들로 규정하는 것이 어려운 것은 자유를 단지 국가주권, 자유와 평등이라는 보편적 체제의 틀 안에서만 이해할 수 없음을 보여준다. 대신 "중국에 올 필요 없었지만 그래도…"의 서사가 시사하는 바는 북한 사람들의 자유 관념이 자신들 이주 역사의 구체적 조건—지구적 자본주의에 의한 조선족과 남북한 사람의 통합—에 기초하고 있다는 것이다. 이 서사는 이들 이주가 탈규제된 것과 관련되는데 이는 북한 정부가 보내는 러시아에서의 이주노동과 대비된다. 적어도 2000년대 중반까지 러시아의 북한 노동자들은 두세 명의 작은 그룹으로 이동하며 자유롭게 일자리를 찾았다. 두 나라 사이의 공식적 계약에 따라 특히 벌목장과 광산에서 많이 일했는데, 임금의 반은 북한 정부로 지불되었다(2006년 10월 22일 조천현과의 서울 인터뷰). 1990년대에는 국가 간 공식 계약을 통한 러시아의 벌목업과 광산업 일자리가 보수가 많아 북한 사람들에게 인기가 있었다. 90년대 중반에 이르면 약 2만 명의 북한 사람이 러시아에서 벌목일을 했는데, 2000년대에 들어서자 일을 그만둔 사람들이 러시아에서 미등록 노동자가 되는 경우가 많아지면서 그 인기도 시들해졌다(김창범 2009; Ostrovsky 2009).

이와는 대조적으로 중국으로 이주한 사람들은 보통 이주노동자라기보다는 난민으로 그려진다. 중국과 러시아는 자국에서 불법으

2013년 북한의 어린이들이 압록강에서 낚시를 하고 있다. 조천현 제공.

로 거주 중인 북한 사람들에 대해 상이하게 대응하는데, 이는 90년
대 이래 북한, 중국, 남한을 통합해온 지구적 생산 체인에 기인한다.
중국에서 북한 이주민들은 조선족의 대규모 남한 이주로 발생한 농
업 노동력 부족은 물론 조선족이 남한에서 송금하고 저축한 자금
유입으로 번창하게 된 연변의 여러 서비스 업종의 노동 부족도 채워
준다. 1995년에서 1998년까지의 식량 위기 때에도 북한 남성은 5월
부터 10월까지는 계절 노동자로 농사일을 하고 산에서 벌목일을 했
다. 그리고 이들이 다시 돌아와 매년 같은 곳에서 일하는 경우도 흔
했다(2002년 7월 2일 서울 인터뷰). 북한 여성들은 식당과 노래방 같은 서
비스 업종에서 일했다. 2001년경 한 북한 여성은 남한의 조선족 이

주노동자들과 비교하며, "조선족은 남한에서 일하려면 10,000달러 이상의 중개인 비용을 내지만 나는 그런 것 없이" 중국 도문에서 일 했는데, 일 년에 1,000위안 정도를 벌었고 북한을 드나들 때 북한 경 비대에게 100위안만 쥐어 주면 되었다고 한다(2003년 7월 3일 인터뷰). 북한 이주민들은 산동과 중국의 다른 연안 지역에서 남한 사람들이 운영하는 노동집약적인 공장에서도 일한다. 이 장에선 필자는 북한 이주민들의 자유와 자유 노동에 대한 표상을 이런 지구적 자본주의 회로 안에서 해석하고 "올 필요는 없었지만 그래도…"라는 이주서사 의 사회적 성격을 자본주의와 민주주의의 관계를 통해 탐구한다..

## "굵고 짧게"

북한 이주민들은 자신들의 국경 횡단을 사회주의 체제 아래서 오 랫동안 자유를 갈망한 끝에 이루어진 것으로 표상한다. 시장 민주 주의에 대한 단상은 최근 경제 위기에 의해 열려진 정치적 공간을 채운다. 여성, 평범한 노동자, 정치적 소외계층은 잃을 것이 없기에 가장 먼저 사업가가 된다고 한다. 핵심계층으로 알려진 권력층과 사 회주의 체제에 충성하는 이들은 장사를 너무 수치스러워하거나 정 부의 제재를 무서워해 굶주림에 직면하기까지 했다(최봉대 2008; 손혜민 2010). 한국전쟁 포로의 아들인 어떤 이는 자신의 가족의 성분이 나 빠 비참한 식량 위기 훨씬 전에 도리어 쉽게 시장 활동에 뛰어들어 큰돈을 벌 수 있었다고 회상하는데, 그와 그의 형은 뇌물을 주고 각 각 북한 사람들이 선호하는 직업인 철도 공무원과 운전기사 자리를 배정받았다. 그의 가족은 1995년에 벌써 남한으로 탈출할 생각으로 은행에서 돈을 찾기까지 했는데, 김일성의 사망으로 통일의 희망이 생겨 잠정적으로 계획을 중단했다. 그는 다음과 같이 자신이 어릴 적부터 남한을 동경해왔다는 것을 표현했다.

> 열 살경부터 남한에 가서 살고 싶어서 나 자신을 남한 사람이라고 생각할 정도였습니다. 1987년부터 친척 방문으로 와서 장사하는 중국 조선족 상인들로부터 남한이 미국 제국주의 식민지가 아니고 잘사는 나라라고 듣고 난 후부터는 더욱 오고 싶었습니다.
>
> **2002년 8월 9일 서울 인터뷰**

중개인과 함께 불법 골동품 거래를 했던 그의 형은 가족을 남한으로 탈출할 수 있도록 주선할 조선족 공안 한 명을 찾아냈다. 그의 아버지는 먼저 중국으로 갔고, 뒤이어 그는 그의 어머니, 두 형제, 형수, 조카와 함께 중국으로 갔다. 이 탈출에 대해 다른 도시에 살고 있는 누이들, 다른 형수와 조카들을 포함한 다른 가족에게는 알리지 않았다. 그들은 그 조선족 공안경찰의 보호 아래 한 달 동안 중국에 머물렀다. 그와 그의 가족들은 조선족이 지상낙원에서 풍요를 누리며 산다고 들었지만, 실상 조선족은 그리 부유해보이지 않았다. 한국전쟁 포로였던 아버지 덕에 남한에서 50만 달러 이상을 받을 것으로 예상되었기에 많은 조선족 중개인들이 이들에게 접근해 남한으로 갈 수 있도록 도와주겠다고 자청했다. 남한에 도착한 이후 이들 가족은 그 조선족 공안에게 탈출을 도와준 감사의 표시로 3만

달러를 주기도 했다. 하지만 남한에서 그의 생활은 꿈꿔왔던 미래와
는 천양지판이었다. 2002년경 필자가 서울에서 그를 만났을 때 그
는 재활용 공장에서 폐기물을 분류하는 일을 하고 있었다. 그는 자
신의 삶이 독립에 대한 전망도 없이 얼마 되지 않는 정부 보조금에
의존해 근근이 사는 그의 형보다는 낫지 않느냐는 말로 자신을 위
로했다. 같이 일하는 아주머니들은 그에게 빨리 결혼하라고 말하곤
한다.

북한 이주민들의 시장 민주주의에 대한 단상은 소규모 장사가 정
식 기술이나 많은 자본을 요구하지 않기에 시장 거래에 쉽게 접근할
수 있다는 것을 반영한다. 1999년에 250달러, 즉 북한 돈으로 5만 원
에서 6만 원이면 농산물 거래를 할 수 있었고, 500달러면 국경을 넘
나드는 공산품 거래를 할 수 있었다(정은이 2009; 임근호 2009: 26). 한 20
대 초반의 여성은 술을 구해다 파는 고된 노동을 회고하며 자신의
성취에 자부심과 만족을 표시했다. 이 회고에는 자유와 자신의 통제
라는 서사의 틀이 동원된다.

처음에는 그냥 여기로 말하자면 쌀 10근을 장마당에 가지고 가
서 판 돈 가지고 술하는 집에 가서 술 사 가지고 그걸 또 농촌에 가
게 되면 넘길 때 여기나 마찬가집니다. 도매로 사서 그저 남깁니다.
1원짜리 80전에 사 가지고 걸어가게 되면 1원씩 1원 20전씩 붙여
서 판단 말입니다. 그걸 가지고 떨어지는 돈은 내가 먹고 본전 가져
가서 또 장사하고. 잘 안 팔립니다, 솔직히. 정말 다른 장사하는 것
보다 술 장사하는 게 맞았다는 게 술이 어쨌든 [다른 것보다는] 잘

나가니까. … 낮에는 농장에서 일하고 밤에는 집에서 술 팔고 하니까 크게 통제는 아니 받았습니다. 그때는 힘든 건 모르고 살았습니다. 지금 그렇게 살라면 나도 모르겠습니다. 여름이면 아침에 일곱 시에 나가면 우리는 가축 담당해서 저녁 일곱 시 반이나 여덟 시에 돌아오고. 겨울에는 또 그저 눈이 와도 아침에 그저 날이 밝아 조회 끝나고 여덟 시에 나가게 되면 오후 세 시나 네 시에 [돌아왔지요]. 1일마다 논단 말입니다. 1일, 21일 이렇게. 그 노는 날에 장마당에 가서 한 70리 길 되는데, 거기 걸어가서 아침 일찍이 떠나 저녁에 돌아와야 한단 말입니다. 그다음 날 일하니. 곡식을 메고 내려가서 팔아 가지고, 그다음 돈을 가지고 술을 남겨서 술을 메고 또 걸어 올라가면. 빨리 걸으면 4시간 걸어 저녁에 집에 다시 오고. 쌀을 40kg을 메고 가면 그걸 팔게 되면 그 돈을 가지고 내 술을 사가지고 가야 한단 말입니다. 안주거리랑 같이해서 팔아야 장사가 더 잘된다 말입니다. 나는 혼자니까 도와주는 이는 없었고 메고 내려 가다 보면 소달구지가 있으면 거기다 같이 놓고 가고 그렇게 살았습니다. 거기 사람들 지금도 그렇게 살 거예요. 술은 안 새는 고무주머니에 여어서 메어서 오고 올 때는 20kg. 와서 거기다 물을 타고 판단 말입니다.

**2007년 7월 3일 연길 인터뷰**

그녀가 열세 살 때 부모가 이혼한 이후 그녀는 몇 년간 엄마, 동생과 같이 살았는데 이들이 중국에 가고 난 후에는 연락이 끊겼다. 2007년 필자가 그녀를 연길에서 만났을 때, 그녀는 지난 6년간 중국에 머물고 있었고 시각장애를 가진 조선족과 결혼하여 다섯 살 난 딸을 키우고 있었다. 그녀는 "크게 통제는 아니 받아서" 술 팔 때가 좋았다고 회상했다. 술을 팔아 얻는 수익이 많지는 않았지만 그 남는 이윤으로 먹고살았고, 저축도 해서 소와 담요, 접시, 가구 그리고 벽지를 사고 방 한 칸짜리 그녀의 집도 수리할 수도 있었다.

북한의 건축 회사에서 일했던 전직 기술자는 필자가 2002년에만났을 때 서울의 한 대학에서 간호학을 공부하고 있었다. 자신은 판금된 소설들을 읽으며 어릴 적부터 자본주의 사회에서 사는 꿈을 키워 왔다고 말했다. 수평선 저 너머의 세계가 어떤지 궁금했다는 것이다.

제가 봤던 책들 안전부 일꾼들이 보는 책들이 있어요. 그런 책들을 제가 저는 책을 위해서 술도 주고 바꾸고, 내가 뭐 우리 집에서 줄 수 있는 거를 줘 가지고 바꿔서 보고 그랬거든요? 안전부 안에서만 볼 수 있는 책들이 밖에 돌아다녀요. 그런 거를 봤는데 거기서 『엑스의 유혹』이라는 미주 소설을 읽었는데 거기에서 그런 거가 있더라구요. 그 주인공이 친구한테 불이익을 당했어요. 그래서 친구한테 복수하기 위해서 돈이 필요한데 그 사람이 자기 돈을 벌기 위해서 하루에 세 가지 일을 해요. 기계 공장에 가서 무슨 일을 하고 또 어디 가서 전철 표를 찍는 일을 하고 또 어디 가서 무슨 일을 하고. 딱 자는 시간은 몇 시간을 자고 이렇게 해서 세 가지 일을 하는데 저는 그거를 통해서, 아, 우리 사회주의는 자기 일단 국가에서 지정된 일이면 바꿀 수가 없잖아요? 그리고 일도 하고 싶어도 할 수가 없고 그런데, 자본주의는 직업을 선택함에 있어서 참 다양하고, 다양한 직업을 선택하고, 거기에 따른 거기에 따르는 보수가 없다면 일을 하겠어요? 솔직히. 그래서 제가 그거를 보면서 자본주의가 참 자유롭구나, 하는 거를 느꼈어요.

방금 말씀드린 소설은 경제적인 면과 관련이 있죠. 이후에 읽었던『바늘귀』라는 소설은 정치적이고 도덕적인 면을 생각하게 해줬어요. 그전까지만 해도 자본주의 나라 사람들은 다 불륜 관계를 맺고, 성매매를 하는 줄 알았어요. 그『바늘귀』라는 소설이 2차 세계 대전을 반영한 책이에요. 거기에서 영국 경찰과 주인공과 거기 나오는 여주인공, 이 사람들이 정절을 지키고 자기 가정을 사랑하는, 이런 모습을 발견한 거예요. 저는 참 거기서 신선한 충격을 받았거든요. … 그 외에도 많은 소설을 접하면서, '참 자본주의가 우리가 알고 있는 나쁜 모습만이 아닌 다른 면도 있고 이 사회가 참 자유롭구나!' 이런 것을 느꼈어요. 그리고 왜 우리나라에서는 외국에 나갔던 사람을 감시하고 외국에 나갔던 사람을 통제하는가? 그런데 왜 우리는 마음대로 외국에 나갈 수 없을까? 이런 것에 대한 불만도 있었고요. 정책적으로 북한은 토대를 많이 보잖아요. 가정환경이요. 그래서 거기에 대한 불만도 있었어요.

**2002년 8월 5일 서울 인터뷰**

자유를 향한 열망은 하나의 필터가 되어 이를 통해 사람들은 중국을 자유로운 자본주의가 구현된 곳으로서 생각하고 이에 집착하게 된다. 필자가 2002년 서울에서 만난 한 20대 남성은 북한에서 수산대학 대학생이었고, 서울의 유수 대학에서 경제학을 공부하고 있었다. 한 달간 중국에 사는 친척을 방문하고는 북한에서의 엄격한 생활을 견딜 수 없고 낙후된 것으로 바라보게 되었다.

> 대학이 군대처럼 되어 있으니까요. 예를 들면요, 한 개 학군이 있으면 명칭이 한 개 소대, 한 개 대학을 대대로 보고, 군대식으로 보면 대대로 보고, 그 상위에 연대, 그렇게 보는 거예요. 연대, 대대, 중대, 소대. 한 개 소대를 보거든요. 대학이 다 똑같아요. 군대식이거든요. 근데 오전에 강의하고 오후엔 무조건 사회생활. 지정된 조직 프로그램이 있는데요, 쭉 그대로 해야 돼요. 거기서 뭐 저녁이면 또 근무 서야죠. 야간에. 아침 5시 반이면 나팔 불면 일어나 나와 가지고 체조를, 아침 체조를 하거든요. 아침 등교에 나갈 때는 다 모여서 등교하거든요. 다 모여서 등교, 복장 다 일치를 해가지고. 교복 반드시 입고요. 넥타이 딱 매고. 교복 단정히 못 하면 비판받거든요. 기술대학인데 과목이가 80%가 정치 과목이거든요. 3학년 다 니다 왔지요.
>
> **2002년 8월 12일 서울 인터뷰**

한 달간의 중국 방문 동안 그는 사람들이 자유롭게 김정일의 이름을 언급하는 것을 보고 충격을 받았으며, 중국의 경제적 번영을 보고 속은 기분이 들었다고 한다. 북한 사람들이 주체사상이 요구하는 자신의 운명의 개척자가 아니라 주어진 현실에 묵묵히 순응하며 살아가는 로봇으로 보게 되었다. 중국 텔레비전의 광고들을 보고

설렜고 활기찬 시장 사람들에게서 깊은 감명을 받았는데, 이런 활기는 1970년대 이후 북한에서는 찾아볼 수 없는 것이었다. 그는 졸업 후 예정된 북한에서의 엘리트 코스 대신에, 아버지에게 6개월 동안 중국에서 돈도 벌고 기술도 배운 다음 돌아오겠노라 말하고 북한을 떠나왔다.

시장교환은 사람들을 개별적 소비자로 분해한다. 시장은 보통 사람들의 생활 수준을 끌어올려 부의 분배를 평등화하는 민주적 힘으로 묘사된다. 북한의 소위 내부 견해와 소식을 전하는 잡지라고 표방하는 『임진강』의 한 기사에 따르면 시장은 기적을 가져왔다. 예를 들면 순천에서 "'고난의 행군' 전후를 비교하여 주민들의 자체 생활 수준은 지금이 더 향상되었다고 모두를 평가한다. … 순천시 주민 세대 100%가 '고난의 행군' 이전의 너덜너덜 퍠진 종이 장판으로부터 '고난의 행군' 이후에는 비싼 레이자 바닥으로 실내장식을 일신하였다. 이전에는 간부들을 포함한 40% 미만의 주민이 겨우 흑색 텔레비만을 보유하였으나 지금은 거의 모든 주민 가정에 천연색 텔레비가 있고 50% 이상의 주민가정에 VCD플레이어가 있다. 불과 수명의 간부 댁에나 있던 집 전화기가 2007년에는 50세대에 1세대 비율로 설치되었다. 시, 읍과 로동자 구의 거의 모든 가정들은 전기 밥가마와 채가마를 쓰고 있다"(손혜민 2009: 59, 61).

하지만 북한에서 풀뿌리 시장화와 함께 자본축적, 독점, 불평등 심화가 생겨났다. 박영자에 따르면 현재 북한 사회는 세 종류의 계층으로 이루어져 있다. 상위 계층에는 해외 무역상, 군 간부, 보위부원, 그리고 변압기 수리기술자와 같은 엔지니어가 있고, 중간 계층에는 상인, 자영 식당 소유주, 보따리장수, 그리고 시골에서 물건을 쌀과 교환해 도시에 되파는 이동 상인이 있다(박영자 2009). 박영자의 연구에 따르면 하위 계층에는 아이 돌봄이나 물을 길어오는 이들이 포함된다. 고질적인 물 공급 중단으로 인해 물을 길어오는 이들이 점차로 증가했다. 또한 이 계층에는 식당 종업원, 집 수리공, 그리고 모내기나 추수 또는 정기적으로 있는 마을 모임 같은 노동력 동원에 대신 참여해주는 사람들을 포함한다. 과거 해외 무역상이었던 어떤 이는 북한에서 부를 쌓는 비결을 다음과 같이 털어놓는다.

제일 수익이 좋은 것은 제가 하던 일로 국가 돈 떼먹는 일입니다. 대신 깨물어 먹지 않고 핥아 먹어야 돼요. 아이스크림 핥아 먹듯이 표 안 나게. 예를 들면 10만 개를 수입하겠다 중국 단동에 가면 중국 수입 업자들이 달려들어요. 자기 물건 팔려고 하는 극진한 환대 다 받으며. 1개에 나는 1달러 승인받고 나왔지만 나는 0.6달러까지 깎을 수 있다. 그러면 계약서 2개를, 하나는 1달러로 다른 하나는 0.6달러로 써요. 최종 4만 달러 떼먹을 수 있읍니다. 이것보다 더 좋은 것은 세계 적십자 등에서 온 구호품을 배분하는 사람들 제일 수지맞죠. 이를 벼락 맞은 소고기라 합니다. 공짜로 지원으로 들어오는 지원 원조 품목을 동전 하나 지출 안 하고 공짜로 먹는다 해서. 지원품이라 식량, 의료품 등 가장 좋은 것으로 선별해서 보내준 거라 질이 안 좋은 게 없고. 아니면 국제 망신이니까. 이것을 배분 도장 찍는 애들이 팔아먹습니다. 세 번째로는 국내에서 떼먹는 방법으로 예를 들면 담배 생산 공장도 가격으로 담배 몇 통을 가지고 나와 상

업적 목적으로 안 쓰겠다 해놓고 바로 팔아먹는 것이죠. 바로 현찰
화 가능 품목이죠. 몇 프로씩 검열 들어오는 이들에게 줍니다.

**2006년 10월 24일 서울 인터뷰**

북한에서 탈출하는 것은 횡령이 발각되었을 때 이를 피하기 위한
통상적인 방법 중의 하나다. 이 외화벌이 무역상이 보기에 일반인
은 "콩이나 한 말 가지고 가서 다른 지방에 가서 마진 남기면 그것
먹고, 그다음에 이를 또 해야 하는데 이는 하루 먹기 위해 장사해야
하는 사람들[이 하는 거]"로 이런 장사를 통해 부를 축적하기는 어렵
다는 것이다. 큰 자본과 정치적 연줄이 있는 사람들은 대규모 변경
무역을 한다. 급이 낮은 상인들은 승용차와 트럭으로 상품을 대량
으로 가져와 북한의 장마당에 소매로 팔아서 조금이라도 더 이윤을
남긴다(2006년 10월 24일 서울 인터뷰). 대중교통이 엉망이거나 아예 없기
때문에, 보통 사람들은 사정하거나 차비를 지불하고 트럭의 화물 위
에 올라 앉아 가는데, 때론 그 화물이 석탄이나 시멘트일 때도 있다.
이들은 자신의 이름과 목적지 그리고 때론 차비를 적어 넣은 팻말
을 들고 몇 시간이고 기다린다. 이 전직 외화벌이 무역상은 에어컨이
나오는 차를 운전하고 가다가 이들을 보면 "쟤네들 왜 사나?"라고 중
얼거리곤 했는데 가난한 이들을 인간으로 취급하지 않는 이런 경멸
적 태도는 최근 시장화의 추세 속에서 채권자가 채무자를 노예 취급
하며 모두가 "돈이 돈을 낳는다"라는 것을 인정한다는 북한으로부
터 온 소식에도 반영되어 있다(손혜민 2009).

큰 수익을 내는 외화벌이 무역을 두고 노동당, 인민무력부, 군대,

국가안전보위부, 중앙인민위원회와 같은 권력 기관의 사람들 사이에서 경쟁이 벌어지고 독점이 생겨난다. 보위부는 죄수를 동원해 나무를 자르고 약초를 키우게 하며, 군부대는 값이 비싼 버섯을 마구 캐서 씨를 말리기도 한다. 노동당의 중앙국은 아연과 은 같은 값비싼 광물은 물론 짐승 가죽, 한약재, 야생 과일과 버섯, 수산물의 수출까지 장악하고 있다. 국경 도시 청진에서는 130개에서 140개의 조직들이 해외 무역을 하고 있는데, 큰 무역상의 소속을 보면 군부대가 50개, 안전부가 10개, 보위부가 3~4개, 그리고 호위국, 시당과 청년동맹이 각각 하나씩 두고 있다. 인민무력부는 중국에 '매봉무역총회사'를 설립해 독점적으로 동남아 일대의 반군과 아시아의 갱들에게 무기를 독점 공급하는데, 이와 함께 이윤을 더 얻기 위해 중국에 외제담배도 공급한다(정세진 2000: 133~155).

북한에서 흔히 하는 말로 돈 버는 일의 일시성은 사업은 '굵고 짧게'라는 말로 표현된다. '비사회주의그루빠'(비사회주의적 현상에 대한 중앙의 '련합 그루빠' 검열 투쟁)에 대한 『임진강』의 기사에 따르면 이런 사업 방식을 가진 이들은 남들보다 먼저 돈이 되는 사업 품목을 발견하고 소신 있게 생산과 판매에 뛰어드는 개척자로 많은 이들의 칭송을 받는다(7장 참조). '굵고 짧게' 스타일은 이성, 합리성, 전문성보다는 개인적인 욕망, 본능적 감각, 대담함에 의존하는데, 당의 명령에 전적으로 복종하고 국가가 정한 생산 목표 달성을 위해 일하는 '가늘고 길게' 스타일과 대조된다(손혜민 2009: 51). '굵고 짧게' 스타일은 사업 성공의 요체로 받아들여진다. 이는 한편으론 경쟁과 불확실성 그리고 다른 한편으로는 급변하는 법적·정치적 조건을 극복하는 능력으로 뇌물과 연줄, 정실의 활용도 여기에 포함된다. 『임진강』의 기사에 따르면 '굵고 짧게'의 사업 방식이 국가가 시장 활동을 규제해 이에 대항 전략으로 필요하게 된 것이라 한다. 그렇지만 남들이 부러워하는 이런 기업가 정신은 국가의 탄압과는 별개로 전반적인 단기적 고위험 이익 추구의 특징을 보여준다. 북한에서 이익이란 합리성, 장기적 투자, 즉흥적 욕구의 지연 같은 근대적 원리들을 적용하여 추구되는 것이라기보다는 이익의 즉각적 극대화와 자본의 단기 회전의 원칙으로 추동된다. 이제 북한 사람들은 유행이 빨리 변하기 때문에 이윤을 낮춰서라도 집에서 만들거나 중국에서 밀수한 옷을 빨리 처분해야 한다는 사실을 알게 되었다. 급증하는 마을과 가계 단위의 생산은 급변하는 유행에 따른 소비자의 욕구를 충족시키는 상품 생산에 놀랄 정도로 효과적이다. 북한의 서비스 산업이 프랑스 제작자를 위한 애니메이션 하청 생산과 같은 외국 자본에 영합하는 것에서 북한의 지구적 자본주의 체제로의 통합도 명백히 드러난다.

'굵고 짧은' 축적은 사회적 관계에서 경쟁과 불확실성을 강조한다. 개인들은 민주주의와 사회주의의 대립 그리고 개인의 시장 활동과 국가의 탄압이라는 대립을 통해 이 점을 숨긴다. 사회경제적 불평등과 비인간화를 국가주권의 실패로 도치시키는 것은 중국과 남한으로의 이주를 합리화하는 데 필수적이다. 선군정치(先軍政治) 시기의 군과 경찰은 사람들로부터 곡식과 돈을 약탈하는 불량배 혹은 모리배라는 비난을 받았다. 대학생이었던 20대 여성은 다음과 같이 이들을 향한 혐오감을 드러내었다.

사람들이 너무 먹을 게 없으니까 농장에 밥 굶어 죽는데 뭐를 가려요? 강냉이 밭에 들어가서 가을이면 곡식이 여물에 가는데 다 도둑질을 해요. 먹고살아야 하니까. 그러니까 국가 창고가 줄어들지 하니까 김정일이 방침을 내린 게 사팔군이라고, 세상에 어느 나라도 그런 나라는 없을 거예요. 나라를 지키는 군대가 어떻게 총을 메고 자기가 지키는 인민들이 배고파 굶어 죽겠는데 그 사람들이 먹고 살겠다고 밭에 들어가서 도둑질을 하는 것을 막으려고 총을 들고 밭을 지켜 섰다니까요. ⋯ 국경에는 군대들이 아무 데나 다 있지마는 자기 나라를 지키자고 섰잖아요? 다. 근데 북한의 군대들은 자기 나라를 지키자고 서 있는 게 아니에요. 먹고살자는 자기 나라 사람들을 잡자고 지금 뒤로 돌아섰어요. 그러니까 이게 진짜 잘못된 세상이다. 두만강을 사람들이 도망강이라고 말을 해요. 먹고살기 위해서 도망가는 도망강.

**2002년 8월 8일 서울 인터뷰**

이 여성은 1999년 서울에 도착해서 바로 대학 진학을 준비하며 북한 정부의 탄압에 대해 많은 강연을 했고 남한의 교회와 사회단체에서 신앙 간증을 하였다. 북한 이주자들을 난민으로 정의했던 인권운동의 시대에 이들은 통상적으로 마치 외부자들의 호기심을 만족시키고 그들의 동정을 구하듯, 국가의 손아귀에서 자신이 당한 고통으로 이야기를 시작했다. 필자가 이들에게 주로 일에 대한 경험을 물을 때조차 이들은 여전히 잔인하고 부패한 국가에 대한 이야기를 꺼냈다. 사람들 사이에서 1984년 김정일의 교시로 상품생산을 사회주의 경제와 통합하는 8·3제는 '모자란' 혹은 '가짜'를 의미한다. 그 이유는 자본주의가 낡은 사회주의의 사회적 관계와 제도에 의해 발목이 잡혀 있다고 믿기 때문이다(『북한시사 연구해설』 2009). 이러한 서사는 시장 유토피아에 대한 믿음을 유지시키는 표상으로 작용하는데, 국가를 평범한 사람들이 염원하는 유토피아를 향유할 수 없도록 하는 사악한 세력으로 내세우기 때문이다. 이런 새로운 역사주의를 통해 국가와 인민은 서로를 객체화한다.

북한의 일상생활에서 중국과 남한은 도덕과 사회질서의 귀감이 되고, 북한은 위기로 인해 부패했다고 말해진다. 비밀 성경 공부를 위해 연길에 두 달간 머물던 한 40대 주부는 다음처럼 얘기한다.

> 북조선에는 지금 양심이란 것이 없습니다. 먹고살기 바빠서 옆집 앞집에 먹을 게 있으면 강도가 들고, 속임수도, 자살도 늘어가고. 무당도 판치고. 조선이 법이 센 거 같지만 사실 법이 가장 약합니다.

**2007년 6월 27일 연길 인터뷰**

그녀에게 남한은 이타주의의 나라로 남자들은 아픈 아내나 여자친구를 위해 희생하고 소방관들은 남을 위해 목숨을 거는 곳이다. 이런 행위는 그녀가 「천국의 계단」이나 「올인」과 같은 남한 텔레비전 드라마에서 본 것이다.

북한 사람들은 장사의 위험과 실패 때문에 일자리와 다른 경제적 기회를 찾아 중국에 오기도 한다. 위기는 북한학에서 당연시되는 사회주의 국가의 시장 규제에서 필연적으로 발생하는 것이 아니라 시장에 내재한 불확실성에 기인한다. 1999년에 한국에 온 전직 돌격노동대의 리더에 따르면 그는 도매상으로 엄청난 돈을 벌었다가 하룻밤 사이에 다 날렸다고 한다. 이로 인해 그는 불법거래에 관여하다 결국 중국으로 탈출했다고 회고록에 썼다. 그가 회고록을 쓴 이유는 그를 남한으로 데려와 줄 수 있는 교회 관계자들의 주목을 끌고 자신의 이야기를 언론이나 출판사에 팔기 위해서이다. 당에 가입하려던 그의 꿈은 아버지가 한국전쟁 중에 남한군에 협력했다는 것이 알려지면서 산산조각이 났다. 그러고 나서 24세 때였던 1991년부터 장사를 시작했다.

돌격대에서 제대하면서 장사 밑천을 좀 장만할 수 있었는데 사회보장 수속을 하며 또 생활비로 좀 쓰고 하니 일만 오천 원 정도(인민폐로 600위안) 남아 있었다. 그 돈을 가지고 형이 사는 옹진에 가서 해삼 1kg당 2,000원씩 사다 국경 지방에서 팔면 1kg당 3,500원 받을 수 있었다. 당시 항목으로는 해삼, 생복, 생복 껍질, 낙지 등 해산물이 주류였다. 집에서 떠나면 옹진까지 차 갈아타기 세 번(사리원, 해주, 서해주) 려행 시간까지 합하면 약 40시간. 돌아와서 회령까지 다섯 시간. 이 로정을 한 달에 두세 번 반복하여 육체적으로 힘은 들었지만 돈 버는 재미에 즐거웠다. 어디에나 있는 단속자들을 피하기 위해 대체로 군인들과 함께 다녔는데 경무원(군인 단속자)들과 부딪칠 땐 내가 나서고, 안전부나 기타 단속자들과 맞설

땐 군인들이 나서서 해결했다. 물론 그후 돈이 장만되었을 땐 안전원들과 함께 다녔다. 부차적인 것 때문에 길에 돈을 많이 널어놔야 했지만, 장사가 잘되고 열심히 한 결과 북한 실태에선 돈을 많이 벌어 집에다 텔레비죤, 랭동기, 록음기, 재봉기도 사놓고 집도 잘 꾸려 놓으니 부러움의 대상이 되었다.

   일단 장사가 자리 잡히면서 돈도 있고 하니 더 쉽고 경제적인 항목들이 [금, 골동품 등] 저절로 생겨나 한결 헐하게 할 수 있었다.…[그러나] 있던 돈도 다 불어 먹고 모든 생활이 엉망진창된 가운데 당장 돈 없고 쌀 없고 땔 것이 없는 어려움이 한순간에 덮쳐 왔다. 하여 사리원에 골동(고려청자)이 있다는 정보를 받고 친구에게서 돈 3만 원 빌려 가지고 장사 떠났다가 안전원과 짜고 든 사기꾼에게 걸려서 현금은 몰수당하고 안전부에 3일간 있다가 빈털터리로 돌아왔다. … 장사가 왜 그렇게도 안 되는지, 떠날 때마다 실패니 앵매기가 붙었다고 하기에는 너무도 처참하게 가정도 사업도 일순간에 무너져버렸다.[65]


   그는 자살까지 생각하다가 삶을 다시 일으켜 보려고 중국으로 왔다. 남한으로 오기 전까지 농장에서 일하며 선교사가 운영하는 쉼터에 머물렀다.

   기만과 사기는 앞서 언급한 북한의 건축설계 사무소에서 일했던 기술자에게는 북한에서의 장사 경험을 단적으로 표현하는 말이다.

---

65  이 이야기는 이 탈북자의 미출판 회고록 『내가 살아온 이유』에서 발췌되었다.

그녀는 가족을 부양하기 위해 설계 사무소를 그만두고 장사를 시작했다고 한다. 그렇지만 시장에는 속임수와 부정이 만연하여 그만두고 일자리와 자유를 찾아 중국으로 이주했다.

　　아빠가 돌아가시면서 내가 세대주였거든요. … 저는 중강진에 살면서 오징어 장사를 하느라고 평양에 많이 다녔고, 마른오징어 장사를 하느라고 제가 직장을 그만뒀어요. [여행증] 위조를 만들어가지고 평양에 다녔어요. 평양에 오징어를 내다 팔면 평양에 돈 많은 사람이 많아요. 그럼 그 사람들한테 팔 수도 있고 또 무역하는 단체들이 있으니까 평양에 친척들이 있어 가지고 거기다 좀 팔아주고 그랬어요. 그런데 저는 직장을 다니면서 저는 꿈은 소박했어요. 나는 현모양처 되고 싶었거든요? 좋은 남자를 만나서 평범한 생활을 하고 싶은데 제 일이 그렇게 안 되더라구요. 아버지가 운전수였는데 운전을 하다가 사람을 깔아서, 안전원을, 여기 말하면 경찰을 깔아서 그 사람이 사망했어요. 그런데 그러다 보니까 그게 정치적 색채로 딱 깔리면서. 저를 도와주는 사람이 경찰대학 다니는 사람인데 그 사람이 저하고 살면 군복을 벗어야 되는 상황인 거예요. 그런 데다가 가정이 잘 사는 것도 아니고. 이러면서 제가 그 사람한테 실연을 당했고, 내가 바라는 사람들도 잘 안 되고, 이러면서 상처를 많이 받았어요. 저는 진짜 직장을 열심히 다녔어요. 하루도 빠지는 날이 없이 무단결근이라는 거 없이….
　　장사를 하기 시작했는데 장사를 하면서 느낀 게 그런 세계를 들어가 보니까 더 무서운 현실이 있더라구요. 사람들이 악하고 자기

들밖에 모르고. 그 세계는 다른 세계더라구요. 북한에서는 사람들이 다 우리가 생각하는 착한 사람들이 아니고 돈 문제가 들어가니까 사기를 치고. 그런 데서 제가 1년 동안을 장사하면서 많이 못 했어요. 네 번을 했는데 내가 너무 어려워서 지쳤어요. 그런 사람들 사이에서 내가 머리를 쓰면서 할 자신이 없더라구요. 그래 가지고 있는데 중국에 들어올 길이 생겼어요. 그렇지 않아도 그 사회에 대한 원망도 컸고, 또 자본주의에 대한 그런 희망이랄까, 그런 동경도 있었고 하니까 내가 중국에 가보고 싶다, 이런 생각이 있었는데, 북한에서 중강진에서 살다 보니까 국경에서 살던 사람들은 인신매매 당한다는 거 알고 안 나가는데 저는 그런 거는 전혀 모른 거예요.

**2002년 8월 7일 인터뷰**

그녀는 중국에서 두 번이나 인신매매될 뻔했고 경찰에 체포되기도 했다. 결국 선교사의 후원으로 조선족 가정의 보호 아래 있다가 세 곳의 교회가 마련한 돈으로 남한에 왔다.

### "올 필요는 없었지만 그래도…"

사회주의는 과거의 유물로 파기되고, 시장의 자유는 마치 사회주의에 예시되어 있던 것처럼 수용되었다. 이러한 과거의 파기를 통해 국가가 모든 것을 보장하고 모든 위협으로부터 사회를 보호할 것이라는 환상에서 깨어나는 각성의 순간이 찾아온다. 사람들이 줄곧 이런 환상을 믿어왔다는 것이 아니라 사회주의적 미몽에서 깨어남이라는 테마가 자연스럽게 시장을 민주적 힘으로 인식하게 만든다는 것이다. 시장의 노동규율은 자유라는 문제의식을 재구성한다. 원칙적으로 사회주의는 자유와 민주주의의 근거를 '공유재산'에 둔다. 마르크스에 따르면 "공유재산은 자유로운 개인들 간의 새로운 관계를 만드는 데 있어서 새로운 기반이 되는데, 이 개인들이 공동소유의 생산수단을 가지고 일하며 이러한 인식에 입각해 여러 가지 형태의 노동력을 하나의 사회적 노동력으로 만든다"(Marx 1976: 171). 1990년대 중반부터 북한 주민들은 국영기업과 협동조합 소유 공장을 이탈하고 시장에서 '자유 노동자'가 되었다. 자유 노동은 이중적 의미를 가진 개념으로 생산수단 소유로부터의 자유, 또한 시장에서 자신의 노동을 팔 자유를 가짐을 함축한다.

자본주의는 자유의 개념을 자유 노동 개념과 연계한다. 마르크스는 노동의 교환가치를 대규모 산업화의 맥락에서 사회적 필요노동으로 개념화했는데, 여기에서는 노동의 효율성을 높여 생산단가를 낮추기 위해 노동과정의 합리화가 과학적 관리와 신축성 있는 노동관리의 형태를 띠게 되었다(Marx 1976). 북한 이주민들의 서사에서 이들이 생활을 하고 상품을 사는 것에 대한 만족을 느낌으로써 이들의 사회적 필요노동이 내포하는 착취관계는 가려진다. 7장에서 논의했듯이 북한 정부는 개인의 이익을 사회주의적 집단주의로 통합하려는 지난한 노력을 기울여왔지만, 개개인들은 현재의 사유화와 시장화의 형태를 자유와 혼동한다.

"올 필요는 없었지만 그래도…"라는 서사는 국경 횡단에 대한 일상적 서술의 틀이 된다. 앞서 언급한 술 판매자는 중국으로 도강하

지 않는 것이 오히려 아둔해 보일 정도였다고 회상한다. 그녀의 마을
은 두만강에서 50미터밖에 떨어져 있지 않아 고함을 치면 중국 쪽
에서 메아리가 되돌아올 정도다(2007년 7월 3일 연길 인터뷰). 그녀의 월
경은 눈 깜빡이는 것처럼 신속하고 손쉬운 일이었다. 그녀는 몇몇 국
경경비대원과 이들의 근무 일정을 알고 있었기에 발각되지 않고 언
제 강을 건널 수 있는지를 알고 있었다. 또한 필자가 2002년 서울
에서 만난 20대 초반의 남성은 경제적 이유로 이주한 것이 아니라
고 말했다. 그는 1998년 북한을 떠나 중국으로 갔다가 2001년 남한
에 왔다. 안정된 직업이 없이 서울에서 매달 나오는 정부 보조금으
로 살고 있었다. 북한에서는 중국으로 골동품을 밀수하는 일을 했
는데, 이 일로 어머니에게 말하지도 않고 중국에 갔다가 그곳에서
몇 년 있다가 남한에 오게 되었다. 그는 중국으로 간 것을 충동적으
로 "친구랑 놀러 가고 바람도 쏘이고" 싶어서 한 일이라고 말했다. 그
의 가족은 아버지가 북한에서 수입이 좋은 건설 쪽 일을 하고 있어
부유했지만 자유가 없어 중국에 오래 머물게 되었다고 한다(2002년 8
월 10일 서울 인터뷰). 다른 한 남성도 열네 살이었던 1994년부터 북한에
서 '꽃제비'로 살다가 즉흥적으로 중국으로 가게 되었다. 처음에는
시장에서 떡이나 국수를 훔쳐 살아가다 번화한 거리나 붐비는 기차
역에서 소매치기로 많은 돈을 벌었고 일부를 경찰과 나누었다. 그는
종종 경찰과 동행하여 외식도 하고 술도 마시고 영화도 보며 넉넉하
게 살았다. 집으로 돌아온 후에는 한동안 자신의 어머니가 도넛을
튀겨 팔던 시장에서 나무를 팔며 어머니를 기쁘게 하기도 했다. 하
지만 어쩌다 고위직 가족의 아이를 폭행한 후 북한에서 다시 떠돌

이 생활을 시작했고 어머니에게 한마디 말도 없이 친구의 제안에 따라 중국으로 떠났다.[66]

"올 필요는 없었지만 그래도…"라는 서사에 드러나는 북한 사람들의 즉흥적인 듯한 결정은 이주라는 행위가 '비결정'적인 것을 함축한다. 이 서사는 오직 상품화의 논리를 의식하지 않고 자신의 상품화를 분해하고 동시에 계속하는 초월적 주체를 드러내는데, 이는 소비자가 소비를 자유의 즉흥적 실천이라고 생각하는 방식과 동일하다. 이들의 이주를 비결정 혹은 운명과 유사한 기정사실로 기술하는 것은 북한과 중국에서 이들의 상품화를 강화하는 동시에 초월한다. 이런 주체성은 지젝(Žižek 1993: 120~121)이 라캉의 필요-요구-욕망이라는 세 요소의 관점에서 탐구한 헤겔의 부정의 부정을 단적으로 보여준다. "주체는 필요를 만족시키기 위해 '자연적'이고 '실제적'인 대상을 필요로 한다. 목이 마르면 물이 필요한 식으로. 그렇지만 필요가 상징적 매개에 의해 구체화되면 … 그것은 요구로서 작동하기 시작한다. … 타자는 원래 우리의 필요를 만족시킬 수 있는 누군가로 경험된다. … 욕망이란 요구 가운데 필요로 환원되지 않는 것이다." 북한 이주자의 필요가 돈이라는 매개를 통해 구체화될 때, 요구로 작동하기 시작한다. 이들 개인이 중국에서 원하는 바를 얻는다 할지라도 요구가 완전히 충족되지는 않는다. 그 이유는 이들의 실제 목표가 진정한 공동체이기 때문이다. 충족되지 못한 필요는 남한

---

**66** 20세에 청진에서 연변으로 넘어와 교회가 운영하는 쉼터에 머물렀던 한 남성의 미출간 회고록에 의거함.

이라는 새로운 대상을 불러들인다. 반복된 부정 속에서 자유, 평등, 공동체를 향한 원래의 필요는 매개되고 영원히 연기된다. 북한에서 중국으로 그리고 다시 남한으로 이어지는 이주는 시장에서의 불평등 교환, 불확실성, 독점에 굴복하면서 또한 초월하는 역설적 행위이다. 지속되는 이주는 지구적 규모의 자본축적을 위한 신진대사를 정착시킨다. 경제 위기의 초월을 통해 자본축적을 재생산한다. 이주는 자본주의적 상품화와의 동일시하는 것이며 동시에 탈동일시하는 순간이다.

# 4 ——— 종족적이고 종교적인 도착

    종족 민족주의와 복음주의로 인해 월경은 자유와 공동체를 찾으려는 초월적 행위로 표현된다. 조선족과 북한 사람들의 종족적·종교적 도착(倒錯)은 사회경제적 실패를 서로에게 전이시킴을 보여준다. 이 도착으로 인해 조선족들은 북한 사람들을 비난하면서도 이들을 구제하겠다는 다짐을 하게 된다. 북한 사람들은 남한으로 이주를 추구하는 과정에서 조선족에게 끌리면서 또한 이들과 거리를 두게 된다. 조선족과 북한 사람은 서로에게 '끼임'(interposition)의 형상이 되고 이 형상은 어느 한쪽의 응시와 그 응시의 "적절한" 대상 사이에 놓인다(Žižek 2007). 조선족과 북한 사람이 어떻게 서로에게 돈과 자본을 매개하는 역할을 하는지가 여기서 탐구된다. "올 필요는 없었지만 그래도…"의 서사에서 혈통적 민족성의 원형화는 국경 횡단을 하나의 수행으로 전환시킨다. 한민족이라는 고유 개념이 되살아나는 것이 아니라 북한 사람, 남한 사람, 조선족 사이의 새로운 상호작용에 의해 민족의 개념이 지속적으로 재구성된다. 북한 사람들과 조선족이 서로를 포용함으로써 마치 종족적 민족성이 막힘없고 유동적인 횡단을 보장하기라도 하듯, 국경을 넘어선 노동력 이동과 관련된 불확실성, 경쟁, 혼란이 완화된다. 종족적·민족적 정서의 호출로 인해 노동 관련 기술과 노동 이동시간, 자본 부족과 같은 시장에 대한 장벽은 정체성과 역사적 기억 같은 문화적 수정을 통해 해결될 수 있는 종족적·민족적 동질성에 대한 장벽으로 상정된다. 종족적 정서는 또한 자본의 한 형태인 '신용'으로 도치된다. 즉 서로 간 무형적 동일화를 통한 자신의 가치를 도박처럼 부풀린다.

## 조선족과 북한 사람들의 서로 다른 시선

조선족은 처음에는 북한의 친척들과 방문자들을 포용하지만 점차적으로 이들을 돕는 일을 실현 불가능한 과제로 간주하고 밑 빠진 독에 물 붓기로 비유한다. 예를 들어 한 20대 북한 여성은 중국에 있는 친척을 찾지 못하자 자신을 딸처럼 대해준 중년 조선족 여성의 도움을 받게 되었다. 그녀를 자신의 집에 데려와 고깃집에 일자리를 찾아주고 1년 후 돌아갈 때가 되자 컬러 텔레비전 세 대를 비롯해, 냉장고, 새 옷과 헌 옷, 신발, 사탕, 우산 등 산더미 같은 선물을 트럭 한 대에 채워주고 국경까지 가는 운송비도 대신 내주었다. 북한 여성은 북한에 돌아가 이 선물을 팔아 새 어선을 샀는데, 몇 년 후 그 조선족 여성에게 더 많은 돈을 요청했다(2007년 7월 2일 연길 인터뷰). 조선족 여성은 이 요청을 무시했다. 그 이유는 북한 여성이 중국을 떠나기 전에 그녀의 지갑에서 돈을 훔쳤는데, 실은 이 돈도 선물로 주려던 것이어서 배반당했다고 느꼈기 때문이다. 또한 조선족 사이에서는 북한 사람들은 끊임없이 도움을 요구하고 거절하면 폭력을 행사하며, 중국의 공안이 북한 사람을 도와주는 이들을 체포하기에 조선족의 안전을 위협한다는 생각이 널리 퍼져 있다. 연길의 조선족 선교사 신모 씨(가명)는 북한 사람들의 기만에 대해 다음과 같이 말한다.

> 그러니까 우리 교회 도움받으러 오면, 이 사람들이 배낭을 두 개 가져와요. 그러니까 들어올 때는 배낭 하나 가지고 가득 채워 돌아가잖아요. 돌아가는데 이 사람들은 부득 새벽에 건너갈 사람들이니까 새벽에 다시 와요. 저쪽 배낭 가지고 건너가다가 경비경한테 다 뺏겼다고. 더 많이 가져가기 위한 수단으로 그렇게 할 수 있지만 그 자체가 나를 희롱하는 거잖아요. … 그리고 저 사람들이 우리에게 이만큼 도움받았잖아요? 그럼 이분이 다른 교회 또 가거든요. 그러며 그쪽 교회에 가서 우리 흉봐요, 도움 안 줬다고. 아 심합니다. 심해. 원 근본이 그래요. 아휴.

**2007년 6월 29일 연길 인터뷰**

조선족을 향한 북한 사람들의 태도 또한 역설적이다. 북한 사람들은 처음에는 조선족이 제공하는 도움에 깊이 감사해하면서 동시에 이들이 매일 먹는 쌀밥과 고기, 붐비는 시장과 거리를 보며 이들의 부유함을 찬탄한다. 북한 사람들이 처음에 보이는 이런 부러움과 감사의 마음은 금방 조선족에 대한 강한 거부감으로 전환된다. 북한에서 건축 사무소에서 기술자로 일했고 필자가 2002년 만났을 때 서울의 한 간호대학에 재학 중이었던 이에 따르면 조선족은 탈북자를 상품으로만 본다고 한다. 남한 교회에서 북한 사람들을 위해 제공하는 돈을 도용하고 북한 사람들의 무임금 노동에서 이득을 취하는 일석이조를 누린다는 것이다. 그녀는 다음과 같이 말한다.

> 저는 그 집에 가정부로 있으면서도 애를 가정교사 형태로 공부도 배워주고 영어 하고 수학을 많이 배워줬거든요. 딸을. 애를 공부시켜야 되지, 집안일을 해야 되지, 그리고 그 집에 옷 장사하는 모든 가게를 내가 다 정리를 하지. 이러니까 처음에는 이 언니가 부담을 느꼈는데 점점 데리고 있으니까 나중에는 목사님들이 돈을 보내지 않아도 나를 안 내보낼라고 하더라구요. 인간 관계는 좋았는데. 그 언니가 나빠서도 아니고 돈 앞에서 용감한 사람 없잖아요? 왜냐하면, 인력이 그런 인력이 없는데, 솔직히.
>
> **2002년 8월 7일 인터뷰**

이 기독교인 후원자는 정이 많이 들어 헤어질 때 많이도 울었으며, 이후 남한에 올 때마다 시집간 딸을 방문하는 엄마처럼 온갖 것을 가지고 왔다. 이 여성이 후원자에 대해 가지고 있는 양가적 감정은 종족성에 의해 매개된 상품화의 과정을 반영한다. 그리고 이런 감정은 남한 사람들에게까지 확장된다. 남한 사람들이 북에서 온 이들의 잘못을 지적하고 사소한 것까지도 예의범절을 들먹이기 때문이다. 그녀는 남한 사람들보다 한족 중국인을 더 신뢰하며 조선족과 남한 사람에 대한 자신의 이런 복잡한 감정은 이들의 종족적 민족성 때문이라고 여긴다. 그렇지만 이런 감정은 이들이 지구적 자본주의에 통합될 때 종족적 민족주의가 이 통합을 매개하는 데서 일어난다.

인권단체는 중국에서 북한 여성과 조선족 남성의 결혼을 종종 인신매매 아니면 여성이 난민으로서 살아남기 위한 어쩔 수 없는 선택으로 묘사한다. 그러나 이들의 일상적 관계를 이해하려면 역사적 ·정치적 감수성이 필요하다. 조선족 남성이 북한에서 온 여성과 불법적으로 결혼하면 자신의 농지와 안정된 수입을 포기하고 이웃과 당국의 눈을 피해 자주 옮겨 다니는 것이 보통이다. 이런 생활은 아이를 학교에 보내기 위해 한 곳에 정착할 수밖에 없을 때까지 지속된다. 북한 출신 아내가 체포되어 추방될까 봐 두려워하며 근심 걱정에 시달리지만, 국경 인근의 조선족 마을에서는 대부분 아내가 추방되어도 원하면 1년 이내에 돌아온다고 생각한다. 필자가 2006년 중국 혼춘에서 만난 남성은 처음 결혼했던 북한 여성이 추방된 후 다른 북한 여성과 결혼했다. 이 여성도 추방이 되었는데, 그는 그녀를 데려오지 않고 기다리고 있었다. 그는 추방된 아내의 북한 주소를 알고 있었지만, 본인이 원하면 벌써 돌아왔을 것이라고 여겼기에 찾아가지 않았다. 그는 남한에서 일하게 해주겠다는 중개인에게 속아 가진 땅을 잃어버리고 건설과 벌목 현장에서 일용노동자로 일하면서 여전히 남한으로 가려 하고 있었다. 필자가 만난 다른 가족의 남편도 아내의 북한 주소를 가지고 있었는데, 중국 반석현에 있는 그의 집에서 10km도 떨어지지 않는 곳이었다. 그가 아내를 방문하지 않는 이유 가운데 하나는 돈이 없어 처가 쪽 사람들 선물을 살

수 없었기 때문이었다. 국경과 추방이 이들 결혼의 장애가 되기는 하지만 돈이 있고 조심만 하면 극복할 수 있는 것이다. 국가주권이나 종족의식 어느 것도 조선족이나 북한 사람들에게 절대적인 것은 아니다.

## 도치된 칼뱅주의

기독교의 초역사적 시간성은 조선족과 북한 사람 모두가 자신들의 사유화를 겪어내며, 경제적 실패의 트라우마를 초월하고 파열된 자본주의적 욕망을 유지할 수 있도록 한다. 풍습과 미신적 관습은 장사의 위험에서 오는 불안을 줄이는 데 동원된다. 예를 들면 사람들은 장사를 위해 여행하는 동안 팥을 지니고 다니거나 출발 전에 두부를 먹는 것은 악운을 몰아내고, 국수를 먹는 것은 운이 좋지 못한 일로 여행을 연장시킨다고 믿었다(최진이 2007: 174~177). 또 조선족과 북한 사람들은 기독교 신앙에 의존해 시장의 불확실성과 일터에서의 경쟁에서 위와 유사한 보호를 받으려 한다. 그렇지만 이들은 칼뱅주의를 도치시키고 있다. 즉, 칼뱅주의는 근면에 대한 신의 보상이 경제적 부라고 여기고, 이 칼뱅주의의 금욕적인 노동 윤리는 자본주의에 친화적인 정신이다. 조선족과 북한 사람들은 이와는 정반대로 영성을 경제적 번영의 원천으로 내세운다. 조선족 선교사들은 남한의 번영을 민족적 정당성의 핵심으로 가정하며, 남한의 경제적 성장을 신의 축복과 동일시할 때 노동의 윤리를 누락시킨다.

조선족 선교사인 60대의 김 모(가명) 여인은 청중을 향해 "하나님의 축복이 강 건너 중국 땅 옥수수를 크게 자라게 하고 하나님의 저주가 북한의 옥수수를 망쳤다"라는 말로 북한 전도 여행을 시작했었다(2007년 7월 2일 연길 인터뷰). 그녀에게 북한에서의 경제적 풍요는 중국에서 가졌던 무너진 꿈을 보상하는 것처럼 보인다. 감독관으로 일했던 방직 공장이 파산한 후 그녀는 1980년대 말과 1990년대 초 많은 중국인들이 그랬듯이 연길과 러시아를 오고 가는 보따리장사를 시작했다. 처음에는 큰돈을 벌기도 했지만 방직 공장에 투자해 모든 것을 잃었고, 문어 소매상을 하다 더 큰 빚을 지게 되었다. 이런 고생에 더해 쓰라린 이혼과 어머니의 죽음을 겪고 나서 그녀는 독실한 기독교인이 되었고 북한 난민을 돕는 데 헌신하기로 결심한다. 남한의 목사와 방문객들로부터 간헐적으로 제공되는 돈으로 북한을 방문하여 전도를 시작한다. 그녀는 기도 덕분에 여러 번에 걸친 중국 당국의 체포 위협을 견디며 공포를 극복하고, 북한에서 위험한 전도의 사명을 해낼 수 있었다고 생각한다. 그녀는 2006년 10월 북한이 첫 번째 핵실험을 했을 때 한민족을 위해 철야기도를 하기도 했다.

　북한 사람들을 위한 결연한 희생 아래에는 김 전도사 자신의 트라우마가 잠재해 있다는 것을 인터뷰 과정에서도 느낄 수 있었던 반면에 신 선교사는 내게 빈틈없는 중개자라는 인상을 주었다. 김 선교사처럼 그도 처음에는 사탕 도매로 큰 재산을 모았다가 광산 투자로 모든 것을 잃었다. 그 역시 남한의 경제적 발전을 신이 축복한 증거로 간주하는데, 성경 공부를 하는 북한의 학생들에게 신을 믿음으로써 남한의 성공을 자신들의 것으로 만들 수 있다고 했다.

6·25 전쟁 때 원산폭격을 당했던 남한이가 잿더미가 됐잖아요? 잿더미 되었던 나라가 선진국으로 되기까지, 이제 어떻게 생각하냐 그러니까, 사람들은 이렇게, 미국의 앞잡이들이니까 그렇게 미국이 후원해서 그렇게 된 거라 말하는데, 그럼 제가 말하죠. 네가 나한 테 그렇게 미국이 한 것처럼 6분의 1이라도 해줄 수 있느냐고 하면 그 사람들 대답 못 해요. 그러니까 그것은 분명히 어떤 축복이 지금 그저 과정을 통해서 오늘까지 되지 않았냐고 생각하지 않냐고 하면 그 사람들 대답 못 합니다. 저는 분명히 확신하는 게 뭐냐면 저는 분명히 하나님을 믿었고, 하나님이 도우셨고, 또 하나님의 축복 과정에서 이뤄진 것이 대한민국이다. 잿더미 되었던 나라가 선진국이 되기까지는 누군가 인간의 힘으로 된 것이 아니고, 어떤 하늘의 역사를 통하여 그렇게 된 것이다라고 말하게 되면 그 사람들 거기서 많이 신기함을 느낍니다. … 그 사람들 중국에 다 와 가지고 지금 우리 DVD도 보고, 드라마도 보고, 딱 보니까 대한민국에 대한 인식이 완전히 달라지거든요. 그제야 잿더미 되었던 나라가 저렇게 된 것은 정말로 누군가가 놀라운 역사과정에서 이뤄진 것이라고 많이 이야기합니다. 그것을 이제 우리 성경에서 찾게 되거든요. "네가 나를 좋아하고 나를 찾고 나를 믿고 따르게 되면 너를 모든 민족 위에 뛰어난 민족으로 만들 것이다." 그것은 하나님 약속이거든요.

기도는 영적인 대화라 말하거든요. 하나님과 나와의 대화. 이제 마태복음 7장 7절의 "구하라. 찾으라 찾으면 찾을 것이요. 두드리면 열릴 것이요"가 기도의 핵심이거든요. … 네가 원하는 거를 구하라

고 그것이 일반적인 대화라 하면 그 사람들이 편해 하거든요. 그들
이 자기감정을 잘 표현하고 있지 않아요? 감정을 표현하는데 거기
에 김일성만 빼고 하나님만 넣으면 그게 기도예요. 아! 저 사람들
감정 표현할 때 보게 되면. "아! 위대한 수령님" 막 나오잖습니까?
그걸 딱 바꿔만 내면 그게 훌륭한 기도예요.

**2007년 6월 28일 연길 인터뷰**

신 선교사는 2004년에서 2007년 사이에 한 달간의 성경 공부를
위해 북한에서 126명을 데려왔는데, 북한에서 당구장과 다른 여러
사업을 하는 어릴적 친구의 도움을 받아 이 일을 비밀리에 안정적으
로 운용했다. 서울 강남 지역에 위치한 대형 교회의 호스피스 그룹
이 정기적으로 후원하여 그는 비교적 넉넉한 생활을 하는 듯 해보
였다. 그는 성경 공부를 위해 불법으로 방문 중인 세 명의 북한 사람
을 필자에게 소개시켜 주며 그들과 만날 장소로 연길 시내의 인민공
원을 택했다. 그는 체포의 위험을 상기시키며 우리를 공원 끝자락에
있는 가파른 언덕의 덤불 속으로 이끌었다. 세 명의 북한 사람들은
모두 잘 먹고 건강해 보여 조선족으로 보였으므로, 이러한 조심성은
오히려 지나쳐 보였고 덤불 속에서 만나는 것이 오히려 더 주목을
끌 것 같았다. 나는 이러한 조심성이 그가 하는 일의 위험을 극적으
로 보이게 하기 위한 것이라는 생각을 지울 수 없었다.

돈은 비유적으로 '기독교' 그리고 남한의 동의어다. "북한 선교는
돈 없으면 못 합니다"라고 선교사인 김씨는 말한다. 그녀는 북한을
방문할 때마다 개종할 가능성이 있는 사람들에게 나눠줄 돈과 수

백 킬로그램의 쌀과 옷을 가지고 갔다. 개종자는 자신의 기도가 응답을 받았다고 느끼면, 예를 들어 손님이 이웃 행상이 아니라 자신에게서 호박을 산다든지 남편이 승진을 한다든지 하면 믿음을 서약했다(2007년 7월 2일 연길 인터뷰). 신 선교사는 한 사람당 선교 비용을 1,500위안으로 책정했는데, 여기에는 국경수비대에 줄 뇌물 500위안, 중국 연수 중 생활비 200위안 그리고 이들이 중국을 재방문할 때까지 6개월에서 1년간 북한에서 쓸 800위안이 포함된다. 어느 43세의 주부는 10kg의 쌀을 받고 고마움 반 호기심 반으로 성경 공부를 위해 두 번째 방문을 했다(2007년 6월 27일 연길 인터뷰). 북한 무산 광산의 52세 공장관리자는 경제적 고통에 시달리는 북한 사람들을 구원하려는 자신의 결심이 구약에서 자신의 민족을 멸망에서 구한 에스더와 같다고 했다(2007년 6월 27일 연길 인터뷰). 그는 큰돈을 버는 것에 관심을 보였다. 남한에 가서 돈을 벌고 싶어 했으며 필자에게 자신을 도와줄 수 있는지 물어보기도 했다. 그는 돈을 많이 벌고 싶다는 얘기를 한 다음에 신앙 고백을 뒷이야기처럼 덧붙였다. 중국에서 성경 공부에 참여하는 많은 북한 사람들은 남한에 오는 것에 비상한 관심을 가지고 있다. 신씨에 따르면 목사와 교회는 이들 가운데 성경 인용 능력, 신앙고백, 사회성을 따져 남한에 보낼 사람을 결정한다.

복음주의는 일상의 리듬을 통해 중국에서 사회적 필요노동시간을 구성하기도 한다. 조선족과 남한의 고용주들은 북한 노동자들을 훈육하고, 중국 고용인보다 적은 보수를 주는 수단으로 기독교를 활용한다. 어느 조선족 선교사는 한국 서울의 한 교회에서 오는 돈으로 연길에 탈북자 쉼터로 농장을 운영했다. 어느 북한 이주자는 이 농장이 선교사의 집을 유지하고 두 아들의 대학 학비를 마련하는 사업이 되어 버렸다고 불평을 했다.[67] 앞서 언급했던 수산대학 학생이었던 이는 자신이 한국인이 운영하는 중국 위해에 있는 가구 공장에서 일할 때 자신의 노동이 성경 공부와 뒤얽혔었다고 회고했다.

가구 공장에서 일했는데, 경대나 화장대를 만들어서 미국이라든가 일본에 팔고 하는 이 한국 회사에 사장 아바이 인식이 우리를 안전하게 재워 주고 먹여 주고 그러면 만족하라는 거지요. 성경 공부하고 일하고 했지요. 북한에서처럼 무작정 통제한다는 것이 싫어 가지구요. … 새벽에 밥 먹기 전에 다섯 시에 일어나 가지고요. 성경 공부란 게, 뭐 오늘은 무스게 한다고 설명을 쫙 해주고. 설명을 무슨 일장 연설을 하구요. 대표로 기도하고. 그렇게 한 시간 굴려요. 아침에 일어나자마자 하거든요. 그러고 나서 세수도 하구요. 일하러 나가고. 더 힘들었어요. 사실은 그 아바이 보면은 막 고마운 마음도 없지 않아 있지마는, 괘씸한 마음도 있지요. … 기독교에 대한 내 사고방식이 맞는지 모르겠는데, 상상적인 거지요. 현실이 아니구요. 기독교는. [저는] 그 당시에는 현실을 요구했거든요. 현실을. 기독교는 뭐 위안될까 봐 한 거구요. 저는 그때 당시에는, 위안되려고 그냥 합석하는 거지요. 그러면 그 사람들이 도와주니까요. 툭 털어놓고 말하면, 그렇게 하면 먹여주고 재워주고 세간살이 해주고 입혀주고 하니까요. 그런데 좋긴 좋아요. 그런데 뭐 저는

---

67  2002년 서울의 목사가 내게 보여 준 미발표 기록에 의거함.

푹 빠지고 싶지도 않구요. 자꾸 푹 빠지면 다른 걸 못 하니까요. 다른 거 지장 받으니까요.

**2002년 8월 12일 서울 인터뷰**

공장주는 그에게 적정 임금을 주는 대신 서울에 데려가주겠다고 약속했다. 몇 년을 기다리다 그는 공장주를 방에 가두고 돈을 훔쳐 중국에서 태국으로 넘어가는 2주간의 모험을 거쳐 남한에 오게 되었다. 그 한국인 공장주를 서울에서 다시 만났을 때 그는 분노와 감사의 마음을 동시에 느꼈다. 분노는 그가 5년 간 노동의 대가로 고작 1,500위안을 주었기 때문이며, 감사함은 자신에게 쉼터를 제공해주었기 때문이었다.

자본주의는 조선족과 북한 사람들의 무의식에 파고든다. 서로를 향한 이들의 모순된 감정은 한 집단이 다른 집단의 이데올로기적 형상이라는 것을 보여주는데, 이 형상은 지젝의 표현을 빌면 "[그들] 자신의 이데올로기 체제의 모순을 봉합한다"(Žižek 1998: 48). 조선족과 북한 사람들 상호 간의 이중적 태도는 조선족의 이주자로서의 문화적 비정통성이나 북한 사람들의 도덕의식과 인간성 부재에서 기인한 것이 아닐지도 모른다. 이들의 서로에 대한 강렬한 이끌림이나 상호 비방은 구체적인 것을 추상적인 것—이 추상이 원초적 종족성 이든 박탈할 수 없는 인간성이든—으로 환유적으로 도치하는 것과 관련이 있다. 라캉의 이론으로 보면 상대방의 이데올로기적 형상으로서의 각 한인 집단은 즉각적인 부의 축적이라는 자본주의적 꿈과 이들이 북한과 중국에서 얻지 못한 진정한 공동체를 향한 욕망을 상징한다. 자본주의적 관계를 종족적 관계로 도치하여 북한 이주민들은 자본주의적 꿈을 욕망하는 자신의 증상을 '향유'하고 이 꿈을 남한을 진정한 민족으로 상상하는 형태로 계속 갱신한다. 조선족 선교사들은 북한 사람들에게 남한의 경제적 기적에 대해 설교하며 남한으로 상징적 여행을 떠난다. 북한 사람들에게는 남한으로 간다는 것은 이산과 상품화의 반복으로서 앞선 중국 이주의 뒤를 잇는다. 이는 그들의 돈과 안전 그리고 새로운 공동체를 향한 욕망을 복원한다.

현재의 지구적 자본주의 회로는 종족 민족주의 안에 가둘 수 없는 하나의 과잉이다. 이 과잉은 "북한 주민에 대한 조선족의 마음의 빚" 그리고 "칼날 위에 서 있는 조선족의 운명"으로 표현되는데 연변대학의 박창욱은 이를 현재 조선족이 북한 사람들과 맺고 있는 관계의 핵심으로 묘사한다(『한겨레신문』 2002년 7월 29일). 그는 90년대 중반 이후 북한 사람들의 중국 이주는 '도피'가 아니라 '도강'이며, 이는 한인(조선인)과 중국인들이 공히 한 세기 이상 해왔던 것이라고 주장한다. 다시 말해 한인들은 두만강과 압록강을 19세기 말, 일제강점기 그리고 1960년대 어려웠던 시기에 건넜고 1990년대 들어 다시 건넌 것이다. 또한 50만 명 이상의 중국인들이 1960년대 초 기근을 피해 북한으로 잠시 이주했고 이들 중 일부는 북한에 화교로 남아 1990년 이래 두 나라 사이의 교역을 담당하는 상인이 되었다. 탈북 담론을 반박하려는 박창욱의 의도와는 달리 마음의 빚과 칼날은 실상 새로운 지구적 자본주의 네트워크에서 국경을 가로지르는 한인들의 통합이라 여겨진 것과 상치되는 차이의 유령들을 지칭할지도 모른다. 북한 사람과 조선족이 공유하는 종족적·민족적 과거가 기만과 착취의 극복을 위해 동원될 때 칼날과 마음의 빚은 역사적 과잉 혹은 생산의 지구적 회로의 억압된 현실을 의미하는 것일지도 모른다. 신 선교사에 따르면 이 (자본주의) 회로는 국적별로 세계화가 구성한 위계 안에서 한국인들을 계층화한다. 역사는 조선족이 자신들의 뒤틀려 버린 감정으로부터 떼어낼 수도, 풀어낼 수도 없는 부채의 형태로 돌아온다. 역사적 관점은 한인(북한 이주자와 조선족)들이 자신들의 고향이 북한이든 중국이든 고향과 맺는 현재의 관계 내에서 환원 불가능한 동요를 노출시키고, 지구적 생산 체인 내에서 그들이 처한 자본주의적 현재를 교란시킨다.

# 5 ——— 새로운 공동성(commons)을 상상하기

인간됨은 그 우연적 형태에서 시장, 복음주의, 종족 민족주의의 삼위일체가 조성하는 자본주의적 번영과 자유의 약속에 대한 중대한 비판 속에 있다. 여기서 필자는 중국에 거주하는 세 명의 북한 이주자를 소개할 것이다. 국가권력의 법적 질서는 북한 이주민에게 탈북자, 불법노동자, 인신매매 당한 여성이라는 이름과 장소를 부여해 이산자로 규정하는데, 이 세 명의 주체는 이러한 이산자상을 부정한다. 이 세 주체들은 인권운동가와 선교사들이 옹호하는 민주주의의 메타 서사를 비판한다. 이들은 사회주의에서 자본주의로의 역사의 이행론 또한 거부하는데, 이런 주체들은 이보다는 민주주의의 속성들을 자신들이 가진 사회주의의 기억과 역사적 전환(historical transition)의 경험을 통해 발견해낸다. 이러한 주체들의 탐구는 랑시에르의 노동에 대한 글쓰기 방법론을 따르는 데, 이는 "이미지를 긁어서 진실을 표면에 드러내는 것"이 아니라 "이미지를 옆으로 밀쳐내어 다른 형상들이 여기에서 합쳐지고 분해되도록 하는 것"을 목적으로 한다(Ranciere 1989: 10). 다음의 세 북한 이주민의 형상은 탈북자의 형상과 종족 민족적 주체가 옆으로 치워질 때 비로소 전면에 나타난다.

## 방랑 생활

북한 인권의 정치학에 도사리고 있는 것은 북한 이주민을 난민으로, 또 난민을 방랑자로서 부정적으로 규정하는 태도이다. 이런 형상화에서 북한 난민은 남한의 방문자나 선교사로부터 돈을 갈취할 목적으로 기만을 일삼는 걸인들이다. 마치 내일이 없는 것처럼 얻은 돈을 즉시 값비싼 담배와 술을 사는 데 다 써 버리며, 목적 없이 헤매고 이곳저곳을 떠돈다. 한 젊은 탈북자는 속인다는 뜻의 함경도 방언 '얼리다'라는 말로 이런 기만의 방식을 간략히 소개한다.

> 한국 사람에게 엄마 아부지 굶어 죽습네다. 난 못 먹고 삽니다. 난 집에 가고 싶다고 합니다. 돈을 주면 혜혜 하고 고맙다고 합니다. … 조금 주면 괘씸하죠. 응당 도와주어야 합니다. 비는 게 아니고 구걸하는 게 아니라 우리 아부지 죽는다 해서 돈 받는 것이죠.[68]

사회주의적 과거에 대한 해석은 인간성을 자선을 베풀고 받는 행위로 정의한다. 북한 이주민 문제를 오랫동안 취재해온 조천현에 따르면 탈북자의 사기 공식은 종족민족의 일원인 탈북자에 대한 한국

---

68  2006년 10월 24일 조천현이 보여준 비디오 녹화된 대화에 근거함.

인의 정을 이용하는 것에 그치지 않는다. 더 중요한 것은 이들의 사기 공식이 자신의 솔직한 감정과 필요를 감추도록 하는 북한의 자아비판이라는 사회주의적 전통을 반영한다는 것이다. 조천현은 탈북자를 거짓말을 하거나 냄새나는 옷과 더러운 몰골로 사람들의 동정을 불러일으켜 생존해가는 노숙자나 젊은 부랑자와 같은 기존 사회에서 배제된 집단과 동일하게 간주해야 한다고 한다. 즉, 이들의 기만은 이들이 단지 사회주의 경험에서 터득한 생존의 기술일 뿐이라는 것이다(2002년 10월 24일 서울 인터뷰). 서울의 한 대형 교회 목사 또한 그들의 사회주의 과거에 대해 다음처럼 반추한다.

> 지난 사회주의 체제가 탈북자의 말과 행동이 다른 이중적 또는 다중적인 인성을 만들어놓았습니다. … 통제와 감시 체제하에서 서로를 감시하고 살다 보니, 사랑, 존경, 희생 등 타인을 위한 가치가 없습니다. 이런 삶의 긍정적인 생각이 없이 탈북자들은 남을 돕기보다 그들로부터 뺏으려 하죠.
>
> **2002년 7월 24일 서울 인터뷰**

이 목사는 보수 기독교 단체인 한기총 소속으로 북한 선교의 선봉에 서서 연변에서 쉼터들을 운영했다. 2005년에 제3국을 통해 80여 명이 넘는 탈북자들이 남한으로 은밀하게 탈출할 수 있도록 조직했고, 서울에 있는 자신의 교회에서 십여 명의 탈북자들과 북한 선교 조직을 운영했다. 그에 따르면 탈북자들에게 필요한 것은 단지 돈이나 옷 같은 것이 아니라 두려움과 공포로부터의 자유 그리고 종교가 제공해줄 수 있는 새로운 삶의 목적이라고 한다. 그리고 복음주의가 북한 정권을 제거하기 위한 수단이며 북한 사람들을 구원하는 궁극적인 방법이라고 그는 말한다. 그는 중국 탈북자 가운데 일부를 성경 공부 후에 돈과 성경책 여러 권을 주고 북한으로 돌려보냈다. 이 같은 방법은 북한 정부가 선교사와의 접촉을 중범죄로 취급하기 때문에 이들의 신상을 위협하는 조치로서 북한 인권운동 내부에서도 논란이 되었다. 선교사 신씨 또한 북한 사람들의 통상적인 기만을 이들의 사회주의적 과거에 의해 형성되어 깊이 각인된 기질로 간주한다(2007년 6월 28일 연길 인터뷰).

거짓말을 사회주의적 전통이나 인도주의적 실천 탓으로 돌리는 것은 사회주의적 과거와 자본주의적 현재 사이를 연결하는 것이다. 북한 이주민들은 자신을 상품화할 때 지난 사회주의의 기억을 소환하고 동시에 자본주의와 동일시하는데, 이때 거짓말은 자주권을 되찾고자 하는 이들의 염원을 나타낸다. 어느 30대 초반 북한 이주민은 거짓말을 사회주의의 강탈이나 "조절하는" 습관에 기인한다고 본다.

어떻게 내가 살아 가려는가 하는 고민보다 어떻게 사람을 만나 어떻게 도움을 받을 것인가 생각하죠. 지금까지 북에서 살아온 평상시 습관이죠. 내 노력하지 않고 누구누구에게 붙어 살아요. 속이구 등쳐서. 내가 술 한잔 주면 네가 술 한잔 주고. 서로 뺏어서. … 큰 명판이 사회주의라 하지만 서로가 서로를 물고 뜯고 자본주의와 별다르지 않습니다. "각자 조절해서"[필자의 강조] 살고. … 중국에 가면 하늘에서 돈이 많이 내려온다는 허황된 꿈을 가지고 온다 말입니다. 한국 사람이면 응당 이만큼 줘야 된다, 안 주면 찾아가서 슬픈 소리도 많이 하는데 왜 돈 안 주냐고 하는 게 그래서 리.[69]

여기서 '조절'에 내포된 오래된 사회주의적 관행인 집단주의는 '서로를 갈취하는' 체제로 변형된다. 탈북자들이 기만의 형태로 조절의 집단적 관습을 도용하는 행위는 사회주의적 과거와 자본주의적 현재라는 일상적 이분법에 이의를 제기한다. 수십 년간 북한 정부는 집단주의와 개인의 물질적 동기 부여를 화해시키려 해왔다. 이 지점에서 탈북자들은 과거와 현재 사이의 시간적 연속성을 상정함으로써 비정부기구의 정치학과 북한에서의 사유화 모두에 저변에 흐르는 자본주의적 힘을 거부하는 정치적 주체가 된다.

기만과 유랑이라는 논란이 되는 행위는 새로운 인간성의 지형을 상상하는 주체들을 일별할 수 있는 드문 기회를 제공한다. 이 행위들은 기회주의적 정신보다는 상품화에 대한 이들의 역설적 경험을 드러낸다. 한편으로 거짓말을 함으로써 자기를 객체화시켜 자신의 교환가치를 생산하여 자신들의 주체성을 상품화 사슬에 연결시킨다. 돈을 노동의 산물이 아니라 하늘에서 떨어지는 것으로 상상할 때, 유랑은 돈을 향한 물신숭배를 강화할지도 모른다. 이들은 인도주의와 민족 통일의 시장에서 특정 경험을 팔면서, 독립적이고 자유로운 개인으로 교환에 참여한다. 이들에게는 이렇게 형식상의 자

---

69  2006년 10월 24일 조천현이 보여준 비디오 녹화된 대화에 근거함.

유가 남아 있는데, 여기서 그들의 선택의 범주는 시장에서 상품화된 인간성 담론에 의해 제한된다. 다른 한편으론 기만과 유랑 행위는 자신의 신체와 노동의 상품화에 대한 적실한 개입으로서, 자본주의적 생산적인 노동의 개념을 거부한다. 이들의 안일함과 유랑은 초기 산업화 시기에 영국과 프랑스에서 노동자들이 새로 강요된 노동시간에 대한 저항의 발판으로 활용했던 느긋함과 게으름의 실천을 연상시킨다(Ross 1988; Ranciere 1989). 북한 사람들의 게으름과 과소비는 쾌락을 위한 즉흥적 소비를 절제해 자본을 축적하고 계속 이윤을 창출하는 자본주의적 정신을 거부한다. 이는 돈의 축적과 자본으로의 전환을 거부하는 것과 다를 바 없다. 이러한 거부는 생산과 소비 사이의 고리를 파괴하며 복음주의, 북한과 중국에서의 종족 민족주의라는 이름으로 강요된 노동 규율을 비판한다. 유랑을 하며 이들이 버는 돈은 '자본이 아닌 수입'인데, 왜냐하면 이 돈은 생산투자와 순환을 통해 새로운 가치를 실현하지 않기 때문이다(Marx 1993: 546). 유랑 생활에서 돈은 비생산적인 소비로 사라진다.

## 노동에 대한 옹호

유랑의 반대편에는 육체노동을 인간다움의 원천으로 가정하는 노동자의 주체가 있다. 육체노동에 대한 강조는 이런 주체상을 사회가 장려하는 바람직한 생산적 노동자상으로부터 분리시킨다. 비주류의 주체들이 노동을 옹호하는 것은 기업가의 미래를 위해 돈을 저축하려는 욕망 때문이 아니라, 자신의 노력과 땀이라는 신체적 활동을 통해 자신의 주권을 추구하려는 것 때문이다. 앞 절에서 인용한 30대 초반 남성은 자신의 일이 자립과 인간적 존엄성을 지탱한다고 믿기에 인도적 지원을 받는 대신 힘든 노동을 선호한다.

> 동정심이 아니라 뭘 배워 줘야 하는데 돈부터 주니까. 교회에 가서 한두 시간 얘기하면 400원도 주고 500원도 준다 하는데 그 소리 들으면 괘씸하더란 말입니다. 나는 일하는데 변소 청소해서 한 달에 250원 받습니다. 교회 사람들이 괘씸하단 말이, 노는 사람 돈 주고, 정말 땀 흘려 일하는 사람은 안 도와 주고. 괘씸한 생각에, 나도 그런 생각에 100원 200원 받아보고 그럴 때면 나를 억제하고 유혹되지 말자 하고 형제들을 위해서 돈을 벌어야 한다는 생각으로 그런 유혹을 뿌리친다 말입니다. 도와주면 내가 보답하기 위해서라도 열심히 해야 된다 하고 생각하고, 이런 마음을 항상 내 마음에 염두에 두고, 형제들을 생각하고 어떻게든 더 벌어야겠다는 생각을 머릿속에 두고 계속 생각해서 돈의 그런 유혹을 뿌리친다 말입니다. 아니면 나도 똑같은 것이라고. 나도 서비스받자고 한 보름 돌아다닌 적도 있습니다. 내 절로 포기해버렸는데 이게 아니라 내가 스스로 노력해서 사는 게 옳다고.

그는 사람다움과 육체노동 간의 상호 관련을 강조하며 품위와 자급자족을 강조했다. 그는 예외적 이주자다. 일이 북한 이주민의 삶에 중요하지 않아서가 아니라 북한 인권운동 담론의 책략 때문이다. 중국에 거주하는 북한 이주민들은 한족 중국인을 위해 일하는 것이

드물지는 않지만, 대부분 조선족이나 한국인 고용주 밑에서 일한다. 이들이 겪는 착취의 내용은 다른 곳의 미등록 노동자들이 겪는 것과 다를 바 없다. 일터에서 신체적 언어적 학대, 낮은 보수, 임금 미지급, 임금 지불 없는 불시 해고, 고용주의 고발 위협에 시달린다. 일터에서 이들의 경험은 우리에게 익숙한 난민으로서의 탈북자들에 대한 표상과 충돌하며, 따라서 북한 여성의 인신매매에 대한 언급 이외에는 좀처럼 전형적인 탈북자 담론의 전면에 등장하지 않는다.

공중화장실 청소는 '비생산적'이고 비정규적인 노동의 기호다. 이런 일은 본토인이 꺼리기에 미등록 외국인에게 가장 먼저 떠넘기는 그런 일이다. 이런 일은 또한 법률적 계약, 기계화, 과학 기술과 연관된 근대적 형태의 노동과도 거리가 멀다. 유럽에서의 자본축적과 노동의 역사 안에서의 노동과 비교하면, 화장실 청소는 서구에서 1830년대에 장인들이 자신들의 작업장을 만들고 다른 노동자들을 고용하려고 투쟁했던 장인들의 미래의 기업가적 활동으로 이어질 가능성은 희박하다. 이런 북한 이주민들의 일에 대한 옹호는 이보다는 인간적 존엄, 자립, 평등을 추구하며 장인들에 대항했던 제단사들의 파업과 유사하다(Ranciere 1989). 북한 이주민이 낮은 보수의 육체노동을 고집하는 것은 그가 노동하는 동안 자신의 노동력을 전용하는 것을 함축적으로 보여준다. 이러한 논리는 시장가치의 극대화라는 자본주의의 법칙에 대립된다. 저축을 하여 북한에 사는 여동생들에게 돈을 보내고 싶지만, 그는 자본축적의 논리에 맹목적으로 굴복하기를 거부한다.

그는 자신의 일을 더 큰 교환가치가 아니라 존엄성과 연결시켜 자신의 노동을 '산 노동'으로 재정의한다. 육체노동에 대한 옹호는 시장이 제공하는 자유와는 다른, 새로운 종류의 자유에 기초한 사회적 관계를 향한 열망을 표현한다. 일터에서의 착취는 사유재산과 이윤의 극대화를 가정하고, 시장은 자유를 재산을 가진 개인들 간의 관계로 제공한다. 이와는 달리 그가 땀 흘리는 고된 노동을 선택하는 것은 인권운동가 그리고 공장 소유주와의 노동의 교환과 말의 교환에 쓰인 추상적 노동 혹은 사회적 필요노동시간에 저항하는 것이다. 이런 주체는 마르크스가 말한 자신의 존재로부터 소외되고 객체화되는 노동의 형태를 거부한다(Marx 1993: 461). 미래의 목돈보다 육체노동을 선호할 때, 노동은 이런 주체 자신의 속성이 된다. 이 절대적 자유의 추구에서 인간됨은 (노동)시장에서의 평등한 교환이라는 형식적 평등의 형태나 법과 국가 정책에 의한 임금과 노동 일수의 협상을 통한 유사 평등에 기대지 않는다. 이러한 협상은 단지 문제를 법 질서 내의 계약상 평등으로 옮겨놓을 뿐이다. 육체노동의 옹호는 북한 정부와 비정부기구가 요구하는 집단적 이념들에—사회주의적 혹은 자본주의적이든 민족주의적 혹은 종교적이든—구속받지 않는 개별성을 찾으려는 이상적 시도이다. 이러한 주체상은 착취에 대항하여 투쟁하는 새로운 집단성을 요구하는 것이 아니라 고립과 개별성의 그림자상을 표현한다. 불운이 닥쳐 그가 길거리에 나앉게 된다고 해서 이런 개별성으로 인해 그는 이기심이나 물질주의로 빠지지 않는다. 그는 안정을 버리고 새로운 존재의 양상으로서의 자신의 몸과 새로운 관계를 택했다.

## 국가 없는 민족

새로운 민족공동체는 새로운 공동성으로 상상된다. 이 공동성이 국가(남한이나 북한)와 조선족과의 종족적 동일성으로 환원되지 않는다는 점이 중요하다. 이런 주체성은 한씨(가명)에 의해 분명하게 서사된다. 그는 중국에 거주하는 미등록 북한 주민이면서 남한으로 이주하는 것도 즉시 북한으로 돌아가는 것도 거부하지만 민족을 숭고한 공동체로 간주한다(2006년 10월 13일 연길 인터뷰). 그는 열여섯 살 되던 1996년 아버지와 함께 중국에 와서 연길과 산동의 농장, 알루미늄 창문틀 공장, 작은 식당, 남한인 소유의 방직 공장, 여행사 등지에서 일했다. 필자는 연길에서 그와 여러 시간 대화를 나누었는데, 필자가 중국과 남한에서 인터뷰한 북한 이주자들 가운데 가장 논리정연한 사람이었다. 정식 교육은 거의 받지 못했지만, 그의 정리된 해박함은 뛰어난 중국어 실력은 물론 북한의 핵실험과 국제 문제에 대한 예리한 그의 견해에서 분명히 드러났다. 민족의 중요성에 대한 그의 인식은 자신의 이주 경험의 기저를 이루고 있는데, 그가 어려움에 처할 때 도와줄 사람은 남한 사람이든 조선족이든 같은 피를 나눈 한인이라는 것이다. 그는 이태리 토리노에서 열렸던 2006년 동계 올림픽 개막식에서 남북한이 동시 입장하는 것을 보며 감정이 북받쳐 목이 메었던 경험을 회상했다. 그는 자신의 처지를 나라 없는 사람은 상갓집 개만도 못하다는 김일성이 했던 말과 연결시킨다. 그가 남한으로 가기를 거부하는 것은 남한을 정통성 있는 유일한 나라로 상정하는 북한 인권운동가들에 역행한다. 그도 처음에는 민족적 정서 때문이 아니라 경제적 안정을 위해 남한에 가려고 했지만, 중개인들에게 몇 번이나 속은 후에 포기했다. 그는 남한으로 가더라도 다른 탈북자들이 당하는 것처럼 남한에서 차별을 받게 될 것이라는 사실도 명확히 알게 되었다.

한씨의 주체성은 현재의 자본주의적 질서 안에 놓인 자신의 욕망을 포기하지는 않지만 진정한 민족을 향한 염원을 표현하고 있다. '자본주의 없는 자본주의'를 열망하는 이러한 모순적 주체성은 북한에 대한 그의 깊은 양가감정에서 발견된다. 그는 북한의 새로운 물질문화, 만연한 타락, 불평등을 혐오하지만, 그 자신은 1990년대 이래 남북한과 조선족 공동체를 통합하는 더 광대한 지구적 자본주의 체제의 일부다. 예를 들면 2004년 여동생과 어머니를 데려오려고 비밀리에 북한에 갔는데 그때 느낀 바를 다음과 같이 얘기한다. "돈이 북에서 잘 통해요. 옛날에는 돈이 자본주의라 했는데, 지금에는 돈이 애국이다, 돈으로 애국할 수 있다, 나라가 중하니까 돈이 애국이다, 개인의 수입을 나라에 바치라는 것이지요." 그가 보기에 평양과 다른 곳 부자들의 삶은 중국인들이 놀랄 정도이다. 그는 어떤 이들이 '쌀은 공산주의'라는 사회주의의 정신을 배반하며 쌀을 20톤이나 장마당에서 파는 사람도 보았다.[70] 그에 따르면 결코 정당한 방법으로 그토록 많은 돈을 벌 수 없으며 북한에서는 돈이 돈을 낳고 돈으로 잘못에 대한 면죄부를 산다고 한다. 그는 언젠가는 북한으로 돌아가 사람들을 도와주고 어린이를 가르치고 싶지만, 현재의 북한

---

70  북한에서 사회주의 건설의 탈식민지적 성격에 대한 논의로는 7장을 참고할 것.

은 진정한 민족적 정통성이 결여됐다고 말한다. 그는 북한 방문 기간에 자신의 생활 수준이 북한의 보통 사람들보다 높아져서 그곳에서 하루하루 적응하기가 힘들다는 것을 알게 되었다. 그는 머물던 집에서 밥을 먹는 것보다 외식을 선호했는데 주변인들로부터 돈이 어디서 나는지 의심을 사는 바람에 결국 체포되기에 이르렀다. 그는 감옥에서 심문을 받는 것보다 사료용 옥수수로 만든 음식이 견디기가 더 힘들어 결국 18일 동안 체중이 8kg이 줄었다. 그는 고향에서 그대로 살고 싶어 하는 어머니를 뒤로하고 여동생을 데리고 중국으로 돌아왔다. 중국에 돌아와서는 돈 버는 일에 매진하였는데 그 이유는 돈이 없어 아버지가 일찍 죽었고, 그도 중국 공민증을 사려고 했기 때문이었다.

그는 새로운 한민족 공동체을 염원했지만 적어도 당분간은 무국적 신분임에도 불구하고 중국에 살고자 한다. 그는 조선족이 민족성을 잃어버렸다고 폄하하면서도 유창한 중국어로 조선족 행세를 하기도 한다. 의심을 사지 않으려고 조선말을 할 때는 조선족 사투리를 쓰고, 서너 개의 가명을 사용하며 수시로 전화번호를 바꾼다. 청도에서 일하는 여동생과는 의심을 살까 봐 통화보다 문자 메시지를 주고 받고, 남한에 간 친구나 친지와는 도청의 위험을 피해 이메일을 사용한다. 한족 중국인인 그의 여자친구는 경찰의 의심을 사지 않도록, 특히 여행할 때 그를 보호해준다. 경찰에 신고를 당하지 않기 위해 조선족과의 만남은 가급적 줄이고, 다른 북한 사람들은 되도록이면 만나지 않는다. 필자가 그에게 서로 도우며 사는 것이 낫지 않느냐고 묻자 그는 주체사상의 언어로 "자기 운명은 자기가 개척해야" 한다고 했다. 그의 생각에 중국에서 북한 사람들은 서로에게 해를 끼치지 않는 것으로 족하고 같은 민족이 서로를 속이지 않는 것으로 충분하다. 필자가 남한에서는 미등록 조선족 노동자들이 서로 도우며 산다고 하자, 그는 그들이 중국으로 돌아가도 처벌받지 않기 때문에 그렇게 할 수 있다고 대답했다. 중국에 있는 북한 사람들은 체포되어 북한으로 추방되면 중국에서 만난 다른 북한 사람을 대라고 고문을 당한다는 것이다. 많은 북한 사람들이 북한으로 돌아가는 것은 가난과 굶주림에도 불구하고 북한에서 사는 것이 더 편하기 때문이라는 말도 그는 덧붙였다.

새롭게 상상된 정치 질서는 그의 파편화된 주체성에 일시적 위안을 제공한다. 이 새로운 상징적 질서는 그가 나라, 국가, 조국, 그리고 민족을 구별함으로써 틀이 만들어지는데, 이 모든 것은 민족국가 체제 안에서는 동의어가 된다. 그가 보기에 한민족은 혈연에 기초하고 있으며 남북한 사람들만을 포괄하며, 조선족은 이들의 문화적·정치적 비정통성으로 인해 제외된다. 그의 국가 개념은 북한의 김정일 체제처럼 정치 체제를, 조국은 북한을 지칭한다. 그에게 나라는 중국인데 나라는 구성원으로서의 사람의 중요성을 가리킨다.

저의 민족의 개념은 국가를 초월하고 있어요. 다 같은 민족으로 국가를 초월해서 민족을 생각하고, 한국이나 조선이나 다 한민족이고. 국가의 틀에서 보면 어색하고, 같은 단군의 자손이라는 틀에서 보고 통일을 그 차원에서 생각해야지 아니면 힘들어요. … 나라와 조국의 의미는 거의 비슷하기도 하고 다를 수 있어요. 저의 입장에서 나라는 중국, 조국은 조선, 북에 사는 사람은 나라와 조국이 하나고. 저희가 배우기를 조상 조(祖), 나라 국(國), 조상이 살던 나라가 조국, 어디에 살든지 조국은 조선이다. 이 개념하에서 보면 일본에 있는 조총련에게도 조선이 조국이지요.

**2006년 10월 13일 연길 인터뷰**

그는 민족과 국가를 분리시키는데 이 분리는 그 자신의 주체성의 과잉을 드러내고 있다. 진정한 민족을 향한 그의 염원과 현 상태의 남북한에 대한 부정은 인권에 대한 근대적 모순을 전형적으로 보여주며, 더욱 중요한 것은 그가 이 모순을 극복하려는 열망을 드러낸다는 것이다. 그는 한 나라의 시민이 되기를 열망하지만 국가주권 아래 놓인 시민의 권리의 한계 또한 인식하고 있다. 한편으로 그는 시민권이 "저도 사람이란 증명"이며 투표할 자격이 있다는 증명이라고 말한다. 그는 공민권이 나오기 1년 전인 16세 때 북한을 떠났기에 북한을 포함해 어느 나라의 국적도 보유한 적이 없다. 단지 북한에서의 출생 기록이 있을 뿐이다. 그는 다른 한편으론 아버지의 과거에 대한 기억을 바탕으로 국가를 비판한다. 아버지가 고아였기에 가족의 등급과 정치적 배경을 확인받기 어려웠고, 불분명한 정치적 태생 탓에 아버지의 삶은 계속해서 뒤틀려왔다고 한다.

그는 민족, 국가, 나라, 조국을 서로 구분함으로써 모든 가능한 정체성을 거부하고 그 대신 약속되었으나 실현되지 못한 유토피아적 공동체를 향한 그의 열망을 표현한다. 이런 유토피아적 공동체가 민족의 언어로 표현될 때, 민족은 현재에 대한 비판을 현존하는 민족

국가 비판으로 전환시키는 또 하나의 정치적 환등상을 만들어낸다. 민족이라 일컫는 유토피아는 새로운 사회적 관계를 전체성이라는 편리한 개념으로 도치된다. 이 도치는 새로운 민족적 공동체에 호소함으로써 현 민족국가를 부정하는 것이 여전히 민족이라는 동일한 상징적 한계 내에 머물러 있음을 의미한다. 민족이란 하나의 잔상으로 '자유 노동'이라는 모순적 상태를 초월할 수 있다는 환상을 제공한다. 그러나 그는 이전 사회주의적 유토피아와 자본주의적 현재를 나란히 배치함으로써 이런 근대적 환등상을 허물며 국가와 국가의 법의 어두운 면을 자각한다. 그가 자본주의 세력과 맺는 명민한 관계는 그의 명료화되지 않은 남북한 거부를 지배하는데, 이 자본주의 세력은 그를 북한에서 몰아내었고, 자유롭고 자족적인 유동 노동자가 되고자 하는 욕망을 만들어낸 것이다.

한씨의 공동체에 대한 전망은 또다시 한민족의 통일에 특별한 의미를 부여하는데, 특별히 한인을 강조한다. 그에 따르면 (남북 어느 쪽이 다른 쪽을 흡수하여) 하나의 국가를 형성하는 통일의 오래된 공식은 더이상 유효하지 않다. 통일은 여전히 "굶주림에 시달리는 이들의 꿈"이다. 6장에서 논했듯이 남한의 좌파와 우파의 정치학은 자본주의 체제가 민족 통일을 위한 동력이라는 관점에서 기묘한 합의를 이루며, 이들은 한국전쟁과 이로 인한 민족의 분단의 바탕을 형성했던 반식민지 투쟁의 유토피아적 꿈을 지워버린다. 이러한 국면에서 한씨가 현재의 남북한 모두를 거부하는 것은 이러한 과거의 꿈을 지우는 것에 저항하는 행위이다. 그는 한민족의 원역사를 소환하여 역사의 새로운 시간을 구성하는데 이는 과거 실현되지 못한 꿈이 현 자본주의에 의해서 다시 소급되는 것을 보여준다.

이제까지 논의에서 다룬 세 유형의 우연적 주체들의 정치학은 기존의 인권 담론에 의해 가려져 있다. 이 주체들은 새로운 공동성을 상상하는 전략과 함께 이 상상의 모순성을 드러낸다. 이들은 정형화된 국가 폭력의 피해자나 죽음을 무릅쓰고 자유를 찾아나선 영웅적인 이미지를 탈피하며, 대신 무산자의 조건에서 자유를 실현하려는 불안정한 주체들이다. 현재에 대한 이런 중대한 비판은 이 세 주체들의 인간성을 담고 있다. 이 비판은 사회주의와 민족의 균질한 시간(homogeneous time)으로부터는 물론 자본의 보편적 시간(universal time)으로부터 현재의 시간성을 단절시킨다. 공동성을 위한 투쟁은 현재의 비단선적인 시간 안에서 일어난다.

# 6 ——— 자본주의적 관계와 일상의 정치화

"올 필요는 없었지만 그래도 …"라는 이주에 관한 모순적 표현은 이주의 의미를 국가의 통제와 개인의 영웅적 탈출을 가로지르는 북한에서의 일상적 실천의 영역에서 찾는다. 근래 일상의 정치학은 사회주의와 자본주의를 상반된 것으로 해석한다. 그렇지만 북한에서 중국과 남한으로의 국경 횡단 이주는 부정(negation)의 반복으로 이를 통해 북한 사람들은 자신의 노동의 상품화를 초월하는 동시에 지속한다. 이주는 북한 사람들을 칸트적 의미의 초월적 주체로 만듦으로서 '상품 형태'(commodity-form)가 되어 묘한 영향력을 행사한다.

마르크스는 자본주의적 착취가 어떤 종류의 '불평등한' 교환을 수반하는 것이 아니라 평등한 교환에서 발견되며, 이런 교환에서 노동자는 자신이 파는 노동력의 온전한 가치에 대한 보상을 받는 것처럼 보인다고 주장한다. 그의 근원적 통찰은 자본주의적 불평등의 모순, 즉 시장교환이 평등의 원칙을 위배하는 것이 아니라 평등의 논리 자체에 내재한다는 것을 드러낸다(Žižek 2009:173 참조). 마르크스의 통찰은 민주적 주권의 분석을 생산과 순환의 과정으로 옮겨오고, 자본주의적 관계를 민주주의와 연계시키는 일상의 정치학에 주목하도록 한다. 벅모스는 산업 근대성 분석에서 대중 유토피아를 민주주의의 한 형태로 개념화하는데, 자본주의 세계와 사회주의 세계 모두가 공히 탈냉전기에 와서 이 미몽에서 깨어났다는 것이다(Buck-Morss 2002: 209). 1990년대 중반의 식량 위기는 사면초가에 놓인 북한의 대중 유토피아의 위기를 보여준다. 이 8장에서 필자는 자본주의를 자유와 평등을 향한 동력으로 상상하는 시장 유토피아로의 전환을 검토했다. 국경 횡단 이주는 시장 유토피아를 재생산하며 동시에 자본주의의 해악을 초월하려는 행위이다.

조선족과 북한 사람들의 서로를 향한 뒤틀린 정서는 자본주의가 모순적인 욕망의 생산을 통해 확장하는 것을 보여준다. 남한의 선교사들은 치유자의 역할을 하며 개개인을 민족국가라는 공동체와 완벽하게 통합하려는 헛된 노력을 기울인다. 이들은 복음주의를 통해 신자유주의적 자본주의에 관한 시장의 환상을 또 하나의 추상적 영성의 언어로 바꾸어 부의 축적의 공식을 해독해낸다. 이 지점에서 세 명의 우연적 주체상은 소환된 운명—이 운명이 통일된 민족이든 혹은 자본주의 공동체이든—에 저항하며 자신들의 월경 이주라는 현재의 경험을 재구성한다. 신체적 추방, 육체노동, 무국적 민족 옹호로 인해 이들의 수행적 집단 활동은 공동체의 일치되지 않는 여러 파편들로 분해된다. 이 파편들은 공동체를 향한 보편적 염원이 각자의 신체에 각인된 꿈의 모자이크 같고, 이 신체는 이런 꿈이 구체적으로 실현되는 물적 공간이자 궁극적 주권의 공간이다.

# 결론

남북한의 통일은 하나의 독립된 한민족국가를 세우기 위해 한반도의 영토적 통일을 상상했던 냉전기의 탈식민 기획이었다. 이 책에서 필자는 이 남북한 통일이라는 냉전의 문제의식을 정치의 근대적 미학에 관한 문제의식으로 전환시켰다. 이런 문제의식을 구성하는 교차대구법(chiasmus)은 따라서 민족적 주권과 영토적 통합이기보다 근대적 주권과 지구적 자본주의다. 이러한 접근은 남북의 영토적 통일이라는 과제에서 탈냉전기인 현재 트랜스내셔널 코리아의 형성으로의 중대한 전환을 드러낸다. 트랜스내셔널 코리아의 형성은 자본주의 남한, 사회주의 북한 그리고 한인 디아스포라 공동체들에 의해서 경제적 위기의 경험에 새겨진다.

트랜스내셔널 코리아인 공동체의 이러한 여러 주체들은 오늘날 정체성 정치와 시민사회운동의 세계에서 마치 섬처럼 서로 분리되어 있다. 예를 들면 남한의 노조 가입 노동자들은 일자리의 안정성과 조직의 대표성이 박탈된 비정규 노동력인 이주노동자들과 대비된다. 그리고 조선족 이주노동자들은 일제 치하에서 중국으로 이주했다가 이주노동자로 남한에 귀환했기에 '식민지 귀환자'로 각인되어 '범세계적(cosmopolitan) 주체'로 규정되는 비한인 이주노동자들과 대비된다. 나아가 북한 이주민은 전체주의적 체제를 탈출한 '난민'으로 명명된다. 이 책은 이런 주체들 사이의 복잡하고 미묘한 연관성을 보여주었는데, 이들의 국경을 가로지르는 관계는 지구적 규모의 위계적 한인 공동체를 만들고, 근래의 자본주의와 민주주의 체제의 논리를 내포한다. 여기서 필자는 트랜스내셔널 코리아를 국경을 횡단하는 한인 이주자들의 역공간(liminal space)으로 만드는 과잉과 모순을 설파했다.

트랜스내셔널 코리아는 각각의 한인 공동체가 신자유주의적 개혁을 채택하여 각자 사회의 고유한 위기를 극복하려 하고, 자본주의를 민주주의의 계기로 상상함에 따라 일련의 비동시적 신자유주의적 개혁을 수반하게 된다. 구사회주의와 자본주의의 경계를 가로질러 진행되는 경제의 사유화와 탈규제는 법치, 자유, 국가 폭력에 대한 배상 등 여러 가지로 해석된다. 시장과 법치의 수립은 남북한의 평화로운 화해와 인권 보호를 위해 필수라고 여겨진다.

필자는 시장 유토피아를 배상, 평화, 인권운동의 민주적 정치학이라고 개념화했다. 이 민주적 정치학의 영역에서 시장 유토피아의 등장은 지구적 자본주의가 민족국가의 주권과 밀접하게 연결된 대중해방의 근대적 이상과 점점 더 분리되고 있다는 것을 의미한다. 사회주의 국가들의 붕괴가 만들어낸 정치적 진공 상태와 경제 위기에 대한 두려움 속에서 신자유주의적 자본주의의 도래는 20세기에 산업 근대성이 자본주의와 사회주의의 형태로 상상되었던 것처럼 문화적 상상력의 행위를 지배한다. 필자가 상세히 다룬 것은 배상, 평화, 인권의 자유주의적 목록들이 공유하는 논리이다. 이는 자본주의를 시장과 민주주의로 추상화함으로써 등장하는 논리이기도 하다. 이런 공유된 논리는 사유재산제, 법치, 그리고 (국가)폭력으로부터의 자유의 숭고함이다.

## 통일을 향한 열망과 자본의 무의식

트랜스내셔널 코리아는 남북 통일의 담론과 정치학을 회피하는 집단 무의식이다. 통일을 향한 열망이 신자유주의적 자본주의 그리고 자본주의의 유토피아 정치학에 의해 초국적 형태로 재구성되면서 이 집단 무의식은 자본주의적 무의식이 된다. 트랜스내셔널 코리아의 물질적 구성 요소는 신자유주의적 개혁, 산업자본의 가변적 결합, 금융자본, 국가, 그리고 한인 사회들을 넘나드는 자본과 노동의 연쇄적 이주들이다. 이런 물질적 변화는 서사적·정동적·신체적 형식으로 상징화되어 집단 무의식을 만들어낸다. 자본의 무의식을 인식함으로써 남한 사람들은 자신이 냉전의 승자라는 착각에서 벗어나 북한 사람과 조선족을 더 이상 인도주의와 탈식민화의 대상으로 바라보지 않게 될 수 있다. 이런 깨달음은 궁극적으로 남한 사람들이 자신의 자본주의와 민주주의의 위기를 직시하도록 하는데, 현재 이 위기는 민주화와 신자유주의 단계를 둘러싼 진전 없는 논쟁 속에 매몰되어 있다. 이러한 남한의 민주주의 논쟁에 있어서 그 자본주의적 기반을 인식하면 1990년대 이래 새로운 자본주의 체제에 의해 야기된 한민족과 국가주권 개념의 역사적 변화 또한 인식하게 될 것이다. 나아가 새롭게 등장하는 자본주의 체제의 역학을 이해하면 남한은 민족 분단으로 인해 지속되는 인간적 비극을 둘러싼 통탄과 남북한 통일을 둘러싼 경제적 우려 사이에서 야기되는 정치적 윤리적 갈등을 극복할 수 있을 것이다. 이산가족 문제와 계속되는 북한 사람과 한인 디아스포라들의 도구화에 대한 해결은 새로운 자본주의 네트워크와 이들을 하나로 묶어주는 이 네트워크의 자유와 권리의 수행적 정치학을 이해하는 것에서 찾을 수 있다. 이런 실천을 통해 우리는 자격을 갖춘 시민, 난민, 노조 가입 노동자, 이주노동자, 귀환 동포 등으로 인간을 나누어 정체성과 권리를 구분하는 사회의 규범적 범주를 넘어서 공동성(the commons)을 향한 새로운 지평을 그릴 수 있게 될 것이다.

자본의 무의식은 위기가 역사 해석에서 진정한 문제로 등장함에 따라 역사적 무의식이 된다. '위기'라는 말의 근대적 용법은 계몽주의, 프랑스혁명, 과학 그리고 자본주의의 역사적 진행에서 자아와 공동체의 형성과 관련되어 있다(Latour 1993; Jameson 2013; Roitman 2014). 코젤렉에 따르면 절대 권력의 붕괴, 사회적 동요, 기술적 혁신 속에서 가속화된 역사적 변화의 시간성은 "미래로" 도피할 것을 요구하는데 "그 미래 속에서 지금은 이해할 수 없는 현재가 역사철학에 의해 포착되어야 한다"(Koselleck 2004: 22). 다시 말해 "정치와 예언"이 현재에 대한 인식을 대신하게 된다. 필자는 위기와 근대성 논의를 확장하여 위기를 단순히 자본축적의 사회경제학의 관점에서뿐만 아니라 자본축적과 이 축적의 정치문화적 매개에서 발생하는 역사와 일상적 경험이라는 문제의식으로 탐구했다. 서로 얽혀서 진행되는 신자유주의적 개혁과 정치적 민주화를 마주하여 남한은 1987년의 민주화를 현재의 지표로 1997년의 신자유주의와 대립시키는 치열한 역사적 시대구분 논쟁을 벌였다. 중국과 북한에서 국가와 개인은 신자유주의적 개혁을 실현되지 못한 사회주의의 꿈에 대한 배상으로 제시하여 현재에 대한 해석을 첨예한 정치적 문제로 만든다.

현재에 대한 한인 사회들의 논의는 이행론들을 상정하는 지구적 자본주의와 민주주의에 대한 현재의 이론적 논쟁을 반영한다. 여기에는 산업자본주의에서 금융자본주의로의 이행, 자본주의에서 사회주의로 그리고 다시 자본주의로의 이행, 그리고 대중 유토피아에서 시장 유토피아로의 이행이 있다. 당대의 자본주의 형태에 대한 여러 가지 어휘들, 즉 약탈적, 투기적, 신자유주의적, 금융적 혹은 생명정치학적 등은 과거의 표현들인 발전적, 장기적, 고용 창출, 생명을 부여하는, 그리고 민족에 기반한 산업자본주의의 유형 등과 대조된다. 최근의 자본주의에 대한 영향력 있는 논의는 역사의 진보라는 개념을 옹호하지 않으며, 대신 악화되는 불평등에 대한 비관적 증언들을 제시하고 더 바람직한 민주적 대안을 만들어가고자 한다. 그렇지만 이런 논의들은 변화하는 지구적 정치경제로부터 새로운 논리를 포착하면서 역사적 진보의 관념과 유사하게 현재를 가리는 결과를 초래한다.

현재를 파악하려는 욕망은 냉전의 종식과 함께 대중 유토피아 정치학의 거부 속에 존재한다. 1990년대 이래 남한에서 민중운동이 시민운동과 정체성 정치로 전환된 것은 현재를 예정된 미래 없이 접근하려는 시도이다. 필자는 이런 새로운 민주주의 정치학을 시장 유토피아로 분석함으로써 일상을 매개체 없이 그대로 경험하고 싶은 욕망을 자본주의가 재빨리 전용했음을 보여주었다. 시장 유토피아의 가장 놀라운 특징은 차이를 실현한다는 약속으로 이는 정체성 정치의 상징이다. 오늘날의 시장 유토피아는 현재주의를 조장하며 이전의 유토피아적 사유의 초월적 논리에서 이탈한다. 자본주의를 시장으로 추상화함은 유토피아를 미래적인 것이 아니라 영원히 현존하는 것으로 상상한다. 예를 들어 「재외동포법」에 대한 논쟁을 보면 한국에서 1990년 말부터 한민족 구성원의 자격 기준이 임의로 만들어졌는데 세대, 문화적 특성, 과거의 국적, 이주 시기 등이 그것이다. 이 논쟁은 남한의 정치학에서 표상되듯이 단순히 민족과 디아스포라 사이의 충돌이나 세계주의와 민족주의 사이의 충돌에서 생겨나는 차이와 정체성을 두고 벌어지는 것이 아니라, 조선족을 노동권과 이동권을 가진 이주노동자로 보기를 거부하는 자본주의적 무의식을 담고 있다. 민족 구성원의 자격에 대한 진전 없는 열띤 논의는 결국 남한 사람들이 자신의 자본주의적이고 민주주의적인 현재와 대면하지 않으려는 무의식적 거부를 가리키고 있다.

## 비동시적인 것의 동시성

필자는 논리와 역사의 충실성을 통해 역사적 현재에 접근했다. 이 현재는 소위 사양산업과 그 제도들 그리고 유토피아적 사상들이 새로운 물적 기반과 기억의 정치학을 만나 새롭게 구성 표현되는 것이다. 벤야민(Benjamin 1969)과 블로흐(Bloch 2009) 등은 현재에서 과거로 간주된 것이 공존하는 것, 즉 "비동시적 동시성"(non-contemporaneous contemporaneity)을 인식하는 것이 중요함을 강조한다. 필자는 이와 비슷하게 산업자본주의의 위기에서 등장해 사회경제, 정치, 문화에서 역사적 단절을 가정하는 역사 이행론(historical transition)에 대해 문제를 제기한다. 산업자본주의에서 금융자본주의로 역사적 전환이 이루어졌다는 사고는 남한에서 이주노동자를 일회용 노동자로 만드는 것을 정당화하는 이데올로기로 작동한다. 재구성된 산업자본과 금융자본의 네트워크는 남한에서 노조를 무력화하는데 중심적인 역할을 한다. 사회주의 중국과 북한에서의 사유화 경험 역시 실패로서의 과거와 초월의 계기로서의 현재와 같은 역사에 대한 성격 규정에 따라 달라진다.

위기는 과거의 사건에 대한 억압된 경험을 현재로 불러낸다. 과거의 현재로의 귀환은 오늘날의 위기 그리고 그 위기 속에서의 자신의 위치를 해석하는 문화적 작업을 수행한다. 사회주의 그리고 다른 해방의 유토피아 정치학이 실패했다고 공공연히 선언된다고 해서 과거가 사라지지는 않는다. 과거는 사라지지 않고 사람들의 지식, 욕망, 무의식에 새겨지고 이를 통해 이들은 현재를 경험하게 된다. 서사, 감각, 신체적 형태를 통해 억압된 과거의 경험은 현재에 사람들의 주체성을 구성한다. 이 책에서 논의된 역사의 서사적 구성은 민주주의적 이행, 사회주의적 이행, 신자유주의적 이행이라는 역사적 시대구분과 세계주의, 민족주의, 소수민족 사이의 관계라는 문제의

식까지를 포괄한다. 회귀(haunting), 플래시백, 기억들, 육체적 변위와 같은 감각적·신체적 표현들은 역사의 표상을 합리성 너머로 확장하여 감정과 무의식의 영역으로 이끈다.

위기의 시간성이자 위기의 해결로서의 반복의 개념은 자본주의와 관련된 다양한 정치적 체제들의 동시대적 시간성에 대한 새로운 사유를 가능케 한다. 사회주의 국가, 군사국가, 대의민주주의 국가와 같은 서로 다른 정치적 체제들은 통상 서로 이율배반적이거나 다른 발전 단계에 놓여 있는 것으로 상정된다. 그렇지만 이 체제들은 위기를 해결하려는 반복된 시도와 연결되어 있다. 슈미트와 뢰비트의 논의를 따라 아감벤은 파시즘과 자유민주주의가 국가에 의한 사회적 삶의 생산이라는 믿음을 철학적 근거로 공유한다는 점에서 서로 근접해 있다는 점을 지적한다(Agamben 1998). 필자는 여기에 사회주의를 추가하여 이들과는 달리 여러 정치 체제의 동시간성을 역사적 반복이라는 관점에서 접근한다. 다시 말해 위기는 반복적으로 자기 극복의 불가능성을 만들어내고, 이 불가능성은 위기를 축소화할 수 있는 적절한 정치적 형태를 찾으려는 반복적 시도를 불러온다. 다른 정치 체제와 마찬가지로 사회주의 체제는 집단이나 국가 소유에 기반한 사회를 만들어 사유재산에 기초한 자본주의를 극복하려는 초월의 논리를 수반하게 된다. 사회주의란 자본주의의 위기 내에서 등장하고 작동되는 유토피아적 전망이다. 정치 체제들을 사회적 위기에 기입하면 이 체제들의 구체적 내용과 공유된 형식의 설명이 가능하다. 정치 체제와 경제 체제들을 역사적 반복으로서 개념화함으로써 자본축적과 매개된 자본축적 위기의 시공간성에 대한 이해가 전면에 등장하게 된다. 자본주의적 위기와 정치적 형태를 서로 연결함으로서 위기, 공동체, 유토피아 등에 대한 논의에 정치와 역사를 개입시킬 수 있다.

역사의 반복을 인식하는 것은 패권적이고 규범화 기능을 하는 위기의 정치학을 비판할 수 있는 정치적 계기가 된다. 남한에서 군사독재 시절과 민주적 시기에서 경찰과 준 군사 조직의 폭력이 반복됨을 인식하는 것은 현재 만연해 있는 민주주의의 난점을 허물어뜨리고, 파편화된 정체성 정치의 장벽을 넘어선 새로운 민주주의의 정치학을 상상할 수 있도록 한다. 조선족이 남한에서 이주노동을 하며 즉각 문화혁명의 기억을 떠올리는 것은 (중국의) 사회주의와 (남한의) 민주주의 국가 모두를 이 체제들의 구체적 내용과 무관하게 거부한다는 것을 보여준다. 반복의 인식은 과거 경험에 대한 기억이 현재의 경험을 새롭게 하면서 하나의 정치적 전복의 계기를 마련한다. 다시 말해 자본주의의 위기는 데리다가 말한 '실제적인 것'인데 이는 일상의 경험에서 즉각적이고 완전하게 포착되지 않고 반복된 시도를 통한 환영적인 근접으로만 접근할 수 있다(Derrida 1994). 들뢰즈의 반복 개념처럼 필자의 분석은 어떤 형식을 실제적인 것의 진실되고 진정한 표출로 특권화하거나 오직 차이만이 의미 있는 것이라는 듯한 다원적 이해에 머물지 않는다(Deleuze 1994). 실제적인 것의 실현은 영원히 연기된 것이며 차이 속에서 반복되기 때문이다. 역사의 영역에서 위기와 위기 해결의 정치와 그 재현의 역설을 발견할 수 있는데, 이 영역에서는 미완성으로 남은 과거의 유토피아는 사라지기를 거부할 뿐 아니라 현재의 이상과 실천에서 유령처럼 출몰하기 때문이다. 미래에 대한 가능성은 오래된 이상과 새로운 도전의 접점에 존재하는데, 이 이상과 도전은 다시 구체적 장소에서 일어나는 일상 생활이라는 조건에 근거를 두고 있다.

이 책에서 탐구된 역사적 주체들은 벤야민의 '앙겔루스 노부스' 천사가 그랬듯이 역사적 변화라는 폭풍과 마주했다(Benjamin 1969). 이들은 황홀한 미래에 대한 약속과 혼란스런 현실에 휘말려들어 의미와 가능성을 찾아 자신들의 전망을 역사라는 장으로 펼쳐낸다. 이들은 사유재산제, 개인의 권리, 보편적 윤리라는 유혹 속에서 사회주의와 산업주의, 대중 유토피아의 잔해를 목격한다. 이 책에서 필자는 이러한 여러 시점들의 양상을 추적했는데 여기서 "과거를 향한 호랑이의 도약"(Benjamin 1969)은 선형적이라는 역사의 이행을 저지하는 '지금'(the now)이라는 시점을 구성한다. 중국에서 나이 든 조선족이 일제 치하에서 자신의 할아버지가 말했던 "두만강의 아픔" 을 기억함은 현재를 인식하는 변증법적 계기인데, 이런 식민지 경험의 과잉에 순간적으로 노출되면서 사랑의 괴로움에 얼룩진 현재의 새로운 역사성을 인식하게 된다. 이 기억은 현재를 역사의 연속적 시간으로부터 분리하여 민족의 고통, 해방, 사회주의 혁명에 대한 공식적 역사 기술을 교란시킨다. 남한에서 1980년대 민주화운동을 추동했던 1980년의 광주학살의 회상을 통해 노조 가입 노동자들의 중산층 생활과 1987년 이후 민주화에 대한 지식인들의 자부심은 유예되고 이들은 비정규직 노동자들, 이주노동자들과의 연대를 상상할 수 있게 된다. 쌍용자동차 노동자들의 투쟁은 예전의 계급투쟁을 넘어서 삶을 위한 투쟁 자체로 확장된다. 이들 노동자들과 배우자들은 질병, 우울증, 자살과 마주하며 고투하고 있는데, 경찰과 용역들의 폭력으로 신체적·심리적 트라우마를 앓고 있으며 '테러리스트'라고 낙인찍혀 사회적으로 추방당하는 위험에 처해 있다. 이들은 또한 점거농성 기간에 회사의 재산에 끼친 피해를 보상하라는 법원 명령으로 집을 잃어버릴까 두려워한다. 이런 사건들이 산 노동과 죽어가는 노동으로서의 쌍용 노동자들에 미치는 파급력은 아주 포괄적이어서 단순히 "정동적"이거나 이들의 물적 조건과 상치한다고 말할 수 없다. 국가, 산업자본, 금융자본의 새로운 네트워크 아래서 노동자들의 투쟁은 물질성과 인간의 정신을 융합시킨다. 이들의 찰나적인 깨달음은 벤야민이 파시즘에 대항한 투쟁에서 실질적 비상 상태라 부른 역사적 의식을 수반한다. 현재의 시간성으로서의 "지금"이라는 시간은 과거를 현재와 분리되고 불연속적인 것으로 추정하는 역사 이행론에 필수적인 "옛날 옛적에" 서사를 완전히 뒤집어버린다. 역사 시점에 대한 변증법적 인식은 기억에 대한 연구에서 말하듯 현재 속에서 과거 사건의 재구성이나 현재를 위한 교훈으로서의 과거 경험을 의미하지 않는다.

북한 인권운동의 관점은 사회주의는 독재로, 자본주의는 법치로 규정하여 이 두 체제를 대립시키는 반면에, 이 두 체제를 국가자본주의의 쌍생아로 규정하는 이론적 분석은 이러한 담론적 규범화에 이의를 제기했다. 사회주의를 자본주의의 타자든 쌍생아든 어느 쪽으로 파악한다 해도 사회주의의 실제 역사를 국가의 실패한 유토피아적 기획으로 일축해버릴 수는 없다. 사회주의 역사에 등장하는 난관과 모순 그리고 역설은 경제적 사유화와 탈규제의 과정을 끊임없이 뒤흔들며 또한 민주주의라는 난제와 남한에서의 역사적 시대 구분에 관한 논쟁을 불러일으키고 이와 함께 조선족과 북한인 이주자들 사이에 국가 없는 민족 공동체를 향한 열망을 부채질한다. 북한과 중국에서 소위 말하는 자본주의로의 이행이라는 것은 역사적으로 구체적인 조건 아래 자본주의적 특징을 통합하여 사회주의 체제를 시행한 사회주의로의 이행이라는 이들의 실제 역사에 내장되어 있다. 이 지점에서 북한 이주자의 세 부류 주체들은 귀속 없는 이동, 축적 없는 육체노동, 그리고 국가 없는 민족에 기반을 둔 대안적 공동체의 형식들을 상상한다.

## 탈노동 시대의 노동 연구서

『자본의 무의식』은 소위 탈노동 시대의 노동 연구서이다. 과거 2세기 동안 집단적 실체로서의 산업노동자들은 사회주의와 공산주의 초기의 이론과 실천에 열광했다. 이들은 이제 현 역사의 새로운 상징적 인물들에 의해 대치되었는데 사회운동과 현재의 자본주의와 민주주의의 이론에 따르면 여기에는 국경을 횡단하는 이주자, 난민, 이주 여성, 그리고 지식 노동자가 포함된다. 트랜스내셔널 코리아의 정치학에서 이런 역사의 오래된 주체와 새로운 주체는 이들 사이의 사회경제적 신분과 정체성을 구분하는 사회적 질서 안에 놓이는데 차이에 기반을 둔 정체성 정치의 시기에는 특히 그러하다. 이 책에서 필자는 자본주의와 민주주의 이행론 비판을 통해 이러한 역사의 오래된 주체와 새로운 주체들을 연속선상에서 고려하였다. 이는 이들 사이의 물질적 연관성을 이해하고 새로운 공동성의 정치를 구상하기 위함이다. 조선족과 북한 이주노동자들을 각각 귀환 동포 그리고 난민으로 각인시키는 것은 이들 상호 간 그리고 남한에서 남한의 자국인 노동자 그리고 비한국인 외국인 노동자들과의 내재적 유대를 덮어 감추어 이들을 상품화하는 구체적인 역사적 조건을 만들어 낸다. 남한의 정치학은 노조가입 자국인 노동자, 불안정한 자국인 노동자, 이주노동자, 귀환 동포 이들 모두가 공유하는 운명의 인식이 국가와 자본에 봉사하는 사회적 질서를 와해시킬 수 있다는 것을 보여준다.

이 책에서 자본주의와 민주주의가 공유하는 네트워크에 대한 해설은 자본주의, 민주주의, 사회주의에 대한 필자의 이론적·방법론적 틀과 이들 체제 간의 내재적 관계에 의존한다. 이론의 측면에서 필자는 근대주권에 대한 두 고전적 패러다임을 통합했다. 하나는 국가의 예외적 주권을 법의 테두리 안과 밖에서 설명하고 난민을 타자이면서 시민의 거울상으로 간주하는 생명정치학의 틀이고, 다른 하나는 자본주의라 불리는 근대사에서 부의 원천인 사람들의 노동력에서 양도 불가능한 인간의 주권을 찾아내는 산 노동과 죽은 노동의 유물론적 틀이다. 필자는 노동의 생산과 규제에 있어 민족국가와 민족국가의 주권이 갖는 역사적인 구성적 역할을 설명하기 위해 산 노동과 죽은 노동의 개념을 수정했는데, 이것이 의미하는 바는 시민이나 난민으로 민족국가와 맺는 관계는 사유재산제에서의 사회적 신분과 관련이 있다는 것이다. 나아가 필자는 생명정치학을 국가의 지식 생산이라는 본래의 지형 너머로 확장하였는데, 이는 생명

정치학이 "사회정치학적인 것"을 규정하는 데 있어서 그 한계를 설명하기 위함이다. 이 한계는 개인이 가지는 비록 비결정적이지만 자신의 노동력에 대한 주권과 관련되어 있는데, 이는 자본이 노동자의 노동력에 대한 확실한 통제 없이 노동자를 고용하기 때문이다. 국가가 아무리 사유재산권을 숭고의 경지로 격상시킨다 해도 자본가가 노동자를 사유재산으로 만들 수는 없다. 노동 체제가 폭압적이든 포드주의든 탈포드주의적이든 자본가는 노동자의 노동력을 완전히 통제하려 할 때 한계에 봉착하게 된다. 나아가 자본주의적 규율이 새로운 생산망과 민족주의와 세계주의라는 이념 혹은 이 둘의 대립에 의해 행해지든지 간에 현재의 자본주의가 노동을 "실제적으로 포섭"(real subsumption)하고 있다는 이론은 문제가 있다. 사람들이 자신의 신체에 대한 주권을 실현하는 것은 역사적 질문이다. 그 이유는 이 실현이 정치문화적 매개를 조건으로 하기 때문이며 이 매개는 이 책에서 시장 유토피아라 불리는 새로운 민주주의 정치학의 분석을 통해 밝혀진다.

방법론적인 측면에서 필자는 정치의 분석에서 인식과 해석의 문제 의식을 강조했는데, 이것은 현재의 권력구조에 도전할 수 있는 대안적 정치를 만든다는 문제의식을 넘어선다. 이 점에서 정치와 역사적 의식은 실은 무의식으로 경험을 합리화하는 서사의 형식은 물론, 예상할 수 없고 종종 해독할 수 없는 초역사적 기억으로 발현되는 신체적·감각적 형태를 띠기도 한다. 이런 이론적·방법론적 틀을 가지고 필자는 권력과 저항, 기억의 형식들, 그리고 근대성, 탈산업주의의 경험, 위기와 같은 시간적 구조들의 비결정적 과정에 주목하

며 역사를 정치적·경험적·철학적 범주로 접근했다. 이 책에서 역사
는 총체성의 형태를 잃어버리는데, 이는 상품화된 개인들은 자신의
안전과 자유를 향한 욕망으로 인해 이 욕망만큼이나 강한 공동체
를 향한 자신의 갈망을 황폐하게 하는 사람들에 지나지 않기 때문
이다. 상실의 공포와 합일의 열망 사이의 갈등으로 인해 사람의 감
정, 말, 신체적 기억들은 단절되고 탈신체화한다. 미래에 대한 어떤
초월적 전망도 다양한 역사와 감각적 경험을 지닌 개인들이 자신의
공동체적 전망을 향해 협력하는 곳인 현장에서 실현되어야 한다.
각 정치적 실현은 동시성과 반복이라는 독특한 역사적 시간성을 담
고 있다.

# 옮긴이 후기

한국인에게 통일은 군사분계선이 사라지고 더 이상 눈물 겨운 이산가족 상봉이 필요 없는 남과 북의 영토적, 인적 통합이라는 염원, 그리고 이를 넘어서 온전한 탈식민의 열망, 국가주권과 한민족 주체성의 회복이라는 역사적 당위를 함축했을 터이다. 『자본의 무의식』 서두의 "남북한은 이미 자본에 의해 트랜스내셔널 형태로 통일되었다"는 주장은 이런 기존의 통일 관념을 근본적으로 재고해보자는 도발적 선언이다.

이 책은 통일에 대한 또 하나의 주장이라기보다는 통일 담론의 기저를 이루는 기존의 '국가'와 '민족', '자본주의'와 '사회주의', '민주주의', '(탈)냉전' 관념들을 전면적으로 재평가하는 통일 담론에 대한 메타비평에 가깝다. 그리고 이 비평의 대상에는 이제 역사적 사실의 지위를 획득하여 모든 논의의 전제처럼 여겨지는 사회주의에 대한 자본주의의 승리, 역사의 궁극적 형태로서의 신자유주의적 자본주의, 남한의 산업화와 민주화 성취 등이 포함된다. 저자는 마르크스주의와 탈식민지 이론을 중심으로 다양한 이론적 틀을 빌려 치밀하게 기존 이론과 담론에 대한 비판적 작업을 수행하는데, 한국에 대한 학술저작에서 가운데 이렇게 다양하고 풍부한 이론이 동원된 예는 없는 듯하다.

. . .

그러나 이론적 분석이 이 책의 전부는 아니다. 치밀하고 풍부한 이론을 빈 '정치학'이 이 책의 한 축이라면, 다른 한 축은 다양하고 흥미로운 사료에 기반을 둔 '역사학'이다. 이 책은 남한과 북한 그리고 중국을 아우르는 동북아시아의 역사를 다루는데 일본의 식민지배와 해방을 거치며 흩어진 조선인들이 각 지역에서 역사의 격랑을 헤쳐 나가는 과정이 생생히 그려진다.

거칠게 산업화와 민주화를 향해 달리며 그 모순과 싸워온 남한의 경우 87년 민주화와 97년 금융 위기 이후의 신자유주의 변화를 중심으로 잊혀져 가는 사회구성체 논쟁과 전태일의 분신으로부터 촉발된 본격적인 노동운동에 대한 새로운 해석 등 남한 현대사의 주요 사건과 쟁점이 새롭게 조명되며, 북한의 '주체 섬유'인 합성섬유 비날론의 생산과 그 실패와 같은 잘 알려지지 않은 이야기와 사회주의의 한계와 싸우며 그것을 극복하려 했던 북한의 모습이 생생하게 그려진다. 중국의 근대사를 거칠게 관통해 온 중국의 조선인들이 남과 북 그리고 중국이라는 서로 다른 역사와 정체성을 포용하고 갈등하면서 문화혁명이라는 격변기를 통과해 온 삶의 여정은 비극적이면서도 감동적이다. 여기에 더해 동북아시아의 국경을 넘나들며 삶을 영위하는 조선족과 탈북자들의 목소리가 담긴 인터뷰는 그 자체로 생생한 인류학적 기록이다.

• • •

이렇게 한인들이 서로 다른 체제 아래서 서로 다른 문제의식과 역사의식을 가지고 서로 얽혀 새로운 한민족 정체성을 만들어 왔는지가 드러나는데, 이는 동북아시아의 근대사가 서로 얽히며 만들어 낸 우리에게 낯선 '한인'의 모습이다.

우리는 이 낯섦을 직시하지 못한 채 여기에 자본주의적 위계질서를 투영하여 '유토피아 정치학'의 환영(phantasmagoria)을 이어 가려 한다는 것이 저자의 주장이다. 이 정치학의 다른 이름은 '연민의 정치학'이 아닐까 싶다. 낯섦과 타자성을 마주하지 못하고 그것을 연민의 대상으로 격하시켜 내 존재의 정당성과 우위를 확보하는 구도 안으로 포섭하는 이 방식은 억압과 배제라는 노골적인 폭력성을 우회하며 윤리적 정당성까지도 확보한다. 그러나 이런 사유가 백인이 제국주의를 통해 미개한 종족을 계몽시켜야 한다는 부담을 표현한 '백인의 책무'(White Man's Burden)와 다른 것일까? 저자는 이런 문제의식을 가지고 역사를 단계적 '이행'이 아닌 '반복'으로 파악하는데 이 '역사적 반복'의 개념을 통해 근대 계몽주의를 이끌어온 역사적 진보의 관념, 지배적인 신자유주의적 자본주의와 그에 기댄 유토피아의 정치학 그리고 이들 기저에 놓인 역사적 시간성을 비판한다. 남한과 북한, 중국의 삼각구도는 남과 북, 남과 중국, 북과 중국의 양자구도들이 보여주지 못하는 탈국가적 삶의 양상들을 절묘하게 포착해 내며 이런 다자구도 접근법은 학제를 넘어서는 다양한 이론적 시각에 의해 더욱 풍성해진다. 이로 인해 이 책은 한국 그리고 통일이라는 제한된 영역을 넘어선 많은 문제들을 다시 생각해 볼 수 있는 계기를 마련한다. 예를 들면 조선족 이주노동자 문제는 지금 세계 곳곳에서 등장하고 있는 난민과 홈리스 문제, 그리고 극심한 억압 아래 놓였던 이전 노동자들의 문제와도 연관되어 있음을 보여준다. 지역적 문제와 세계적 문제, 그리고 현재의 문제와 과거의 문제가 서로 깊이 연결되어 있다는 것이다.

이와 관련하여 이 책이 갖는 다른 의의는 기존의 학술 담론이 짜놓은 큰 판의 빈 곳을 채우고 패권적 담론이 때론 은밀하게 때론 노골적으로 던져 주는 질문에 답하는 연구가 아니라 기존의 판 자체, 던져지는 질문 자체를 문제시하여 역으로 다른 질문을 되던지는 작업이라는 것이다. 이 점에서 이 책은 그 자체로 정치적이며 실천적이다. 여기서 이 책이 가진 '지식 생산의 정치학'적 측면을 생각해볼 필요가 있다.

북미에서 한국을 포함한 다른 지역의 역사와 문화 등을 포괄적으로 연구하는 '지역학'(Area Studies)은 특이한 학술적 위치를 점하고 있다. 다른 학문처럼 분과가 아닌 국가 단위(중국학, 한국학) 혹은 지역 단위(동양학)로 연구하는 체제는 지배를 위해 타자에 대한 지식을 확보하고 활용했던 제국주의의 산물이기도 하며, 자본주의적 패권이 타문화 포섭을 통해 다양성을 확보하는 전략이기도 하다. 이 다양성은 중심부 패권을 위협하지 않는 주변부에 머물며 패권의 개방성과 포용력을 드러내고 때론 빈 곳을 채워주는 부수적 기능을 하기도 한다.

　지역학은 제국주의 정당화와 냉전 이데올로기에 부합하는 연구를 생산해 왔으며 학문의 보편성보다는 문화의 특수성에 기대어 다문화주의 전략에 봉사하며 지역이 갖는 보편적 의미를 축소시키곤 한다. 이 책은 이런 지역학의 제약에 얽매이지 않고 한국의 통일이라는 지역적 주제를 통해 세계사적인 흐름을 관통하는 자본주의와 사회주의의 얽힘을 드러내어 새로운 전망을 제시하려는 과감한 시도이다. 다양하고 치밀한 이론적 탐구와 풍부한 역사적·인류학적 자료 그리고 이 둘 사이의 흥미로운 만남의 장을 마련하고 있으며 수많은 논쟁점과 생각거리를 제공한다.

· · ·

　저자가 비판하는 유토피아의 정치학은 신자유주의적 자본주의 체제 내에서 민주주의와 인권을 앞세우며 낯선 타자를 연민의 대상으로 규정한다. 이들은 하이데거의 표현을 빌리자면, 존재가 뿌리내릴 수 있는 고향(Heimat)을 상실한 자로 이들 고유의 역사와 기억, 그리고 그것을 기반으로 한 주체성은 인정되지 않는다. 이 책이 함축하는 바는 이 연민의 정치학을 넘어선 새로운 공동체에 대한 정치적 전망이며 이는 자본과 국가의 연합에 기초한 권력관계를 넘어서 한국이라는 시공간을 새롭게 상상할 것을 요구한다.

　북한과의 평화 협정 논의가 오가며 통일에 대한 논의가 커 가는 이 시점에서 우리는 북한에 적대적인 보수 세력의 반발과 민족주의를 포용하는 진보 세력의 지지라는 협소한 정치적 스펙트럼 안에서 통일을 생각하곤 한다. 이 책은 우리 시대의 제한된 정치담론을 더 깊은 역사에 대한 성찰과 미래에 대한 고민으로 대체할 것을 요구한다. 그리고 세계사의 모순과 갈등의 첨단에 서 있었던 한국의 문제는 현재 세계가 겪고 있는 모순과 갈등의 연장선에 있기에 통일에 대한 성찰은 현 자본주의적 질서와 그 미래에 대한 성찰이기도 할 것이다.

2023년 2월

김택균

참고 문헌

# 한국과 중국 문헌

강건. 2009. 「로동력의 이동」, 『임진강』 6: 135~141.

강국진. 2003a. 「'헌법소원청구 확인증' 무용지물 당사자들 거센 반발」, 『NGOTimes』. 12월 12일.

———. 2003b. 「중국에서도 이런 푸대접 안 받았다」, 『NGOTimes』. 12월 12일.

———. 2003c. 「자진출국하면 내년 1순위 보장?」, 『NGOTimes』. 12월 20일.

강차연. 2004. 「재중 탈북여성들의 생활실태」, 『여성연구논총』 19: 59~77.

고려대학교 기초학문연구팀. 2005. 『7·1 조치와 북한』 높이깊이.

고병권. 2011. 『민주주의란 무엇인가』 그린비.

곡애국, 증범상. 2004. 『조남기전』 연변인민출판사(연길).

공지영. 2012. 『의자놀이』 휴머니스트.

곽아람. 2013. 「정부는 200만 동포를 버리는가?: 국적회복 주도 서경석 목사 '고향서 살 권리 줘야'」, 『조선일보』 11월 15일.

구지영. 2013. 「지구화시대 조선족의 이동과 정주에 관한 소고: 중국 청도를 중심으로」, 『인문연구』 68: 297~330.

국가안전기획부. 1998.『21세기 국가발전과 해외 한민족의 역할』국가안전
기획부.

국가인권위원회. 2001.『재외동포법 개정법률안에 대한 국가인권위원회의
의견』12월 21일.

권오국, 문인철. 2011.「북한경제 재생산구조의 전개와 정치변화」,『북한학
연구』7(2): 135~171.

금속노조 쌍용자동차지부, 노동자역사 한내. 2010.『해고는 살인이다』한
내.

김광일, 허명철 편집. 2001.『중국 조선족 사회의 문화 우세와 발전 전략』
연변인민출판사(양지).

김귀옥. 2006.「지역의 한국전쟁 경험과 지역사회의 변화.『경제와 사회』
71(가을): 40~71.

김규륜. 1999.『남북 경제 교류 협력 발전 방안』통일연구원.

────. 2004.「남북 경협과 동북아 경제 협력 구도」,『한독사회과학논총』
14(1): 103~125.

김남근. 2012.「쌍용자동차 해고 사건을 계기로 본 정리해고제도의 개선
방향」,『노동법연구』33: 247~329.

김대호. 2004.『한 386의 사상혁명』시대정신.

김동춘. 1996.『한국사회 노동자 연구: 1987년 이후를 중심으로』역사비
평사.

────. 2000.『근대의 그늘』당대.

김동화. 1993.「걸출한 정치활동가 주덕해」,『조선족총서』7. 중국 조선민
족 발자취 총서 위원회 편집. 민족출판사(북경). 4~10.

김방희. 1993.「승용차 시장 진출 삼성의 야망과 전략」,『시사저널』192. 7
월 1일.

김병로. 2009. 「경제조치 이후 북한의 사회적 변화」, 『7·1 경제관리개선조치 이후 북한 경제와 사회』 윤영관, 양운철 편집. 한울. 285~330.

———. 2012. 「북한의 분절화된 시장화와 정치 사회적 함의」, 『북한연구학회보』 16(1): 93~121.

김병연. 2009. 「북한경제의 시장화」, 『7.1경제관리 개선 조치 이후 북한 경제와 사회』 윤영관, 양운철 편집. 한울.

김병연, 양문수. 2012. 『북한 경제에서의 시장과 정부』 서울대학교출판문화원.

김병호, 강기주. 2001. 「중국의 소수민족 정책과 중국조선족사회의 정치의식 및 민족의식」, 『중국조선족사회의 문화 우세와 발전 전략』. 김강길, 허명철 편집. 연변출판사(양지). 105~111.

김상기. 2004. 「'국영기업소 독립채산제에 관한 규정' 해설」, 『KDI 북한경제리뷰』 6(8): 12~19.

김소연. 2012. 「창조컨설팅은 어떤 회사?」, 『한겨레신문』 9월 24일.

김수암. 2004. 『미국의 대북 인권정책 연구』 통일연구원.

김영미, 한준. 2008. 「내부시장의 해체인가 축소인가?」, 『한국사회학』 42(7): 111~114.

김우성. 2011. 「유성기업, 노사충돌로 유혈사태지만 주가는 상한가… 도대체 왜?」, 『이지뉴스』 6월 23일. http://www.ezyeconomy.com/news/articleView.html?idxno=15898

김웅희. 2004. 「남북 경제협력 추진 현황: 문제점과 해결방안」, 『2004 통일심포지엄 토론 발제 2 발표문』. 6·15 남북공동선언 실현과 한반도 평화를 위한 통일연대 주최. 7월 22일.

김일성. 1996d. 「중소형 수력 발전소를 많이 건설할데 대하여: 양강도 재임 일꾼 협의회에서 한 연설, 1982년 8월 13일」, 『사회주의 경제관리 문제에 대하여』 조선노동당출판사(평양). 6: 86~95.

———. 1996e. 「인민경제 계획과 사업을 개선 강화할데 대하여: 정무원 및 국가계획위원회 재임 일꾼들과 한 담화, 1982년 12월 12일」, 『사회주의 경제관리 문제에 대하여』 조선노동당출판사(평양). 6: 139~154.

———. 1996f. 「경공업을 다그쳐 인민들의 물질문화생활을 더욱 높이자: 경공업부문 지도 일꾼 협의회에서 한 연설, 1983년 3월 10일」, 『사회주의 경제관리 문제에 대하여』 조선노동당출판사(평양). 6: 189~199.

———. 1996g. 「독립채산제를 바로 실시하는데서 나서는 몇 가지 문제에 대하여: 조선민주주의 인민공화국 정무원 상무 회의에서 한 연설, 1984년 11월 18일」, 『사회주의 경제관리 문제에 대하여』 조선노동당출판사(평양). 6: 352~368.

———. 1996h. 「주체의 경제관리 체계와 방법을 철저히 관철하자: 정무원 및 당 중앙위원회 경제부서 재임 일꾼들과 한 담화, 1984년 12월 5일」, 『사회주의 경제관리 문제에 대하여』 조선노동당출판사(평양). 6: 369~394.

———. 1996i. 「조선노동당 중앙위원회 제6기 제10차 전원회의에서 한 결론, 1984년 12월 16일」, 『사회주의 경제관리 문제에 대하여』 조선노동당출판사(평양). 6: 395~423.

———. 1997a. 「공작기계공업과 전자, 자동화 공업 발전에서 전환을 일으킬데 대하여: 조선노동당 중앙위원회 제6기 제14차 전원회의에서 한 결론, 1988년 1월 30일」, 『사회주의 경제관리 문제에 대하여』 조선노동당출판사(평양). 7: 153~157.

———. 1997b. 「민족적 긍지와 혁명적 자부심을 가지고 사회주의 건설을 다그치자: 조선민주주의 인민공화국 중앙 인민위원회 제8기 제27차 회의에서 한 연설, 1989년 7월 9일」, 『사회주의 경제관리 문제에 대하여』

조선노동당출판사(평양). 7: 259~293.

———. 1997c. 「사회주의 농촌 문제에 관한 테제를 천천히 관철하자: 조선 민주주의 인민공화국 중앙 인민위원회 제9기 제2차 회의에서 한 연설, 1990년 6월 22~23일」, 『사회주의 경제관리 문제에 대하여』 조선노동 당출판사(평양). 7: 335~369.

김재국. 1998. 『한국은 없다』 목단강출판사(목단강).

김정일. 2003. 『가치법칙의 이용에서 제기되는 몇 가지 문제에 대하여: 김 일성 종합대학 학생들과 한 담화, 1961년 11월 9일』 조선노동당출판사 (평양).

김종국. 1999. 『세기교체의 시각에서 본 중국조선족』 연변인민출판사(양 지).

———. 2000. 「연변조선족 자치주 간부 대오의 력사와 현황 및 발전 예 측」, 『중국조선족 현상태 분석 및 전망 연구』. 박민자 편집. 연변대학출 판사(연변). 134~161.

김종엽 편집. 2009. 『87년 체제론』 창비.

김종욱. 2008. 「북한의 관료부패와 지배구조의 변동: '고난의 행군' 기간 이후를 중심으로'고난의 행군' 기간 이후를 중심으로」, 『통일정책연구』 17(1): 371~400.

김진환. 2010. 『북한 위기론』 선인.

김창규. 2011. 「파업의 역설. 유성기업 주가 급등 '언론 보도 후 기업 가치 알려줘'」, 『중앙일보』. 5월 24일.

김창희. 2010. 「북한 시장화와 화폐의 정치·경제적 분석」, 『북한연구학회 보』 14(2): 49~75.

김학노. 2005. 「평화통합 전략으로서의 햇볕정책」, 『한국정치학회보』 39(5): 237~261.

김형기. 1994. 「한국 자본주의 재생산구조의 특질과 전망」, 『한국사회의 변동: 민주주의, 자본주의, 이데올로기』 한국산업사회연구회 편집. 한울. 124~169.

김호기. 2009. 「87년 체제인가, 97년 체제인가」, 『87년 체제론』 김종엽 편집. 창비.

나카가와 마사히코. 2003a. 「북한 연합기업소 형성」, 『KDI북한경제리뷰』 5(3): 48~75.

———. 2003b. 「북한 연합기업소의 형성과 변천」, 『KDI북한경제리뷰』 5(4): 33~44.

남성칠. 2004. 『제2, 제3의 3·8선을 지우라』 1월 23일.

노동부. 2003a. 『재외동포법과 외국인력제도』 2월 14일.

———. 2003b. 『지속성장과 기업을 위한 외국인 고용허가제』.

『대한민국 관보』 1999. 9월 2일.

류경원. 2008. 「주택거래와 그 부정부패의 내막」, 『임진강』 3(8월): 4~46.

———. 2009. 「또다시 긴장감 흐르는 시장」, 『임진강』 4: 62.

류은규. 2007. 『연변 문화대혁명: 10년의 약속』 토향.

리명서. 1991. 『사회주의체제 생산의 합리적 조직』 사회과학출판사(평양).

리원경. 1986. 『사회주의 화폐제도』 사회과학출판사(평양).

림근호. 2010. 「선군의 통치방식을 짚어보다: 2000년 해산 비사검열과 그 잘못」, 『임진강』 7(3월): 8~47.

림덕실. 2000. 『녀: 불법 체류자의 일기』 연변인민출판사(양지).

문부식. 2002. 『잃어버린 기억을 찾아서: 광기의 시대를 생각함』 삼인.

문형진. 2008. 「한국 내 조선족 노동자들의 갈등사례에 관한 연구」, 『국제지역연구』 12(1): 131~156.

『민족문제 "따즈보" 회집』 연변대학교출판사(연길). 1958.

박경태. 2008. 『소수자와 한국사회: 이주노동자, 화교, 혼혈인』 후마니타스.

박명림. 2002. 『한국 1950 전쟁과 평화』 나남.

박석삼. 2002. 「북한의 사경제부문 연구」, 『한은조사연구』 3월.

박석운. 1995. 「한국의 외국인 노동자 인권문제와 대책」, 『법과사회』 11: 273~299.

――――. 2000. 「노동허가제 도입의 방향」, 『이주노동자 인권과 외국인력 도입정책의 근본적 개선을 위한 토론회 발표문』 국회토론회. 7월 7일.

――――. 2002. 「외국인 근로자의 노동허가 및 인권보장에 관한 법률안에 대한 검토 의견」, 『2차 정기운영위원회 회의 자료』 외국인이주노동운동협의회 편집. 11월 7일.

박승옥. 2010. 「노동운동, 스물둘의 전태일로 돌아가라」, 『노동사회』 155: 40~53.

박영자. 2009. 「2003년 〈종합시장제〉 이후 북한의 '주변노동'과 '노동시장'」, 『한국정치학회보』 43(3): 149~171.

박형중. 2009. 「과거와 미래의 혼합물로서의 북한경제」, 『북한연구학회보』 13(1): 35~60.

박후건. 2013. 「북한경제의 재구성: part 1」, 『현대북한연구』 16(2): 214~271.

「방문취업제 5년, 귀국자들은 뭘 하나?」, 『길림신문』 2012년 12월 6일.

백낙기 외. 1998. 『중소기업금융 원활화 방안』 산업연구원.

백낙청. 1998. 『흔들리는 분단체제』 창비.

법륜. 2001. 「인류평화의 사상과 실천」, 『제6기 통일대화마당 '평화운동 어떻게 할 것인가?' 연설문』 6월 1일.

법무부. 2001. 『재외동포의 출입국과 법적 지위에 관한 법률 중 개정법률안에 대한 의견』 12월 17일.

———. 2003.『2002 불법체류 방지 종합 대책』3월 12일.

———. 2003.『재외동포법 시행령 등 개정안 입법 예고 언론발표』9월 23 일.

「북한연구해설 2」, 2009.『임진강』6: 171.

「서경석목사 인터뷰: '조선족의 한족화 결코 방관할 수 없다'」,『동북아신문』2003년 11월 28일.

서경석. 2002.『재외동포법 개정 방안』2월 1일. http://www.korean chinese.or.kr/board/117 서동만. 2005.『북조선 사회주의 체제성립사 1945~1961』선인.

———. 2010.『북조선연구』창비.

서재진. 1995.『또 하나의 북한사회』나남.

석원정. 2003.「이주노동자 문제와 한국사회의 과제」,『사회포럼』399~405.

설동훈. 1999.『외국인노동자와 한국사회』서울대학교출판문화원.

———. 2007.「외국국적동포 방문취업제 실행을 앞두고」,『국정브리핑』1월 23일. http://dhseol.com.ne.kr/publish/mz2007_03.html

손경호. 2011.「최근 한국전쟁연구 동향: 2005년 이후 연구를 중심으로」,『한국근대사연구』56(봄): 202~226.

손미아. 2009.「쌍용자동차 노동자 대투쟁 이후 무엇을 할 것인가?」,『정세와 노동』49(9월): 33~60.

손혜민. 2009.「박기원, 그 순천사람」,『임진강』5(9월): 45~73.

———. 2010.「스칼렛 오하라와 조선녀성」,『임진강』7(3월): 112~121.

송종호. 2006.「외국인노동자 지원단체의 현황과 활동」,『민족연구』28: 29~54.

신승근 외. 2003.「재중동포 해법, 여전한 평행선」,『한겨레신문』12월 1일.

양건모. 2013. 「1983년 이산가족 찾기」, 『경향신문』. 6월 20일.

양문수 외. 2007. 『북한의 노동』 한울.

양문수. 2010. 『북한 경제의 시장화』 한울.

─────. 2012. 「2000년대 북한의 반시장화 정책」, 『현대북한연구』 15(1): 85~123.

역사문제연구소 편집. 2008. 『분단 50년과 통일시대의 과제』 역사문제연구소.

연변당사학회 편집. 1989. 『연변 40년 기사』 연변인민출판사(양지).

연변인민출판사 편집. 1987. 『주덕해의 일생』. 연변인민출판사(양지).

열린우리당 통일외교통상위원회. 2004. 『재외동포정책 이대로 좋은가?: 탈냉전시대 한민족네트워크, 이제 유라시아로 문을 넓히자』 10월 22일.

염규현. 2009. 「이산가족상봉 확대, 정례화 해법 없나? 이벤트로 전락한 이산가족상봉, 금강산면회소 활용 등 돌파구 찾아야」, 『민족21』 104: 102~105.

예동근. 2010. 「글로벌시대 중국의 체제전환과 도시종족공동체 재형성: 북경 왕징 코리아타운의 조선족공동체 사례 연구」, 『민족연구』 43: 159~185.

오강수. 2001. 「최근 북한의 기업관리체제 개편의 특징과 방향」, 『KDI북한경제리뷰』 3(2): 1~10.

오경섭, 윤여상, 허선행. 2008. 『국군포로 문제의 종합적 이해』 북한인권정보센터.

오수열 외. 1995. 「북한 경제체제의 내용과 계획의 과정」, 『호남정치학회』 7: 85~102.

오카 가치코. 2002. 「재외동포에 관한 법적 고찰: 한국에 있어서의 재외동포 개념과 그 정책」, 『법학연구』 12(1): 47~85.

오태호. 1993. 「민족정풍운동 가운데서 생긴 력사의 오해」, 『조선족총서』
　　7. 중국 조선민족 발자취 총서 위원회. 민족출판사(북경). 129~146.

외교부. 1999. 『재외동포의 출입국과 법적 지위에 관한 법률 설명』. 8월 31
　　일.

외교통상부. 2013. 『재외동포 현황』.

외국인이주노동운동협의회. 2000. 『다시 맞잡은 손: 제2차 외국인 노동자
　　대책 협의회 자원활동가 여름 수련회』. 외국인이주노동운동협의회.

———. 2001a. 『외국인 이주노동자 인권백서』 다산글방

———. 2001b. 『노동과 평등』 2 외국인이주노동운동협의회.

유영규, 유지혜. 2003. 「이 땅에 할아버지 묘지, 내 호적도 있는데: 국적회
　　복에 나선 중국동포」, 『대한매일신문』 11월 15일.

윤수종. 2005. 「소수자운동과 좌파운동」, 『맑스 코뮤날레 2차 대회』 2월
　　17일.

윤영관, 양운철 편집. 2009. 『7·1 경제관리개선조치 이후 북한 경제와 사
　　회』 한울.

이광규. 2001. 「재외동포법의 문제점」, 『2차 재외동포 지위 향상 및 재외동
　　포법개정을 위한 공동 세미나 발표문』 3월 12일.

이금순. 2004. 「북한인권 상황에 대한 한국사회의 인식과 반응」, 『북한
　　인권문제에 관한 국제심포지엄 자료집』 인권위원회 편집. 인권위원회.
　　49~68.

———. 2005. 『북한주민의 국경이동 실태: 변화와 전망』 통일연구원.

이금연. 1999. 「The Third National Forum in Solidarity with Migrant
　　Workers, Tokyo 99에 참가하고 나서」, 『1999 사업자료 모음』 외국인이
　　주노동운동협의회 편집.

이난주. 2002. 「외국인노동자 문제, 노동운동이 나서야 한다」, 『노동사회』 65: 34~40.

이대근. 2009. 「북한의 권력구조 변화와 후계구도 전망」, 『북한연구학회 춘계학술 발표논문집』 2009: 47~73.

이두원. 2006. 「한국경제교류가 조선족 경제에 미친 역할」, 『동북아경제연구』 18(1): 1~25.

이미림. 2011. 「2000년대 소설에 나타난 조선족 이주여성의 타자적 정체성」, 『현대소설연구』 48: 645~672.

이병하. 2013. 「한국과 일본의 외국인노동자 정책과 외국인노동자 운동: 이중적 시민사회와 정치구조」, 『기억과 전망』 29: 264~304.

이상숙, 송문지. 2012. 「1950~1960년대 조선족의 북한 이주와 북·중협력」, 『북한연구학회보』 16(1): 359~377.

이상현 외. 2013. 「남북관계와 남북경협: 전망과 평가」, 『북한경제리뷰』 2013(9월): 49~77.

이상호. 2007. 「완성차업체의 협력업체에 대한 사회적 책임: 현대자동차의 사례를 중심으로」, 『동향과 전망』 70: 173~208.

이석 외. 2009. 『북한 계획경제의 변화와 시장화』 통일연구원.

이석기. 2004. 「1990년대 이후 북한경제의 특징과 위기」, 『동향과 전망』 62: 156~207.

――――. 2009. 「북한기업관리체제의 변화」, 『7.1 경제관리개선조치 이후 북한 경제와 사회』 윤영환, 양운철 편집. 한울. 88~150.

이선희 편집. 2001. 『이산의 슬픔: 돈이 무엇이길래』 경한출판사.

이성로. 2013. 「공공정책으로서 햇볕정책에 대한 평가」, 『동향과 전망』 87: 264~303.

이영재. 2010. 「과거사 피해보상에 대한 비판적 검토: 광주민중항쟁 및 민

주화운동에 대한 피해보상과 국가배상의 비교를 중심으로」,『기억과
전망』12: 199~234.

이용기. 2003.「마을에서의 한국전쟁 경험과 그 기억」,『역사문제연구』6:
11~55.

이우영 편집. 2008.『북한도시주민의 사적 영역 연구』한울.

이원석. 2003.『대한민국의 하늘에 날리는 편지』. 미발표문.

이장섭 외. 2007.「연변 조선족의 자영업 실태에 관한 연구」,『한국동북아
논총』44: 31~53.

이진경 편집. 2008.『전지구적 자본주의와 한국사회: 다시 사회구성체론
으로?』부커진 R 시리즈 Vol. 2. 그린비.

이진경, 고병권. 2006.「제국의 시대인가, 제국의 황혼인가: 한미FTA를 둘
러싼 정세에 관하여」,『참세상』4월 24일. http://www.newscham.net/
news/view.php?board=news&nid=33235&category1=3

이진석. 2003.「조선족 국적회복… '합법체류' 자격 얻으면 귀화신청 가
능」,『조선일보』11월 20일.

이진영. 2002.「조선인에서 조선족으로: 중국 공산당의 연변지역 장악과
정체성 변화, 1945~1949」,『중소연구』95: 89~116.

이호근. 2012.「정리해고 등 기업의 고용조정과 독일의 '조업 단축 지원
금' 제도의 고용안정망 역할에 관한 고찰」,『노동정책연구』12(30):
199~214.

임광빈. 2002.『재외동포법 개정을 위한 대책협의회의 입장』.

임광택. 2014.「북한 시장 활성화의 숨은 그림, 국영기업의 역할」,『KDI북
한경제리뷰』16(6): 25~40.

임근호. 2009.「살기 위한 탈북도 죄인가?」『임진강』4: 24~31.

임성지. 2011.「연쇄살인: 쌍용 자동차지부 조직부장 고동민 동지와 인터

뷰」,『정세와 노동』66(3월): 24~30.

임정환. 2013.「법원, 국내 차업계 올스톱위기 '유성기업 사태' 노조측에 집행유예 선고」,『뉴스1』. 3월 28일. http://news1.kr/articles/?1066701

임지현 편집. 2000.『우리 안의 파시즘』삼인.

재외국민 영사국. 2001.「재외동포의 출입국과 법적 지위에 관한 법률 중 개정 법률안에 대한 외교통상부 의견」, 12월 1일.

재외동포신문 편집. 2003.「국적회복운동 어떻게 생각하십니까?」,『재외동 포신문』10월.

전국민주노동조합총연맹. 2005.『비정규법안 쟁점해설』3월.

전문 문제 저작소조. 2005.『중국 조선족 형성 및 약간의 역사 문제에 관한 연구』(양지).

전영평, 한승주. 2006.「소수자로서 외국인 노동자: 정책갈등 분석」,『한국 행정연구』15(2): 157~84.

전태일 기념관 건립 위원회 편집. 1983.『어느 청년 노동자의 삶과 죽음』 돌베개.

전현수. 2002.「해방 직후 북한의 과거 청산: 1945~1948」,『대구사학』69: 33~60.

정근재. 2005.『그 많던 조선족은 어디로 갔을까?』북인.

정병기. 2013.「한국전쟁 영화에 나타난 국가관과 전쟁관」,『국제정치논 총』53(4): 433~461.

정성진. 2006.「한국 자본주의 축적의 장기 추세와 위기: 1970~2003」,『한 국 자본주의의 축적체제 변화: 1987~2003』경상대학교 사회과학연구 소 편집. 한울. 17~57.

정세진. 2000.『계획에서 시장으로』한울.

정신철. 1999.『중국조선족 사회의 변천과 전망』료녕민족출판사(심양).

정영태. 2011.『파벌: 민주노동당 정파 갈등의 기원과 종말』이매진.

정은이. 2009. 「북한의 자생적 시장 발전 연구」,『통일문제연구』52: 157~200.

정인섭. 2003. 「유럽의 해외동포 지원 입법: 한국의 재외동포법 개정 논의와 관련하여」,『국제법학회논총』48(2): 189~217.

――――. 2004. 「재외동포법의 헌법 불합치 결정과 정부의 대응 검토」,『공익과 인권』1(1): 13~29.

정재은. 2014. 「검찰, 연이어 노조 파괴 회사 손 들어줘」,『미디어 충청』6월 2일.

정종남. 2006. 「쌍용자동차 사례가 보여주는 자본주의 논리」,『말』244(10월): 78~81.

조광동. 1996. 「교포에서 동포로」,『한국일보』(시카고). 5월 7일.

조대석, 윤성식. 2005. 「북한의 성군정치와 예방적 사회주의 보나파르티즘」,『북한연구학회보』9(1): 51~78.

조돈문. 2004. 「노동계급 정치세력화와 민주노동당의 과제」,『산업노동연구』10(2): 1~33.

조민. 2006. 「남북 경제 공동체 형성의 이론적 틀: 평화 경제론」,『남북 경제 공동체 형성 전략』55~102.

――――. 2013. 「노무현 정부의 평화 번영 정책: 전망과 과제」,『통일정책연구』12(1):1~32.

조선족 연합회. 2000.『재외동포법 개정을 위한 제안문』5월.

조영철. 2007. 「금융세계화와 한국 경제의 진로」, 후마니타스.

조원광. 2007. 「이주노동자와 이동」,『R: 소수성의 정치학』. 부커진 R 시리즈 Vol. 1. 고병권 편집. 그린비.

조천현. 2004a. 「돈에 눈먼 탈북 브로커, 그 광기의 인간사냥」,『말』. 4월

29일.

———. 2004b. 「돈벌이 목적의 인간사냥」, 『말』11월 20일.

———. 2006. 「한기총 산하 간부 탈북자 상대 돈장사」, 『한민족 아리랑』. 3
월 5일.

조호진. 2003. 「"언론이 깽판을 놓아 일을 망쳤다": 서경석 목사, 국적회복
운동 파문 언론에 책임 전가」, 『오마이뉴스』. 12월 17일.

조희연, 박현채 편집. 1989a.『한국사회 구성체론1』. 죽산.

———. 1989b『한국사회 구성체론1』. 죽산.

———. 1991.『한국사회 구성체론2』. 죽산.

———. 1992.『한국사회 구성체론3』. 죽산.

좋은 벗들. 1999.『두만강을 건너온 사람들』. 정토출판.

———. 2010. 「국경 연선지역. 중앙당 검열 그루빠 파견해 손전화 회수」,
『오늘의 북한소식』339. 4월 6일.

『주덕해의 경제관리 이론』1992. 사회과학출판사(평양).

중국 조선민족 발자취 총서 위원회, 1993. 「주덕해 문제에 대한 중공 길림
성위원회의 재심사 결론 보고」, 『조선족 총서』7(풍낭). 민족 출판사(북경).
16~19.

———. 1993. 「주덕해동지의 억울한 루명을 벗기고 명예를 회복할데 대한
중공연변주위의 결의」, 1978년 6월 10일」, 『조선족 총서』7(풍낭). 민족
출판사 (북경). 19~23.

———. 1993.『조선족 총서』7(풍낭). 민족출판사(북경).

———. 1994.『조선족 총서』8. 민족출판사(북경).

중소기업연합회. 2000a. 「외국인 산업연수제도의 현황 및 운영 방향」, 『이
주노동자 인권과 외국인력도입 정책의 근본적 개선을 위한 토론회 발
표문』. 국회토론회. 7월 7일.

─────. 2000b. 「외국인 산업연수제도 적용 방향」.

진종순. 2010. 「정부의 지연(procrastination)을 통한 갈등해결전략: 삼성자동차의 시장진입을 중심으로」, 『한국정책연구』 10(2): 387~400.

차문석. 1999. 「북한의 공장관리체제와 절정기 스탈린주의」, 『북한연구학보』 3(2): 227~250.

─────. 2002. 「김정일 정권의 공장 관리 체제」, 『북한연구학보』 6(1): 91~126.

─────. 2007. 「북한의 시장과 시장경제: 수령을 대체한 화폐」, 『담론201』 10(2):77~121

창조컨설팅. 2011. 「회사 경쟁력 강화를 위한 노사관계 안정화 컨설팅 제안서」, 4월 28일.

채경석. 2001. 「6·15 남북 공동선언 이행의 실천 과제」, 『전남대학교 글로벌디아스포라연구소 국내학술대회자료』 40: 539~566.

채재봉, 김철룡. 1993. 「만약 그 맹동만 아니였더라면…」, 『조선족 총서』 7(풍낭). 중국 조선민족 발자취 총서 위원회 편집. 민족출판사(북경). 193쪽.

채한태. 2005. 「중국동포근로자의 법적 지위에 관한 고찰, 『중앙법학』 7(1): 77~99.

천정인. 2013. 「법원, '경찰과 충돌 유성기업노조 4,500만원 배상 책임'」, 『뉴시스』 5월 30일. http://www.newsis.com/ar_detail/view.html?ar_id=NISX20140530_0012952555&cID=10201&pID=10200

최봉대. 2008. 「1990년대 말 이후 북한 도시 사적 부문의 시장화와 도시가구의 경제적 계층분화」, 『북한 도시주민의 사적 영역 연구』 이우영 외 편집. 한울. 41~76.

최상철. 1997. 「건국 후 29년」, 『21세기로 매진하는 중국조선족 발전방략

연구』조룡호, 박문일 편집. 료녕민족출판사. 253~261.

최승철. 「한국 떠나는 '배은망덕' 탈북자들?… 다 이유가 있다」, 『오마이뉴스』 2012년 8월 23일.

최완규 외. 2006. 『북한 도시의 위기와 평화』 한울.

최우길. 2001. 「재중동포정책과 해외동포정책의 문제점: 재중동포정책과 관련하여」, 『2001년 재외동포법 개정을 위한 세미나 자료집』. 우리민족 서로 돕기 운동본부 편집. 9월 25일.

최의철. 2005. 『유럽연합(EU)의 대북 인권정책과 북한의 대응』 통일연구원.

최장집. 2002. 『민주화 이후의 민주주의』, 후마니타스.

최진희. 2008. 「자기가 살던 국가 주택을 파는 현장」, 『임진강』 3(8월): 18~22.

최창동. 2000. 『탈북자, 어떻게 할 것인가?』, 두리.

특별취재팀. 2011. 「파업하면 주가 올라. 유성기업 주가 널뛰기」, 『참뉴스』 6월 30일.

한수영. 2011. 「관전사의 관점으로 본 한국전쟁 기억의 두 가지 형식」, 『어문학』 113: 431~459.

한형성. 2012. 「비판회계학의 마르크스주의 시각에서 본 쌍용자동차(주) 사례연구」, 『마르크스 연구』 9(2): 82~105.

함치영, 1992. 『계속 혁명에 관한 주체적 리해』 사회과학출판사(평양).

허상수. 2009. 「(전선) 과거청산의 위기와 과거사정리 관련 위원회의 미래지향적 가치」, 『민주법학』 39: 125~160.

헌법재판소. 2001. 『결정, 99 헌마 494』 11월 29일.

현동일 외 편집. 2000. 『중국의 개혁 개방과 동북아 경제 연구』 연변대학 출판사(양지).

홍순직. 2004. 「남북 경협 현황과 과제」, 『국제 통일 외교통상위원회 간담회 자료집』 3월 24일.

홍일표. 2004. 「남북 경협의 현주소와 향후 과제」, 『2004 통일심포지엄 토론 발제 2 발표문』. 6·15 남북공동선언 실현과 한반도 평화를 위한 통일연대 주최. 7월 22일.

영어 문헌

Abelmann, Nancy. 1996. *Echoes of the Past, Epics of Dissent: A South Korean Social Movement.* Berkeley: University of California Press.

Abensour, Miguel. 2011. *Democracy Against the State: Marx and the Machiavellian Moment.* London: Polity Press.

Agamben, Giorgio. 1998. *Homo Sacer: Sovereign Power and Bare Life.* Stanford, CA: Stanford University Press.

Aglietta, Michel. 2001. *A Theory of Capitalist Regulation: The US Experience.* London: Verso.

Ahn, Kyong Whan. 1998. "The Influence of American Constitutiona lism on South Korea." *Southern Illinois University Law Journal* 22: 71-115.

Ali, Tariq, ed. 1984. *The Stalinist Legacy: Its Impact on Twentieth-Century World Politics.* Chicago: Haymarket Books.

Anderson, Benedict. 1992. *Imagined Communities: Reflections on the Origin and Spread of Nationalism.* London: Verso.

Appadurai, Arjun. 1996. *Modernity at Large.* Minneapolis: University of Minnesota Press.

――――. 1998. "Dead Certainty: Ethnic Violence in the Era of

Globalization." *Public Culture* 10, no. 2: 225–47.

Arendt, Hannah. 1951. *Origins of Totalitarianism*. London: Schocken Books.

———. 1973. *The Origins of Totalitarianism*. New York: Harcourt.

Armstrong, Charles. 2003. *The North Korean Revolution, 1945–1950*. NY: Cornell University Press.

Aspromourgos, Tony. 2007. "Adam Smith: Peace and Economics." *AQ: Journal of Contemporary Analysis*, 79(5), 12–40.

Badiou, Alain. 2005. "The Cultural Revolution: The Last Revolution?" *Positions: East Asia Cultures Critique* 13, no. 3: 481–514.

———. 2010. "The Idea of Communism." *In The Idea of Communism*, edited by Costas Douzinas and Slavoj Žižek, 1–14, London: Verso.

Basok, Tanya, and Emily Carasco. 2010. "Advancing the Rights of Non-Citizens in Canada: A Human Rights Approach to Migrant Rights." *Human Rights* Quarterly 32, no. 2: 342–66.

Benjamin, Walter. 1969. "Theses on the Philosophy of History." *Illumination: Essays and Reflections by Walter Benjamin*, edited by Hannah Arendt, 253–64. New York: Schocken.

———. 2002. *The Arcade Project*. Cambridge: Belknap Press.

Binns, Peter, Tony Cliff, and Chris Harman. 1987. *Russia: From Workers' State to State Capitalism*. New York: Bookmarks.

Bleiker, Roland. 2005. *Divided Korea: Toward a Culture of Reconciliation*. Minneapolis: University of Minnesota Press.

Bloch, Ernst. 1987. *Natural Law and Human Dignity*. Cambridge: MIT Press.

———. 2009. *The Heritage of Our Times*. London: Polity Press.

Braziel, Jana Evans. 2003. *Theorizing Diaspora: A Reader*. London: Wiley-Blackwell.

Brown, Kerry. 2006. *The Purge of the Inner Mongolian People's Party in the Chinese Cultural Revolution, 1967-69: A Function of Language, Power and Violence.* Kent: Global Oriental.

Brown, Wendy. 1995. *States of Injury: Power and Freedom in Late Modernity.* Princeton: Princeton University Press.

Brubaker, Rogers. 1998. *Citizenship and Nationhood in France and Germany.* Cambridge: Harvard University Press.

Buck-Morss, Susan. 1989. *The Dialectics of Seeing.* Cambridge: MIT Press.

———. 1991. *The Dialectics of Seeing: Walter Benjamin and the Arcades Project.* Cambridge: MIT Press.

———. 2002. *Dreamworld and Catastrophe: The Passing of Mass Utopia in East and West.* Cambridge: MIT Press.

———. 2013. "A Communist Ethics." *In The Idea of Communism 2,* edited by Slavoj Žižek, 57-76. London: Verso.

Burawoy, Michael. 1981. *The Politics of Production: Factory Regimes under Capitalism and Socialism.* London: Verso.

———. 1982. *Manufacturing Consent: Changes in the Labor Process Under Monopoly Capitalism.* Chicago: University of Chicago Press.

———. 1997. "The Soviet Descent into Capitalism." *American Journal of Sociology* 102: 1430-44.

———. 2001a. "Neoclassical Sociology: From the End of Communism to the End of Classes." *American Journal of Sociology* 106, no. 4: 1099-120.

———. 2001b. "Transition Without Transformation: Russia's Involutionary Road to Capitalism." *East European Politics and Societies* 15: 269-90.

Burawoy, Michael, and Pavel Krotov. 1992. "The Soviet Transition from

Socialism to Capitalism: Worker Control and Economic Bargaining in the Wood Industry." *American Sociological Review* 57: 16–36.

Butler, Judith, and Athena Athanasiou. 2013. *Dispossession: The Performative in the Political.* Cambridge: Polity Press.

Campbell, Timothy, and Adam Sitze, eds. 2013. *Biopolitics: A Reader.* Durham: Duke University Press.

Cho, Grace. 2008. *Haunting the Korean Diaspora: Shame, Secrecy, and the Forgotten War.* Minneapolis: University of Minnesota Press.

Choi, Seung-Whan. 2011. "Re-Evaluating Capitalist and Democratic Peace Models." *International Studies Quarterly* 55: 759–69.

Chun, Jennifer Jihye. 2009. *Organizing at the Margins: The Symbolic Politics of Labor in South Korea and the United States.* Ithaca: ILR Press.

Clarke, Simon. 1988. "The Marxist Theory of Overaccumulation and Crisis." *Capital and Class* 36: 59–92.

———. 1993. *Marx's Theory of Crisis.* London: Palgrave Macmillan.

Cliff, Tony. 1974. *State Capitalism in Russia.* London: Pluto Press.

Clifford, James. 1992. "Travelling Cultures." *In Cultural Studies*, edited by C. Nelson and P. Treicheler, 96–112. New York: Routledge.

Comaroff, John, and Jean Comaroff. 2009. *Ethnicity, Inc.* Chicago: University of Chicago Press.

Coutin, Susan Bibler. 2005. "Contesting Criminality: Illegal Immigration and the Spatialization of Legality." *Theoretical Criminology* 9, no. 1: 5–33.

Crotty, James, and Kang-Kook Lee. 2002. "A Political-Economic Analysis of the Failure of Neoliberal Restructuring in Post-Crisis Korea." *Cambridge Journal of Economics* 26, no. 5: 667–78.

Cumings, Bruce. 1981. *The Origins of the Korean War, Vol. 1: Liberation and the Emergence of Separate Regimes, 1945–1947.* Princeton:

Princeton University Press.

de Soysa, Indra, and Hanne Fjelde. 2010. "Is the Hidden Hand an Iron Fist? Capitalism and Civil Peace, 1970–2005." *Journal of Peace Research* 47, no. 3: 287–298.

Dean, Jodi. 2009. *Democracy and Other Neoliberal Fantasies: Communicative Capitalism and Left Politics.* Durham: Duke University Press.

Deleuze, Gilles. 1994. *Difference and Repetiton.* New York: Columbia University Press.

Derrida, Jacques. 1994. *Specters of Marx: The State of the Debt, the Work of Mourning and the New International.* New York: Routledge.

Dirlik, Arif. 2003. "Globalization and National Development: The Perspective of the Chinese Revolution." *CR: The New Centennial Review* 3, no. 2: 241–70.

Douzinas, Costas. 2010. "Adikia: On Communism and Rights." *In The Idea of Communism*, edited by Costas Douzinas and Slavoj Žižek, 81–100. London: Verso.

Dunayevskaya, Raya. 1944. "A New Revision of Marxian Economics." *American Economic Review* 34, no. 3: 531–37.

Dutton, Michael. 2005. "From Culture Industry to Mao Industry: A Greek Tragedy." *Boundary 2: An International Journal of Literature and Culture* 32, no. 2: 151–67.

Evans, Peter. 2014. "The Developmental State: Divergent Responses to Modern Economic Theory and the 21st Century Economy." *In The End of the Developmental State?*, edited by Michelle Williams, 220–40. New York: Routledge.

Fanon, Frantz. 1967. *Black Skin, White Masks.* New York: Grove Press.

Fine, Bob. 1984. *Democracy and the Rule of Law: Liberal Ideals and*

*Marxist Critique.* London: Pluto Press.

Foucault, Michel. 1978. *History of Sexuality.* Vol. 1. New York: Random House.

Friedman, Gil. 2005. "Commercial Pacifism and Protracted Conflict: Models from the Palestinian-Israeli Case." *Journal of Conflict Resolution* 49, no. 3: 360–82.

Fuller, Lon. 1969. *The Morality of Law.* New Haven: Yale University Press.

Gao, Mobo. 2008. *The Battle for China's Past: Mao and the Cultural Revolution.* London: Pluto Press.

Gartzke, Erik. 2007. "The Capitalist Peace." *American Journal of Political Science* 51, no. 1: 166–91.

Gartzke, Erik, Quan Li, and Charles Boehmer. 2001. "Investing in the Peace: Economic Interdependence and International Conflict." *International Organization* 55, no. 2: 391–438.

Gerber, Theodore, and Michael Hout. 1998. "More Shock Than Therapy: Market Transition, Employment, and Income in Russia, 1991–1995." *American Journal of Sociology* 104 (July 1998): 1–50.

Gershman, Carl. 2005. "The Human Rights of North Koreans: An Issue of Universal Concern." *Delivered at the Sixth International Conference on North Korean Human Rights and Refugees,* http://www.ned.org/about/board/meet-our-president/archived-remarks-and-presentations/021405.

Goldner, Loren. 2009. "Ssangyong Motor's Strike in Korea Ends in Defeat and Heavy Repression." *Marxism* 216, no. 4: 323-37.

Goldstein, Melvyn C., Ben Jiao, and Tanzen Lhundrup. 2009. *On the Cultural Revolution in Tibet: The Nyemo Incident of 1969.* Berkeley: University of California Press.

Gong, Sung-Jin. 2004. "Human Rights Issues in North Korea." *In International Symposium on North Korean Human Rights Issues*, edited by the National Human Rights Commission, 233–40. Seoul: National Human Rights Commission.

Gowan, Peter. 1999. *The Global Gamble: Washington's Faustian Bid for World Dominance*. London: Verso.

Grabher, Gernot. 1997. "Adaptation at the Cost of Adaptability? Restructuring the Eastern German Regional Economy." In *Restructuring Networks in Post-Socialism*, edited by Gernot Grabher and David Stark, 107–34. Oxford: Oxford University Press.

Gupta, Akhil, and James Ferguson, eds. 1997. *Culture, Power, Place: Explorations in Critical Anthropology*. Durham: Duke University Press.

Habermas, Jürgen. 1991. *The Structural Transformation of the Public Sphere: An Inquiry into a Category of Bourgeois Society*. Cambridge: MIT Press.

Hagan, Jacqueline Maria. 2006. "Negotiating Social Membership in the Contemporary World." *Social Forces* 85, no. 2: 631–42.

Halbwachs, Maurice. 1992. *On Collective Memory*. Chicago: University of Chicago Press.

Hardt, Michael. 2010. "The Common in Communism." In *The Idea of Communism*, edtied by Costas Douzinas and Slavoj Žižek, 131–44. London: Verso.

Hardt, Michael, and Antonio Negri. 2001. *Empire*. Cambridge: Harvard University Press.

———. 2011. *Commonwealth*. Cambridge: Harvard University Press.

Harman, Chris. 2010. *Zombie Capitalism: Global Crisis and the Relevance of Marx*. New York: Haymarket Press.

Harootunian, Harry. 2000. *History's Disquiet: Modernity, Cultural*

*Practice, and the Question of Everyday Life.* New York: Columbia University Press.

———. 2012. "Deprovincializing Marx." Paper presented at the conference on Marxisms in East Asia. Taiwan June 6–9.

———. 2015. *Marx after Marx: History and Time in the Expansion of Capitalism.* New York: Columbia University Press.

Harvey, David. 1991. *The Condition of Postmodernity: An Enquiry into the Origins of Cultural Change.* London: Wiley-Blackwell.

———. 2005. *New Imperialism.* Oxford: Oxford University Press.

———. 2011. *Enigma of Capital: And the Crises of Capitalism.* Oxford: Oxford University Press.

Hassig, Ralph, and Kongdan Oh. 2009. *The Hidden People of North Korea.* Lanham: Rowman and Littlefield.

Hayek, Friedrich. 1944. *The Road to Serfdom.* Chicago: University of Chicago Press.

Hegel, G.W.F. 1977. *The Phenomenology of Spirit.* Oxford: Oxford University Press.

Heo, Uk, and Sunwoong Kim. 2000. "Financial Crisis in South Korea: Failure of the Government-Led Development Paradigm." *Asian Survey* 40, no. 3(May/June): 492–507.

Hilferding, Rudolf. 1910(reprinted in 1981). *Finance Capital: A Study of the Latest Phase of Capitalist Development.* London: Routledge and Kegan Paul.

Hirschman, Albert O. 1997. *The Passions and the Interests: The Political Arguments for Capitalism Before Its Triumph.* Princeton: Princeton University Press.

Jameson, Fredric. 1981. *The Political Unconscious: Narrative as a Socially Symbolic Act.* Ithaca: Cornell University Press.

———. 2013. *A Singular Modernity: Essay on the Ontology of the Present*. London: Verso.

Jay, Martin. 1984. *Marxism and Totality: The Adventures of a Concept from Lukács to Habermas*. Berkeley: University of California Press.

Kahler, Miles, and Scott Kastner. 2006. "Strategic Uses of Economic Interdependence: Engagement Policies on the Korean Peninsula and Across the Taiwan Strait." *Journal of Peace Research* 43, no. 5: 523–41.

Karatani, Kojin. 2012. *History and Repetition*. New York: Columbia University Press.

Keynes, John Maynard. 1936(reprinted in 2013). *The General Theory of Employment, Interest, and Money*. New York: Edison Martin Print.

Kim, Dae Jung. 1997. *Three-Stages Approach to Korean Reunification: Focusing on the South-North Confederal Stage*. Los Angeles: University of Southern California Press.

Kim, Jaeeun. 2011. "Establishing Identity: Documents, Performance, and Biometric Information in Immigration Proceedings." *Law and Social Inquiry* 36, no. 3: 760–86.

Kim Soo Young. 2004. "The North Korean Human Rights Act in Comparison with Other U.S. Legislation Concerning Foreign Countries." *KEYS* 18(Autumn). http://www.dailynk.com/english/keys/2004/18/03.php.

Kim Young Hwan. 2005. "Coming Collapse of the North Korean Regime." *KEYS* 20(Summer). http://www.dailynk.com/english/keys/2005/20/01.php.

Klug, Heinz. 2000. *Constituting Democracy: Law, Globalism and South Africa's Political Reconstruction*. Cambridge: Cambridge University Press.

Koo, Hagen, ed. 1994. *State and Society in Contemporary Korea*. Ithaca:

Cornell University Press.

———. 2001. *Korean Workers: The Culture and Politics of Class Formation.* Ithaca: Cornell University Press.

Kornai, Janos. 1986. "The Hungarian Reform Process: Visions, Hopes, and Reality." *Journal of Economic Literature* 24: 1687–1737.

Koselleck, Reinhart. 2004. *Futures Past: On the Semantics of Historical Time.* New York: Columbia University Press.

———. 2006. "Crisis." *Journal of the History of Ideas* 67, no. 2: 357–400.

Kwon, Heonik, and Byung-Ho Chung. 2012. *North Korea: Beyond Charismatic Politics.* Lanham: Rowman and Littlefield.

Kwon, Jong Bum. 2005. "In the Crucible of Restructuration: Violence and Forging "Workers of Iron" in the Transition to a Neoliberal Democracy in South Korea." PhD diss., New York University.

Lankov, Andrei. 2013a. *The Real North Korea.* Oxford: Oxford University Press.

———. 2013b. "Low-Profile Capitalism: The Emergence of the New Merchant/Entrepreneurial Class in Post-Famine North Korea." In *North Korea in Transition,* edited by Kyung-Ae Park and Scott Synder, 179–94. Lanham: Rowman and Littlefield.

Latour, Bruno. 1993. *We Have Never Been Modern.* Cambridge, MA: Harvard University Press.

Lee, Ching Kwan. 2007. *Against the Law: Labor Protests in China's Rustbelt and Sunbelt.* Berkeley: University of California Press.

Lee, Namhee. 2009. *The Making of Minjung: Democracy and the Politics of Representation in South Korea.* Ithaca: Cornell University Press, 2009.

Lefebvre, Henri. 2008. *Critique of Everyday Life. Vol. 2, Foundations for a Sociology of the Everyday.* London: Verso.

Lenin, Vladimir. 1917(reprinted in 1969). *Imperialism, the Highest Stage of*

*Capitalism: A Popular Outline.* New York: International Publishers.

Lesser, Jeffrey. 2003. *Searching for Home Abroad: Japanese Brazilians and Transnationalism.* Durham: Duke University Press.

Linger, Daniel Touro. 2001. *No One Home: Brazilian Selves Remade in Japan.* Stanford: Stanford University Press.

Loyalka, Michelle. 2013. *Eating Bitterness: Stories from the Front Lines of China's Great Urban Migration.* Berkeley: University of California Press.

Lu Xiuyan. 1994–1995. "A Step Toward Understanding Popular Violence in China's Cultural Revolution." *Pacific Affairs* 67, no. 4: 533–63.

Lukács, György. 1972. *History and Class Consciousness: Studies in Marxist Dialectics.* Cambridge: MIT Press.

Luxemburg, Rosa. 1900(reprinted in 1973). *Reform or Revolution.* New York: Pathfinder Press.

———. 1913(reprinted in 2003). *The Accumulation of Capital.* New York: Routledge.

MacFarquhar, Roderick, and Michael Schoenhals. 2006. *Mao's Last Revolution.* Cambridge: Harvard University Press.

Marx, Karl. 1968. *The Eighteenth Brumaire of Louis Bonaparte.* New York: International Publishers.

———. 1976. *Capital I: A Critique of Political Economy.* New York: Penguin Classics.

———. 1977. *Critique of Hegel's Philosophy of Right.* Cambridge: Cambridge University Press.

———. 1992. *Capital III: A Critique of Political Economy.* New York: Penguin Classics.

———. 1993. *Grundrisse: Foundations of the Critique of Political Economy.* New York: Penguin Classics.

McNally, David. 2010. *Global Slump: The Economics and Politics of Crisis and Resistance*. Oakland: PM Press.

Montag, Warren. 2013. "Necro-Economics: Adam Smith and Death in the Life of the Universal." In *Biopolitics: A Reader*, edited by Timothy Campbell and Adam Sitze, 193–214. Durham: Duke University Press.

Moon, Katherine. 2000. "Strangers in the Midst of Globalization: Migrant Workers and Korean Nationalism." In *Korea's Globalization*, edited by Samuel Kim, 147–69. Cambridge: Cambridge University Press.

Myers, B. R. 2011. *The Cleanest Race: How North Koreans See Themselves and Why It Matters*. New York: Melville.

Nee, Victor. 1989. "A Theory of Market Transition: From Redistribution to Markets in State Socialism." *American Sociology Review* 54: 663–81.

O'Connor, James. 1987. *The Meaning of Crisis: A Theoretical Introduction*. Oxford: Basil Blackwell.

Oneal, John, and Bruce Russett. 1997. "The Classical Liberals Were Right: Democracy, Interdependence, and Conflict, 1950–1985." *International Studies Quarterly* 41: 267–94.

Ong, Aihwa. 1999. *Flexible Citizenship: The Cultural Logics of Transnationality*. Durham: Duke University Press.

Ostrovsky, Simon. 2009. "N Koreans toiling in Russia's timber camps." BBC News, August 26. http://news.bbc.co.uk/2/hi/programmes/newsnight/8221164.stm.

Padgett, John. 2012. "The Politics of Communist Economic Reform: Soviet Union and China." Chapter 9 in *Emergence of Organizations and Markets*, edited by John Padgett and Walter Powell, 267–315. Princeton: Princeton University Press.

Park, Hyun Ok. 2005. *Two Dreams in One Bed: Empire, Social Life, and the Origins of the North Korean Revolution*. Durham: Duke University Press.

Pashukanis, Evgeny. 1924(reprinted in 2001). *The General Theory of Law and Marxism*. New York: Transaction Publishers.

Paterniti, Michael. 2003. "The Flight of the Fluttering Swallow." *New York Times Magazine* 27(April): 46–51, 62, 112–13.

Perkins, Dwight. 1991. "China's Economic Policy and Performance." In *The Cambridge History of China*. Vol. 15, The People's Republic. Part 2, Revolutions Within the Chinese Revolution, 1966–1982, edited by Denis Twitchett and John Fairbank, 477–78. Cambridge: Cambridge University Press.

Perry, Elizabeth. 2007. "Studying Chinese Politics: Farewell to Revolution?" *China Journal* 57(January): 1–22.

Pettid, Michael. 2014, "Shamanic Rites for the Dead in Chosŏn Korea." In *Death, Mourning, and the Afterlife in Korea: From Ancient to Contemporary Times*, edited by Charlotte Horlyck and Michael Pettid, 137-54. Honolulu: University of Hawaii Press.

Polanyi, Karl. 1944(reprinted in 1971). *The Great Transformation: The Political and Economic Origins of Our Time*. New York: Beacon.

Rancière, Jacques. 1989. *The Nights of Labor: The Workers' Dream in Nineteenth-Century France*. Philadelphia: Temple University.

———. 1999. *Disagreement: Politics and Philosophy*. Minneapolis: University of Minnesota Press.

———. 2004. *Disagreement: Politics and Philosophy*. Minneapolis: University of Minnesota Press.

———. 2009. *Hatred of Democracy*. London: Verso.

Ricœur, Paul. 2004. *Memory, History, Forgetting*. Chicago: University of Chicago Press.

Rodrik, Dani, Arvind Subramanian, and Francesco Trebbi. 2004. "Institutions Rule: The Primacy of Institutions over Geography and Integration in Economic Development." *Journal of Economic Growth* 9: 131–65.

Roitman, Janet. 2014. *Anti-Crisis*. Durham: Duke University Press.

Ross, Kristin. 1988. *The Emergence of Social Space: Rimbaud and the Paris Commune*. Minneapolis: University of Minnesota Press.

Rozman, Gilbert. 1987. *The Chinese Debate about Soviet Socialism*, 1978–1985. Princeton: Princeton University Press.

Rusko, Christopher, and Karthika Sasikumar. 2007. "India and China: From Trade to Peace." *Asian Perspective* 31, no. 3: 99–123.

Russo, Alessandro. 2005. "The Conclusive Scene: Mao and the Red Guards in July 1968." *Positions: East Asia Cultures Critique* 13, no. 3: 535–74.

Ryang, Sonia. 1997. *North Koreans in Japan*. Boulder: Westview Press.

———. 2008. *Writing Selves in Diaspora: Ethnography of Autobiographics of Korean Women in Japan and the United States*. London: Lexington Books.

Sachs, Jeffrey. 1992. "The Economic Transformation of Eastern Europe: The Case of Poland." *Economics of Planning* 25: 5–19.

Salvadori, Massimo. 1990. *Karl Kausky and the Socialist Revolution*, 1880–1938. London: Verso.

Sassen, Saskia. 2014. *Expulsions: Brutality and Complexity in the Global Economy*. Cambridge: Belknap Press.

Schiller, Nina Glick, Linda Basch, and Cristina Szanton Blanc. 1995. "From Immigrant to Transmigrant: Theorizing Transnational Migration." *Anthropological Quarterly* 68, no. 1: 48–63.

Schmid, Andre. 2002. *Korea Between Empires*, 1895-1919. New York:

Columbia University Press.

Schmitt, Carl. 1976. *The Concept of the Political*. New Brunswick: Rutgers University Press.

———. 1985. *Political Theology: Four Concepts on the Concept of Sovereignty*. Chicago: University of Chicago.

Schram, Stuart. 1971. "Mao Tse-tung and the Theory of the Permanent Revolution, 1958–69." *China Quarterly* 46 (April–June): 221–44.

———. 1989. *The Thought of Mao Tse-Tung*. Cambridge: Cambridge University Press.

———. 1991. "Mao Tse-tung's Thought from 1949 to 1976." In The *Cambridge History of China*. Vol. 15, The People's Republic. Part 2, Revolutions Within the Chinese Revolution, 1966–1982, edited by Denis Twitchett and John Fairbank, 1–106. Cambridge: Cambridge University Press.

Seidman, Gay. 1994. *Manufacturing Militance: Workers' Movements in Brazil and South Africa*, 1970–1985. Berkeley: University of California Press.

Sen, Amartya. 1999. *Development as Freedom*. New York: Knopf.

Seremetakis, C. Nadia, ed. 1994. *The Senses Still: Perception and Memory as Material Culture in Modernity*. Chicago: University of Chicago Press.

Shakya, Tsering. 1999. *The Dragon in the Land of Snows: A History of Modern Tibet Since 1947*. London: Pimlico.

Shank, J. B. 2008. "Crisis: A Useful Category of Post-Social Scientific Historical Analysis?" *American Historical Review* 113, no. 4: 1090–99.

Shin, Gi-Wook, and Kyung Moon Hwang. 2003. *Contentious Kwangju*. Lanham: Rowman and Littlefield.

Shin, Gi-Wook, and Michael Robinson, eds. 2001. *Colonial Modernity in*

*Korea*. Cambridge: Harvard University Asia Center.

Smith, Adam. 1976. *The Wealth of Nations*. Oxford: Oxford University Press.

Soh, Sarah. 2009. *The Comfort Women: Sexual Violence and Postcolonial Memory in Korea and Japan*. Chicago: University of Chicago Press.

Soysal, Yasemin. 1995. *Limits of Citizenship: Migrants and Postnational Membership in Europe*. Chicago: University of Chicago Press.

Stalin, Joseph. 1951. *Economic Problems of the USSR*. Peking(Beijing): Foreign Language Press.

Stark, David, and Laszlo Bruszt. 1998. *Postsocialist Pathways*. Cambridge: Cambridge University Press.

Stasiulis, Daiva, and Abigail Bakan. 1997. "Negotiating Citizenship: The Case of Foreign Domestic Workers in Canada." *Feminist Review* 57: 112–39.

Steger, Manfred. 1997. *The Quest for Evolutionary Socialism: Eduard Bernstein and Social Democracy*. Cambridge: Cambridge University Press.

Sun, Yan. 1995. *The Chinese Reassessment of Socialism, 1976–1992*. Princeton: Princeton University Press.

Szelenyi, Ivan. 2008. "A Theory of Transitions." *Modern China* 34, no. 1: 165–75.

Szelenyi, Ivan, and Eric Kostello. 1996. "The Market Transition Debate: Toward a Synthesis." *American Journal of Sociology* 101, no. 4: 1082–96.

Tait, Richard. 2003. "Playing by the Rules in Korea: Lessons Learned in the North-South Economic Engagement." *Asian Survey* 43, no. 2: 305–28.

Teiwes, Frederick. 1987. "Establishment and Consolidation of the New

Regime." In *The Cambridge History of China*. Vol. 14, The People's Republic. Part 1, The Emergence of Revolutionary China, 1949–1965, edited by Roderick MacFarquhar and John Fairbank, 96–111. Cambridge: Cambridge University Press.

Torpey, John. 2006. *Making Whole What Has Been Smashed: On Reparation Politics*. Cambridge: Harvard University Press.

Trotsky, Leon. 1984. "Socialist Relations in the Soviet Union." In *The Stalinist Legacy: Its Impact on Twentieth-Century World Politics*, edited by Tariq Ali. Chicago: Haymarket Books.

———. 2007. *Terrorism and Communism: A Reply to Karl Kausky*, edited by Slavoj Žižek. London: Verso.

———. 2010. *The Permanent Revolution*. Seattle: Red Letter Press.

Verdery, Katherine. 1999. "Fuzzy Property." In *Uncertain Transition*, edited by Michael Burawoy and Katherine Verdery, 53–82. Lanham: Rowman and Littlefield.

Virno, Paolo. 2004. *A Grammar of the Multitude*. Cambridge: Semiotext(e).

Walder, Andrew. 1996. "Markets and Inequality in Transitional Economies: Toward Testable Theories." *American Journal of Sociology* 101, no. 4: 1060–73.

White, Gordon. 1976. *The Politics of Class and Class Origin: The Case of the Cultural Revolution*. Sydney: Australia National University Press.

Yang, Guobin. 2003. "China's Zhiqing Generation: Nostalgia, Identity, and Cultural Resistance in the 1990s." *Modern China* 29, no. 3: 267–96.

Yi, Kŭmsun. 2004. "The Perception of and Reaction to the North Korean Human Rights Act in South Korean Society." In *International Symposium on North Korean Human Rights Issues*, edited by the

National Human Rights Commission, 49–68. Seoul: National Human Rights Commission.

Young, Louise. 2012. "Empire in East Asia." Paper presented at the workshop series on After the Postcolonial Turn: Global Perspectives. Columbia University, New York, September 19, 2012.

Zbierski-Salameh, Slawomira. 2013. *Bitter Harvest : Antecedents and Consequences of Property Reforms in Postsocialist Poland.* Lanham: Lexington Books.

Žižek, Slavoj. 1989. *The Sublime Object of Ideology.* London: Verso.

———. 1993. *Tarrying with the Negative: Kant, Hegel, and the Critique of Ideology.* Durham: Duke University Press.

———. 2002. *Revolution at the Gates: Selected Writings of Lenin from 1917.* London: Verso.

———. 2005. *Interrogating the Real.* New York: Continuum.

———. 2007. *Enjoy Your Symptom!: Jacques Lacan in Hollywood and Out.* New York: Routledge.

———. 2009. *In Defense of Lost Causes.* London: Verso.

찾아 보기

## 자본의 무의식
### 자본주의의 꿈과 한민족 공동체를 향한 욕망

지은이 박현옥
옮긴이 김택균

2023년 2월 27일 초판 1쇄 발행

기획편집 선완규 김창한
마케팅 신해원
펴낸곳 천년의상상

등록 2012년 2월 14일 제2020-000078호
전화 031-8004-0272
이메일 imagine1000@naver.com
블로그 blog.naver.com/imagine1000

ISBN 979-11-90413-53-4 93340